吉野作造選集 9

朝鮮論 付 中国論 三

岩波書店

編集
松尾尊兊
三谷太一郎
飯田泰三

凡例

一　本巻には、一九一六年六月から一九二七年二月に至る朝鮮に関する論説、及び一九一九年五月から一九三二年一月に至る中国に関する論説を収録した。

それぞれについて時系列に排列し、初出の新聞・雑誌を底本とした。

二　底本を可能な限り尊重したが、次の諸点については整理をおこなった。

1　漢字は原則として新字体を用い、異体字等はおおむね通行の字体に改めた。

2　合字は通行の字体に改めた。

3　句読点、中黒などについては基本的に底本のあり方を尊重したが、特に必要と認められる箇所に限り補正した。傍点については極端に多用されているものは省いた。

4　底本の明らかな誤字・誤植は正した。

5　振りがなについては、原文を尊重しながら、編者によって新かなで付した。

6　底本にある引用符は慣用に従って整理したが(引用文や論文名などは「　」、書名・雑誌名などは『　』)、引用符が原文にない場合はそのままとした。

三　編者による注記は次の原則によりおこなった。

誤記・伏字等によって文意が通じ難い箇所には、行間に〔　〕を用いて注記を加えた。また脱字及び特に注記が必要な場合は、本文中に〔　〕を付して補った。

目　次

凡　例

朝鮮論

朝鮮論

満韓を視察して

はしがき

予は此春三月の末から四月の末にかけて、約三週間余り朝鮮及び満洲の各一部を視察した。朝鮮視察の主たる目的は、日本の統治に対する朝鮮人の批評を聞くにあつた。予は或る偶然の事から、相当の教養と見識とを有する二三の朝鮮人を知つて居る。此等の人を通して予は、朝鮮に於ける所謂識者、殊《こと》に一般朝鮮人民の上に大なる精神的感化力を有する階級の人々の中に、案外に日本の統治を有り難く思はないものがあり、而かも此等の人は容易に其意見を発表もせず、又決して日本人と接触することをも欲しないといふことを屢々聞いて居る。果して然らば、親しく此等の人々の意見を叩き、誤解あらば其誤解を解き、又其言ふ所に真理あらば採つて以て我が殖民政策の参考に供し、更に又若し之等朝鮮人の所謂不平の念が其極に達し、危険なる感情的排日思想とでもなつて居るものならば、其等の人々の隠れたる実際の勢力は如何、又之に対して我々の執るべき態度は如何、といふやうなことを研究するのは、我々に取つて極めて必要であると考へた。勿論此等の事は、常に朝鮮に在住せらるゝ有力なる官民諸氏の常に研究を怠らざるところであるとは思ふけれども、然しながら常にあんまり日本人などに接することを肯ぜざる朝鮮の故老と会見するに就いては、予に多少便宜ありと信じたるが故に、敢て此視察の行程に上つたのである。さて彼の地に到つて、予は某々二三士の好意により十数名の朝鮮紳士を訪問したのであるが、中には面会を謝絶されて全く其目的を達しなかつたのもあるけれども、尚数名の人とは思ふ存分に談話を交換することを得た。大体に於てこの旅行の徒爾に終らざりしことは予の大に喜ぶところである。然し何分時が足りなかつたので、此等の会談によつて或る結論を概括し得るまでの材料を得ることが出来なかつたのは、又止むを得ない。

満洲視察の目的は、一つには曾て十年以前、彼地に遊びし以後、今日に至るまでの満洲の発達を概観することにあつたけれども、も一つは支那の今次の革命運動に関聯しての満洲の形勢を見んとするにあつた。此方面は道を異にして満洲に入つた支那の友人某氏と、或る事情の為めに行を共にすることが出来なかつたので、十分其目的を達することが出来なかつたけれども、満洲に対してかね〴〵抱いて居つた考を、一層強める丈けの事実を見聞することを得たのは、是亦視察の目的の一半を達し得たものと言つてよい。

今予はこゝに満韓見聞によつて得たる感想の一二を述べんとするのであるが、之に関係ある事実中、直接に友人知己から聞いた話に付いては、時に或は其人の迷惑になる事実もあると思ふから、其姓名と具体的の細目の事柄を細かに述べることは概して省略する事にする。且又短日月の間に予の集め得たる貧弱なる材料丈けでは、固《もと》より何等の結論に達し得べき筈もないのであるから、之によつて或は朝鮮統治の方針が何《ど》うの、満洲に対する日本の政策は如何《どう》のと、予にそんな大胆な断定をなすの意の毫頭ないことは予め御承知を願ひたい。予は只他日更に細かに研究を集めた上で何等か確定の意見を定め得る時までの一備忘録として、茲に見聞の一端を切れ〴〵に羅列せんとするのである。

（一）

朝鮮に入つて旅行者の先づ第一に強く感ずることは、日本国家の威力が朝鮮政府を通して著しく張つて居るといふことである。朝鮮政府の内外一切の在留民に対する、上は総督より下眇《びょう》たる一小官吏に至るまで、無論幾多の例外はあるが、大体に於て云へば昔時の封建時代の官民の関係に彷彿たるものがある。是れ素より新附の異民族を統治する為めに必要止むを得ざることであらう。然しながら異民族の統治は威圧丈けで成功するものでないことは固より言ふを俟たない。幸にして朝鮮政府は、斯く一方に於て国家の威厳を示して居りながら、他方に於て土民に近世文明の恩沢に浴するの機会を与へ、殊に昔の独立時代に見なかつた色々の生活上の便宜を供して居る。殖産工〔興〕業も段々に盛になつて居る。交通機関も開けた。殊に道路はどんな田舎に行つても今や立派に造られて居る。病院も設けられた。其上又朝鮮政府は朝鮮民族の精神的満足并に其開発を計る事をも怠つては居ない。社会公共の秩序は立派に維持せられて居る。権利の保障には土人と内地人との別を立てぬ。比較的公平なる裁判は確かに土民を満足せしめて居るやうだ。某朝鮮人は予に自分の父祖の代までは、其蓄積せる多額の財産に眼をつけられて故なくして府の長官から捕縛せられ、其度毎に多額の身代金を取られたものだが、斯くの如き不当の侵害は今日は全くなくなつた。是れ全く日本の統治以来のことだと言つた。殊に現在の総督寺内伯は、正義の観念の極めて強烈な人で、道に合はないことは秋毫の微と雖も之を仮借しない。而かも此点について伯は決して土民と内地人とを別たないといはれて居る。此点は朝鮮人は皆伯を徳として居るやうだ。斯く一方には国家の威力を示し、他方に於ては土民に物質上精神上の満足と及び其発達の機会とを与へて居るのであるから、朝鮮民族の同化は十分に出来ないまでも、其統治の事業に於て決してまごつく訳はない筈である。然るに今一々朝鮮人に親しく会つて其言ふところを聞いて見ると、豈図らんや今仍ほ日本の統治に対していろ〳〵の不平を言ふ者が案外に少く無いやうである。而して此等の不平は其言ひ分の当否如何は別問題として、我々は決して之を聞き捨てにしてはならぬ。出来るだけ之に耳を仮して以て朝鮮統治上の参考に供することは極めて必要であると思ふ。

土民に物質上の利益を与へ又その開発を促す為めに如何に色々の施設をしても、遣りやうによつては却つて有難迷惑に思はるゝ事もあるものである。此点について最も多く聞いた不平は、各地方に於ける道路の建設である。朝鮮の田舎には支那と同じやうに従来道路らしい道路はなかつた。道路の建設は即ち地方の開発と利便との為めに最も必要である。故に道路の建設其事には固より朝鮮人に何等の異議はない。只之を建設するに要する土地の収容に、或は報償を与へなかつたり、或は殆んど没収に近き所置を取たりするといふので土民に文句がある。且又道路の建設の為には地方の土民は只で使はれ、而かも下級の役人は官権を笠に着て、土民の都合如何に拘らず、命令した日には必ず出て働けと迫ると不平を言ふて居る。彼等は言ふ、夫役といふ事は昔もあつた。けれども昔の官吏は流石《さすが》に地方産業の繁閑の時期を弁《わきま》へ、あんまり土民の迷惑にならぬやうな時を択んで夫役を命じた。今日はそんな斟酌はないと。かくて日本統治の横暴を唱ふるのである。尤も日本側をして言はしめたならば、道路を作るといふことは、結局土民の非常な利益になる。故に地面を只で出さしても、或は地方の土民を只で働かしても、決して不平を言ふべき筈はないと言ふだらう。然し無智なる人民の常としては、将来の永い利益の為めに今日一時に多くの損失を忍ぶといふことは決して出来ない。相当に物の分つた人間に対すべき理屈を以て無智の土民に対するのは、決して悧巧な政治ではあるまい。其趣意目的が非常によい事でも、遣り方に注意を加へざれば、兎角く不平の種になるものである。さういふ土民の考が間違つてゐるといふのは理屈である。理屈で土民の統治は出来ない。殊に一般日本官吏の常として各地方官などは各々功名を急ぎ、己の方では今年度何十里の道路を作つたとか、いや己の方はそれよりも余計に作つたといふ風に、各々其成績を争ふ。其結果道路の建設などについても、随分土民の都合に逆つた事をするやうな場合も多いかと思はるゝ。外形上の仕事の成績で功名を争ふことの結果、随分其地方に永遠の迷惑をかけてゐるといふ弊害は、日本内地の地方官の間などにも尠《すくな》くない。独り朝鮮に此事なしといふ訳でもあるまいから、以上の如き不平も強《あなが》ち荒唐無稽の言として排斥すべきではなかろうと思ふ。

前にも一寸述べたやうに、例へば権利の保障といふやうなことについては、内地人も朝鮮人も平等である。此点は実に公平である。けれどもその保障せらるゝ権利其物に至つては、決して両者平等ではないと言つて不平を言ふ者もある。無論朝鮮人は所謂亡国の民である。表向は彼等の希望によつて我国に併合したのであるけれども、事実上は日本から併呑されたのである。従つて日本人が何かにつけて一段朝鮮人の上に居るといふことは事実已むを得ない。然しながら日本人が一段上に居るといふことは、朝鮮人を軽蔑してもいゝ、圧迫してもいゝ、といふことではない。此点に於て在留日本人の大多数の考は、殆んど例外なく、其当を失して居りはしないか。弱者として朝鮮人を労《いたわ》つて遣るといふ態度に出づるが如きものは極めて少いのである。尤も人によつては、それは朝鮮人を知らぬ人の言ふことだ。弱い者を労はれといふ抽象的の訓言には我々も固より十分に従ふけれども、実際朝鮮人に接して見ると、とても愛想がつきて労はる気にはなれないと言ふ。然し乍ら之れまで予も努めて朝鮮の人には接して居るが、予の経験によれば朝鮮人といふものは決してそんなに素質の劣等なるものではない。尤も彼等は何百年の永きに亘つて悪政に苦んだ敗残の民である。此永き悪政は彼等の国民性の上に取り返し難き大いなる疵《きず》を与へたことは疑を容れぬ。加之《しかのみならず》彼等は従来甚だしく近世の文化に遠かつて居つた。従つて其智識も劣等である。そこで我々は動《やや》もすれば彼等を軽蔑するのであるが、然しながら智識の劣等なるは、段々に近代の文化に触るゝと共に改まると思ふ。彼我民族の境遇の差を眼中に置かずして、一足飛びに民智の優劣を比較するは正当でない。今より十余年前予の初めて支那に行つた頃には、或る師範学校で先生が春夏秋冬の理を説明する為めに、地球の周りに太陽を四つ書いたのを見て、最も頭のよい生徒の一人が「先生太陽は四つあるのですか」と質問した事があつた。他の多くの学生は四つあるものと初めからきめて之を疑問とさへしなかつた。当時我々は支那人の科学的知識の理解力の極めて乏しいことを断定したのであつたが、然し今日では斯くの如き愚問を発するやうな者は、最早《もはや》之を想像することすら出来ない程に進んだ。即ち国民が全体として一般の文化に触れて来ると、国民全体の科学的理解力といふものも、自ら非常に進むものと見へる。日本でも米提督ペルリの浦賀に来た当時は、我が邦人の知識も至つて低かつたと見へ、米人を眼前に見たといふ或る東北の学者は其著書の中に、米人の画像をかいて其額の上に二本の角をつけて居つた。即ち当時の日本人の科学的知識といふものは、人と鬼との区別を弁へなかつたのである。是れ専ら皆一般の文化に触れなかつた結果である。之を以て国民の素質が悪いの、或は科学的能力が国民性として本来欠けて居るのと、速断することは出来ない。予は朝鮮人の理解力を以て敢て日本人に劣らないなどと断ずる程の積極的の根拠を持つて居る者ではないけれども、只一般の文化に触れて居ない今日の朝鮮人が著しく日本人に劣つて居るからと言つて、彼等を以て全然日本人とは別種な劣等民であるかの如くに断定するの論には、甚だ慊焉《けんえん》たるものがある。少くとも予の接して居る某朝鮮人の如きは、何れも高等の教育を受けた人ではあるが、其能力は実に驚くべきものがある。故に予は朝鮮人を初めから日本人とは其本質上一段も二段も低い人類として取扱ひたくはない。然るに朝鮮に於ける日本人は、官民共に朝鮮人を軽蔑し、甚だしきは公開の席上などで、相当の地位にある朝鮮人の言ふ事を、側に居る微々たる日本の一小官吏などが、朝鮮人の言ふ事は何が信用が出来るものかといふ態度で、言下に之を否定し、非常な侮辱を与ふるといふ様なことが珍らしくない。一々例を挙げれば際限がないが、こんなことで自然と朝鮮人の反感を買ふことは非常に多いと思ふ。其結果は、固より直接の計数の上に何等表はるゝことはないけれども、然し日本民族の殖民的成功といふ大局から観れば、如何に此事が、現在は勿論将来に向つても、日本の発展を禍するか解らない。

朝鮮人で朝鮮政府の官吏に採用された者は、日本に対して自ら色々の不平を有つて居るのみならず、彼等は又一部の朝鮮人から裏切者の如くに云ひ做されて非常な窮境に陥つて居る。彼等は日本政府に仕官して居るために、時々同胞の朝鮮人から非常に疎外される事があるのであるが、去ればといつて日本政府の側からも好遇されて居ないといふ。彼等は云ふ。自分達は日本内地に行つて日本人と同様に勉強した。そして例ば帝国大学でも卒業して帰つて朝鮮総督府に奉職したとすると、同格の内地人と比較して第一に我々の月給が違ふ。朝鮮人の受くる本俸は内地人のそれの約三分の一である(之れ朝鮮人のいふ処を其儘に述べたのである。実際朝鮮人の俸給の平均額が同等の地位にある日本人のそれの三分の一に当るや否やは未だ精密に之を調査して居ない)。而かも内地人は其上に多額の在勤俸を受くる。何故に斯く非常な差等を設けらる、のであるか。せめて本俸丈けは同じやうにして貰ひたいと。彼等はまた言ふ。内地人は一両年にして高等官になり、更に年数を積むに従つて官等がどん〳〵上る。然るに朝鮮人は——暫く行政官だけを取つていふと——郡守といふ特別階級を除くの外は、殆んど全く高等官になれない。なぜなれば朝鮮で官吏が高等官となるには、矢張り日本内地に於けると同じやうに高等文官試験を受けなければならない。然るに高等文官試験は朝鮮人に之を受くることを許されて居ない。故に朝鮮人のみに適用すべき特別の試験規則でも作らない以上は、朝鮮人の高等官になる見込は絶対にないと言はねばならぬ。単に之れ許《ばか》りではない。文官試験の適用の範囲外に属する各種の技術官についても、内地人は容易に技師になれるけれども、朝鮮人は殆んど何時までも技手で置かれる。従つて朝鮮人は何年経つても殆んど月給が上らない。為めに又同僚の日本人から同じ役所に居つて非常に軽蔑される。少くとも区別的待遇を受ける。是れ少しく気概ある者の何れも総督府の官吏たるを甘んぜざる所以であると。(大正四年度の職員録で調べて見ると鮮人の高等官は度支部に一人居る。併し勤務未定とあるから実権はないのであらう。警察部にも居るが全国を通じて五六人に過ぎない。外地方官としては郡守と道の参与官は皆鮮人であり、又道長官にも数名の鮮人がある。其他にはない。鮮人の不平は丸で事実に根拠して居ない訳でもない。）彼等はまた言ふ。朝鮮人の官吏は其転任転職について殆んど本人の意志を尊重せられない。ある朝鮮人は僅々両三ケ月の間に甲より乙、乙より丙に、又更に丙より甲に三度転職を命ぜられ、而かも一回も予め其内意を問はれたことはなかつた。是れ我等が常に其地位の不安を感じて止まざる所以である。裁判官などには近頃朝鮮人も多く採用されて居る。（現今鮮人の判事たるもの全国に当りて三十余名ある。何れも末席を汚して居る。検事には一人もない。）けれども朝鮮人たる裁判官は、鮮人同志の事件のみを取扱ふもので、日本人に関係して居る事件には全く干与せしめられない。而かも朝鮮人間のみの事件は、総て朝鮮人が取扱ふと言ふことならば、まだ諦めも出来るが、必ずしもさうではない。斯ういふ風であるから、朝鮮人にして総督府に使〔仕〕官して居る者は、殆んど其前途に何等の光明を見ず、失望落胆、意気消沈の極に達して居ると。以上は数多く聞いた不平の中の二三の例である。日本側の高官は、我等の朝鮮を政〔統〕治する、一視同仁を根本義とし、朝鮮人をも随分沢山行政官や司法官に採用して居ると誇らるるのであるが、然し朝鮮人は決して之を有難いと思つて居ないやうだ。況んや之を日本の恩恵と感謝して居る者の如きは一人もないやうだ。寧ろ却つて朝鮮政府は朝鮮人たる官吏に対して非常の虐待を加へて居る位に考へて居るらしい。朝鮮滞在中予一度此事を某高官に訊した。其答に曰く、「一体朝鮮人が日本人と同じやうな月給を貰はふなどといふ考が間違つて居る。さういふ生意気な考を捨て丶了はなければいけないんだ」と。即ち朝鮮人が一切の慾望を棄て柔順猫の如くなるに非んば、彼等の幸福は永遠に来るものでないといふ立場を取つて居らる丶のである。けれども斯ういふ考で植民地を統治するは果して正当なりや否や。否一歩を進めて斯かる境遇に朝鮮人を甘んぜしむることは、事実上果して可能なりや否やと予は反問したかつた。又該高官は「ナニ、高等官にもなれぬことはない。郡守は皆朝鮮人だ。道の参与官も朝鮮人で又道長官に朝鮮〔人〕のなつて居る者も三四人はある」と言はれたが、又此郡守に関する朝鮮人側の不平を聞くと斯うである。政府では鮮人懐柔の一つの方法として、郡守には皆鮮人を採用しては居るが、鮮人の長官たる処には、必ず次席に有力な日本人を置いて、此日本人をして実権を握らしめて居る。故に鮮人が長官となつてゐると言つても実は次席たる日本人の傀儡に過ぎない。而して道長官が鮮人たる場合も略《ほ》ぼ同様であるが、道の方に来て実権を握る日本人の方はまだ相当の教養のある人が来るからよいが、郡になると所謂次席の官吏に余り立派な人物が来ない。否随分品格の低い考の至らざる者もあつて、公私いろ〳〵の場合に故《ことさ》らに郡守を無視し軽蔑するといふ様なことが甚だ多い。此不謹慎なる次席官吏の専恣横暴に憤慨して、恨み骨髄に徹すると叫んだ郡守も少からずあるといふことを聞いた。之も一々例を挙ぐることが出来ないが、一寸考へてもありさうなことに思ふ。

要するに朝鮮人は大体に於て、現今の日本統治に非常な不平を有つて居る。無智の下層階級の連中の如きは、自分の接する下級の官吏若くば下層の内地人の横暴虐待を恨んで、只漫然と訳もなく日本人を毛嫌するのであるが、多少教育を受けた識者階級は前段に述べた様な理由からして、意識的に日本の統治を心中不快に思つて居るのである。而して此等の中流以上の階級が実に一般朝鮮民族の上に非常な潜勢力を有つて居るといふことを考ふる時に、之は日本としては余程重大視せねばならぬ問題ではあるまいか。尤も此等の所謂識者階級は一面より観れば、日本の統治の方法如何に拘らず、一般に新政治に対して余り好意を表せないといふ本来自然の約束があるやうにも思はるゝ。なぜなれば彼等は昔の朝鮮独立の時代には、其優勝なる地位を利用して不正の財を下層人民より掠め、袖手して贅沢な生活を送り得たのである。然るに日本統治の時代となつてより、彼等は此伝来的特権を失はねばならぬことになつた。明治維新の際に士族が俸禄を貰つたやうに、彼等も亦新政の当初は若干の金を御上より頂戴したが、朝鮮人の常として金のある間は働かないで遊んで居るのだから、時勢の変を洞察して之に応ずる将来の計を定めるといふことはなく、為に彼等は貰つた金もソロ〳〵亡くなつて、今や正に困窮の絶頂にあるといふことになつた。されば今や彼等は従来の惰眠より覚めて、いよ〳〵自分の腕で働いて飯を食はねばならぬと覚悟すべき時期にある。心ある者は段々所謂士族の商法の嫌はあらうが、将来の生業を探し当てんと苦心して居る。けれども大多数の者は今仍ほ悟らず、困窮の余り、遂に其窮迫の根源をば日本の統治に帰するに至つた。即ち時勢の変に基く当然の成行を解せず、漫然日本の統治に帰してから斯んな世の中になつたとて、日本を怨むやうになつた。斯ういふ次第で朝鮮人の不平なるものは、実は余程割引して考へねばならぬ理由もある。然しさればと言つて、朝鮮人の言分が皆間違であると一概に之を無視し排斥するのは、決して賢明なる統治者の態度ではない。我々日本人としては何処までも朝鮮人の立場に同情し、彼等が時勢の変を知らずして徒らに日本を怨むだけそれ丈け、我々は朝鮮人を労《いた》はつて遣る必要があると思ふ。然るに此着眼点から朝鮮政府の朝鮮人に対する態度を観るに、其為す所果して当を得て居るか否かゞ一つの問題である。一般朝鮮人に対する関係のことは暫らく度外に措く。只朝鮮人たる官吏について之を観るに、彼等は兎も角も高等の教育を受けたる、朝鮮人中の最も優秀なる人材である。此等を指導し、此等を心服せしめ、此等をして真に朝鮮政府の官吏たるの地位を自ら誇りとするに至らしむることは、是れ単に官吏たる此等少数人士の心を得る所以たるのみならず、又之を通じて朝鮮人一般を日本に引きつくる所以となると思ふ。然るに此等の官吏をして毫も其地位に満足せしめず、仕方がないから勤続はして居るもの丶事情が許すならば仕官いたしたくないといふ境遇に置き、而かも前途に何等の光明もなく、顧みて同胞の土民に対しては日本政府の飯を食つて居ることが如何にも面目がないと考へねばならぬ様な地位に在らしむるのは、決して策の得たるものではないと信ずる。朝鮮人を教育して居る或官立学校の校長は、卒業生の勤め先について、「官吏になつても前途に見込みがないからとて、此頃は実業界に入つたり、或は父兄の下に帰つて只居る者が多くなりました。」と言つた。偶々官吏になつても、同胞の朝鮮人から如何にも裏切者か売国奴といふやうな意味で譏《そし》られ、而かも政府からは実質上満足な待遇を与へられて居ない。斯くの如き地位に置くのでは、如何に表向き朝鮮人にも官界に於て、同等の機会を与へて居るの、此通り鮮人懐柔の為めに尽して居るのと言つても、何の役に立つであらうか。此等の点は之といふ断案を下す前に猶ほ十分の材料を挙示するの必要ありとは思ふけれども、数名の朝鮮人の不平を聞いて成程と思つた点もあるので、漠然ながら右述べた様な考を懐くに至つた次第である。

朝鮮人が日本の統治を、日本側が思ふ程に、有難がつて居ないといふことは、実は当然の話でもある。尤も其程度の問題になれば、日本人の責任に帰すべき点もあらうけれども、只日本の統治を喜ばないといふ事丈けならば、之は致方はない。如何に朝鮮人が無気力であると言つても、彼等は兎も角も永い間独立して居つた。而して実に独立の文明を有つて居つた一独立民族である。彼等は過去に於て一度我国に対して文明の先達であつたといふことを知つて居る。伊藤公以来今日まで所々方々の墳墓などで発掘された色々の古代の美術品は、朝鮮古代の文物の燦然たりし有様を今や始めて実物を以て目のあたり我々に示すのである。仮令《たとえ》今日いかに頽廃衰残を自覚して居つても、甘んじて他国の支配を受くるといふことは、彼等の決して屑《いさぎよ》しとする能はざるところである。日本人の間には動もすれば、支那人や朝鮮人などは多年虐政に困《くるし》んで居つたから、其虐政から救ふて呉れるものであれば、一も二もなく之に帰服すると考へて居る人が多い。否日本人許りではない。朝鮮人支那人それ自身の間にすら、現に非常な虐政に苦んで居る際には、困窮のあまり之を救ふて呉れるものがあれば、其何人たることを問はざらんとするものがある。現に上海辺に居る商売人の間には、自分の経済的利害の打算上、寧ろ支那が大正皇帝の治下に帰した方が満足だなど、言ふ者もあるとて、我国の有力なる某実業〔家〕が、支那人の所謂日支合併論を以て相当の勢力ある説なるかの如くに説いたのを聞いた事があつた。然し斯くして朝鮮人にしろ支那人にしろ、善政をさへ布《し》いて遣れば、彼等は全然無条件に日本の統治に満足するものなりと断定するならば、是れ独立民族の心理を解せざるの甚しきものである。成る程朝鮮民族は歴史的に観て日本民族と最も種族的の関係が近い。従つて日韓両国の接近提携といふことについては非常な便宜があるといふことは疑がない。けれども然し、如何に従来虐政に苦んだとはいへ、一転して外国の支配を受くるといふことは、独立国民たるの自尊心と相容れない。一時虐政に苦むの余り、何人でも来つて我の苦を救へと叫んだ其者自身すら、忽ちにして外部からの支配を咒《のろ》ふやうになるのが、古来の歴史の示す所である。足元の危げな二つ三つの小供ですら、後ろから大人に襟首を摑まれることは好まない。転ぶの危険があつても、独りで自由に活動したいといふのが、人間の奪ふべからざる本能である。如何に行届いた世話を受けても、人の厄介には永く満足の出来るものではない。金殿玉楼の中に山海の珍味を以て侍《かし》づかれた浦島太郎でも、久しからずして一竿の風月に一生を托した質朴なる昔の生活に憧れたではないか。是れ皆人類自由の本能に因縁する。如何に満足を与へても、我等の本能は依然として自由を欲求する。況んや満足幸福の名目の下に、幾多の拘束、幾多の煩累を与ふるに於てをや。左れば元来甲民族を乙民族が統治するといふ様な事は、其本来の性質に於て、這般の民族心理と相容れざる道理のものである。是れ民族関係の複雑なる先進諸国に於て、民族問題の常に極めて八釜《やかま》しき所以である。殊に十九世紀以来は、一般に民族的観念が勃興して来て居るから、従来従順であつた民族すら、近世に至つて騒ぎ始めたものもある。斯くして最近の歴史は民族の同化といふ事は極めて困難なるものである。否同化といふ事は、言は易きに似て実は不可能なものであるまいかといふ考さへ現れて来て居る。尤も此種の議論の現れて居るのは、主として共に相当の高い文明を有する在欧の各民族間の関係に付てゞあるが、然し同様の現象は欧米諸国が亜細亜、亜弗利加《アフリカ》に有する諸植民地に於ても全く起らぬではない。現に印度や埃及《エジプト》やは英国の統治の下にあれ程よく開発し、統治上には英国も随分骨を折つて居るのに、土民間の独立的風潮は益々盛になるではないか。米国では異民族の同化といふ事は不可能なものと諦めたのか、最近は非島独立を附与せんとして居る。向ふ二年乃至四年間に非島に独立を認許するの権能を大統領に附与するといふ所謂クラーク案は議会に容るゝ所とならざりしも、相当の時期に於て之を許すといふのであるから、独立を許すといふ主義は、確認されたのである。非立賓《フィリピン》は米国の施政の下に頗る広汎なる自由を与へられて居るけれども、独立思想は依然として衰へない。要するに、異民族を統治して、之より十分の心服を得るといふ事は全然不可能でないとしても、非常に困難なものである。従つて予一個の考としては、異民族統治の理想は其民族としての独立を尊重し、且其独立の完成によりて結局は政治的の自治を与ふるを方針とするに在りと云ひたい。併し之は只一片の抽象的の議論である。具体的の問題としては、政治上就中対外関係上から政治的の自立を許すを得ざる場合もある。但之等の理由よりして已むを得ずして異民族統治の主義を固執せざるべからずとしても、統治者は一面に於て断じて夫の民族心理を無視してはならない。又いかに此民族心理を尊重するの方針を取るにしても、統治さるゝ民族に不平の絶える筈はないから、其民族の少し位の不平があつたからとて、それを非常に気にかける必要もない。之を気にかけて強いて之を圧迫するの暴挙に出で、為めに無用の力を注ぐが如きは、彼我共に何の益するところがない。

朝鮮に於て政府は土人並びに内地人は勿論、一切の在留民に対し、非常に言論の自由を拘束して居ることは公知の事実である。就中朝鮮人の言論行動に関しては、事実上非常な拘束を加へて居る。そこで、さらでも日本に対して不平なる朝鮮人は、更に反感をそゝられて、遂に一部の鮮人は走つて極端なる危険思想を抱くに至つた。

斯かる危険人物の多少でも勢力を有つて存在して居るといふことは、朝鮮統治の成敗を論ずる者の決して看過すべからざる所である。当局者は兎角かう云ふ者に我々の手を染むることを好まざる様であるけれども、然し此等の連中のもと〳〵何を主張するか、又此等の連中の現に有する勢力は如何といふ様な事を明かにするは、朝鮮統治上の参考としても極めて必要であると思ふ。尤も朝鮮内部に於ては、其周到にして洩らすところなき厳しき取締の結果、此等の連中は殆んど戟《ほこ》を収めて鎮まり返つて居る。否、到底日本の取締には敵し難しと見てか、或は長いものには捲かれろと諦めての結果にや、例へば先年寺内総督暗殺の陰謀を企てた尹知昊〔致〕の如きまでが、近頃頻りに総督の門に出入して閣下の教を乞ひ、朝鮮人基督教青年会の幹事長として余生を純宗教事業に捧げんと声言して居る様な次第で、概して日本の統治に恭順の意を表して居る。然らざるも皆世人の目立たぬ所に隠れて、彼等同志の間に於てすら、日本に対する不平は口外しないやうにして居る。予は此種危険思想派に属すと確かに認むべき某氏と会見したとき、初対面匆々朝鮮人間の排日思想について或る質問を発したのに、彼れは「此節排日思想など〻いふやうなもの〻あるべき道理はない。我々は皆日本天皇陛下の徳に服し、又総督閣下の統治に満足するものである」とムキになつて論争した。是れ偶々彼等が如何に日本の取締に対して戦々兢々として居るかを反証するものである。そこで朝鮮丈けを素通りして見ると一見極めて穏かである。又一ト通り朝鮮人と話した丈けの判断では、朝鮮は極めて安全である。然しながら朝鮮に居る者ばかりが朝鮮人ではない。其外に露領にも居れば満洲にも居る。之等在外の鮮人の無遠慮なる言ひ分をも聞いて見て、サテ朝鮮人の真意はと考へて見ると、慥《たしか》に彼等の一部の者の間には極端な危険思想に毒されて居る者がある。その最も極端なるものに至つては、最早我々亡国の民に取つては、朝鮮民族の今後如何にして起つべきやといふが如きは問題ではないと放言し、自暴自棄の余り、只如何にして日本の勢力を半島外に排《しりぞ》けんかといふ事のみを考へて居る。而して其為めに若し必要があるならば、露西亜の下に服するも亦可なり、亜米利加の助を招ぐ亦辞するところに非ず、支那の強大になつて半島より日本の勢力を駆逐せんことは、其の最も願ふところであると言ふ。近頃支那に革命運動が起つて居るが、之に対して彼等の或る者は非常な空望をかけて居る。そは支那にして若し革命運動に成功せる結果、他日強大な国家となるなれば、即ち彼等はこの新興の支那によつて、日本を追ひのける事が出来るだらうといふのである。予は、日本の勢力を排けんが為めに支那若くは露西亜に倚るといふのは、所謂前門虎を防いで後門狼を入るゝものであり、又譬へば今日百円の借金を日本に払はんが為めに、百廿円の新借款を露西亜に起し、他日又露西亜に対する不平が高まり、其借金を返すといふ事になり、為めに亜米利加から更に百五十円を借りるといふやうなもので、日本より露西亜、露西亜から亜米利加と転々する間に、朝鮮民族の困難は増す許りである。寧ろ陰〔隠〕忍して一意専念民族全般の開発を計り、平和の裡に先づ其実力を養ひ、徐《おもむ》ろに時機の到来を待つて然る後に適当の解決を日本に求むるのが一番得策ではないかと、去る処で説いた事があるけれども、中には容易に納得せざる者もあつた。勿論此種の突飛な考を有する者は、朝鮮人中の極めて少数の部分に過ぎず、且つ此等の連中が日本を排ける為めに、露西亜と結托すると言つたところで、それが実際の勢力ある思想となり得るまでに、一般の承認を得ることが出来るかどうかは問題である。此種の考を抱いて居る者は、本国では到底事をなすことが出来ぬから、近くは奉天又は浦塩《ウラジオ》に、又遠くは亜米利加の西岸諸市に夫れ〲中心を作つて、何等かの運動計劃に従事して居るといふことである。何れにしても予の観るところでは、此等の者の実際の勢力は、其人数の上から言つても、又それが朝鮮人一般の間に得て居る承認の度合から言つても、実は大した勢力ではない。全体としては敢て深く意とするに足らぬと思ふ。けれども、只此等の連中が所謂自暴自棄の徒にして、動もすれば朝鮮民族その者の利益は丸で度外において、只日本に大なる損害を与へさへすれば満足するといふ連中であることを思ふとき、予輩は彼等の為すところ往々暗殺などゝいふ極めて隠険〔陰〕なる手段に出づることあるを看逃してはならない。即ち彼等の勢力は甚だ微弱なりと雖も、其為すところの結果は実に恐るべきものがあるから、我々は此等を全然無視することは出来ないのである。左ればといつて今吾々は之等の連中を手軽に如何か為るといふことも出来ない。例へば之を懐柔しやうとしても、第一何処に何ういふ人間がこんな思想を抱いて居るのやら明でない。従つて我々として精々為し得べき事は、今後に於て此派に入る者の一人でも少からんことを計るべきである。此派に流れ入る者は専ら青年に多い。青年をして其処を得せしむるといふ事が、朝鮮統治の局に当る者の、最も心すべきことであると思ふ。之等の点に付て、先般我国に来朝して御札博士として持て囃《はや》された米国シカゴ大学教授スタール氏は面白い意見を述べて居る。公平なる第三者の観察は、我々に対して他山の石たる価値ありと思ふから、其中の一句を抜かう(五月五日東京朝日新聞による)。「日本が斯様にいろ〳〵朝鮮を善くしたに拘らず、朝鮮人はまだ深く日本人を嫌つて居る。又日本人も朝鮮人を一段下等の人民の様に軽侮して居るといふのが事実だ。若し日本人が朝鮮で繁盛しやうと思ふならば、何を措いても朝鮮人ともつと親友になるのが必要だ。他日しみ〴〵日本人が其必要を感ずる時が来ると思ふ。立派な鉄道も、港湾も、学校も、裁判所も、皆日本人の賜ではあるがこんなことには朝鮮人は割合に有難いと思はない。日本人が朝鮮人を実際同胞と思つて親切なる待遇を与へ朝鮮人も其義に感じて日本人として運命を共にするやうにならなくては、日本の朝鮮問題は解決せられては居らぬ。日本が実際朝鮮人の忠誠を望むならば、朝鮮人を同等の同胞と思つて、親切な待遇を与へなければならぬ。日本人が此道理を認むるに至つて、始めて朝鮮問題は解決せらるるのである。朝鮮にある日本教育者は、先づ日本人たる小学生を此様に教育する義務がある。」

要するに、朝鮮は今日のところ十分に安穏であるといふことは出来ない。朝鮮人は決して未だ十分に日本の統治に心服して居ないのみならず、内心却つて不平を抱いて居る者が相当に多いと見ねばならぬ。それにも拘らず朝鮮人をしてグウの音も出させず、内地人が何処へでも内地同様に入り込んで、些《いささ》かも危険を感ぜざるを得るのは、一に朝鮮に於ける憲兵制度の賜にして、あれ丈けに憲兵網を全土に張つて、公安の維持に一糸乱るゝ所なからしめたのは、何といつても寺内総督の偉大なる組織的手腕の結果であつて、我々は実に之を見て敬嘆するの外はないのである。只茲に起り得べき一つの問題は、秩序の維持はあり而かも住民の幸福は如何といふことである。朝鮮人にあれ丈けの不平を心の底に植ゑ付けて置けば、これ丈けの憲兵の配置は必要であらう。然らずんば到底公の秩序が保てるものでない。而してあれ丈けに秩序を維持するといふことは、到底凡庸なる政治家の能くし得るところではない。此点について寺内総督は最も見事に成功を収めたものと言はねばならぬ。然し公安の維持に必要なる憲兵の制度は、又其反面の結果として、住民の幸福を計る上に色々遺憾の多いことも亦掩ふべからざる事実であると思ふ。朝鮮の公安は憲兵制度なくしては或はこれ程よく維持されなかつたらう。けれども山間僻地にあつても、到る処憲兵が万能の支配者であるといふの結果、如何に住民が此制度のために其幸福を蹂躙されて居るかといふことは、是非共また統治者の注意を乞はねばならぬ点である。憲兵はもと行政官として殊に牧民官として教育されたものではない。彼等の行動殊《こと》に住民に対する態度、彼等の中央政府に対する報告殊に人事に関する報告、此等のもの、往々にして依怙《えこ》に偏し、其正鵠を得ざるものあることは、多言を要せずして明白である。此等についての不平は朝鮮人並びに内地人より随分多く聞いた。而して其不平の多くに対して、予は一々同感の意を表せざるを得なかつた。此点は今後朝鮮政府の努めて改革を加へねばならぬ仕事であらうと思ふ。予の観るところによれば、朝鮮統治の事業は今や先づ半ば成つた。政府の組織、教育の振興、産業の開発、殊に最も人の憂へたるところの秩序公安の維持、此等は殆んど皆立派に出来上つた。然し此等の仕事は多く皆表玄関の修飾にして、之より更に内地人及び朝鮮人の実質的の利益幸福を進めるといふ所謂お勝手元の改良が必要である。日本の政治は内地に於ても兎角表玄関を飾るに急にして、裏口は案外に之を粗末にする。今より十年前予は当時の直隷総督袁世凱《えんせいがい》の招聘に応じて天津に往つた事がある。その時予は毎日長子袁克定《えんこくてい》君と本を読む為めに総督衙門に通つた。袁克定君の書斎は裏門から入ると玄関の側に在つた。而して門を這入つてから玄関までの途は、何時行つても塵ぱし一つないといふやうに綺麗に掃除されてあり、又玄関から書斎に至る間も非常に綺麗に掃除され〔て〕居るが、一旦其建物の横の方から裏側の方へ廻つて見ると、驚くべし大小便垂れ流しで、其不潔なること言ふばかりなかつた。人の眼につく処は非常に綺麗にして居るけれども、一寸人の眼につかぬ所は全然放任して居るといふ訳である。支那の政治も亦之と同様で、兎角政治家は表面の虚飾にのみ流るゝの弊がある。これ程極端ではないが、日本の政治も亦やゝ之に類するものあるのではあるまいか。外国人の手前を飾るといふ為ばかりでもあるまいけれども、立憲政治の形式はともかくも之を採用した。然しながら之が運用によつて受くるところの国民の利害関係は、殆んど識者全般から無視されて居るではないか。領事裁判制度の撤廃の為めに大急ぎで法典は作つたけれども、国民の法律生活の内容は極めて貧弱なものである事も今更言ふを須《もち》ゐない。尤も我国は維新後急いで欧羅巴《ヨーロッパ》の文物を入れ、之れと歩調を合せねばならぬといふ特別の必要があつたから、先づ以て表玄関を大急ぎで飾つて、外国より受くる不当の物質上並びに精神上の圧迫を排除する口実とせねばならなかつた。例へていふならば、夜会に出るには燕尾服が必要であるといふので、急いで之は新調したけれども、下着の垢じみたものまで作りかへるの余裕がなかつたといふ様な有様である。外国の仲間入りをして無理に大きな顔をしようといふ時代には、それも必要であつたらう。然しながら今日は最早此態度を改めて一歩を進むべき時代となつたのではあるまいか。木綿の表に絹の裏をつけるのが江戸ツ児の誇りと聞いてをるが、江戸ツ児に限らず潔癖なる一般の日本人としては、上衣に少しの垢がついても、少くとも褌《ふんどし》丈けは毎日洗濯した者を着けべき筈である。何ぞ独り政治丈けが、表面のみの修飾に急にして実質の充実を計らざること今日の如く甚しきや。今日まで我国の政治家は日本帝国の玄関を飾る為に従来随分と骨折つたけれども、派手向き一方の功を急いだ結果、又随分人民の実益を無視したことも少くないと思ふ。地方官などの中には、徒らに在任中の功績を残さんとてにや、それ築港だとか、それ公会堂だとか、随分突飛な大金を不急の事業に投じて悔なかつた者も少くないと聞いて居る。又中央政府としても、派手な大きい仕事の成績を挙ぐる為に実際上の人民の利害を無視した事は之れまで決して稀ではない。此頃は余り問題にならぬ様だが、かの足尾銅山の鉱毒事件などについても、当局者の中には、被害者の言ひ分には尤もの点もあるけれども、併し其言分を通せば、足尾銅山の事業全般に影響する、而して足尾の事業の盛衰は、即ち日本の海外貿易に影響すること夥しく、惹〔延〕いて日本の財政にも少からぬ関係を及ぼす訳になると言つて、云はゞ表玄関の海外貿易といふ派手な仕事の見地から、お勝手向きの鉱毒被害地の人民の利害が平気で犠牲にされて居つたのである。表玄関を張るに忙殺さるゝといふことは、後進国には兎角あり勝ちの事である。然し同じく表玄関修飾主義の政治家でも流石に独逸のビスマルクは此点に於て実に敬服すべき達識の政治家であつた。彼は表玄関を張ることに気を取られて勝手元の不如意を忘れるといふ様なことは決してなかつた。彼は表玄関も十二分に張つたが、また之と同時に必ずお勝手元を結局に於て充実する所以の途を講ずることを怠らなかつた。是れ今日の独逸が斯くも隆々たる勢力を現はせる所以である。我国の政治家の多数は、不幸にしてビスマルクの一面を視て、他の一面を見逃して居るのである。是れ予の常に遺憾として措かざるところである。彼等はなか〳〵表面派手な施設を企てて以て、世人の耳目を聳動する。軽躁なる国民は之に向つてヤンヤと喝采の声を浴びせる。然しながら、其結果として国民は其物質的並びに精神的の生活の上に如何なる影響を蒙るかは、深く省みない。偶々之を説く者あれば、消極的退嬰主義者など丶言つて罵倒さる丶。之は日本内地の事であるが朝鮮に於ても之と同様の事は言へぬであらうか。憲兵制度によつて表玄関式の政治は模範的成功を収めて居る。併し之と同時に朝鮮政府は更に一歩を進めて一般在住民の現実の利害に及ぼす其制度影響を如実に研究して、之に応ずる適当の方法を講じ、以て内部充実のジミな方面にも十分手を伸ばして居るや否や。予は切にビスマルクに見るが如き、両面の施設を兼ね施して円満なる効果を挙げられんことを希望する。今日までのところは合併後年なほ浅く、所謂草創の際であるから、表玄関に全力を注ぐも亦已むを得なかつたらうと信ずる。けれども今や内外の状勢は我々に向つて従来の政策の方向の一転を迫つて居るのではなからうか。

(二)

以上の如く、予は一般在留民、中にも朝鮮人の物質的並びに精神的の生活に対しては、もつと立入つた、親切な、実のある世話をすることを必要と思ふのであるが、さればとて決して政府の威厳を保つことを無用と言ふのではない。所謂恩威並び行ふといふことは、陳套の言葉ではあるけれども、常に真理であると信ずる。故に朝鮮に於て日本帝国の威力が、総督政府を通して十分に張つて居ることを、我々は最も痛快に感ずるものである。が、只其威厳の表はし方に付ては、多少形式の末に奔るの嫌があるまいかと思はる丶節もある。余りに形式の末に走る時は、動もすれば空威張りとなつて、陰で人の誹《そし》りを招ぐといふこともある。此事に付いても予は茲に見たま丶聞いたま丶を其儘並べて見よう。敢て此れ丈けの事実で軽卒な断案を作り、以て当局者を責めんとするの意に出づるのでは無い。

官憲の威厳を保つ為めには、官吏其人をして威厳を保たしめねばならぬ。朝鮮の官吏が総て金ピカの制服制帽を被り、甚しきは高等女学校の先生までが、男は総て剣を提げて居るなどは、寧ろ些か滑稽の観なきを得ないが、無智の土民に対する手段としては、或は之も必要であらう。而して官吏の威厳を土民に対して十分に保つ為めには、同時に内地人に対しても之を保つて行かねばならぬ。内地人に対してい、加減にして澄まして居つては、土民に対してのみ独り十分に威厳を立てるといふことは出来ない。従つて朝鮮の官吏は朝鮮人に対しても内地人に対しても、一見する所随分威張つて居ると言はれて居る。従つて中には多少適当の度を超えては居ないかと恐れて居るものもある。例へば総督が一寸日本へでも帰るとか、または日本から帰任したといふやうな場合には、部下の官吏は大挙して送迎に出る。尤も之は内地でもあることだから致方がないが、其上に公私の学校までが全体みんな課業を休んで停車場まで送迎に出るといふのは、如何なものであらうか。亜米利加人の経営して居る私立学校の様なものまでが皆此例に倣《なら》ふのである。別に表向きの命令に出づるのでは固よりあるまいけれども、少くとも道義上之を強制して居るものらしい。斯くまで世間に迷惑を掛くることは、余所《よそ》の国では、一国の君主にもないことだ。此事は京城ばかりでない。経過駅の釜山でもある。朝釜山を出て馬関に向ふ連絡船に乗るには前夜京城を発たねばならぬ。而して此汽車の釜山に着くのは朝の五時である。厳寒の候朝の五時に、総督がお通りになるからと言つて、小学校の生徒までが皆波止場に出て吹き曝しになるのは、如何にも可哀さうで御坐ると、多くの父兄から怨言を聞いた。小学校生徒が規律正しく兵隊のやうに並んで居るのは、見て気持のよいものだといふ人もあるさうだが官吏の発着毎に小供を引出すのは、些か極端であるやうにも思ふ。一体朝鮮では随分と送迎の虚礼が烈しい。今では独り官吏の威厳を保つといふ意味ばかりではないやうだ。総督ばかりではない、例へば山県政務総監とか児玉総務局長とかの発着にまで、相当に盛な送迎が行はれ、其釜山通過の際の如きは、道長官が遥々晋州から挨拶に来るを常とするさうだ。晋州から釜山までの往復は少くとも三日はかゝる。山県児玉両君の一片の送迎の為めに、道長官が三日間も職務を曠廃する〔と〕いふことは、出来ることなら廃めた方がよからうとは、局外者間の輿論であると我輩は観た。

朝鮮では色々の意味に於て官吏万能である。之も畢竟官吏の威厳を保つといふ主義から出て来たものであらう。何か社会的の催があるとする。何時でも先に立つ者は官吏である。宴会がある。官吏が何時でも上席で、会社員実業家は如何に其徳望見識の高い者でも必ず末席に座るのが通例のやうだ。単にそれ丈けならばまだよい。聞くところによれば、朝鮮政府は会社銀行等の内規にまで干渉し、其使用人の給料は必ず官吏の俸給の振合により、決してそれを超過するを許さない方針であるといふことである。内地では実業社会の給料は、同格の官吏の得るところより数層倍多きを常とする。然るに収入多ければ自然高等の生活をなし、為めに其実際の勢力自ら官吏を凌ぐものあるに至るの恐がある。官吏の地位を第一に立つる為めには、此等の者をして官吏以上の生活の出来ないやうにして置くのが必要である。斯ういふことから会社銀行員の給料に余計な制限を設けたのであらう。尤も之は総督府と密接の関係あり、且つ直接に其監督を受くるものに限るとの事であるけれども、又以て如何に政府が官吏の威厳を保つといふことに、余計の頭を悩して居るかが解る。

之れ程まで官吏の威厳を保つに苦心するといふことは、新附の殖民地に於ては必要已むを得ざることであらう。只其半面に於て、此事は動もすれば官吏横暴の弊を来たし、民間の陋劣なる者亦動もすれば官吏の意を迎へて其私を計る者を生ずるの恐あることに、眼を蔽ふてはいけない。単にそれ許りではない。総て官吏が主になつて居るから、例へば茲に或民間の事業について規則を作るといふが如き場合にも、其規則は毎に官庁の取締に都合のよいやうに立案せられ、事業其物の利便は深く省られないといふ弊もある。且つ又人民の側の発言は割合に聞かれもせず、又十分に許されもせないから、人民の側の利便といふ事は、初めから深く研究されずして法律の立案せらるゝことも稀ではない。要するに官吏万能の組織の下にあつては、余程聡明鋭敏なる長官の、上にあつて周密の用意を為す者あるにあらずんば、仮令下級の官吏に悪意あるにあらざる場合でも人民の利便の動もすれば無視せらるゝことは容易に免るゝことは出来ない。況んや朝鮮の如く政治に対する民間の批議を絶対に許さず、内には言論の自由を極端に拘束し、外には内地より入る新聞雑誌等の検閲を極めて厳重にするところに於ては、特に此点に顧慮を加ふることを必要とする。敢て深く当局者の一考を煩はしたい。

されば総督政治に対しては、内地人と雖も、実は十分に満足して居るといふ訳ではない。彼等にも言論の自由はない。新聞雑誌も御用機関紙の外は、殆んど発行を許されてゐない。二三の雑誌は東京に発行所を置いて、辛うじて表面を胡麻化して居る。ウツカリ政治上の露骨な批評でもすれば、直ちに退去を命ぜらるゝの恐れがある。そこで彼等の或る者は、朝鮮に来て初めて言論の自由なるものの有難さを知つたと言つて居る。固より彼等は、朝鮮に居ることが日本に居るよりも特に不便不利であると考へて居るのではない。事実に就いて表面の生活上の利便を比較すれば、日本内地に居るよりは遥かに優つて居ると人も信じ自らも信じて居る。けれども彼等には時にふれて感ずるところの不平を洩らす機会が供へられてない。彼等は言ふ「朝鮮政府の誅求頗る激しく、我等は殆んど其重きに堪へざるも之を訴ふる所なし」と。予は朝鮮在留者の負担が内地に居る日本人の夫に比して如何なる割合にあるかを未だ調査してゐない。よし之が調査が出来たところで、富の程度其他一般の事情が同じくないから、直ちに双方の計数を比較して兎角の議論をするの当らざることを知つて居る。けれども朝鮮政府では、台湾の顰《ひそみ》に倣ひたるにや、近き将来に於て会計の独立を完成せんと期し其為めに租税の賦課は随分辛烈を極めて居るとの事である。独立会計の完成、従つて本国政府を最早財政上少しも煩はさぬと云ふことは、如何にも華美《はな》やかな成功であつて、其局に当つた政治家は、事情を知らぬ日本内地の人からは非常な賞讃の言葉を博するだらう。然しながら独立の実備はつて後初めて独立するのならば無論結構であるが、未だ独立するの実力なくして無理に独立の虚名を立て通すのは、決して本当の殖民政策上の成功といふことは出来ない。予は朝鮮の現状が、近き将来に於て財政的独立を許す程度に達し居るや否やを明白に知らないが、只汽車に乗りて半島を縦断して得たる一片の感想に基いて論ずるならば利用者が少いからとて食堂車も寝台車も連結して居ないやうな貧弱な民度では、財政の独立など〻いふ事は以ての外の話であるまいかと思はる〻。朝鮮の鉄道は京城から南するものには、相当にい〻客もあるので、食堂もついて居り、寝台の設備もある。けれども之は主として日本の官吏其他の者が日本と京城との間を往復するの結果である。朝鮮其物の富の程度に応じて出来たものではなかりさうだ。されば京城から北新義州に至るの間は、偶々一二の欧羅巴人旅行者の一等車に乗る者の外は、い〻客種は極めて少く、予の此の区間を通つた場合には、二等車に乗つてをる者だけを算ふるも、欧羅巴の旅行者を除いては、唯だ四人に過ぎなかつた。されば寝台車は無論のこと、食堂車の設備もないのも無理はない。以て経済的実力の如何に貧弱なるかを知るべきである。而して斯くの如き貧弱なる民度を基礎として強て独立会計を完成せんとあせれば、勢ひ苛斂誅求の弊に陥らざるを得ざること火を覩《み》るよりも明白である。是れ多少の見識を有する朝鮮在留者の多数が、此独立会計の虚名が禍をなして朝鮮政府を促して苛斂誅求厭くなきものたらしめし次第なりと説く所以である。彼等は朝鮮では関税が滅法に高く、地租などの割当も甚だ不当であるといふ。事実日本内地と比較して如何やうの割合になつて居るかは、実は余り深く研究しては居ないが、併し朝鮮に這入る時の税関の調べが日本全国の税関中で一番小八釜しいといふことは、旅行中屡々聞いたところであつた。地租については京城に於て曾てかういふ話を聞いた。先年市区改正実施の風説盛に起り、為めに地価の著しく騰貴を来したことがあつたが、其際政府は地主に対して其地価を申告せしめた。地主は市区改正のために買上げになるの予想の下に少し高めに申告したのであるが、焉《いずく》んぞ知らん其価格は其儘取つて法定の地価として地租算定の基礎とされて仕舞つた。其後間もなく不当に暴騰した地価は段々安くなつた。それでも一旦定められたる法定の地価は依然として居る。故に今日彼等の納めて居る地租の計算の標準たる法定地価は、実際の売買地価よりも遥に高い。故に例へば地価の百分の七を地租として納むるとしても、実際は百分の八か九を納めてゐる勘定になる。地所の売買に当つていよ〳〵登記を履むといふ際に、実際の売買価格を標準として登記料を計算しては、官憲で承知しない。法定の価格を標準として、之に相当する丈けの収入印紙を貼付しなければ受け付けないさうだ。こんな不法な所置は又とあらうかと言つて憤慨して居る人も少からずあつた。

斯くの如く金は取られ放題で、之に対して些かも文句を言はれないといふのでは、どんなに金が儲つても、我等は心持よくは思はないと、多くの人は不平を言うて居つた。抑も政治に於て最も根本の要点とする所は善政を布けりや否やの絶対的問題に在る。けれども、之が唯一の問題である訳ではない。之と共に人民をして現に受くるところの政治を以て善政なりと思はしむることも亦非常に必要である。内外在留民の為めに計つて誠心誠意力を竭《つく》せりと言ふ丈けで満足するのは決して聡明なる政治家の為す所ではない。更に一歩を進めて人民の心を得るに成功せずんば、予は政治家其人の為めに之を取らず、又国家の為めに之を悲しむものである。政治家は道学先生と違つて、我一人為すべきことをなせば如何に天下の非難を受けても俯仰天地に愧《はじ》ることはないなどと、独りで済まし込んで居る訳には行かない。

官吏の威厳を保つたといふ意味で、一旦発したる官庁の命令にはよかれあしかれ、一切文句を言はせないといふやうな現象も屢々聞いた。之と関連する話であるが、基督教徒なる朝鮮人に日曜日の労働を強いたと〔い〕ふ事から、延《ひ》いて米国宣教師との困難なる問題を惹き起したこともある。此事は別に後段に於て対米宣教師関係を論ずる項目の中に尚詳しく説かう。

（二）

日本政府の朝鮮人統治の根本方針は、必ずや彼等の円満なる物質的並びに精神的の進歩開発を計るにあるに相違ない。然しながら此方針は十分に貫徹せられて居るだらうか。是れ確かに一つの疑問である。而して予の観る所によれば、朝鮮人開発の根本方針の十分に貫徹されない一つの原因は、我が日本の政治家の間に「朝鮮人は果して全然我国に同化して日本人となり切つて了ふことの可能《でき》るものかどうか」といふ問題がハッキリ解決されて居ないことにあると思ふ。同化といふ事は従来各国の殖民政策の終局の理想であつた。然しながら相当に発達した独立固有の文明を有する民族に対して、同化は果して可能なりやといふ事は、少くとも最近に至り政治学上の一大疑問となつた。殊に民族的観念の横溢を極むる現代に於て、異民族の同化混淆は、よし可能であるとしてもそは非常に困難な事業である。仮りに同化政策で幾分の効果を収めたる国ありとすれば、そは必ずや非常に永い年数を費したに相違ない。而かも斯の如きは働きかけた方の民族が、受身の民族に比して、之を率ゐて行く丈けの高尚なる品格と優等なる才能とを十分に備へて居る場合に限る現象である。異民族に接触せる経験も浅く、殊に動もすれば他の民族を劣等視して徒らに彼等の反抗心を挑発するのみを能とする狭量なる民族が、短日月の間に他の民族を同化するなどと言ふことは、殆んど言ふべくして行ふべからざる事である。予は勿論、朝鮮民族が同化して全然日本民族と一になると言ふ事を必ずしも丸で不可能なりと軽々に断定する者ではないが、今の日本人の状態では余程困難であると云ふことだけは之を認めざるを得ない。少くとも同化の為めの各般の努力をば全然之を官憲に任《ま》かして、人民は毫も之と歩調を合せず、事毎に朝鮮人を蔑視し虐待して居るやうでは、到底同化の実を挙ぐることは出来ない。官憲も亦鮮民の同化を政府のみの仕事と思ふて民間の態度を傍観して居るやうでは之も駄目だ。政府は従来同化の大方針を貫徹し完成する為めに、曾つてどれ丈け内地人の訓練に努め且つ其反省を求めた事があるか。同化は決して政府のみの事業では無い。国民的事業である。官民合同の非常なる努力を以て後初めて成就し得べき事業である。予は先づ第一に内地人の心なき態度を見て、我国同化政策の前途を非常に危ぶむものである。其上官憲の方針に就て見るも、其努力は専ら形式の末に走り、実質に於て幾多の欠陥を見るのは是亦甚だ遺憾に思ふ所である。政府は法律を以て、総ての学校に日本主義の教育を施さしめて居る。日本語は鮮人の最も重んじて学ばねばならぬ課目である。彼等は日本の皇室を自分達の君として讃へ、君が代の歌を奏し、日の丸の国旗を誇り、日本の歴史、日本の地理を自分達の歴史、自分達の地理として教へられて居る。然し乍ら他の一面に於て、彼等は社会的にも又法律的にも日本人と均等の機会を与へられて居ない。公私共に事毎に差別的待遇を与へられ、甚しきは、同化政策の成功に取つて最も肝要なる、或は殆んど唯一の要件とも見るべき雑婚に対してすら、官憲は隠然反対の態度を執つて居ると聞いて居る。之は多く有る例であるか否かを知らないが、予の友人某は、朝鮮の婦人を娶らんとしたが、官吏として不穏当のことなりとの理由で上官の反対を受け、届出しても受理されなかつたと言ふことである。又之も予の知人たる某鮮人の事であるが、彼は日本留学中、其才徳を見込まれて日本某良家の婿養子となり即ち籍を内地に有することになつたが、彼の職を朝鮮政府に奉ずるや、元の生れが朝鮮人たりしとの故を以て、朝鮮人並の待遇を受け、月給も少く今日尚判任官の低い地位に置かれて居る。一方には汝等は日本国民なりといひ、一方には汝等は普通の日本人と伍する能はざる劣《ひく》い階級の者なりといふ。斯くの如くにして朝鮮人の同化を求むる、是れ豈木に縁《よ》つて魚を求むるが如きものではあるまいか。其処で、朝鮮人の同化といふ事の本来可能なりや否やは暫く別問題として、兎も角目下の状態では、表面如何に同化の必要を称へ、或は二千年来の歴史に照して、日鮮両民族の人種学的近接を高調しても、又政府が如何に公私の学校に於て日本主義の教育を打ち込んでも、決して同化の実の挙らう筈はないではないか。否却つて教育すればする程、彼等は段々反日本的に傾くといふ事実が現にあるではないか。其処で、朝鮮人の開発は表向きは大に之を計ると言ひながら、本当に開発を計つたものか如何かと言ふ事は、段々当局者の間に一の疑問となつたと思はるる。即ち彼等を開発することは、却つて日本に反噬《はんぜい》する者を養ふ事になりはしないかと疑ふやうになつたのである。此事は独り官吏社会の疑問である許りでなしに、今では教育者自身の間にすら之を疑問として居る者もあるやうである。現に予の参観した或公立の朝鮮人学校の校長は、「近頃朝鮮人は段々悧巧になつて困ります、日本の為めにはあんまり諸種《いろいろ》の事を教へない方がよろしいと思ひます」と言つて居つた。朝鮮人の開発を計ると言ふことは、世間に対する表向きの義理合上之を言ふに止め、其実は彼等を何処までも愚にして置いた方が宜い、と云ふやうな考は慥《たしか》に一部の有力な人の頭を支配して居ると思はるゝ。

然し右の如きは只一部の人の一時の考に止り、必ずしも日本官憲全体の本当の方針ではあるまい。朝鮮政府の施設経営に往々矛盾不統一あるの結果田舎には政府の趣意を誤り伝へて、学校は開いてもあんまり朝鮮人のエラクなるのは好まないなど、考ふるものもあるのであらう。兎に角日本政府そのものの方針としては朝鮮人の開発を計る為めに現にいろ〳〵の学校を設けて居るのである。高等教育の設備は今尚完全ではないけれども、然し之は殊更に不完全にして置くのではなくして、未だ朝鮮人に高等の教育を受けんとする熱望が薄いからである。只高等の教育を授けるとしても、専ら実業的若くは形而下の学問の方に学生を誘導し、法律等の理窟の学問には比較的遠ざからしめやうとの考はあるらしい。若し夫れ政治と言ふ学問に対しては現在の朝鮮政府は滑稽な程に神経過敏であると聞いた。日本に留学して政治法律を学んだ同好の連中が、曾つて京城に於て其研究を続くるの目的を以て一つの学会を作つた。其規則の中に本会は政治学、法律学、経済学を研究するを以て目的とすと書いたのを、政治の事は君等は研究しなくてもよいと言つて、或高官は政治学の三字を削るべく迫つたと聞いて居る。之れなどは明白に在朝鮮の官吏が、日本政府の対鮮人教育の方針を誤解したものと言はなければならない。朝鮮人も一個の人間である以上、段々教育の進むに従つていろ〳〵の方面に研究心を起す事は免れない。極めて不完全な蚕業伝習所とか機業講習所とか、或は農事試験所などで、少し許りの技術を教へた位で彼等を永久に満足せしめ得るものと思ふならば、是れ大なる誤りである。全然朝鮮人を教育しないならば格別、苟《いやし》くも朝鮮人に相当の教育を与ふると云ふ以上は、中に政治法律を学んで日本の統治を批判する位のもの丶出来るのは当然である。自分の倅ですら、多少の教育を与ふれば親爺の行動を批評するに至るではないか。

之と関聯しても一つ述べて置きたいことは、日本に留学する鮮人学生に就ての朝鮮当局者の考である。日本に留学して居るもの丶中には、総督府辺でこれこそ日本の用をなすだらうと眼星を着けて随分と世話をして寄越したものもある。此等が日本に来ると必ず其結果が悪い。殊に東京に来ると殆んど例外なく悪くなると言ふ。悪くなるとは道楽をするとか放蕩をするとか言ふ意味では無い。朝鮮の政府から見て始末に終へぬ厄介なものになると言ふ意味である。反面に朝鮮人から云はせると、従来は猫の如く柔順で通つたものが、日本に来てより熱烈なる愛国的精神を得て帰ると言ふ意味である。何故に日本に来ると斯う皆熱烈な思想を抱くやうになるのか。之を或は日本に於ける教育者の不謹慎に帰し、或は既に日本に在る過激なる朝鮮人の煽動によるとなすものあるが、之れ皆皮相の見解である。弱国のものが強国の真中に抛り出されると、初めは従来予想しなかつた新天地の眼前に展開せるに驚き、次には之と故国の衰勢とを対比して一種の愛国的熱情に駆らる丶のは、何れの民族にも共通なる当然の道行である。斯くして土耳古《トルコ》には青年土耳古党が起つた。支那今日の年少革命の志士も、皆外国の留学によつて思想の洗礼を受けたものである。知識の開発が必ずそれ自身の地位の自覚を伴ふ事は当然の成行である。独り不明固陋なる輩は、此自然の成行を覚らずして其原因を他に嫁せんとするのである。曾て慶親王は、支那の在日本留学生が殆んど悉く革命の思想を抱いて帰るのを見て、之を孫逸仙《そんいつせん》一派の煽動に帰し、其追放を伊藤公に求めた事があると聞いて居る。朝鮮当局者が朝鮮留学生の態度に就て憂ふるの状、恰かも慶親王の如きものあるは、予の甚だ奇怪とする所である。朝鮮人が日本統治の恩沢によりて段々立派な教育を受け、段々其知識を進むるに至れば、それ丈け段々悧巧になつて、従来のやうに御し易いものではなく、中には多少手におへないものも出来るのは致方が無い。中には無論革命的独立思想を抱くものも起るであらう。当局者としては誠に厄介な事ではあるけれども、斯くなるは事物当然の道理として已むを得ないのである。聡明なる政治家は、此等の現象を或特定の原因に基く異常の出来事と見做さず、須らく之を事物当然の成行と初めから覚悟して、其上で之に応ずる適当の策を講ずべきである。之は面倒ではあるけれども、一番確かな道程である。一挙に之等の思想を撲滅せんとするが如きは、一見捷径の様ではあるけれども、実は極めて危険なる権道である。若し之を面倒と思ふならば、初めから朝鮮人を教育しなければ可い。初めから朝鮮人の開発を計らなければ可い。

なほ玆に一つどうしても見遁してはならぬのは、朝鮮人の真の開発を計つて居るものは朝鮮に在つて日本人許りでは無い、其外に外人殊に亜米利加の宣教師が多くあると云ふことである。仮りに日本政府が如何に鮮人の開発を不便とし、鮮人の開発を妨ぐる方針を貫徹しようとしても、他方に、仮令其人数が僅かでも、鮮人の開発を計ると言ふ人道的目的の外他意なき若干の米国人が居ると言ふ以上は、朝鮮人は到底開発せられずして畢《おわ》るものでは無い。而して我国政府は、徳義上此等人道の戦士を朝鮮から全然放逐すると云ふ事は到底出来ないのである。勿論今日朝鮮の日本に合併せられた以上、彼等は日本の法律に従ひ、又日本官憲の監督の下に服して居る。けれども彼等の意気込は、日本の領土たる朝鮮に此頃新たに仕事を初めたと言ふ者とは違ふ、自分等の朝鮮人開発の為めに努力するもの玆に数十年、即ち鮮人教育と言ふ事業に就ては、自分達は遥に日本人の先輩であるといふ自覚を有つて居る。場合に依つては、彼等の多年事に当つて獲たる経験は優に日本の朝鮮統治を指導し得るものがある位に信じて居るものもあり、而して彼等の期する所は、只朝鮮民族が朝鮮民族として其天分を自覚し、其本来の才能を発揮せんことであつて、日本と撥《ばち》を合はして行くやうな人間を造るといふが如きは、固より彼等の問題とする所では無い。此に於て、鮮人教育の方針に就て確固たる根柢に立たない朝鮮政府の当局者は、段々此等の米国人を厄介視するに至つた。かくて米国宣教師と言ふ問題は、現に朝鮮統治の前途に横はる一の大問題となつて居るではないか。尤も之が一つの大問題となつたのは、双方の誤解、感情の行違ひ等にも因るけれども、其根本は日本の国家主義と米人の人道主義との衝突なりと見て可いと思ふ。動もすれば偏狭に陥り易き国家主義と動もすれば茫漠として摑み所のなくなる人道主義とは、日本の内地に於て而も日本人同志の間に於てすら従来屢々争はれた。又現に争はれても居る。豈独り朝鮮に於てのみ此争あるを怪まんや。況んや朝鮮に於ては、一方には夙に米国人に接近して比較的ハイカラな、幾分西洋の自由思想にも触れて居る土民、従つて日本の偏狭なる武断主義に慊焉たる、時には又米人の勢力を藉《か》りて日本に楯を衝《つ》かうとする土民があるのに、他方日本の側は、徹頭徹尾日本万能でヒタ押しに押して行かうと言ふのであるから、玆に両者の感情の疎隔反目を見るのは実は免れぬ数であつたとも思はれる。只聡明なる政治家として、此場合と雖も之に処する円満解決の途は決して無いではないと思ふ。

朝鮮政府と米人との反目の根本の原因に就ては、世にいろ〳〵の説があるけれども、予の観察する所に拠れば、主として日本官憲が基督教徒の感情を尊敬しなかつたと言ふ事に帰すると思ふ。日本当局の側では、米人は動もすれば土民を煽動して日本に反抗せしむるとか、或は日本官憲の命に従はざる土民を保護すると言ふ。朝鮮の如き官憲の威厳を樹つることを最も必要事となし、一にも官吏二にも官吏で、官吏万能を以て行かうとする処に在つて、些かでも抗命者を保護するが如き態度に出づる〔も〕のは、善かれ悪かれ、之を日本統治の妨害者と見做すのは又止むを得ない。併し乍ら米人は事柄の取捨選択に注意せず、漫然と無頼の鮮民を庇《かば》ふものと言ふならば、是れ大に誤りである。然らば如何なる事柄に就て、米人は鮮民保護の名の下に日本官憲の所為に干入し来るかと言ふに、最も普通の場合は安息日問題である。基督教徒殊に亜米利加式の基督教徒に取つて安息日を守るといふことは非常に大切な勤めの一つである。日曜日は之を聖日として専ら精神的修養に之を捧げ、俗事は一切之を執らないと言ふ事に矢釜《やかま》しくきめられて居る。此点は米国宣教師の最も矢釜しく朝鮮人の信者に教へて居る所である。然るに此等の意味合を基督教の事を全く弁《わきま》へない日本の官吏は更に了解しない。其処で、例へば前に述べた道路の修築等の如き場合にも、日曜であらうが委細構はず鮮民に労役を命ずる。すると所謂信仰の固い朝鮮人は、平常は如何に柔順な者でも、日曜日の労役丈けは官命でも之に従ふ事は出来ないとてかたく拒む。官命に従はないのが不都合だと言つて官吏は矢釜しく叱言《こごと》を云ふ。中には官憲の威力を立つる為めには、無理やりにも出て働かせねば気が済まぬといふ者もある。否職務上一旦発した命令は強行せねば済まぬと善意に考ふるものもあらう。かくて此事を厳重に迫ると、基督教信者たる朝鮮人は、然らば一応宣教師に聞いて見ると言ふ。之が官吏の癪に触る種となるのである。我は一国の官吏であるのに、国家を代表しての命令に従ふか従はぬかを、宣教師に聞いて見るとは怪しからぬといふて、先づ遇はぬ先きから宣教師といふものに不快を感ずる。之も人情として致方はない。其上に宣教師は「如何に官命でも日曜日に労役するは神に対する一種の罪なり」と説いたと聞くに及んで、官吏の激昂は其極に達し宣教師は、即ち日本の統治を妨ぐる厄介な者なりと言ふに至る。而して此憤慨は、宣教師の土民に対して有する精神的威力が、遂に官吏のそれよりも大なる丈け、嫉妬的にも強くなるのである。つい先き頃も朝鮮政府で各私立学校の教師の検定試験をするとか言ふことで、教師の招集を命じた事がある。其際に政府の方では、教師の便宜を考へて日曜日に集まるべき事を命じた。然るに二三の宗教学校の教師は、其招集に応じなかつた。之が段々問題となつて、遂に当局者と宣教師との談判となつたが、当局者の方では、折角仕事の妨げにならぬやうにと先方の為めを考へて日曜日を選定し、自分達は休日を犠牲にして役所に出て来たのに、其に応じないと言ふのは我儘も甚しいと言つて非常に憤慨して居つた。が、米人の方では又、聖日を守るといふ事の宗教上如何に大切なるかを説いて、招集に応ぜざりし所以を弁じたのであるが、之が官吏の了解に入らない。ソコデ米人中には之れが分らないとは日本官吏の無識頑迷にも呆れ返ると慨嘆して居つた者もある。斯んな事が段々積り積つて結局双方反目の原因となるのである。之は何れにも悪意があるのではない。要するに日本官吏の対宗教観念乃至政策が根本の禍を為して居るのである。

一体日本人は概して宗教の民心に及ぼす力と言ふものを余りに軽視するの弊がある。抑も世の中に宗教の真理程之を信ぜざるものから観て愚劣なものは無い。鰯の頭も信心からと言ふ事がある。然し乍らまた宗教の真理程之を信ずるものから観て絶対の尊敬を受くるものも無い。之を信ずるものに取つて宗教の真理は生命にも換へ難い最上無二の尊貴なものである。国家の威厳を以てするも、場合に依つては之を犯す事は出来ない。国家主義を振り廻して無理やりに信仰の放棄を迫つた結果は、生れ乍ら忠君愛国の念に敦《あつ》き日本人ですら、曾つて天草の乱を起したではないか。宗教的真理を以て国家よりも重しと見るのが日本立国の精神に合ふとか合はぬとかいふ議論は、自ら別論である。又日本の国家主義と旨く撥を合はさないやうな宗教の起るのは希望すべき事でないとかあるとかいふのも、亦茲に予輩の論ぜんとする問題ではない。兎に角茲に有力なる一宗教団体が儼存して、其信仰の奪ふ可らざるものある以上は、聡明なる政治家は、其信仰に対して力めて之を国家の目的と相反対する方に激せしめざるやうに注意するのが眼前当面の必要である。されば西洋各国では、此等の宗教的信仰に対しては、一般に国家の方より大なる譲歩を認めて居るのである。兵器を執らずといふ固い信仰を執つて居るクヱーカー宗徒に対しては、現時の如き非常の場合でも英国の新徴兵法は除外例を設けて居る。最も軍国主義の盛なる独逸帝国に在ても、国中の極めて少数なるメノニーテン派に対しては、同じく其兵器を執らざるの信仰を尊重して、此派の信徒は専ら縫工厨夫等に役する事にして、断じて銃剣には手を触れしめない。然るに我国では昔から此等の点に於ては、余りに乱暴にして、国家主義を真向に振り翳して最深の信仰を最も露骨に拋棄せしめやうと迫つた事が多い。例へば天草の乱の当時、彼等の最も尊重して措かざる聖像を土足を以て踏ましめたるが如きは、最も拙劣なる宗教政策である。今日に於ても、宗教的信仰に対しては、世人は動もすれば最も信者を激せしめ、果ては棄鉢の暴挙に出でしむる様な方法に於て、宗教的信仰を蹂躪せんとすることが多い。例へば宗教の命令と　天皇陛下の命令と衝突する時には其の何れに従ふやなど、言ふ問題を以て、宗教家を追窮するが如き即ち之である。斯くして宗教的信仰を尊重するといふ事は、甚だ我国の政治家の間には諒解されて居ない。国家を代表して官憲が命令をすれば、宗教的信仰は何うにでもなるものと思ふて居る。固より宗教的信仰をして国家監督の埒外に跳梁跋扈せしむることの不可なるは論を竢《ま》たない。之を不可とするも、之に対しては自ら他に取るべき適当の途はある。只国家の威力を以てしても尚宗教的信仰を奪ふ可からざるを認むる以上、聡明なる政治家は、兎も角も之を激成せしめざることに注意するのが肝要である。国家の威力を弄して無理に宗教的信仰の圧迫を試むるが如きは、独り平地に波瀾を生ずる所以たるのみならず、実に一時の波瀾を促して遂に永久に国家の禍たらしむる所以である。安息日に関しての困難なる問題は、実は今日まで日本の内地の基督教会でも時々起つた事がある。只概して日本内地の基督教会では、此問題を以て朝鮮に於けるほど基督教の最重要件となさゞるが故に、多くの場合に於て相当に窮通の途が見出された。然しピューリタンの系統を引ける亜米利加式の基督教に於ては、此問題は非常に重大に考へられて居る。それ丈け朝鮮に於て此事が矢釜しい問題になるのである。朝鮮の統治に成功せんとすれば此種の問題に就てもっと広い考を有つことが必要である。我国官憲の対宗教方針が今の様に盲目的である以上は、米人との反目は容易に治まり難いと信ずるのである。

尤も朝鮮に居る米人は多少の例外はあるが、大体に於て今日は最早日本官憲の勢力に屈して居る。近頃は段々に総督府の云ふことを余り文句を言はずに聞き入れる様になつた。然し乍ら之を以て日本国家の威力遂に彼等を屈したと思ふならば大なる誤りである。況んや米国人遂に日本官憲の思想に承服したりと為すならば飛んでもない見当違である。予は身親ら基督教を信ずるものなるが故に、比較的に此等の外人より其本意を聴くの機会を有つて居る。予の観察する所に依れば、彼等は我国官憲の如何に精神的乃至人道的事業に対する理解の欠如して居るかに実は呆れて居る。国運日に日に勃興して已まざる、而して前途に多大の光明を抱いて居る日東帝国の識者が、斯くも高尚なる精神的事業を理解するの見識の無いことは、世界の最も大なる不思議の一つであると或る宣教師は我輩に言つた。彼等は必ずしも我国の識者に精神的事業に同情するの念が無いとは言はない。只彼等の訴ふる所は理解がないと言ふのである。彼等は私立学校殊に宗教学校に対する朝鮮政府の最近の政策に対しては、内心不平と言はんよりは寧ろ其態度の野蛮なるに呆れて居る有様である。斯んな事で本気に朝鮮人の開発を計る積りかと怪んで居る者もある。斯く不服の点が頗る多いのではあるが、何分官憲の態度が余りに厳重であるので、初めは随分反抗して見たけれども、迚《とて》も反抗し切れない、然ればと言つて従来の事業を捨てゝ朝鮮を去る訳にも行かぬといふので、遂に心ならずも官憲に屈したのである。彼等の或者はいふ。斯く官憲の干渉が矢釜しくてはトテモやり切れない。去ればとて自分達が事業を中止すれば実に朝鮮人の前途が思ひ遣られる。朝鮮人の開発には自分達の滞在は絶対的に必要である。我等在らずんば此民を奈何せんと。彼等は自惚《うぬぼ》れかは知らぬが此位までに考へて居る。従つて如何に不便があつても到底朝鮮を去るに忍びないのである。而して留つて居る以上は不本意でも朝鮮政府の意を迎へない訳には行かない。其処で、彼等は今日外見上全然我国政府と撥を合はして居るのであるが、然し之を以て朝鮮政府が宗教教育の問題に就て全く彼等を圧倒して最後の勝利を得たりと思ふならば、之れ大なる誤りである。宗教教育に対する方針に就ては、日本内地に於ても議す可き事は尠《すくな》くないと思ふが、朝鮮に於ては、外国宣教師が多年深い根柢を布いて居る丈け、一層此問題の講究が必要であると信ずる。

終りに此問題と関聯して、我々のも一つ甚だ遺憾に堪へないことは、精神的事業に対する理解と興味との欠如は、独り之を官憲に認むる許りで無く、在留民全体に一層其甚しきを認むることである。抑も純粋なる精神的事業は、純粋なる人道的精神に基くものであつて、一面に於ては国家を超越して居る仕事である。此の国家を超越したる人道的経営に於て、真に両国民族の相互的理解と調和とを見るに非ずんば、実に国民としての調和合同の実は決して挙るものでは無い。国家の目的が超国家的経営の方面から達せらるゝといふことは、一見不思議の如くであつて、実に深長なる意義の存する所である。何故なれば国家的経営は、兎角彼我対立の色彩が鮮明に過ぎて、彼と我との間を釈然融和せしむるに適当なものではない。故に国家の名を以て起せる施設によりて朝鮮人を同化せんとするが如きは、却て寧ろ彼等の反感を挑発するに止ることが稀でない。故に彼我両民族を根本的に融和せしむるためには、政府の施設国家の経営の外に立つて、更に幾多の人道的運動が此間に起ることを必要とする。然るに此点に就ては日本の政府並びに日本の志士仁人の努力は余りに行届いて居ない。是れ日鮮両民族の関係の改善の上に決して喜ぶべき現象では無い。支那や朝鮮に於て、在留商民が私利を図つて土民を困めるの状は、日本人も外国人もさう著しい差は無いと思ふのであるが、然し外国人の中には時々多年支那や朝鮮の内地に入り込んで、一身を犠牲に供して誠心誠意、土民の為めに尽くして居るものが尠くないので、土人は即ち殆んど先天的に此等外人の尊敬すべき事実を見聞して居るから、他に少し位悪い奴があつても全体として深く之を意に介しない。日本人側には之がない。故に少しの事でも直にボイコツトなどの種になる。予は今度の旅行で吉林に行つて聞いた話であるが、現時吉林の聖者と言はるゝ、英人グレーク氏は、福島中佐(今の大将)が単身騎馬に鞭《むち》ちて西《シ》比利亜《ベリア》を横断せるに先つこと十年、而かも徒歩で英国から吉林へ来た人である。財産も何も無い。漂然として吉林に足を駐《とど》め、一方には自分の衣食の途を計り、他方には其学び得たる医学を応用して土民の為に尽し、今日では医者として又先生として此地方に非常な尊敬を博して居る。高大夫(高は同氏の支那流の名前、大夫は医者の意)と言へば、同地方に於て宛然《まるで》神様のやうに尊敬されて居る。而して土民の之に心服せる、中には何国の人と言ふを問はずして之に師事して居るものも尠くない。斯ういふ人が偶々一人でも二人でもあれば、他に英人が少し位の乱暴な事をしても、土民は此と彼と差引してそれ程排英の思想に駆られ無い。最も多く入り込んで居る日本人の中には、不幸にして斯かる人道的の戦士は一人も無い。行つて居るものは我利を計る一方の連中である。斯くして土民の心服を得んとする、其不可能事たるは初めより明かなる所ではあるまいか。併し之は満洲の話である。朝鮮には日本宗教家の活動するもの絶無ではない。けれども、今日のところ尚未だ米国のそれの如く有力なものではない。而かも我国の官憲は、心から之を尊重し且適当に奨励するといふよりも、寧ろ之を利用せんとするの態度に出づるが故に、其効果は十分に挙がらない嫌がある。精神的事業の経営者が官憲から補助を貰ひ、官憲の直接間接の指図を受けて居るやうでは、真の人道的事業の発達は望まれない。此と彼と全然没交渉であることを望む意味では無いけれども、少くとも官憲が、謙《へりくだ》りて精神的事業の経営者に教を乞ふといふ態度に出づる様にならなければ、真の成功を見ることは断じて出来ないと思ふ。

（四）

満洲に於ける日本の経営については、従来随分植民学者等より論議されて居る。永井柳太郎君の本誌一月号に於て、三頭政治を批難せられたる議論の如きは、近来最も傾聴に値するものゝ一つであらう。関東都督府と南満鉄道会社と外務省の監督の下にある領事と、各独立の管轄区域を持つて居る事は、其間に如何に調和の途を講じて居るとは言へ、幾多の不便と繁雑との種となつて居る事は、争ふべからざる事実である。然し大体に於て之を大観するならば、満洲の経営は着々成功の緒について居る事は、旅行者の直ちに看取し得る所である。而して其功の一半は確かに之を満鉄の広大なる組織と、其組織の巧妙なる運用とに帰せざるを得ないと思ふ。只満洲の経営に於て更に十分の成功を収めんとするには、尚日本の官民両社会に向つて多少の反省を求むる余地はあると思ふ。

満洲に於て直接に日本の勢力の及ぶ範囲は、関東州と満鉄の附属地とである。此地域内に於ては、絶対に日本の主権が活動するのである。而して支那自身の領内で財産の保護の十分行届かざることを見た商人、殊に外国貿易に関係ある支那の豪商の中には、却て日本の管轄内に居る事の自己の財産の安全なる所以を見て此処に移り来るものも少くない。然らば問ふ、日本官憲は此等の有力なる支那人来住者に真に十分の満足と安心とを与へて居るかどうか。絶対的の比較から言へば、無論彼等は支那官憲の下にあるよりも、日本の勢力の下にあるを以て遥かに安全なりと自認して居るであらう。けれども彼等の心持が、果して十分に満足して居るかどうか。彼等は日本の支配の下に在つて非常に居心よく感じて居るだらうかどうか。此等の点に日本が十分成功するに非ずんば、未だ以て満洲経営の成功を談ずることが出来ない。

加之《しかのみならず》、日本の満洲経営は、只日本の専管区域たる少許《すこしばかり》の地域内を、巧く治めたといふだけで終るのではない。即ち関東州から始まりて北、長春に終る細長い地域ばかりが経営の手を伸ばすべき全部ではなくして、更に其両側に広く経済的に発展して行かなければならぬ。政治的の勢力範囲は極めて微々たるものであるけれども、経済的の日本の発展すべき範囲は更に大なるものであらねばならぬ。即ち日本の実力が満洲全体は勿論蒙古の奥までにも及ぶやうにならなければ、我々の満洲経営の理想が完全に実現されたものと云ふ事は出来ない。然らば満洲に於ける日本統治の現状は、果して此理想を実現するに適応するものなりや否や。之れ予の茲に問はんと欲する要点である。

第一に満洲経営の大理想を実現せんと欲するが為めには、我々は支那人をして日本に満洲を政治的に併呑するの野心ありなど〻の疑念を起さしめざるやうに努むる事が必要である。露骨に日本の利益といふ事のみから判断を下して、暫らく支那民族の思惑を度外に措くならば、日本は必しも満洲蒙古の併呑を敢て厭ふものでは無い。然しながら領土の削減は独立民族の自負心を傷くること大なるものであり、就中支那人は満洲に就ては極めて神経が過敏になつて居るから、我々は安穏に対岸の大陸に発展せんとするには、先づ此野心を放擲せねばならぬ。支那人自身では満洲の開発は出来ないとか、又は日本が之を統治した方が実際支那人の幸福になるなどといふやうな議論は、少くとも支那民族の心理を無視した議論であつて、又我国の平和的発展を禍する議論である。政治的独立とか、国家的体面とかいふ問題は、民族の感情に深き根柢を有するもので、物質的生活の利害の打算には拘らざるものである。殊に最近の支那の民心の傾向は此等の方面については最も神経を過敏ならしめて居る。之れ一つには我日本の勃興に刺戟され、殊に満洲の地は一方に朝鮮を通じて、一方は関東州満鉄附属地によつて、絶えず強力なる日本の圧迫を感じて居るが如き外観を呈するからであらう。曾て第一革命の当時、南方の革命派は、袁世凱の言ひふらした日露協約して満蒙分割の野心ありとの浮説に動いて、敢て北方の妥協に応じて革命の目的を半途にして捨てたことがある。今度の革命でも満洲に於ける日本の野心といふ流説は、如何に南方革命派の鋭鋒を鈍らしたか分らない。今日南方の革命派は、頻りに日本の好意に便らんとして居りながら、一方に於て彼等の間に、最近殊に韓国痛史とか安重根先生伝なんど云ふ本が盛に読まれて居るのは、支那の時局を観察するもの丶見遁してはならぬ面白い現象である。革命運動に熱中するも、朝鮮の運命に同情して同胞を警戒せんとするも、皆之れ愛国の至情より生れ来るものである。安重根《あんじゆうこん》の伝を持囃《もてはや》すは必ずしも日本を難ずるの意ではなからうが、只亡び行く故国の為めに一矢酬ひたる其壮烈の義に同情して、同胞の愛国心を喚び起さんとするのであらう。狂熱的ではあるが、兎も角愛国心の勃興は現代の支那を論ずる者の見遁がし能はざる所である。従つて現代の支那の民心は、一面から言へば領土の保全、主権の独立を主張し、他の一面から言へば、外権の侵入に対する強烈なる反抗を喚び起すのである。今は革命の騒乱中であるから、ハツキリと現はれては居ないやうであるけれども、現代の支那の愛国者の血管の中には、確かに一転すれば排外的精神となるべきものが流れて居るに相違ない。而して外権の侵入を受くべき第一の地域は何処かと言へば満洲である。従つて彼等の排外思想の鋭鋒に第一着に触れ〔る〕べき運命を有するものは、取りも直さず日本である。其上に、動もすれば日本官民の等閑に附する所にして而かも予輩の頗る重大事と考ふる所の者がも一つある。そは朝鮮人の亡命して今日満洲に居るもの丶少からざることである。鴨緑江の対岸より間島にかけて、昔から支那人と雑居して居る朝鮮人の事は暫く問題外に措く。近時朝鮮が日本の支配に帰してより、日本の統治に不平であり且つ官憲の圧迫を苦として、満洲各地に亡命せるもの其数決して少くはない。之に関して精確なる計数を示すことは出来ないけれども、奉天には此等鮮人の過激なる運動の中心点がある。其他各地に散在して流離放浪の生活を送りつゝ、寄り〳〵不穏の企てに頭を悩まして居るものゝ少からざる事を、予は或事情より知つて居る。想ふに此等のものは、必ずや支那人の間にも朝鮮に於ける日本の横暴といふやうな事を大に誇張して説いて居る事であらう。斯くして無智なる支那人の間には、日本の支配の下に服することの如何に惨めなるものであるかを、迷信的に考ふるやうになりはしないか。現に去年の日支交渉の際、北清一般に排日心をそゝる為めに、策士は朝鮮に於ける日本の暴状を説くを以て其最も有効なる手段となした。其為めに日本官民の暴状を示す各種の絵を撒き散らし、宣講所などでは盛に之を市民に説明したものである。其絵の中には例へば朝鮮人の女が赤坊を連れて汽車に乗つた。偶々子供が床に大便をした。車掌は大に怒つてサン〴〵に母子をなぐり、且つ母親をして手づから大便を浚《さら》はしたといふのがある。又朝鮮では人民の反抗を絶対的に禁ずる為めに、総ての朝鮮人に一切の刃物を持つことを禁じた。其処で朝鮮人は大根や豆腐を買つても之を切ることが出来ない。日本官憲は町の角に大きな俎板《まないた》を据え着け、其処に一挺の庖丁を備へ、其庖丁を鉄の鎖で繋ぎ、一人の憲兵を監視に付けて置く。附近の妻君達は皆其処へ行つて、大根や豆腐を切るといふ絵もある。然う云つたやうな絵は、固より荒唐無稽ではあるが、無智の人民をして如何に日本憎悪の感念を起さしむるか分らない。若し今度の日支交渉にして日本の要求の如くなれば、即ち我等の運命も亦此朝鮮人と同一であると云つて、いたく民心を激成せしめたのである。斯う言ふ風に、朝鮮を引合に出す丈け、朝鮮の事は支那人の最も気にかける所である。是れ一には朝鮮人の来りて日本の暴状を訴ふるものあるにも因るが、又一つには朝鮮と境を接する満洲の事に就て支那人は非常に神経過敏な為めでもある。それ丈けまた満洲に於ける日本官民の態度は、支那の他の地方に於けるよりも一層慎重を要するのである。然るに満洲に於ける我国官民の態度は如何様であるか。日本人が多数入り込んで居る丈けそれ丈け、甚だしく不謹慎を極めて居るではあるまいか。是れ予の満洲に於ける我国終局の成功の為めに深く遺憾とする所である。

尤も無責任なる一部の好事者は、そんなに遠慮せずに寧ろ一挙に満洲を取つて仕舞へなど丶放言するものもある。然しながら漫りに満洲に政治的野心を逞うするといふことは、決して満洲に於て収め得べき実益を十分に収むる所以ではない。満洲に於て我等の主として得んとするものは、経済的発展である。而して経済的発展は支那人と利害感情を一致せしむることによつてのみ、之を遂ぐることが出来る。彼を利し、己を利し、彼と我と心から提携することは、侵略主義者からは白々しいお世辞のみと思はる丶かも知れぬが、之は陳腐ではあるが、何時如何なる場合にも動かすべからざる真理である。而して満洲に於ては、都督府満鉄等の努力によつて、今日日本人の経営の歩は着々と進んで居る。今のところ支那人との関係もさう悪い訳ではない。故に予は満洲に於ける現状に対しては、固より甚しい不満を抱く者ではないけれども、然し今後益々大に発展せんとするが為めには、一方に又大に警戒して例の政治的野心など丶云ふ疑惑を一掃すべき必要があると思ふのである。之を怠りては今後に於ける日支親善の発展は決して十分に成功するものではない。然るに今日日本官民の為す所を見るに、或は時に支那人から日本の不当なる野心を疑はる丶の種となるやうな事を軽卒に行つて居りはしないか。他日若し日本の経済的発展が、其効果を収むる上に於て九仞《きゆうじん》の功を一簣《いつき》に欠くといふやうな事が起れりとすれば、そは必ずや此方面から来るのであらうと思はる丶やうなことが、今日多少行はれては居ないかと思はる丶〔の〕である。斯く論ずるについては、固より多くの実例の之が証拠となるべきものがある。際限がないから一々は挙げない。只其一つ二つを挙ぐれば、日本の勢力範囲と条約で極《き》めて居る地域以外に、日本人の保護を名として警察の派出所を造つたり、又其警察官が偶々土人に襲はれたといふやうな事を名として、直に兵隊を送つて其処に永久の屯在所を造るが如き、是れである。之等は勿論日本人の生命財産の保護といふ点から言へば是非もないこと丶は言へ、条約を無視し、支那の主権を侵害する所以たることは、明白一点の疑を容れない。尤も支那自身には完全に秩序を維持するの実力を備へて居ない為め致方ないと泣寝入つては居るが、心中では恐らく密かに日本の野心を疑ふて居るだらうと思ふ。尤も支那に実力がないので此処置に出づるも亦已むを得ずとすれば、日本の出やう一つでは、何等支那人の疑惑を挑発する事なくして、便宜上此処置に出づるを承認せしむることも出来ない事ではなからう。けれども従来、例へば日本側で雇つて居る支那人の巡査が、日本人に害を加へた支那人を追跡して、遂に支那の管轄区域に立ち入つて之を摑まへ、其場合支那側の巡査から故障を申込まゝにも拘らず、日本の権力を笠に被つて、其犯人を日本官憲に引致し、それから犯状を具して初めて支那側に引渡すといふやうに、公然支那の警察権を蹂躙さして顧みざるが如き、又去年の日支交渉の際に、日本兵士が殊更に支那兵に喧嘩を吹きかけ、如何にも日本が支那より挑戦せられん事を希望するが如き態度を示したるが如き、従来実は色々の機会に於て、支那人をして日本の野心を疑はしむるやうな材料を沢山に供給して居る。従つて今日実は日本の公正なる態度を支那人に信ぜしむることは、余程困難な事になつて居る。此等は固より我国の中央政府の意思にあらざることは、固より言ふを俟たない。外に居る者の不謹慎なる言動に基くものなりとはいへ、此等を此儘に放任するのは、益々支那人の疑惑を増さしむるのみであつて、遂に日本の経済的発展の上に、隠然として抜くべからざる障礙を現出するに至る事はあるまいか。

第二に満洲に於ける日本の成功を見るに必要と思ふのは、支那人をして日本人の経済的経営の能力を信ぜしむることであらう。此点についても我官民の態度に甚だ遺憾なことが多い。今日満洲に入り込んで居る日本人の数は極めて多い。大体に於て彼等は何れも成功してをるといふ可きであらう。けれども満鉄とか或は三井とか大倉とかいふ、内地でも名のある大事業家を除いては、他の日本人は如何なる事業で成功してをるかといふに、甚だ心細い。故に支那人から見ると、満洲に来てをる日本人の仕事振りは、極めて小規模のものであつて、少しも心服するに足るやうな雄大な計劃がないといふ事になる。斯くして支那人は心中密かに日本人を軽蔑してをると思はるゝ節がある。事業の経営は、露西亜人は成程日本人以上に拙《まず》かつた。けれども露西亜時代の満洲経営の規模は極めて雄大であつた。露西亜が作つた旅順の建物を、今日露西亜人に数層倍の多数を占むる日本人が、みな使ひ切れないで持て余して居るではないかと笑つてをる支那人もある。此批難の当れるや否やは、予の保証せざるところなれども、支那人は兎角斯んな風に日本の経営振りを見てをる。それに醜業婦が大部入り込んでをる。下層な其日暮しの商売人も頗る多い。殊に近頃最も厄介な問題になつてをるのは、表看板を売薬業として裏でモルヒネを密売して居る連中である。聞くところによれば、最近売薬業は最も産を興し易い仕事となつて居るさうだ。然し其成功の道は、専ら法網を潜つてモルヒネを密売するにあるとの事である。これについては支那側の故障も随分矢釜しい。嘗て某市の日本官憲は之を取締る意味で市内の日本人売薬業の者七十余人を招集して、不正営業の廃止を謀つたに、此密売を止めても飯の食へるものは其中僅かに十人しかないといふので、手のつけやうがなかつたといふ事を聞いて居る。之などは慥に日本人の軽蔑さるゝ一因となつて居るに相違ない。又も一つ支那人の言ふところを聞くと、彼等が折角日本専管区域に来て安心して商売を始めると、直ぐに日本人が来て其利を奪はんとする。働きもしないで、我々の利益の奪取ばかり考へて居るとつぶやいて居る。斯くして支那人は一般に日本人の経営能力を疑ひ、少くとも彼等は共同して事業を経営する相手としては一様に皆多大の不安を感じて居る。今日彼等は自家単独の経営では横暴なる支那官憲に対して其財産を保護するの途がないのと、又最新の学理を応用して経営せらるべき工業等については、不幸にして彼等に技術的能力を欠いて居る等の理由で、已むを得ず日本人と共同経営するの措置に出づるも、将来此等の不便が除去されるの時期に達せんか、彼等は斯くても尚甘んじて日本人との協同を続くるだらうか。日本人にして真に満洲の経営に成功せんとならば、此等の点について大に反省するところなくてはならぬ。利を追うて其日〳〵を送つて居る商売人其人に、此反省を求むるのは無理としても、満洲経営の大方針を決める幹部の人々の間に少くとも此辺の用意はあつて然るべきことゝ考ふるのである。

第三には支那人をして日本官民の公正を信ぜしむること亦非常に必要である。利を追ふに急なる者は、動もすれば公正の規度を超える。場合によつては、多少不正な事をしても儲けたいといふのが人情である。此点については実は支那人の方が或は日本人よりも遥に先輩であるかも知れぬ。併し茲に一つ考へねばならぬ事は如何に貪欲な人でも公正なる裁断の前には結局不平なく服従するものであるといふ事である。ソコで支那人を心服せしむるには、別に当年の露西亜の執れる政策の如く彼等に過分の利便を提供することは必ずしも必要ではない。只日本の官憲並びに商民が、常に彼等に対して公正の態度を執り、均等の機会を与ふれば結局に於て彼等をして安んじて日本の経済的経営を歓迎せしむることが出来ると思ふ。然るに満洲に在留する日本人の間には、此点について随分誤つた考を有つて居る人が少くない。例へば日本の勢力範囲内に在住する支那人について、多くの日本人は、彼等は日本法権の保護の下に在るのだから、少し位日本人よりも割の悪い地位に置いても差支はないといふ考を抱いて居る。之れは満鉄の附属地などで絶えず起る問題である。例へば在留支那人には発言権は与へないで、割高の金のみを分担させるとか、或は支那人の経営して居る事業に無理に割り込んで利益の分配に与《あずか》るとか、或は或有利なる事業を共同経営する際に、日本人が無理に支那人を圧倒して余計の株を持つとか此類の事は頻繁に起ると聞いて居る。此等日本人の考を是《ぜ》なりとして裁判〔断〕を下せば支那人の心中必ず日本当局の不公明なる態度を憤るだらう。偶々官憲が日本人の要求を非として公正なる裁断をなせば、日本人は或は官憲の態度軟弱なりとか、或は支那人に阿《おもね》つて同胞の利益を削ぐとか色々の難癖をつけて盛んに攻撃するのが常である。満洲の領事は外交官にあらずして、口矢釜しい田舎の村の村長の如きものであると言はるゝ所以はこゝにある。

之に類する考は、独り商人許りではない。時に官憲によつても亦示さるゝ事もある。満洲では此頃は跡を絶つたが、軍隊の駐屯して居る処では今日でもよく同様の事を聞く。之は満洲の事ではないが、夫の青島《チンタオ》では、戦後間もない事であるとはいへ無智の兵士は一銭を与へて支那の店から二銭三銭の物を持つて来て、得意気に仲間に吹聴して居るとの事だ。兵卒が此乱暴を敢てするはまだ仕方がないとして、時には将校迄が兵に物を買はすると安くてい丶とて、平気に支那細民を窘《くる》しめて居るものもあるといふ。之などは全体から視て極めて瑣々たることではあるけれども、一事が万事、此精神が即ち日本の植民的成功を裏切るのである。深き注意を要するのである。之も青島での話であるが、税関に於ける課税上の事に関し、軍政時代には価格廿円以下のものは無税として取扱つて居つたが、支那側に税関を返してからは、此特例を廃して一般の支那税関の規則に照して相当の税金を徴収することにした。支那の税関としては之は当然である。然るに之に対して商人は勿論、官憲までが、日本人の特殊利益を無視する行動なるかの如くに言ひ触らして、盛に立花税関長を攻撃をしたと聞いて居る。又軍需品は総て無税なりといふので、普通商民の請托を容れて、ドン〳〵軍需品たるの証明を与へた官憲もあるといふ事だ。是れ恐らくは少しでも日本人の利益を計つてやらうといふ善意に出でたものではあらうが、植民地経営の大方針から論ずれば、最も慎むべきことに属する。日本人を利するが為めに、相手方に損害を与ふるを省みざるが如きは、其損害の程度が極めて微弱なるものであつても、相手方の感情に及ぼす影響は極めて大なるものなることを知らねばならぬ。之は青島の例を取つたのであるけれども、之に類する考は満洲の官吏の間にもないとはいはれぬ。

凡そ植民的経営に成功するものは、一視同仁殆んど国籍の差別を忘れて懸るの心掛がなければならない。我に於て誰彼の差別を忘れゝば、相手方も亦我の外人たることを忘れてかゝる。前にも述べた吉林聖者グレーク氏を、土民がテンデ何国の人なるかを問はざるが如き程度に至らざれば、真の提携調和は出来難い。此点に於て我同胞は余りに自己を他と区別するの意識が強烈である。此事自身のいゝか悪いかは別問題である。然し苟《いやしく》も海外発展に成功するを以て、帝国将来の必要の国是なりとする以上、彼我の区別を忘るゝまでに公正なる態度に出るといふことは極めて必要であると信ずる。

〔『中央公論』一九一六年六月〕

朝鮮統治策

朝鮮統治策に関して予輩は先年本誌上に卑見の一端を述べた事がある。京都大学教授山本美越乃《みおの》氏は今夏満鮮を旅行し、其見聞に基いて我国の殖民政策を九月央《なか》ばの『大阪毎日新聞』に論じて居る。其中朝鮮統治に関して氏の述ぶる所は甚だ我意を得たものがある。氏は「朝鮮人を母国文化の恩恵に浴せしむる事は彼地に於ける殖民政策上の理想」とすべきを認むるけれども、「朝鮮人は已に過去に固有の文化を有し、従つて彼等の間には牢乎として抜くべからざる独自の思想習慣、制度、風俗等を有」するから、此等を無視して悉く母国の制度に依らしめんことは不可能である。故に「為政者は須らく此等のものを或程度まで尊重して更にこれを善導して行くと云ふ態度に出でなければならぬ」とて、同化政策の実行は短日月の間に之を期すべからざるを説いて居る。

氏は更に進んで、殖民地を統治する場合には、先づ当該殖民地を如何なる程度まで進歩せしむべきかの最後の目標を定むることが必要であると説き、過去に於て固有の文明を有し且つ国人の常に政治に趣味を有する朝鮮にあつては、「五十年後であるか或は百年後であるかは分らないが、為政者は之を善導する事によつて、将来朝鮮をして完全なる自治殖民地の程度にまで進歩せしむることを要する……鮮人の文化の漸次進歩するに伴ひ、或程度まで彼等に自治を許して彼等をして朝鮮内地の政治に参加せしめる」ことを要するといふて居る。

予はこゝに同氏の達見に服するを告白し、且つ国民が此問題に深き注意を惹くに至らんことを希望する。朝鮮問題は近き将来に於て我国内政上の最も重大なる問題たるべきは、今度の戦争によつてあらはれた民族主義の潮流の如何に大なるかを観ても察せらるゝではないか。現に問題が起つて居ないからとて決して安心すべき謂はれはない。

〔『中央公論』一九一八年一〇月「小題小言」のうち〕

朝鮮暴動善後策

朝鮮の暴動は何と云つても大正の歴史に於ける一大汚点である。我々は茲に之を拭ひ去る為めに非常の決心を堅むるの必要がある。之が始末に成功するとせざるとは、啻《ただ》に東洋先進国としての面目に関するのみならず、尚ほ今後の国運の発展にも重大の関係がある。然らば如何の善後策を以て之に臨むべきか。

朝鮮に於ける某司直官吏は飽くまで暴徒の鎮定に努力し之を厳罰に処して秋毫の仮借する所なく、以て国法の威厳を示すべしと言つて居る。暴動の形に現はれた以上之も必要であらう。然し之れ丈けで国民は問題の解決に安んずることは出来ない。

第二には之と正反対に鮮民に対する救恤と云ふことを唱ふる者があるかも知れない。未だ此種の言説に接せざるも、斯くの如き事件の後で一方に国法の威厳を示しつゝ、他方巨額の御下賜金に依つて恩威並び行ふの仁恵を示し給ふが我が皇室の有難き慣はしであるから、今より此事の実現さるべきを密かに期待し奉るも不当ではあるまい。之も鮮民の心を和らげ、日鮮両地の関係を改善する上に多大の効あるべきを疑はざるも、併し之を以て能事終れりとすべからざるは言ふ迄も無い。我々は更に他の努力を以て皇室の御趣意を完成するに努めなければならない。

さうすると第三に我々の差当り当局に希望する所は、一視同仁政策の徹底である。凡ゆる方面に於ける日鮮の区別を撤廃し、殊に教育上の現実なる門戸開放は何よりの急務であらう。而して此精神は啻に之を法制の上に徹底するのみならず、又在留内地人と土人との社会的関係の上にも是非徹底せしめなければならない。

第四に一視同仁政策の必然の結果は、鮮人に或種の自治を認むる方針に出でなければならない。其方法と範囲と時期とに就ては自ら別に攻究の余地はあらう。只方針としては官吏万能の政治を廃《や》め、鮮民をして尠《すくな》くとも在留内地人と協同して統治の監督に当らしむることは絶対に必要である。官吏の採用につき彼我の区別を立つべからざるは言ふを俟たない。只併し乍ら此方針をどれ丈けの範囲に、又如何なる時期に如何なる方法を以て行ふべきかは、前にも述べた如く慎重なる攻究を要する。此点の攻究に当つて独り鮮民の立場のみを考ふべからざるは又言ふを俟たない。鮮民が鮮民の手に依つて如何に治めらるゝかは日本其物の利害休戚に大〔に〕関係がある。我々は従来の統治方針の余りに日本的に偏したるを遺憾とするものなれども、さればと云うて全然「朝鮮人の為めの朝鮮」主義に放任することも出来ない。我々が相当の程度に日本の立場をも参酌せられんことを主張するに対しては、熱烈なる独立党の諸君と雖も恐らく之を諒とするだらう。随つて此等の点は彼我双方隔意なき協議の上に之を決定するの方法に出でたい。而して之は今日の場合政府の仕事としては殆んど不可能に属するが故に、我々は

第五の策として民間に日鮮協同の何等かの疏通機関が設立せられんことを希望する。斯の如きは差当り今度の事件の真相を明かにし、日本の統治に対する忌憚無き批評を聴き、且つ又誤解を防ぐ為めにも必要であるが、殊に将来の解決策を決めるには是非共之に依らなければならない。只問題は今日の場合斯う云ふ機関の設立は望み得るか否かである。予輩の観る所では絶対に不可能とは思はないけれども、非常の困難事たるは疑ふべくもない。而して若し玆に斯かる機運を日鮮両族の間に作興促進するに就いて最も有効なる働きを為し得るものありとすれば、そは朝鮮在留の米国宣教師の一味である。斯く言はゞ世人或は内証事を第三者の捌《さば》きに任《まか》すの不面目を言ふ

者もあらう。又彼等と暴徒との関係に関する風説を楯にして反対するものもあらう。けれども大体に於て宣教師に対する疑惑は恐らく誤解であらう。然らざるも彼等は説いて事理を解せざる輩ではあるまい。若し夫れ面目問題の如きに至つては、之れ取るに足らざるヴアニチイである。我等は同じく鮮民の開導の為めに努力しつゝある、又努力して居るべき筈の彼等と胸襟を披いて此問題を懇談するの雅量なき以上、到底鮮民の隔意なき諒解を得ることは六つかしい。我々は先づ在留外国人を手に入るゝ事に成功せずんば鮮民を手に入るゝ事が出来ない。此意味に於て善後策の攻究につき外国宣教師の努力を借るは、取も直さず彼等宣教師を真に日本統治の下に帰属せしむる所以である。目前の姑息の解決は暫く之を政治家に任かするとして、日鮮両者の真の発達と幸福との為め根本の解決を為すの端緒は、右述べた策を以てする外に道は無いと思ふ。

〔『中央公論』一九一九年四月〕

対外的良心の発揮

（一）

戦後世界の形勢に就ては殺伐なる国際競争が一層激しくなるだらうなど丶悲観する人も尠《すくな》くないが、然し第十九世紀百年間の歴史的潮流の当然の帰結として、又最近大戦終結の道徳的に展開せる現前の事実より見て、どうしても国際民主主義を外交関係の根基とする新局面を開かねばならぬ理は、之迄予輩の再三述べた所に依つて、或は読者の諒解を得ることと思ふ。十九世紀文明の基調たる民主主義が百年を経て今日尚未だ完成せざるが如く、国際民主主義は仮令《たとえ》来るべき新世界の基調たる運命を有するものとしても、之が相当の形に発達する事すら固より一朝一夕の事では無からう。けれども兎に角戦後の世界に於ては或は秘密外交の制限乃至廃止とか、或は国際関係の支配が野心に燃ゆる少数政治家の手より国民の掌裡に移さる丶とか、要するに道義の支配が漸を以て強力の支配に代らんとすべきは疑を容れない。而して今日平和会議を中心として各国の代表者が各々其国の歴史的立場に執着して紛々たる利己的主張を闘はしつ丶ある間に、道義的創造力の大底潮の汪洋として暫くも其歩を止めざるを見るは大いに吾人の意を強うするものである。然り、戦後の世界の形勢は眼あるものには既に明白となつた。此際に方《あた》つて吾人が対外的良心の発揮を同胞の国民に叫ぶのは決して無用の事では無い。

（二）

我国民は由来政治問題に関する道徳的意識は甚だ鈍い。之れ道義心が一般に鋭敏を欠くが為めに非ず、政治と云ふ事が国民にとつて全く新しい現象にして之に対する善悪の判断が未だ社会的に確定しないからであらう。仮令法律で罪悪と認めた事でも社会が真に之を罪悪として憎むに非ずんば、一般の国民は之を犯して而かも恥づる所を知らない。其例は多く之を選挙犯罪に観ることが出来る。僕の知人に田舎の富豪より嫁を貰はうとしたものがある。父親の身許を調べると前科がある。媒妁人に向つて前科者の娘を世話することは不都合だと責めると、あれは選挙犯罪ですからと平然たるものであつた。此類の事は他にも多からう。選挙犯罪なるが故に特に其醜陋を憎むと云ふやうにならなければ立憲政治の完成は期せられない。立憲政治になつても国民が斯う云ふやうな気持に居るのは、蓋し多年専制に馴れた余弊であらう。此の点の良心の鋭敏でないのが、言ひ換へれば、斯う云ふ方面に訓練を積まれて居ないのが実に欧米と我国との異る所である。併し之は国情が異るからと云うて放任して置ける問題ではない。故に我々は常に例を欧米に採つて我国民に警戒するを怠らなかつた。然るを時々欧米人の為せる所を直ちに今日の我国に責むるのは日本を知らず、又日本人を知らざるの罪なりなどと難ずるものあるは、前記の田舎の富豪のやうな考の儘で放任してい丶と云ふのか。我々は難者が真に国家の発達と民心の開導とに誠意ありや否やを疑はざるを得ない。

然しそれでも国内政治の方面は心ある者の啓発誘導の結果、段々に改まつて行く傾向が見える。けれども更に一歩眼を転じて対外関係の方面を観んか。之に関する国民の道徳的判断は全然吾人を失望せしむるものである。一々例証を引くまでもない。我々は朝鮮の問題を論ずる時に、曾て朝鮮人の利益幸福を真実に考へた事があるか。

又台湾の生〔蕃〕問題を論ずる時に曾て彼等の生活を幸福ならしむる所以に想到した事があるか。日本の国家並に日本臣民の利益幸福の名に於ては支那に於ても西比利亜《シベリア》に於ても凡ゆる罪悪が公然と許容され、否、時としては志士的行動として賞讃さるゝではないか。固より国権の伸張、国民利益の発展は大いに之を歓迎すべきである。殊に近来の所謂国際競争の激烈なる時代に於ては自衛の為めにする場合でさへ多少悪辣なる手段に訴ふるを必要とする事もある。況んや進んで国権国利の伸張を謀らんとする場合に於てをや。此点に於て国際関係が殆んど道義の支配の外に在つた事は、十九世紀を通じて総《す》べての国に行はれる現象であつた。けれども我々は他の一面に於て其処に悲痛なる煩悶のあつた事を忘れてはならない。尠くとも殺伐なる国際競争の反動として、極端な人道主義を主張する少数派のあつた事をも看過してはならない。露西亜のトルストイ、否、世界のトルストイは確に此一面を代表するものと云つてゐゝ。予輩は我国に必ずしも一人のトルストイ無かつた事を苦としない。けれども御多分に洩れず国際競争の渦中に投じた我国が、独り其多少の成功に得々として未だ曾て少しの煩悶の色をも示さなかつたのは、果して喜ぶ可き現象であらうか。今や時勢は一変せんとしつゝある。而して之に応ずべき何等の準備なくして漫然として新国際関係に入るは、我国の将来にとつて予輩は一種の不安を感ぜざるを得ない。

(二)

予輩は之まで道義的立場から内外各般の政治問題を評論して来た。殊に最近一両年此立場から支那乃至西比利亜の問題に痛激なる批判を加へ来つた事は読者の記憶せらるゝ所であらう。而して近時朝鮮暴動の勃発するに及び、之に関する朝野の言論を見て更に従来の感を深うした。朝鮮問題と前後して又日支軍事協定発表の問題がある。人種的差別撤廃の問題がある。此等の問題に関する各方面の言説の上に又同一の感想を繰り返さざるを得ない。外の問題は兎に角少くとも此等の問題、殊に朝鮮の問題の如きは、国民が之を鋭敏なる道徳判断の鏡に照らすに非ずんば到底解決の緒に就くものでは無い。畢竟あのやうな大事件も我国民が従来対外問題に対する良心の判断を誤つたから起つた問題ではないか。

(四)

朝鮮の暴動は言ふまでもなく昭代の大不祥事である。之が真因如何、又根本的解決の方策如何に就ては別に多少の意見はある。只此等の点を明にするの前提として予輩の茲に絶叫せざるを得ざる点は、国民の対外的良心の著しく麻痺して居る事である。今度の暴動が起つてから所謂識者階級の之に関する評論はいろ〳〵の新聞雑誌等に現はれた。然れども其殆んど総べてが他を責むるに急にして自ら反省するの余裕が無い。あれだけの暴動があつても尚ほ少しも覚醒の色を示さないのは、如何に良心の麻痺の深甚なるかを想像すべきである。斯くては帝国の将来にとつて至重至要なる此問題の解決も到底期せらるゝ見込はない。

一言にして言へば今度の朝鮮暴動の問題に就ても国民のどの部分にも「自己の反省」が無い。凡そ自己に対して反対の運動の起つた時、之を根本的に解決するの第一歩は自己の反省でなければならない。仮令自分に過ち《あやま》無しとの確信あるも、少くとも他から誤解せられたと言ふ事実に就ては何等か自から反省する丈けのものはある。誤解せらるべき何等の欠点も無かつた、斯くても鮮人が我に反抗すると言ふなら、併合の事実其物、同化政策其物に就て更に深く考ふべき点は無いだらうか。何れにしても朝鮮全土に亙つて排日思想の瀰漫して居る事は疑ひもなき事実である。朝鮮に於ける少数の役人の強弁の外今や何人も之を疑はない。而して我国の当局者なり、又我国の識者なりが、曾て此事実を現前の問題として、鮮人其物の意見を参酌するの所置に出でた事があるか。

鮮人動揺の現前の事実に対して吾人の常識は到底之を従来の統治の失敗に帰するの外は無い。朝鮮統治に対する国民の一人としての不満は予輩曾て本誌上に於て少しく之を述べた事がある。予輩の之を述べた所以は失政を曝露して当局を苦しめる積りは無い。只頑《かた》くなゝる彼等に自己反省の必要を促し、以て朝鮮問題の真の解決を計らんとする微衷に出づるに外ならなかつた。けれども当局者は曾て自己の失政に反省の色を表はさない。或は云ふ、鮮人の統治には誤り無しと。或は云ふ、法規の命ずる所は洩らす所無く之を実行したと。或は云ふ、鮮人の発達の為めに日々努力して怠る所が無いと。或は云ふ、彼等の今日物質的生活の幸福は遥かに併合以前に優ると。而して結論として曰く、斯くして朝鮮人に日本の統治を不満に思ふ理由は無い、現に多数のものは総督府の恩沢を謳歌して止まないと。若し此等の言を時々起る排日的現象に対する責任回避の為めに唱ふるものならば許し難い不都合として之を責めなければならない。若し又真に善意を以て斯く信じて居るならば、彼等は異民族の心理に余りに盲目にして、吾人は彼等に植民地統治の能力を疑はざるを得ない。而して我国民が、殊に国民中の識者と称する者が、斯かる官吏の弁解を不問に附して怪まず、否、却つて多くの場合に於て彼等と同一の見解に立つて朝鮮問題を論ずるものあるは我々の甚だ意外とする所である。官吏の任務は或は法規の命ずる所をなすを以て畢るであらう。併し国民の任務は問題を本当に解決するまでは畢らない。而して問題の本当の解決は飽く迄事実の真相の明瞭なる認識に根拠しなければならない。

自己反省を欠く結果は所謂失政の批難を否認する。而も反抗の事実ある以上強いて原因を他に求めなければならない。茲に於て言ふ、朝鮮の暴動は第三者の煽動に因ると。而して其槍玉に上げらるゝものは外国基督教宣教師である。無論事実問題としては暴動と宣教師との関係を冷静に攻究する必要あるは言ふを俟たない。随つて又責むべきものは仮借する所なく責むるに何の妨げもない。けれども自分に失態が無い、随つて憤る筈も無い、それでも憤るのは誰か第三者の煽動があるだらうと云ふ風な考へ方は、第一に暴動の意義を軽視するの弊に陥り、第二に鎮定の方策を誤る。加之《しかのみならず》さうでも無いものを他人の煽動に乗つたのだらうなど丶云ふ所から益々反感を挑発する事にもなるし、又不当の嫌疑を掛くる結果として其外国人の本国との友好を紛更するの惧《おそれ》が甚だ大である。独り朝鮮許《ばか》りでは無い。支那でも西比利亜でも、動《やや》もすれば某国の尻押だの某国の煽動だなど丶云ふので、最近どれ丈け国交の妨害をなして居るか分らない。而して之も一部の当局者が自己の責任を免れる為め窮策として唱へて居る間はい丶、国民全体が之に附和雷同するに至つては以ての外の大事である。

（五）

自己反省を欠くの結果の如何に憂ふべきかは前述べた通りである。が中に就き差当り今度の朝鮮問題に関聯しては特に次の二点に注意する事が必要と思ふ。

第一は日本の朝鮮統治が鮮民の心理に事実上如何なる影響を与へたかを究めずしては問題の解決は出来ないと云ふ点である。日本の統治が善かつたか悪かつたか、又之に対して朝鮮人が如何なる考へを有つべき筈であるかと云ふ様な事は暫らく問題外に置いてい丶。只之を朝鮮人がどう観たかを検するのが必要である。鮮民が斯く考へる事に道理ありや否やを姑《しばら》く第二に置いて、事実鮮民が日本の統治をどう考へて居るかを鮮民の立場から考へることが必要だと云ふのである。不幸にして形式政治家は此観察を怠るを常とする。彼等は云ふ、之丈《これだ》けの世話をやれば鮮民に文句は無い筈だと。無い筈だとの妄断は一転して彼等は日本の統治を謳歌して居ると云ふ迷信となる。戦前独逸は自国文化の至上を信じ、殊に世界各国の青年学生が自国に来り学ぶの事実に迷うて、世界は皆自分の国に味方するものと極めて居つた。曷《いずくん》ぞ知らん、全世界は殆んど挙《こぞ》つて文化の名に於て我に抗敵して来る。

此悲しむべき事実の前には独逸国民も余程眼が覚めたやうだが、我国の為政家並に国民の多数は暴動の事実に遭遇して尚容易に覚めようとしない。如何に深切を尽しても継母の深切は子供を懐かしめない。小糠《こぬか》三合あれば聟に行かないと云ふのが人間の意地である。此有り触れた真理に通暁せずしては容易に多数の人を操縦する事は出来ない。分つた人、捌《さば》けた人として下男や女中の尊敬を受くる大家の旦那など〻云ふものは、畢竟斯かる平凡な人類の心理に通じた人である。植民政策成功の秘訣は又此外に出でない。多少趣が違ふが、昔伊太利王国が羅馬占領の際法皇領の市民に対して採つた態度の如きは、心理尊重の道に於て第一歩を正しく踏み出しさへすれば、其後の始末が如何に容易なるかを語るものである。要は第一歩の踏み出し方如何に在る。而して此第一歩に於て誤らんか、後に至つて如何に悔ゆるも及ばざるの難局に遭遇する事は現に我々の経験しつ〻ある所である。聞く所に依れば、我々が従来動物に近しと迄蔑すんで居つた台湾の生蕃さへ、所謂一寸の虫にも五分の魂に洩れず、一部邦人の心無き所業に対して深き怨恨を抱いて居るとやら。況んや朝鮮人は兎も角も長き歴史を背景として独特の文明を有する民族ではないか。自分の値打は自分の思ふ程世間で高く買つて呉れないと同じく、他の人は此方の思ふ程自分で自分をつまらないと思はないものである。自らを不当に高く値踏し、他をば不当に低く値踏みするの弊は殊に民族の間に甚だしい。其れ丈け我々が自ら一日の長を自負して他の民族に臨む場合には、取り分け対手《あいて》の心理を尊重するの必要がある。之を等閑に附して而も朝鮮統治に成功を期するは、所謂木に縁《よ》つて魚を求むるよりも難い。

第二に暴動の起因が第三者の煽動に在りと考へて居る間も亦吾人は到底根本的解決に達する事が出来ない。外国宣教師が事実どれ丈け朝鮮の暴動に関係ありやは先入の偏見を去つて冷静に事実其物を明白にする必要がある。彼我共に納得し得べき明白なる事実に基くに非ざれば人を責むるも何の効も奏しない。予輩は一部の宣教師の間に極端に日本の統治を誤解し、又極端な反感を之に向けて居る者あることを耳にして居る。けれども基督教の精神並びに其伝道の動機其他いろ〳〵の事情から考へて、彼等の大部分が暴動其物の同情者であるとは思はれない。況んや教唆煽動の事実おや。予輩は又外国宣教師と総督府との間に詰まらぬ誤解に基ゐする反感の有つた事を知つて居る。若し夫れ朝鮮統治の政策に対する多少の不平に至つては、我々日本人が日本の立場から考へて之を抱いて居る位だから、彼等が鮮民其物の立場から考へて之を抱くは許し難い事であるにしろ、多少之を諒とすべき事情はある。況《ま》して彼等は鮮民の開発指導に就ては日本人の先輩である。而して対日暴動の指導者の多くが彼等の教育したものゝ間から出て居る以上、自ら之に一種の同情を寄するは又怪しむに足らない。之丈けの情状を酌量して、然る後に我々は彼等宣教師の態度を吟味すると云ふ措置に出でなければならない。軽々に彼等を煽動者呼ばはりをするのは国交上面白くない事は言ふ迄も無いが、一つは日本人の偏狭を曝露する実例たるのみならず、又一つには事実の真相を明かにする所以でも無い。

朝鮮の暴徒が多く基督教徒の間から出たからと云ふて、宣教師其物が日本の敵であるかの如くに考ふるのは余りに軽卒な論断である。総べて斯くの如き運動は国民の開発に伴ふ一つの免る可らざる結果である。何故民心が開発して而も日本に敵対すると云ふ馬鹿な事をするかと問ふならば、此処に日本の静かに反省すべき何物かゞあると答へて置かう。善かれ悪かれ鮮民は〔が〕教育され開発されてあゝ云ふ運動を起したのは、恰度支那の留学生が日本の教育を受けて熱烈な革命党となつたと同様である。日本の教育は決して留学生に革命を鼓吹はしなかつた。朝鮮の基督教学生が暴動を起したが故に宣教師の教育に責任ありと云ふならば、日本の教育は正に前清朝に向つて大いなる責任を負はねばならぬ道理であつた。

予輩は固より茲に宣教師の無罪を弁護せんとするものではない。只かゝる国交上極めてデリケートな問題は事実の慎重にして公平なる糺明を俟つて論ずべく、而して軽卒なる論断の結果、徒らに責任を他に嫁して自ら反省するの労を避くるは断じて大国民の襟度に非ざるを断言し度《た》い。自分の事を棚に上げて徒らに人を傷けるのは個人の間に在つても此上も無き醜態である。而して国家問題としては啻に醜態だと云ふ許りでなく、事実の糺明を怠らしめ、問題の根本的解決を誤らしむる所に、堪うべからざる弊害が横つて居る。

一体我国には何か事があると、其れを一二少数の陰謀に帰し度がる僻がある。早稲田大学に騒動が起つたと云へば後藤男が黒幕に居つて操縦したとか、朝日新聞撲滅の運動が起ると、其蔭に犬養氏があるとか、事実さうであつたかなかつたかは固より予輩の与り知らざる所であるが、斯んな風の解釈をして喜ぶ癖、又斯んな風に解釈せねば根本の真相が攫まつたとは云へないと云ふやうな癖がある。之惟ふに古い専制時代の歴史哲学に累せらるゝ謬解ではあるまいか。専制時代では一人の英雄が天下を率ゐ、又英雄と英雄との談笑の間に外交の懸引が決まる。随つて又此間に無限の歴史的興味もある。例へば維新の大業も之を南洲と海舟との一場の会合の展開として観れば歴史は茲に一個の微妙なるローマンスとなる。而して歴史を総べて斯う云ふ立場から解釈すると、歴史的進化は即ち個人的なる陰謀譎詐、誤解瞞着等の綜合的成果にして、後から見れば興味ある物語になるが、直接其事に当れば之程危い仕事は無い。併し今日の時勢は最早斯くの如き個人的なる不合理の横行を許さない。無論其局に当る者は少数の識者であるに相異ないが、併し彼等を動かすものは大体に於て国民の間に流るゝ犯し難い一大潮流である。随つて所謂裏面に活躍する個人的陰謀は固より小波瀾を誘起するの効無きに非ざるも、汪洋として流るゝ一大底潮を如何ともすることが出来ない。熊谷直実が一子小次郎の首を無官太夫敦盛の首なりと偽つて実検に供へた。何も彼も飲み込んで居る義経は直実の苦衷に感激して敦盛の首に相異ないと之を受け取つた。併し今日の時勢に於ては如何に義経と直実との間に意志の疏通があつても、小次郎の首は何処までも小次郎の首と云はずしては到底問題の解決は出来ない。けれども陣屋の熊谷に限りなき興趣を感ずる日本の国民は現代の歴史の解決にも動もすれば此筆法を用ゐたがる。ロイド・ヂヨーヂを操縦するものがノースクリツフなりとか、ウイルソンを操縦するものはハウス大佐であるとか、又はロイド・ヂヨーヂがヒウスをして南洋諸島の問題に関して日本に当らしめて居るとか様々の事を言ふ。予輩は之等の事実を直ちに否認するものではないが、斯う云ふ考へ方が常に我々を誤つて、朝鮮の問題に就ても、支那、西比利亜の問題に就ても、何かと云ふと二言目には何某が黒幕に居ると云ふ風に解して遂に問題の真相を捕捉するに失敗せしむる。孫逸仙は曾て従来の革命は英雄革命なり、我輩の陣頭に立つ今後の革命は国民革命なりと称して、新時代に於ける運動の国民的意気を発揮したが、此見識が無ければ到底現代各種の運動を諒解することは出来ない。

　旧式の歴史哲学に拘泥するの弊が唯事実の真相に通ずるを妨ぐる丈けに止まるならまだ我慢も出来る。けれども此思想が更に一歩を進めて各種の対外政策を指導するに至つては国家の利益の為めに到底之を黙視することは出来ない。何となれば此思想は外交に於ける国民的勢力の影響を無視するからである。近時我国の対支並びに対西比利亜政策の失敗の原因は、外交問題の解決は其局に当る個人を操縦すればいゝものだと云ふ考に基き、凡ゆる手段を尽して其籠絡に努めた結果では無いか。人間は器機〔械〕ではない。如何に巧妙な手段を尽しても必ずしも此方の寸法に合ふやうに動くと限らない。況んや彼が如何に動いたからとて背後の国民が納得しない以上、外交問題の解決は決して一歩をも進むるものではない。

（十八）

前内閣の援段政策が原内閣となつて不徹底な南北融和勧誘策となり、而して勢の迫る所遂に日支両国間に締結せられたる凡ゆる秘密条約公表と云ふ段取にまで進んだのは、当局者に何の弁解があるにしろ、我々国民は断じて之を最も見苦しき失態の曝露と断ずる。我国の外交史上に斯くの如き一大汚点を印したる原因は、一つには偏狭なる利己的政策の誤りにも因るけれども、又一つには世界の物議と支那民衆の排日心理とに重きを措かなかつた罪であり、殊に袁世凱とか段《だん》祺《き》瑞《ずい》とか有力な一人の利己心を満足せしめれば、支那の天下は如何様にも操縦が出来ると誤解した事である。而して排日の事実起れば、当局は故意か有意か自ら反省するの煩を避けて直ちに第三者の煽動に帰する。而してさらでだに開拓を怠つた彼の国の民心をして之が為めに一層憤慨の念を強うせしめる。斯くまでして努めた苦心と又投じたる巨資とは、今日になつて見れば只失態の曝露によつて酬いられたに止つたではないか。斯くても当時対支外交の衝に当つた人々は、我々は斯く〳〵の計画を立て斯く〳〵の利権を拡張する積りであつたと負惜しみを言ふ。それ丈けの計画が先方の民心の自由な納得を得て確実に得られるかどうかを顧慮することなく、只所謂経綸を述べ立つる丈けの事なら、我輩は一夜の中に世界併合の方策を立案するを難しとせない。

之と同じやうな事は満蒙の問題、西比利亜の問題に就ても一々実例に徴して論ずる事が出来るが管《くだ》々《くだ》しいから今は略する。

日米問題の如きも、多少趣は違ふが結局は同一に帰すると思ふ。米国に於ける排日の根本原因は一つは、日米両国人の接触より来る共同生活上の幾多の不便であり、又一つには我国の東洋政策より類推して米人が我対外発展の根本動機に対する不安疑惧の念である。此中のどれ丈けが誤解に属するかは事実問題として別に論究するを要するも、少くとも我に於て大いに反省するの必要あるは云ふを俟たない。而して漫然人種的差別待遇の不当を説いて彼を責むるは、其主張にどれ丈けの真理あるにしろ、自己反省を欠く点に於て我々は国民を警告するの必要を認める。況んや日米問題の本質は所謂人種的差別待遇に非ざるに於てをや。随つて予輩は日米問題の解決も亦或意味に於て国民の自己反省を欠くの態度に誤られて居ると信ずるものである。

何れにしても我々の自己反省を欠くの態度が今日どれ丈け外交的失敗の原因を為して居るか分らない。人は云ふ、国際関係は殺伐だと。けれども一面に於て世界は割合に公平である。我々は事実の公平明白なる諒解の上に、道理によつて問題を解決せんとする態度さへ誤らなければ、世界的共同生活の中に帝国の地歩を確立するに毫も困難は無いと思ふ。此考よりして吾人は国民に向つて対外的良心の発揮を力説するの必要、今日より急なるは無いと考ふるものである。

〔『中央公論』一九一九年四月〕

水原虐殺事件

外字新聞の猛烈な攻撃に依つて初めて我々に知られた水原に於ける驚くべき虐殺事件は、過般憲政会有志の首相訪問の際の会談に於ても政府自ら認むる所の事実なる事が明かになつた。果して然らば之れ実に許す可からざる人道上の大問題たるは言ふを俟たない。之を如何に処置するかは目下政府に於ても講究中であると云ふことだから今深く之を追窮しない。只之に関聯して予輩が茲に国民の反省を求めたい点は、或新聞が某軍人の談として「同じやうな虐殺を水原で実は彼等鮮人が我憲兵に加へた。独り我軍人を責むるのは片手落だ」と言つた事である。

鮮人がどう云ふ訳で憲兵を虐殺したかの動機は茲に問はない。けれども彼等もやつたから俺もやるのだと云ふ理屈は無い。報復は大国民の慎むべき所、況んや彼はもと身に寸鉄を帯びざるものなるに於てをや。兎角我国の官吏は鮮人を同化する〳〵と云つて却つて彼等に同化されて居る事実が多い。彼等が虐殺で来るなら此方からも虐殺で行く、さうする事が彼等を威服する所以だと考へるなら是れ即ち彼等の考へ方に同化されたものではないか。

又聞く所に拠れば朝鮮の道長官の如きは土民に臨んで威張ること、丸で昔の大名のやうだと云ふ。斯うでなければ官吏としての威厳が保てないと云ふのであるが、分不相応に威張ることに依つて僅かに官吏の威信を保つと云ふのは之れ取りも直さず朝鮮の弊風に我れ自ら同化されたものではないか。本当に同化しようと云ふなら形式で威張らなくとも鮮民が心服するやうに仕向けて行かなければならない。同化政策に対しては我輩根本的に疑を有つて居るけれども、仮りに之が適当の政策だとしても朝鮮の官吏の遣り方は目的夫自身に〔を〕裏切つて居る。

〔『中央公論』一九一九年七月「小題小言」のうち〕

朝鮮統治の改革に関する最少限度の要求

我が黎明会に於きましては、先般来朝鮮の問題を多少研究して居りましたが、最近又朝鮮の有志から色々話を聴いたり、其他色々の材料を見たり、聞いたり致しました所からして、兎に角朝鮮の統治は、吾々学問を研究する者の立場から見ても、改革を必要とする。尤も何う改革をすれば宜いかといふことに就ては、固より吾々の間に意見の一致を見た訳ではありませぬ。唯々《ただ》改革の必要と、而して一日も之を等閑に附することが出来ないといふことだけは一同の均しく感じた所でありました。そこで吾々が各自の考を諸君に愬《うった》へて、さうして更に汎《ひろ》く国民全体の問題として、此研究の必要を愬へ、又当局に向つても、其改革の急務なる所以を、国民の声として之を明にしたいといふ所から、取り敢へず今日を第一回として、吾々各自の立場を申上げて見たいといふことで、今日此会を開いた訳であります。

朝鮮で騒動が起りまして以来、既に三箇月を経て居ります。此の騒動に伴《つ》れて吾々国民の間には、何等か改革を必要とするといふ考が起つた。何等か改革を必要とするといふ点は、殆ど皆凡ての人の所謂異口同音に唱ふる所である。彼の騒動は幸に若干の兵力を増して、詰り武圧で一旦は鎮まつた。武圧で一旦鎮静に帰したから、彼《あ》の儘で放任して宜いといふ考は、吾々の間に殆ど無い。唯々時期の問題でありませうが、兵力の方は早晩之を従来の旧に復する、或は従来よりも更に圧迫の手を緩めて——兵力を以て臨む関係を緩めて、謂はゞもつと文明的の政治をするといふことに改むる必要はないか。此点に於ても、殆ど諸君も皆御同感であらうと思ふのであります。当局の間にも無論、相当の攻究は有るだらうと思ひますけれども、今日まで吾々局外の目に触るゝ所に依れば、不幸にして殆ど何うするといふことの見極めが、未だ明に定められて居ないやうであります。否民間に於ても此点は、何うすれば宜いかといふ事に就ての、的確なる意見の発表を見ないのであります。中には忘れたかの如く、等閑に附して居る者もある。昨日か今日かの新聞に――確か今日の新聞と思ひますが――載つてあつたと記憶して居りますが、両三日前に新政会といふ政党の人々が、原総理大臣を訪問して、今日最も緊急とする所の諸問題に就て質問したといふことでありますが、其の中に朝鮮問題といふものが一つも無い。苟も天下の政党として、朝鮮の問題を等閑に附したといふことは、実に驚くべき事である。

斯の如き次第で、官民共に朝鮮の問題を軽視して居るといふことは、私は甚だ遺憾に思ふ所でありますが、偶には又朝鮮と日本との数千年来の関係を説いて、昔から斯ういふ関係の近い国であるからして、此点を能く朝鮮人に訴へたならば、何等か解決の途が付くだらうと、極めて暢気な楽観説を唱へて居る者もあります。無論それにも一の理窟は有りますけれども、吾々が数千年来の歴史を説いて、朝鮮の人の反省を求めるならば、是と同時に、日本人も数千年来の日韓の歴史に依つて、反省すべき所が有るだらうと思ふ。不幸にして吾々同胞の間には、日本の方で反省するといふ方面から立てた議論はてんで聞かない。さうして朝鮮の人の言分には耳を傾けないで、唯々徒らに彼等を漫罵するといふやうなことでありまして、国民の間には、何ういふ訳で朝鮮の方で不平を言ふかといふ事情がサッパリ判らぬ。今度の騒動は非常な大事件であります。彼んな大事件が起つたのだから大に反省して、色々研究するかと思ふと、唯々徒らに罵るばかりだ。無論彼等が乱暴をしたのであるから罵つても宜い。けれども唯々罵るばかりで、吾々の方で反省する声は聞かぬのであります。漸く此頃二三の新聞が、西洋人の指摘に狼狽して動き出したやうな訳であります。

西洋人の指摘に依つて新聞に表れて居る事で、最近最も問題となつて居るのは、彼の水原事件であります。水原に於て朝鮮の数十名の良民を或る教会堂に集めて、それを皆焼き殺してしまつた。又自分の亭主が何うなつたらうと思つて、安否を尋ねに往つた婦人をも鉄砲で以て撃ち殺したといふ事件である。是に就て、私は往つて視た訳ではありませぬからして、確言することは出来ませぬけれども是は其現場を後から往つて視た外国人などがある。或は又私の友人で――是は日本人ですが、私の極く親しい友人で朝鮮に居る立派な紳士が、其点を或点まで是認しまして、若し卒《い》ざといふ必要の有つた時分には、何時でも往つて証人になるといふ手紙を、私に呉れた人があります。其他各方面の報道に依りますと、今度の騒動に於ては、日本の方でも残念ながら、所謂野蛮性を発揮して居る事が随分ある。無論朝鮮人の間にも、残酷に憲兵を殺したとか、或は巡査を殺したとかいふ事に付て、責むべき点は多々ありませう。けれども朝鮮人がやつたから此方でもやつても宜いといふ理窟は有りませぬ。残念ながら爾《そ》ういふ暴行をしたといふ点が、吾々の方に多いやうであります。其一例は、今度の騒擾の時に消防夫が出て往つて、鳶口《とびぐち》を以て、朝鮮人の四つか五つになる子供の頭を引掛けたといふ事もある。一体今度の騒擾の鎮定に、消防夫を使つたといふやうな事は、善いのか悪いのか判らぬけれども、私共は甚だ遺憾と思ふ。初には万歳々々と言ふのを腕力を以て逐ひ退ける訳にいかぬから、消防夫を喚《よ》んで来て水を引つかけた。それから在郷軍人団が出て手伝ふといふやうなことで、吾々から見ると、相当の程度を超えた取締を随分やつたやうでありますす。是も私の友人の話でありますが、警察官に捕へられて引張つて往かれる朝鮮人を、何処かの雑貨屋の子僧が出て来て、其店で売つて居るベースボールのバツトで以て殴つた。けれども巡査が一向それを咎めなかつたといふ例もあります。

爾ういふ風に今度の事件には、日本人も随分野蛮性を発揮して居るのでありまして、其点が外国人などの指摘する所となつて、どうも問題とせない訳にいかないやうになつて居る。けれども初は斯ういふ事実が公表が無かつたのでありますから、吾々は知らなかつた。外国人の方からは爾ういふ報道がありますが、日本の官憲の方の報告には、爾ういふ事が無いのです。何方《どちら》が本統〔当〕か分らなかつた。そこで、実は最近に又、是も私の最も信頼する友人ですが数名——三名の一団と二名の一団と二つの団体です——数名が団体を組んで、向ふに調査に往きました。其の外に既に往つて居る者もあります。其の調査に依つても、此等の事実は段々明になるのでありまして、どうも吾々は日本国民の良心の為に、此等の点を実は、黙視することが出来ない。矢張一の人道問題とするの価値は有ると思ふ。

　以上今度の騒動に関連して述べました事柄に就ても段々論及するの必要が有ると思ひますが、併し、今日は、此等の事は既に過去の事でありますから深く追及しませぬ。之を何うするといふ事よりも、寧ろ将来の事が大切でありますから、今度の騒擾事件に関聯して起つた、爾ういふ幾多の問題は、唯々斯んな問題があるといふことを、一言申上ぐるに止めて、其方は他日の問題に譲ります。今日特に、私が諸君と共に考へて見たいと思ふ事は、将来を何うするか、即ち彼れだけの騒動が起つた、其後の始末を何うするかといふ事が、寧ろ吾々に取つて大切であると思ふのです。此頃新聞でも御承知でありませうが、朝鮮から色々の方面の人が参つて居ります。其人々は皆、朝鮮の将来の統治を何うするかといふ事を、或は当局の人に或は吾々国民の間に訴へに来て居るのです。私は此等の人の数名の方と会見を致しましたが、或る意味に於ては、寧ろ此等の人の宏量に感泣する。今度の騒動に於て、日本人が随分乱暴をしたといふ事は、過去の事として深く咎めない。将来の事を何うして呉れるかといふことを、向ふの人が言つて来るのでありますからして、過去の事を咎めないで、将来の事を相談に来たといふ、其彼等の宏量に寧ろ吾々は感謝する。爾ういふ態度で参るのでありますから、吾々も亦、ナニ向ふで独立だの自主だのと生意気な事を言ふ、といふやうな態度に出でないで、吾々も亦将来を何うするかといふ事に就て、彼等と共に攻究するといふ、親切の態度に出でたいと思ふ。

尤も今日まで、朝鮮と日本とは数千年来の関係が有るなどといふ事を――マア私から言はせると、是は子供騙しのやうなものだと思ひますけれども、爾ういふ事を説いて居る。説いては居りますけれども実は朝鮮人は外国人に相違ありません。朝鮮人は名儀上は兎にも角にも、矢張色々の点に於て外国人である。其外国人について我々が咄嗟の間に、吾々本統の生れ付の同胞に対すると全然同様の感情を持ち得ないといふことは、或点に於ては已むを得ない事であると思ひます。私が支那に往つた時に斯ういふ事を度々経験したのでありますが、支那の撫順や彼の近辺でよく起る事でありますが、炭坑で所謂火を失することがある。其時に坑内に支那人の苦力《クーリー》が沢山働いて居ります。私は斯ういふ技術上の方面の事は一向知りませぬから、何ういふ場合に何うするといふ事を、一概に断定することは出来ませぬけれども、何んでも坑内に火の出た時には、坑の口を塞ぐと損害が軽く済むのださうです。曾て炭坑内に火の出た時に、ソレ火が出たといふので坑の口を塞いだ。さうすると坑内に入つて居る者が皆犠牲になる。所が其坑内に日本人が居るといふので、それぢやと言つて咄嗟の間に坑の口を開けて日本人の救済を図つた。けれども時既に遅く、日本人も死ねば支那人の苦力も皆共に死んだ。爾ういふ場合に、一旦塞いだ坑を開けるといふことは、礦山の為には非常に危険な事ださうですけれども、日本人が入つて居るといふので、無意識的に――殆ど本能的に、一旦塞いだ坑を開けた。是は人情に厚いと云ひますか、兎に角爾ういふ事があつたのであります。所が最近又炭坑内で火事が起つた時に、坑の口を塞いだ。其時には日本人が入つて居なかつた。支那人側は前の例があるから開けて呉れと言つたけれども開けなかつた。何んだ、日本人の居つた時には危険を冒して開けたが、支那人ばかりだと開けて呉れないのかといふので八釜《やかま》しい問題が起つたといふ事です。

爾う言つたやうな風に、日本人が坑内に入つて居る時には、一旦塞いだ坑の口を、危険を冒して開けるけれども、支那人ばかりだと開け損つたといふ事は、咄嗟に発する自然の人情としては恕《ゆる》すべきだとは思ひますが、併し乍ら之れから海外に出て仕事をする者や、支那や朝鮮に往つて仕事をする者は、斯ういふ事に就てふだんから大に修養をして、支那人であらうが日本人であらうが――開ける開けないの問題は別問題でありますけれども――、兎に角日本人だらうが支那人だらうが、苟も人間が其坑内に入つて居る以上は、礦山よりも人間が大切だといふ、感情の自ら出るやうにして置くことが必要であると思ふ。兎に角爾ういふ場合に、日本人の為には坑の口を開けたけれども、支那人の為には開けなかつたといふ事は、是は修養が足りない結果である。さうして爾ういふ経験を重ねたならば、此次からはそんな事をしないやうに、段々に広い心を持つやうにしたいものであります。それと同じ態度を、矢張朝鮮人に対しても吾々は執るやうにしたい。朝鮮人だから何んな事をしても構はない、支那人だから坑の口を開けなくても宜い、日本人だから開けたのが何が悪い、爾う言つたやうな喧嘩腰に往つて、弁駁的の態度に出でないで、間違つた事は間違つた、今度から改めるといふ態度を以て、本統に心の底から一視同仁に考へて扱ふやうにしなければ、何うしたつて植民統治に成功する筈は無い。今度の騒擾事件に就ても過去の事は過去の事として愆《あやま》つたとしても、是から先は一体何うするかといふ事に就ては、官民共に十分の考究を尽す責任がある。朝鮮の方でも満足するやうな、又日本の為にもなるやうな方策を、吾々は諸君と共に慎重に考へて見たいと思ふのであります。

斯ういふ立場から私は爰《ここ》に諸君の前に、朝鮮の統治を将来何うするかといふ事に就て、私一個の意見として、最小限度のものとして四つの問題を、提出したいと思ふのであります。此点は多分我が黎明会の他の多数の会員諸君も、同感である所と信じますけれども、別に吾々は打合はして此処に出たのでありませぬから、兎に角是は私一個の意見として申上げます。

其前にもう一つ、吾々が国民並に当局者に向つて希望するのは、今朝鮮の方では、或は自治を希望するとか、独立を求めるとか、或は朝鮮に独立の国会を設けて呉れとか、或は帝国議会に朝鮮の代表者をも出さして呉れとか、色々細かい案があるやうであります。爾ういふ案は、今後精密なる研究を要する問題でありますから、私一個の希望としては、此等の点に就ては、朝鮮統治策の研究会、或は調査会といふやうなものが開かれんことを、実は希望して居るのであります。是も外交調査会だとか何とか、彼ア《あ》云つたやうなお座形《ざなり》のものでなく、本統に朝鮮の問題を攻究する所の、官民協力の有力なる会の開設を希望する。爾ういふ会に於て、細かな種々なる点の研究を積むことが、必要だと思ふのでありますが、マア爾ういふ事は今後緩《ゆつく》り研究すべき事で、先づ差当り、朝鮮問題を何方に持つて行かうとしても、茲に何うしても第一著に、吾々が改革をせねばならぬと思ふ点を、四つばかり最小限度のものとして、列挙して見たいと思ふのであります。

*

第一は、朝鮮人に対する差別的待遇の撤廃といふ事を私は要求する。而して諸君の前に之を問題として提出したい。

朝鮮人は色々の点に於て、差別的待遇を受けて居りますが、其中でも私の最も遺憾に思ふのは、朝鮮人が自分の能力を、是から発展しやうとするに当つて、内地人と均等の機会を与へられて居ないことである。即ち教育に於て、不平等の待遇を受けて居るといふ事が、就中最も私共の反対する所であります。是も細かい点に就て言へば、際限ありませぬが、其意味を明にするために、爰に二三の点を申上げます。

先づ第一に、朝鮮には朝鮮人の為めに学校の数が少い。今一々精密な統計を、此処に持つて来て居りませぬから、計数を挙げる訳には行きませぬけれども、恐らく朝鮮全体に於ける小学校の数は、日本に於て、一番小さい県よりも少いだらうと思ふ。尤も斯ういふ事を申しますといふと、当局者の方では――私は当局者から聞いたのでありますが――、学校を多く建てゝも、其学校の定員に充ちるやうに、児童を集めるには中々骨が折れると斯う言ふ。それが本統かと思つて、朝鮮の人に聞くと、以前は爾うであつたけれども、今日は必ずしも爾うでない。場処に依つては爾ういふ処もあるけれども、又場処に依つては学校が足らなくて困つて居る処もあると斯う言ふ。併し向ふが容易に入つて来ないから、学校を造らなくても宜いといふ理窟が立つならば、日本内地でも、学校をもつと減す余地があるともいへる。兎に角朝鮮では学校が少い。現に非常に其乏しきを感じて居るといふことは事実であります。

それから小学校は少いながらも在りますが、中学校といふものは殆ど無いと言つて宜い。小学校は普通学校と申します。中学校は高等普通学校と云ふ。高等普通学校は朝鮮全体で幾つあるか。男の方と女の方と合せて四つか五つしかない。

学校の数が非常に少いのみならず、程度が馬鹿に低い。小学校は四年、中学校は四年でありますから、中学校と小学校と両方合せて八年、向ふの中学校の卒業生は、丁度日本の高等小学校の卒業生と同じです。課目も日本の中学校などから比べるとズツト低い。英語などは、中学校の上級に於て、一週二時間か三時間かありますけれども随意科で、出来るだけ之はやらぬやうにして居る。手心を用ゐて英語などは皆やらぬやうにして居る。其上に、小学校でも中学校でも実科といふものがあります。商業をやらせたり、百姓をやらせたり、或は大工の真似をさせて色々な物を拵《こしら》へさせたり、そんな時間が沢山ありますから、同じ四年でも、日本の中学校で四年学んだのとは余程違ひます。

其他医学校とか、工学校とか、農学校とかいふものもありますけれども、兎に角大体に於て学校の数が非常に少い、程度も低いといふことの結果として、朝鮮人には、進んで高等教育を受ける便宜が有りませぬ。朝鮮の諸君で日本に来て、高等学校から帝国大学に入つた人もありますけれども、是は非常な不便を忍び、非常な辛苦艱難を経た結果であります。朝鮮に於て中学校で毎日六時間の授業が済んでから、夜学校に往つて英語を学ぶ。さうしてヤツト中学校を出て、日本に来て東京なら正則英語学校とか、或は何処かの予備校とか、爾ういふ処へ往つて英語や数学を学んで、高等学校の試験を受けて入るのであります。故に支那の留学生諸君の中には、帝大其他高等の諸学校に学んで居る者が割合に多いけれども、朝鮮の諸君には極めて少い。少い筈です。之を妨ぐる関門を突破するといふことが容易な事ではないからです。さうして又向ふで、兎も角も爾ういふ不便を忍んで、日本にでも留学しやうといふ考を懐く者があると、当局の方では手心を以て出来るだけ之を止める。当局者は否定するかも知れませ〔ぬ〕が止めるといふ事実は明白にあります。

斯ういふやうな事に就て、吾々が朝鮮の当局者に愬へると、実は財政が許さぬ、程度を高めんとすると、学校を沢山造る訳にいかぬと斯う言ふ。吾々が程度を高めよと言ふと、程度を高めるよりは、学校の数を沢山造ることが必要だと言ふ。そんなら学校を沢山造れと言ふと、程度を高めることが必要だから、そう沢山は造れないと言ふ。勿論財政が許さぬといふ理由も有りませうけれども、兎に角高等教育を受ける機会を与へない。そんなら朝鮮に居る者は内地人たると土人たるとに論なく全部、爾うい風に機会を与へられて居ないかといふと、爾うではない。朝鮮人のみが、特に斯の如き不平等の待遇を受けて居るのであります。

日本人の方は何うかといふと、小学校は到る処に在る。尤もズツト山の奥になると、少数の日本人の為に、学校を造る訳に行きませぬからして、そこで小学校の教育を受くべき子供が二人や三人なら父兄の方で家庭教師でも傭ふ。貧乏人ならば打棄《うっちゃ》つて置きませうが、相当の資力有る者は家庭教師でも傭ふ。それから学齢児童が十人以上あるならば、父兄が金を出し合つて学校組合を造る。其学校組合を造れば、総督府からは少くとも年額六百円の補助が出る。勿論六百円の補助だけでは足りませぬから、父兄が莫大の費用を負担しなければなりませぬけれども、兎に角学校組合を造れば、総督府から年額六百円以上の補助金を貰つて、日本の内地から小学校の先生を一人か二人傭つて、自分の子供等を教育する途が開けて居るのであります。

爾ういふ風に、日本人に対して年額六百円以上の補助を与へるならば、何故朝鮮人に対しても、同じ特典を与へないのであるか。朝鮮人も山の奥に入つて居る者がある。勿論爾ういふ事を奨励して居りませぬから、沢山に願出たことはありますまいけれども、試みに願出た者があるとするなら、即ち朝鮮人も学校組合を造つて、総督府に補助を願出でたとすれば、補助金を貰ふことが出来るかといふと、それは出来ない。教育部にまで持つて往つたか、何うかは知りませぬけれども、それを願出で立派に却下された例はあります。

それならば日本人の造つた学校組合に、朝鮮人の子供を収容したら何うか。尤も日本人の造つた学校組合であるからして、其組合員は自分の子供だけ容れて、外の子供は容れないと言ひ得る道理ではありますけれども、其点は、何とか政府で世話をしてやつたら宜からうと思ふ。兎に角朝鮮人中相当資産の有る者が、自分も学校組合員としての費用は負担をするから、自分の子供を容れて呉れと頼んで来る者があつたら、之などは是非容れべきものと思ひますのに、之も実際は常に拒まれて居ります。最近の例は、新義州といふ処に営林廠といふ役所が在ります。其営林廠に永年勤めて居る朝鮮人が、夫婦共に日本的になつてしまつた。それだから彼アいふ騒動の起つた時には、非常に嫌はれる。詰り朝鮮の方から云ふと売国奴なんですから、嫌はれるのは無理もない。兎に角非常に日本的になつて、自分の子供も幼少から日本人と交際させて居つたために、朝鮮語が出来なくなつた。其子供が全く朝鮮語を知らない。それが此三月になつて、日本人の組合の造つた学校に入れやうとすると、其学校の管理者が、朝鮮人の子供なるが故を以て之を拒んだ。其子供は朝鮮語が出来ないから、朝鮮人の為めの学校にも入ることが出来ない。所が今度の騒動が起つたので、ソレ態《ざま》を見ろ、不断から日本人の真似をして、日本の服を著て、日本の官吏だなんと言つて威張つて居ても、子供は学校にも入られないぢやないか。爾う言つたやうな風で、今度の騒動で非常な迫害を受けて、到頭其土地に居堪まれないで其男が辞職して、妻君は最近鎮南浦の方へ逃げて往つた。其処に私の友人が居りまして、どうも気の毒だといふので仲に入つて、何とかして其子供を学校に容れてやらうと、色々骨を折つたけれども、学校管理者が頑として肯《き》かないといふ事であります。日本で同化々々と云つても、あれ程同化した者の子供を、学校に容れないと言つて拒む。私は是程矛盾の事はないと思ふ。此同化政策といふ事に就ては、後で尚ほ申上げます。

もう一つ甚だしいのは、是は尤も極く知識の程度の低い日本人ではありますけれども、大工か何かで其男の妻君が朝鮮人で、其夫婦の間に生れた子供は、日本の法律からいふと、立派な日本人でありますが、母が朝鮮人だから、子供は日本語は全く知らない。朝鮮語ばかり話して居る。それで日本人の子供であるに拘らず、朝鮮臭いと言つて学校に容れない。是は最近の事実です。斯ういふ例は他にも沢山あるだらうと思ふ。

斯の如く、日本人に対しては六百円の補助を与へて、何んな山間僻地でも学校を造る便利が有る。然るに朝鮮人に対しては此特典を与へない。而已ならず相当の費用を負担するからと言つても、朝鮮人の子供を、日本人の組合学校に容れて呉れない。勿論総督府で容れないと決めた訳ではないが、彼アいふ官吏万能の処でありますから、政府の方で容れたら宜からうと一言云へば、容れることが出来るのだけれども、政府の方では、是に対して一言も云はない。随分猛烈な差別的待遇をして居るのであります。

一体私の考から申しますと、是も中《あた》つて居るや否やは、諸君の御判断に委せますが、朝鮮に居る日本人の子供は、親父が朝鮮に往つて仕事をして居るのだから、将来自分も朝鮮人の間で仕事をしなければならぬのであるので、幼少の時から、朝鮮人の間に入れて教育した方がよいのではあるまいか。将来朝鮮で仕事をするのだから、朝鮮人の間に於て仕事をするだけの訓練は、小学校時代から朝鮮人と一緒に置いてこそ、始めて出来ると思ふのである。然るに小学校時代から差別を付けて、朝鮮人を軽蔑して居る。日本人は彼等より一段高い――彼等は劣等で、自分等は優等だといふやうな形で以て教育をしたならば、将来彼等が朝鮮人の間に立つて仕事をして、立派に成功するといふ素質を与へられる気遣《きつかい》は断じて無い。併ながら私は、今日直に朝鮮に於て、日本人と朝鮮人とを同一の学校に収容して、教育せよと云ふのではない。今直にやれないならば、やれないだけの理由を明にして、さうして多少の余裕を与へることは必要でありますけれども、主義としては、朝鮮で仕事をする者は、子供の時から朝鮮人と一緒に教育した方が宜いと、斯う思ふのであります。

斯ういふ考からして、私は朝鮮人と日本人とを、一緒に教育したら宜からうといふ事を、曾て当局者の方に申したことがある。之に対して私は二つの答を得ました。其一つは、日本人と朝鮮人とは学校の程度が違ふから、一緒に教育をすることが出来ないと言ふのである。然らば其程度を違へるといふことが間違つて居るではないかと、斯う反問すると、兎も角も法律で程度が違つて居るのだから、一緒にはやれないと斯う言ふ。それは成程、小学校で四年丈けやる者と六年やる者と、又毎日六時間づゝ算術や読本丈を習ふ者と、大工か何かの真似をもする者とを、一緒に教育することが出来ぬといふのは、当然でありますけれども、違つた事を教へるといふのが抑もの間違ではありますまいか。向ふだけ馬鹿にして此方だけ悧巧にするといふ方法が、根本的に愆《あやまり》でありますまいか。もう一つの理由は、朝鮮人と日本人とを一緒に教育するのは、日本人の子弟が、朝鮮人の教師に教はるといふ場合を生ずるからいけないといふのである。朝鮮人の教師では大和魂は這入らないと言ふ。朝鮮人の先生が何うしても日本的精神を教へることが出来ないと言ふのならば、是は同化不可能といふ事になるのでありますからして、それならば初から問題にならない。爾ういふ事ならば、どうせ日本人が一生懸命に朝鮮人を教へた所が、彼等が日本人になり切る筈もない訳である。兎に角当局者の方では、朝鮮人の先生から教はることがいけないと言ふ。斯ういふ事で段々議論をすると、今度は、吾々は朝鮮人の先生でも宜いと思ふけれども、人民が承知しないと言ふ。若し人民が承知しないで、愚図々々言ふならば、官吏万能の朝鮮で人民を圧《おさ》へられない筈はなからう。そんな事はまた民心の開発で以て、誤解を解くことも出来るのである。将来の方針としては、是非とも朝鮮人と日本人とを、一緒に教育して貰ひたいと思ふのであります。

要するに、爾う言つたやうな風で、朝鮮人が是から自分の能力を開発するといふ、其の前途に於て非常にハンデキヤツプをつけられて居るといふことは、朝鮮人として不平を言ふのも尤もであるし、又吾々が朝鮮を統治する上に於ても、其不得策なることは、言ふを須《ま》たないと思ふのであります。是は教育上の事に就いてゞあります。

それから今度は、朝鮮人を官吏として随分沢山使つて居りますが、朝鮮人なるの故を以て、之を決して高い地位の官吏にはしないといふ、一の不文法があります。尤も一の懐柔策といふやうな意味で道長官とか郡守とかいふ者に、朝鮮人を使つて居ります。日本でも明治の初年には、郡長などゝいふやうな者は、地方の名望家から抜擢して、封建時代から新政治に移る時の、民心の鎮撫にそれを利用したことがありますが、矢張爾ういふやうな意味で、余り官吏として有能の者ではないのでも、地方の名望家といふ丈けで、之を道長官とか郡守とかいふものに採用して居る者がある。爾ういふ者は、朝鮮人にも日本人にも、随分迷惑を掛けて居るのです。道長官だといふので、自分の気に喰はない郡守を免職するとか、或は自分の気に入らない学校の先生を、故なくして免職するとか、色々昔流の悪政をやらんとするので、随分日本人にも迷惑をして居る人があるやうであります。爾うい ふ意味の官吏は、是は本統に朝鮮人を教育して、或は朝鮮人の有能な者を抜擢して、各々其処を得せしめるとい ふ意味の任命ぢやない。そんな者を勘定に入れてはいけない。そんな者は勘定に入れないで、本統に仕事をさせ るといふ意味で、抜擢した朝鮮人で、高等官になつて居る者があるかといふと、私の知つて居る範囲に於ては、 十人か十五六人しかないと思ふ。裁判官の中には少し有る。裁判官と云つても、判事の中に少し有るだけで、検 事にはあまり無い筈です。今日は職員録を見て参りませぬでしたから断言は出来ませぬけれども、最近まで、検 事には朝鮮人を絶対に、使はなかつたのであります。判事には有ります。職員録を見ますと、判事の名前がズツ ト列べてありまして、其一番お仕舞の方に朝鮮人の名前が少し書いてある。是も朝鮮人と日本人との事件には関 係せしめない。唯々朝鮮人同士の事件にのみ、纔《わずか》に関係せしむるための判事であります。それから郡守などには、 最近大学を卒業した人が採用されるやうであります。私の心易い人で、大正三年に帝国大学を卒業した朝鮮人が、 最近やつと郡守になつた。其他は中央政府に居る者でも、高等官になる者は極めて少ない。

私は大正五年の春に、朝鮮の方を旅行しまして、爾ういふやうな色々の材料を蒐めて、同年の中央公論の六月 号で発表したことがありますが、其時に総督府の当局者が、是に対して弁駁書を寄越したのであります。それは チヤント官名を署してありましたから、総督府の代表者の意見と、私は認めて居りますが、其当局者が反駁をし まして、朝鮮には高等官が、二百八十七人あると書いてありましたが、此二百八十七人の大部分は、中枢院とか 経学院とかに祭り込まれた者や前に述べた種類の者で、其中に、本統に人才を段々引上げたといふ意味の高等官 は、其時には十二三人しかなかつた。それから例へば、農科大学を卒業したとか、或は高等工業等の高等専門学 校を卒業したといふやうな人も沢山ありますけれども、爾ういふ人も技手にはするが技師にしない。殆ど抜擢されて居ないのであります。それなら資格が無いかといふと、資格が無い訳ぢやありませぬけれども、兎に角例へば、日本を同じ年に同じやうな成績で卒業しても向ふに往けば五年か六年の間に、内地人と朝鮮人とで非常な差を生ずる。是は争ふ可らざる事実であります。さうして高等官の方ばかりではない。判任官の方でも――最近朝鮮の方から承つた所に依れば、精々昇つた所が止りが三十五円位で、此辺まで登りつめると諭旨免職になるを例とするさうであります。

此点は、私は未だ精密に調べては居りませぬけれども、朝鮮の良家の子弟は、此頃段々、教育を受けても何もならぬと言つて、前途を悲観する。前途に何の光明が有るか、自分等が学問をしても、何の希望が無いではないかと言つて、悲観して居る者が多いといふ事です。且又其等の人の父兄の間にも、学校に入つたつて何になるかといふてゐるさうです。彼等の間には一種の歌みたやうな風に次の様な事を歌ふさうです。其の意味は、文官は郡書記、武官になつて精々往つて巡査補といふのです。巡査と憲兵の下廻りをするものに、朝鮮人を使つて居ります。巡査の方は巡査補と云ひ、憲兵の方は憲兵補助員と云ふ。詰り文官は郡書記、武官は精々往つて巡査補か憲兵補助員、爾ういふ事を歌みたやうなものに作つて、唄つて居るのでありますが、何んなに能力が有つても、其れ以上には進まないのだから、彼等が折角教育を受けても何にもならぬ、態々内地に留学しても、本国に帰れば自暴自棄になる。私は相当に朝鮮の諸君と交際して居る。東京では能力を発揮して、中々感心な学生だと思ふ人が、非常な希望を持つて本国に帰る。本国へ往つたならば、自分は我が同胞の為に大に尽す。斯う言つて帰つて往きますけれども、其帰つた人が十人が十人まで、私の許へ寄越す手紙は、朝鮮人が段々に体力も財力も衰へて往くのを見て、吾々は実に何うも堪らぬ。加之《しかのみならず》自分自身も、前途に何等の光明も希望も無い。偶々思ふ通りの事を露骨に言ふと、官辺は直に排日者と云つて、其方此方《そっちこっち》駈け摺《ず》り廻されると書いてある。斯ういふ意味の、非常に悲観した手紙を寄越すのであります。爾ういふやうな訳で、朝鮮人を余り用ひぬといふ事が一種の不文法になつて居るといふことでありますれば、其点から彼等が段々不平を言ふといふのは、強《あな》ち無理の事ではないと思ふ。

又よしんば、幸にヤツト官吏になれましても、其同じ程度の官吏で、日本人と朝鮮人との間の俸給が大変に違ふ。又出張旅費なども違ふ。同じ程度の者でも、朝鮮人は日本人の俸給より、三分の一位しか貰へないと申してゐます。日本人は朝鮮人の三倍位のものを貰ふ。在勤俸とか或は借宅料とか手当とか何とか、色々なものを貰ふのでありますが、其等のものは除いて単に本俸だけでも、朝鮮人よりも日本人の方が遥に高くなつて居る。此点に就て朝鮮の諸君は言ふ。日本人は遠方から来るのだから在勤俸などのあるのは当然だけれども、せめて本俸だけは同じにしたら宜い。日本人だけが特に秀才が来る訳でもない。中には悪口を言ふものもあります。総督府には日本の屑が来るのだと。是は俸給が高いといふ事に付ての悪口だけれども、同格の人が官吏として一緒に旅行をするのに、日本人の方は上座に坐つて、金も立派に使へるけれども、朝鮮人の方は隅に小さくなつて居る。実に肩身が狭い。随つて同胞から馬鹿にされる。何んだお前方は日本政府の飯を食つて居りながら、彼の態《ざま》は何んだ、まるで小使みたやうにくつ従《つ》いて居るぢやないか、と斯う罵倒される。自分等は総督府の役人になつて居るが役人だといふ事が即ち此屈辱に値する、之は実に堪へられないと言つて、吾々の処へ訴へて来る。又私が向ふに往つた時にも、染々《しみじみ》訴へて居りました。斯ういふ者は実に可哀相《かわいそう》です。折角日本の政府に仕へたのに、彼等は同胞から裏切者のやうに思はれて居る。総督府の方では爾ういふ事に付ては一向構はない、実に彼等としては立場が無い訳であります。

是に就て一例を申上げねばなりませぬが、私の知人で朝鮮の人です。私は此の人が朝鮮人だといふことを未だ知らない中から、立派な人物であるのに敬服して居りましたが、後で名前を聞いたら李といふ人だといふので、私は支那人だと思つた。所が爾うではなく朝鮮人でありました。其の人が非常な立派な人物であつた所から、其人を通じて、私の興味が実は朝鮮の方に向いたのであります。それは私が未だ大学に学んで居りました頃で、明治三十四五年の頃でありましたが、此李君の人格に敬服して、実は私は朝鮮の事を多少注意するやうになつた。此人は農科大学を卒業した人でありますが農科大学に在学中に、人物を見込まれて某日本人の聟養子となつて、今では斎藤とか名乗つて居ります。それが朝鮮に往つて、何処かの役人になつた。今猶ほ勤めて居りますが、朝鮮に往つた初めに、斎藤某といふ名前で往つたのでありますからして、日本人並の俸給を貰つた。所が後になつて朝鮮人だといふ事が判つて、月給を三分の一に下げられた。朝鮮人ならば、規則に依つて三分の一でも宜いけれども、もうチヤント日本人の聟養子になつて、本籍が内地に在る。然るに生れが朝鮮人だといふので、三分の一に下げられた。そこで色々な人が仲に入つたけれども、頑として肯かない。今でも三分の一の待遇を受けて居るさうであります。斯の如く何処迄も朝鮮人を別扱ひにして居る。斯ういふ事が善いか悪いか、私は之を諸君の前に問題として提供したい。それが法律に依つてチヤント爾ういふ差別的待遇をして居る方面だが、若夫れ《もしそ》一般の民間に於て、朝鮮人に対して差別的待遇をするといふ事に至つては、是はお話の外であります。

此間も一寸新聞で見ますると、京城で弁護士会長の改選があるが、朝鮮人が会長に当選しさうだと云ふので問題になつて居る。投票で会長を選ぶのだから、朝鮮人だらうが誰だらうが、選ばれた人が会長になるのは当然の事であります。私は委しい事は知りませぬが、元々京城の弁護士会は、日本人側と朝鮮人側と二つ在つたさうです。之を総督府の肝煎で数年前に合併した。合併した時に会長を選挙した所が、朝鮮人の弁護士が多い所から、朝鮮人が会長に当選した。其時に朝鮮総督府では朝鮮人が日本人の上に立つといふやうな、そんな事があつて堪るものかと云つて認可しない。其間に日本人と朝鮮人と摺《す》つた揉《も》んだをやりましたけれども、到頭圧迫を加へて、認可を与へないで再選させた。投票の結果、やつと日本人で法学士の加古貞太郎といふ人が当選して会長になつた。其任期が切れて此度改選といふことになつたのだが、朝鮮人が会長になりさうだから、朝鮮人が日本人の頭に立つのはいけないといふので、非常な圧迫を加へたけれども、彼の騒動の起つた時だから彼等は頑として肯かない。それに手古摺つて、未だ解決しないやうでありますが、是が最近に起つた朝鮮弁護士問題といふ、下らない問題なのであります。朝鮮人が弁護士会長になつたつて、何も儲かる訳ではない、流行《はや》る訳でもないけれども、兎に角朝鮮人が日本人の上に立つてはいけないといふ考が頭に有るのでこんな馬鹿な騒ぎも起るのであります。

是も朝鮮某名士の話でありますが、御大礼か何かの時に、朝鮮の貴族が侯爵席とか男爵席とか夫々の席に入らうとした。さうすると此処は貴様の入つて来る処ぢやないと言つて、逐ひ払はれたさうでありますが、爾ういふ風に民間でも区別を立てゝ居るのであります。

是も亦私が朝鮮を旅行した時に、汽車の内で見た事でありますが、汽車の内に日本人の子供と朝鮮人の子供と十人ばかり一緒に乗りまして喧嘩を始めた。初は朝鮮の子供といふことが、私には判らなかつたけれども、途中で発音に依つて判つた。朝鮮のお方は日本語が巧いけれども、どうも一般の癖のやうですが、「シヨ」を「ソ」と発音する。それで朝鮮人の子供だといふことが判つたのでありますが、初め日本の子供が三人ばかりで、朝鮮人の子供を散々虐《いじ》めて居つた。其中に一人の日本人の子供が、同じ人間だからそんなに虐めるなと言つた。所が馬鹿言へ、日本人と朝鮮人とは資格が違ふと斯う言つた。子供の時から資格が違ふといふことを教へられて居るのであります。

爾ういふやうな事で、教育を受けるといふ、自己の能力開発の機会を与へらるゝ其の当初に於て、ハンデキヤツプを付けられて、自由に其能力を発揮することが出来ない。其上に尚本統に、其人の実力を以て競争するならば宜いけれども、実力が有らうが無からうが構はずに、兎に角朝鮮人だからといふので一段低い処に置くといふ、斯ういふ制度が正しいか何うか。実は此事は、私が朝鮮に旅行した序に、寺内総督に会ひました時に——私は此の問題を持出したのです。或は吾々の言ふ事だから深く気にも留められなかつたかも知れませぬけれども、一体朝鮮人が、日本人と同じやうに月給を貰はうと思つて、騒ぐのはいけないのだからね、といふやうな事を言つて居られました。一体そんな考を懐いて居つて、それで朝鮮が治まるものか何うか。其他細かい事を挙げれば際限がありませぬが、爾ういふ風に、教育を受ける方面に於ても、それから官吏になつた場合に於ても、朝鮮人に対して色々差別的待遇を与へて居る。是で不平を言ふのが間違であると言ふならば、どうも爾ういふ方が間違らしい。是が先づ第一の問題として諸君の攻究を煩したい点であります。

*

第二の問題としては、私は此武人政治の撤廃を主張したい。朝鮮を統治する所の者が、軍人でなければならないといふ理窟は無い。さればとて軍人ではいけないといふ理窟も無いが、兎に角統治の能力の有る者ならば、軍人だらうが文官だらうが、孰《いず》れでも構はないが、只現制の如く軍人でなければならぬといふ理窟は全く無いと思ふ。軍人が政治をするといふのは、是は戒厳令を布いて居る時の事であります。若し植民地で或は新附の地で、始終騒擾が絶えないで危険であるといふので、それで兵隊を動かす必要が有るといふのならば、陸軍部といふものを別に拵へて置けば宜い。若《も》しも物騒だから、軍人が総理大臣にならなければならぬといふのならば、日本でも矢張同じ事であります。軍人を総督にせねばならないといふ理窟の無いといふことも、昨今の定論のやうでありますけれども、それが何か実際に於て、困難であるといふのは、今俄《にわか》に軍人政治を廃《や》める——武人総督を廃めるといふと、騒動が起つたから廃めたといふことになり、官憲の威信が立たないといふ風に、説明する者もありますが是は爾うぢやない。此武人政治を行つて居るのは、是には矢張一の理由が有ると思ふ。

総督を軍人にして置くといふのは、朝鮮の統治其ものは、一体文官の地位を認めて居ない。朝鮮には度支部長官だとか、或は逓信長官だとか、或は内務長官だとかいふいろ〳〵の官職がある。皆錚々《そうそう》たる文官を之に配して統治して居りますけれども、之等の人等の意見が、朝鮮統治の上に実際どれ程の効力が有るか。私は飾物に過ぎないと思ふ。朝鮮の統治の上に於て、日本の勢力が十分働くとするならば――此等の文官の上には、山県政務総監が居りますが、――山県政務総監などの意見は、其の中一つか二つしか働かない。彼れは飾物であります。朝鮮の統治は、殆ど凡て憲兵たる警務総監を通して軍人系統がやつて居るのであります。爾ういふ政治を維持するがためには、総督が軍人でなければいけない。若しも文官が総督になると、此制度が忽ち崩れる。そこで問題は、文官を飾物にして置いて、軍人でズツト政治をするのが、善いか悪いかといふ事になる。

私は朝鮮の文官の人達ともチヨイ〳〵話をして見ましたが、此等の人の意見も聞いて見ると存外、固陋だと思ふ事があります。謂はゞ軍人かぶれがして居ると思ふ。けれどもまだ文官なら話がし宜い。教育に就て、斯んな事をやつてはいけないとか何とか議論をすれば、兎に角話が解る。所が軍人になると、思想上から言つても吾々から見ると宛として治外法権の区域だから、吾々が何と言つても通らぬ。そこで文官の方は、例へば輿論に聞いて斯んな風に改革をしやうと思つても、武官がズツト勢力を張つて居る結果、全然改革が出来ませぬ。それだから種々の面白い現象が起る。文官は私共の眼から見れば附属物で、私共は朝鮮の文官になれと言はれても、馬鹿々々しくてなれませぬが、それでも之等の人々が自分の地位に法律上与へられた権限に基いて何か劃策する所がありますと、それを直ぐ軍人が後から来て打ち壊はす。例へば今度の朝鮮の騒動には、外国の宣教師が煽動したとか、何とか言つて居る者もありますが、是はどうも武官系統の者が言ひ触らしたらしい。朝鮮の文官系統の人は之を認めない。内務長官をして居る宇佐美君が宣教師の重なる者を集めて、それは貴下方の中に、二人か三人悪い者があるやうだけれども、大体に於て吾々は諸君の誠意を疑ふものでない。段々朝鮮の政府で、諸君を取締るとか何とか、色々な事をするといふ風評があるけれども、断じて爾ういふ事はしないから、安心しろと懇ろに述べた。然るに翌日警察の方ではドン〳〵外人の家宅捜索をやつたので彼等は吃驚《びつくり》した。そこで宣教師の方では、朝鮮政府は吾々を欺いた。彼《あ》んな事を言つて吾々に安心させて置いて、さうして家宅捜索をしたと言つて、非常に憤慨したのであります。

朝鮮の政治はダブル・ガヴアーメント(二重政治)になつて居るといふことを言ひますが、私共から見れば、文官は飾物であるからして、ダブルではないけれども実はダブルだ。爾ういふ風で文官が何かやつても、武官が直ぐ片端からドン〳〵打ち壊はすのでありますからして、命令が時々二途に出る。斯ういふ事は実は朝鮮ばかりではない。支那にもあります。西比利亜《シベリア》にもあります。

支那の事は、実は此前にも一寸、唐紹儀《とうしようぎ》の事に関聯して申上げたことがありますが、是も疑の無い事実だから申上げても宜い。唐紹儀が日本に来て、原総理大臣や内田外務大臣と会つた時には、支那の国防軍――参戦軍は、欧洲戦争に参加するために造つた軍隊とは申せ、詰りは段祺瑞の勢力を張るための軍隊である。彼れに金を貸すことがいけないといふ事が、問題になりましたから、彼れには金を貸さないことにする。是から援助を与へないことにするから、南北妥協会議の席上に於ては、彼の参戦軍は廃めるやうに相談して呉れと、唐紹儀が坐談で頼まれた形になつて居る。さうして向ふに往つて見ると、日本の参謀本部の代表者たるべき地位に在る人が、彼の参戦軍といふのは、支那が欧洲戦に参加するといふ事から起つたので、南北争議には関係が無いから、彼れは妥協会議の問題にするなと言つた。一方に於ては、彼れを会議の問題にして廃めるやうに取計つて呉れと言ひ、一方の参謀本部の方では、彼れを南北妥協の問題にしてはいけないと言ふ。何方を本当に信じて宜いか判らない。日本では軍閥と文閥とダブル・ガヴアーメントになつて居るといふ事を、諒解して知つて居れば宜いが、それを知らぬのだから、一体日本政府は人を瞞着するといふ風に誤解するに至るのであります。

そこで軍閥は軍閥で何かやる。ボロが出ると外国は我が外務省に喰つて掛る。外務省の方では、全く何も知らないといふやうな事が随分あります。それが朝鮮にもあり、日本の内地にもあるのでありますからして、吾々は軍閥にもう少し慎んで貰ひたい。軍閥がもう少し引込んで貰ひたい。法律上の事は兎も角も、事実上に於て、適当の範囲に引込んで貰ひたいといふことを言ひたいのであります。然るに彼等は日本の内地では堂々と闊歩しない。チヨイ〳〵やるが堂々とやらない。けれども朝鮮の方では堂々とやつて居る。是に反して所謂文閥の方はチヨイ〳〵やる。チヨイ〳〵やつても其のチヨイ〳〵が、一向効き目が無い。さうして軍閥が何か事をやつて其の失策の結果いつも責を負ふ者は文官だから割に合はない。

斯ういふ訳で、文官と武官との間に聯絡が無い。又文官の方から掣肘されないで、総督の考が下々にまで徹底する方が宜いと思つて、爾ういふ制度にした。詰り文官の掣肘を受けないために故《ことさ》らに拵《こしら》へた制度であるから、況や国民の掣肘などは更に受けやうとせぬは言ふ迄もない。吾々は、朝鮮の政治も亦日本政治の一部でありますから、而して日本は立憲政治でありますから、其のお蔭で吾々国民は政治を監督する、或る意味に於ては支配すると云つても宜い、即ち此政治を国民的支配の上に置くことを許されて居るのでありますから、朝鮮の問題に就ても黙つて居る訳にはゆかない。国民の一人として文句を言ひたい。文句を言つても多少の反響のあるのは、文官の系統のみであり、其文官が、実際の朝鮮の統治の上に、全然無勢力でありますから、朝鮮の政治は、つまり国民の輿論、国民の監督とは全然没交渉に行はれて居るが、かく全然没交渉に行つて行く制度が一体よいか否かについて我々は文句をいひたい、且私は諸君の判断に之が解決を求めたいと思ふのであります。

さうして右の制度の結果として、実際に於て、朝鮮を統治する者が憲兵です。憲兵は上等兵位の人が一人で以て、千戸位を受持つて居るさうでありますが、其処から又色々な突飛な事が出来ます。上の方では、憲兵にやらせれば何んでも出来ると思つて居るから可笑しい。是も私は確に其局に当つた人から聞いた事でありますが、先年朝鮮で、朝鮮固有の植物を研究しやうといふので、校長連が集つて、総督府の事業として、朝鮮植物の採集をやらうとして色々な案を立てたことがある。所が何処で爾ういふ風に訂正されたか知りませぬが、私に話した人は、是れは寺内総督の考だと言つて居りましたが、植物採集のために余り金がかゝり過ぎる。是は憲兵にやらせれば、もつと金が少くて済むといふので、植物の採集を憲兵にやらせることに訂正した。そこで私の友人が——其人は今内地の師範学校の校長を勤めて居りますが、植物採集は草取ではありませぬと言つたさうです。爾う言つた風な考から、上の方でも爾ういふ頭でありますから、下の方の憲兵などが、自分の考で政治をやるといふことになつて、随分とんでもない事が沢山あるといふ事であります。

是も此間朝鮮の人から聞いた事でありますが、戸籍を調べるといふと滅茶苦茶な事をやる。阿母《おつか》さんと子供と一緒に居る者を夫婦として届けた。親子が夫婦になつては困るといふので、抗議を申込んだ所が、もう届けてしまつたから直すのは面倒だ。改めて離婚届をしろと言つたさうです。爾ういふやうな訳でありますから、色々弊害が多い。それから又憲兵の補助員——之は朝鮮人でありますが——虎の威を藉《か》る狐で、随分弊害がある。朝鮮の婦人が未亡人になると、後で飯が食へないから、人の妾になるさうであります。爾ういふ者を憲兵や憲兵補助員が略奪する。爾ういふ事に就ては、私は色々の例を知つて居りますけれども、皆々憲兵が爾うだとは申されませぬから、今爰に一々例を列挙致しませぬが、要するに、此憲兵政治は非常な弊害があつて、単に朝鮮人ばかりではなく、内地人も非常に困つて居るやうであります。

さうして此武人が天下を支配して居るといふ点からして、マア色々の下らぬ弊害がありますが、どうも官吏が莫伽《ばか》に威張つて仕方がない。総督が日本にお帰りになるとか、道長官が何処をお通りになるとかいふ時に、学校を休むとか、子供が送迎に出るとか、非常な騒ぎをやるさうです。総督が日本に帰る時に夜に、京城を出ると朝五時に、釜山に著くのでありますが、夏は宜いが、冬寒風の吹き晒す時に、小学校の生徒が全部見送をする。往復共に迎へたり送つたりするのであります。私の友人で釜山の銀行に勤めて居る人がありますが、七つ八つの子供を、冬寒風の吹き晒す朝の五時に、総督のお帰りだといふので出迎をさせるのは、実に可哀相であると言つて零《こぼ》して居りましたが、爾んな事は西洋では、一国の元首と雖も無いことでありますが、斯うして威厳を示さうとするのでありませう。従つて道長官などでも随分威張るさうです。道長官が人民の集会に出ると、傲然として属官にオイ剣と言ふ。属官が恭《うやうや》しく剣を捧げて持つて来て敬礼をする。少し心有る者は馬鹿気て見て居れぬと申します。

それから又官吏の威厳を保つためといふのでありませう。之れが為めに朝鮮の会社員といふ者は、随分馬鹿にされて居るといふ事があります。此頃は何うか知りませぬが、一体会社員といふ者は沢山金を貰つて、ボーナスを取つて贅沢な生活をして居ります。それと比較すると、官吏の生活が見窄《みすぼら》しいから、朝鮮人が馬鹿にする。それで会社員には沢山金を遣つてはいけない、矢張官吏と同じ位の月給を与へなければいけないといふので、政府の保護監督の下に在る朝鮮の会社員には、ボーナス其他色々な名儀で以て、沢山の金は与へられないことになつて居る筈であります。此頃は何うであるか存じませぬが、以前は爾うでありました。前回の講演会で内ケ崎君が、朝鮮の官吏が体面を保つために小学校の先生まで剣を帯《さ》げて居るといふお話がありましたが、彼れはまだ宜いが、女学校の先生が剣を帯げて居るから滑稽だ。官吏が威厳を保つのは宜いけれども、一体剣を帯げたり、莫迦《ばか》に威張つたりしないと、人民が治まらぬといふのは、是は昔の朝鮮の考です。朝鮮を同化しに往つた役人が、反つて朝鮮に同化されてしまふ。さうして爾ういふ先生方が、傲然《ごうぜん》として役所に座つて居つて、何うもやる事が形式に流れる。而して民情を無視して無茶な事をする。其例で何時でも引合に出されるのが、朝鮮の道路であります。

朝鮮には立派な道路が到る処に出来て居ります。此朝鮮の道路は、誰も言ふ事でありますから、諸君も御承知でありませうが、金を出して買つた地面といふものは、京城の内で一箇処か二箇処しか無いさうです。京城の内で道路を造つた時には、京城は地価の高い処であるから、只取ることは出来ないけれども、京城を外にしては、金を出して買つた処は一箇処もない。皆寄附です。それは道長官の方で、今度己の方は寄附で以て是だけ出来たといふことを、手柄顔に言ふ。又郡司が村長に爾ういふ事を言ふ。それだから自然に寄附をしなければならぬことになる。是も此間朝鮮の人から聞いた事でありますが、少し愚図々々して居ると、憲兵屯所へ印形持参で出頭しろといふ。出て見ると、今度貴様の地面が道路になるから、是に判を捺《お》せと言つて寄附願に判を捺させる。さうしてズン〳〵地面を取られる。地面を只取るだけなら宜いけれども、それに人夫を附ける。人夫も只使はれる。私の友人で二月頃、田舎を旅行した人がありますが、田舎を旅行して夕方或る処に往くと、土を少し掘り下げて、其処に人間がウヨ〳〵居るから、何んだらうと思つて往つて見た所が、日本で云ふと畳一枚位の穴を掘り下げた処に、五六人朝鮮人が居つて、自炊をして飯を炊いて居つたさうです。何んだと聞くと、道路普請の人夫として十四日間召集されて、自分の居村から三里ばかり離れて居る其処に来て、仕事をして居るのださうです。三里もある遠い処から引張り出されて来て居るのだから、今頃になつて自分の家に帰つても、食ふ物が無いから、其辺の地主から米を借りて自炊をして、二週間穴の内に寐泊りをして、働いて居るのださうです。更に聞くと、米を借りて一箇月か二箇月過ぎると、五割の利子を附けて返さなければならぬ。爾ういふ事を聴いて、実に可哀相な者だと思つて涙を流したといふ話を聞いて居ります。さうして二里も三里もある遠い処から、人夫を引張つて来て只使つても、其道路は軍用にはなるか知れませぬけれども、朝鮮人の実用には少しもならない。草蓬々として居る。さうして草が生えれば今度は又草取に使ふ。それも喚《よ》ぶときには時を選ばぬといふ訳で、実に彼等は迷惑をして居るさうであります。

　私は此事実に就ても、朝鮮総督府の責任有る官吏に質した。其の答弁は、総督府を代表した答弁でないかも知れませぬけれども、詰り斯ういふ風に考へて居る官吏もあるといふ一の代表になります。其外に、私が論文を書いたときに、それに答弁をして呉れた、総督府の或る高官の答弁書の中にも、爾ういふ事があつたかと記憶して居ります。夫れは若しも朝鮮人から道路として地面を取つて、それに一々金を払ふ、それから道路普請に人夫を喚び集めて、それに人夫賃を払ふとすれば、一体其金は何処から出るか。人民の租税から取るのではないか。所が人民が租税を出せない。租税を出さないから只取り、只使ふのだと斯う言ふ。爾ういふ理窟が立ちますか。それからもう一つは、極めて零砕なる地面に対して、一々値段を協定して居つたならば、事が早急に運ぶかといふ。是も一の理由。それから是は実に乱暴だと思ひますけれども、一体朝鮮の地面といふものは、是は己の地面だと所有権を主張するけれども、元々何かといふと、只山みたやうなものを好い加減に自分の物だと云つて縄張をして取つた。何等正当の理由なく何時の間にか自分の物にしてしまつたのであつて、日本のやうに確実な所有権が有る訳ではないから、政府で只取つても宜いと言ふのです。此外の理由も有るでせうし又後から反問したら、間違つたと言ふかも知れませぬが、兎に角土地を只取るといふ事に就ての、私の質問に対して、総督府の責任有る役人からの答が、以上の三つであります。必要が有れば名前を言つても宜いけれども、兎に角責任有る高い地位に在る人が、爾ういふ答弁をしたのです。

爾ういふやうな事があるからと云つて、何も是は虐政を行ふといふことではありますまいけれども、向ふの都合は考へないで、唯々自分の都合ばかり考へてやるのだから堪らない。是は官僚政治の弊害です。それだから随分向ふが迷惑をする。さうして矢張是も官僚政治の弊害でありませうが、地方の人民を慰撫するには、地方の豪族、名望家を捉へて置かなければいかないといふ所から、金持は保護するさうだけれども、下の方は一向構はない。金持さへ手懐けて置けば、下の者は何うでも宜いといふ政治が行はれて居る。

斯う数へ挙げると、悪い事ばかりのやうですが、中には善い事もある。善い事もあるが、併し官僚政治の弊として夫が一向徹底しないものがあります。例へば日本で以て何とかいふ蚕が良いといふとそれをやれと言つて、馴れないものを無茶苦茶にやらせる。成績が一向挙らない。爾ういふ事も随分あるさうです。日本で以て何とかいふ林檎が良いといふと、其林檎を植ゑろと言ふ。それは何も強制をする積りぢやありますまいけれども、向ふに言論の自由を与へて居ないから、唯々諾々官吏の言ふ事に従ふ。植ゑた物は三箇月位経つと報告を求める。所が今迄植ゑた物を廃《や》めて、一向経験も何も無い物を植ゑるのだから失敗に了り、田畑が荒廃に帰したといふ事がある。尤も失敗ばかりではない。中にはやつた事で結果の良い物もある。けれども兎に角向ふの言ふ事を研究しないで、何んでも彼でも是が良いからやれ〳〵と言ふので大体に於て朝鮮人は有り難迷惑に思つて居る様であります。

寺内伯などは誠意を以て朝鮮人の為を図つた人でありますから、親切な事はありませうけれども、併し朝鮮人から言はせると、一向腹の減つて居らないのに、山海の珍味を並べて食へ〳〵と言ふ様なものだといふ。食ひたくはないけれども食はないと、貴様毒でも入つて居ると思ふのかと責められさうだから、仕方がなく無理に食つて腹を壊はすといふ。此頃も私の尊敬して居る友人に、川上君といふ人がありますが、此人が朝鮮の或る名家の十四五歳になる子供を、引取つて世話をして居るさうですが、最近川上君の誕生日のお祝に、赤飯を炊いて弁当に入れて持たせてやつた。所が其子供がお午に弁当を開けて見ると、いつもの御飯と違つて居るから、変に思つたせいか、一寸食つて直ぐ腹が痛いと言つて、学校から帰つて来た。後で段々説明をしてやると、腹の痛いのが忽ち治つてしまつたといふ。それは何とも説明を与へないで、いきなり食はせるから腹が痛くなるのです。是と同じく此方では歓待する積りで、美味い物を食はせても、其初に何等の説明をも与へずにやると、向ふでは腹を壊はす。斯ういふ事が武人政治には沢山ありますから、余程親切にしてやつても其親切が通らない。文官ならまだ宜いと思ふ。

爾ういふやうな点から、私は此所謂武人政治は、速《すみやか》に撤廃すべきものであると考へる。何か騒動の起つた時には、文官の方から師団長に一片の移牒が往けば、何時でも必要に応じて、兵隊を動かすことの出来るやうにして置けば、武人政治でなくても朝鮮の統治は安全に出来る。朝鮮では武人政治を維持する必要が無いのみならず、他の一面に於ては弊害が多いから、是は速に撤廃すべきものではないかと思ひます。其点から言ふと、総督を武人にするとか文官にするとかいふことは、抑々末の事で唯々武官でなければ総督になれないといふことは、意味を成さぬ事であらうと思ひます。

＊

第三に問題としたいのは所謂同化政策です。同化政策の批評は、此同化といふ文字の意味の取りやうで一概には申されません。併し朝鮮人に向つて、其の長い歴史を経て出来上つた所の、一切の伝統を忘れて、さうして日本人になれといふ事の無理なことは云ふまでもありません。是は不可能の要求であると思ふ。吾々日本人が一般に朝鮮の歴史をどれだけ研究して居るかは知れませぬが、又朝鮮の人が主張するが如く、朝鮮は四千六百年の長い歴史を有して居つて、日本よりも古いといふ事は、何れ丈け信用して然るべきであるかは問題でありませうが、爾ういふ遠い所に溯らず、最近の事を申しても、朝鮮人は中々民族的独立の気象に富んで居ることは明かである。尤も最近は或る意味に於ては亡国の状態で、一方に於ては段々崩れて居る方面が在りますけれども、併しながら、又他の一面に於ては大に勃興して居る。精神の燃えて居る朝鮮人の在るといふ事を、吾々は看逃してはなりません。

それは今度の騒動を見ても分ります。或は溯つて東学党の起つた時も爾うであります。此等の事は歴史上の細かい話になりますから略しますが、要するに、朝鮮人に向つて一切の伝統を忘れて、而して吾々は生れ乍らの日本人同様だ、日本の歴史は己の歴史だと思へと云ふのは、是は何うも無理な事と思ひます。よし又仮にそれが出来るとしても、折角日本人になりかけて来たのを、貴様は朝鮮人だから此の学校に容れないといふやうな方法では、到底同化の目的を達することの出来ないことは亦言ふを待ちません。

私共の考へでは、朝鮮統治の根本方針としては、此の日本民族と朝鮮民族との東洋の平和に対する共同の使命或は日本と朝鮮とが充分に融合した上で、其上に一の大目的を定めて、其大なる目的の為に、日本民族は日本民族として、朝鮮民族は朝鮮民族として、各々其特徴に従つて貢献するの途を講ずるに在ると思ふ。目は目の働をし、手は手の働〔を〕する。各々異つた特質を以て異つた働をしてこそ、人間といふ一つの有機体の働を完成するのであります。手は手だからと云つて、勝手に自分勝手の方に行く、目は目だからと云つて、我儘をするといふことではなくして、一の高い目的の為に、各々異つた者が、協同して働くといふ態度の上に、日本と朝鮮との関係を立てゝ行くといふ事に依つて、そこで始めて朝鮮と日本とが、高い目的の為に、同化融合し又提携協同することが可能であると思ひます。然るに今日迄の同化政策は、手に対して目の働をせよ、足に対して耳の働をせよ、己と同じ働をせよといふの類でありますからして、是れは無理な話で、爾う出来る筈のものではない。出来ませぬと言ふと、貴様は排日だ、怪しからぬと言ふから、出来ないと知つて居りながら表面は出来ます〳〵と言ふ。茲に人間は虚偽になる。是れ実に寒心すべきことであります。

私が先年朝鮮に往きました時に——排日で八釜しいといふ某氏に面会を求め、朝鮮には排日思想が在るといふことだが、此頃は何うですかと聞いた。処が此人はムキになつて今頃朝鮮に排日なんどいふ事が在るものかと言つて非常に激昂して居つたのであります。併し実は其奥には劇烈なる排日思想が燃えて居る。今頃排日などが在るものかと逆襲して来る所に、彼等が虚偽の二重生活をして居るの事実は看取されるのであります。極端な偏狭なる同化政策の結果、非常な弊害を醸して居るから、其弊害が、朝鮮民族をして自ら虚偽の生活を為さしめるのである。此結果として来る所のものは、民族の堕落あるのみであります。

斯ういふ点からして、私は従来の同化政策を棄てるか棄てないか、是は同化といふ文字の取りやうでありますが、兎に角従来の同化政策は之を棄てなければいけないのではあるまいか。若しも日本と朝鮮とが、将来に於て根本的に融和するの途が有りとすれば、それは今の同化政策を棄てた時でなければならない。今の同化政策の儘では何うしても融和しないと、私は確信する者であります。そこで私は教育上其他色々な点に於て、今の同化政策は徹底して居ないと信じますから、此不徹底なる同化政策を棄てよといふ事を、第三の問題として、爰に提供しやうと思ふのであります。

*

第四に言論の自由を与へよといふ事を、私は最後に主張したい。今迄申上げたやうな事は、此頃は段々朝鮮の事を吾々が問題として研究して居りますから、もう諸君は大抵御承知であらうと思ひますけれども、最近までは多数の諸君は、恐らく御承知なかつたらうと思ふ。何故知らないか。言論の自由が無いからである。朝鮮の事に就ては内地人にも批評の自由がない。此頃は余程緩みましたけれども、朝鮮に彼の騒動の起つた頃には、朝鮮の事は書いてはいけないと言ふ。朝鮮に於ては口に出すことすら相成らぬ。朝鮮に於てウツカリそんな事を言はうものなら大変だ。朝鮮に於ては、朝鮮人は勿論、日本人にも言論の自由を与へない。それだから朝鮮の事情が世間に判らないばかりではなく、仮令上官に誠意が有つて、色々改めたいと思つても、其上官にも下情が判らないといふ事になるのであります。

是は私が先年旅行をした時の事でありますが、斯ういふ事があつた。仁川《じんせん》の日本の或る大きな米屋が、朝鮮人から米を買ふ約束をした――米一石を例へば三十円で買はうといふ約束でした。朝鮮人が慫《よろこ》んで田舎に買出しに往つた。彼等には金が無いから、高い利息を払つて借金して、儲かるだらうと思つて、田舎に往つて米を買集めて持つて来た。すると、米屋の方では、彼等が借金で苦んで居る事を知つたから、三十円で約束をしながら、二十五円でなければ買はれないと言ふ。朝鮮人がそれでは約束に違ふと言つて憤慨するけれども、平然として居る。そこで打棄《うつちや》つて置けば、利に利を喰つて損害が大きくなるばかりだから、其朝鮮人は二三人でありましたが、遂に涙を呑んで二十五円で売つて非常に損をした。之に反して日本人の米屋は、旨《うま》く大儲けをしたと言つて祝杯を挙げた。其当時は、是には官憲の結托があるといふ風評もありましたが、官憲の結托は何うか知りませぬが、是も朝鮮人に言論の自由を与へてあれば、斯んな不都合があつたといふ事が、すぐに世間に判る、又総督府にも判る。判れば総督府は打棄て置く筈がない。

政府では考へて見ると極めて要領を得ない事をやつたものです。一方に於ては、朝鮮人を莫伽《ばか》に虐《いじ》めて居りながら、一方に於ては不公平だと思はれる程日本人を圧へ付ける。それだから日本人は、随分朝鮮人のために迷惑をして居ります。例へば停車場に往つて赤帽を雇ふ。停車場の赤帽は朝鮮人でありますが、それを取締る者は日本人です。赤帽は此処から向ふまで荷物を運んで、十銭といふ定《きま》りがあるけれども、取締の目の届かない少し遠方の処へ往くとか、或は車に乗つて往くと言へば、十銭の定りの所を五十銭呉れと言ふ——途中まで往つて五十銭でなければもう往きませぬと言ふ。朝鮮の労働者の間には、随分悪いものがあります。爾ういふ時には、五十銭遣るからと言つて彼等を宥《なだ》めて向ふへ往つてから、約束が十銭だから、十銭しか遣らないと言ふ。赤帽は十銭ではいけない、何うしても五十銭貰はなければならぬと蒼蠅《うるさ》く言ふ。其時には面倒だから、赤帽を殴つたりする場合がある。其所を憲兵や巡査に見られると、何んだ可哀相な事をするぢやないか、此方へ来いと言つて、其日本人が屯署へ引張られて往つて、相当の制裁を受ける。固より殴るのは宜くないけれども、爾ういふ場合に吾々の希望するのは、朝鮮人だからと云つて、不当の要求をする者を特に援ける必要はない。道理に因つて判断すれば宜い。日本人が朝鮮人を虐めたら、取締れといふ命令が、総督府から出て居りますけれども、憲兵や巡査などは、爾う言つては失敬だけれども、どうせ頭が良くありませぬからして、理窟は兎に角、朝鮮人を虐めた者は、引張つて来れば宜いといふ考で、朝鮮人を虐待したと言つて引張つて来る。それに因つて汽車の時間に遅れたり、船の時間に遅れたり、色々迷惑をする者が多いのであります。

そこで憲兵政治などは、廃めて貰ひたいといふことを、日本人でも言ふのでありますが、それが上の方に判らない。何故かと云へば新聞が無い——言論の自由が無いから判らないのです。謂はば、朝鮮は丸つきり暗黒です。日本人の新聞は京城日報といふ新聞が一つ、地方にはございませんけれども是は皆半官報みたやうなものですから、総督府の政治に関しては毫も論評することが出来ない。総督〔府〕の政治上に関して、自由に批評をする雑誌の如きは、大抵東京に本社を置いて、東京で刷つて向ふへ持つて往くのでありますが、向ふに往つてウツカリすると発売禁止です。此頃でも知人の竹内君が、半島新聞といふものを拵《こしら》へまして、是は余程総督府に好意を持つた積りである。そこで今度の事件に就ても、相当に公平な意見を以て書いて居るやうでありましたが、是なども最近、朝鮮では非常な圧迫を官憲から受けて居るといふことを聞いて居ります。日本人にも言論の自由は与へられて居ない。況や、朝鮮人に対しては全然与へられて居ないのであります。朝鮮語の新聞は、毎日新聞といふ政府の機関新聞が、京城に唯々一つしかない。其他には朝鮮人に言論の自由は与へられて居りませぬ。尤も朝鮮人の作る所の、『青春』といふ雑誌が一つあります。是は文学的雑誌ではないのですけれども、政治上の事などは論ぜられないから自ら爾うなつて来たのでありませ〔う〕けれども、之を印刷する前に、原稿の儘で政府の検閲を受ける。検閲係は発行期日が何日だらうが、そんな事には構はない。まだ〳〵と言つて何時まで経つても検閲して呉れない。爾ういふものが一つあるだけで、其他に言論の自由といふものは殆んど与へられて居りませぬ。曾て、――是は今続いて居るのではありませぬけれども――、或〔る〕は朝鮮の人が、亜米利加で朝鮮語のタイプライターを拵へて、之を朝鮮の或る青年会に持つて来た。所が是は一の印刷機械である。印刷機械を以て色々の事をやられては困るといふので、官辺で没収したことがあります。其後返したか何うか判りませぬが、没収したといふ事だけは事実であります。

爾う言つた風な訳で、言論の自由を与へて居りませぬ。言論の自由を与へては厄介な事が多いかも知れませぬけれども、言論の自由を与へて居らないために、上も真暗だし吾々も真暗だ。それでは朝鮮が何うなつて居るか何も判らない――真闇《まつくら》だ。さうして見れば、其間に極端な危険思想が起つて来るといふことは、是は言ふを須《ま》たない。さうして言論の自由を与へないから、何んな事をやつても泣寝入だ。私が京城に往きました時に、是も随分乱暴な話だと思つた事でありますが、京城で市区改正をやらうといふ話があつたので、多分此辺が買上になるだらうといふので、地価が非常に暴騰したことがある。其時に政府の方から、是は全部の者に対してでありませぬが、或る一部の者に対して、お前の持つて居る地面の地価を申出ろと言つて来た。そこで申出たならば、多分買上になるだらうといふので、当時の相場に少し輪を掛けて申出た所が、それが地租を課する標準となつてしまつた。人民が非常に憤慨したけれども、言論の自由が与へられて居りませぬし、愚図々々言ふと退去命令に遭ひますから、到頭泣寝入になつて仕舞ひました。段々後で地価が下りましたけれども、此等も言論の自由を与へられて居らないから、爾ういふ事が公平に行かないのであります。

言論の自由が与へられて居ないから、爾う言つた風な事が段々積り積つて、朝鮮人は勿論の事、日本人と雖も、今日の政治に対して多くの者が不平なのであります。尤も多少毛色の変つた者があつて政府の方から頼まれて、提灯を持つ者はあります。日本内地でも、政治上の事に就て、演説をしたり色々な事を受け〔請〕負ふ者が可なり尠くありませんからして、総督府の方から頼まれて、武人政治が宜いとか何とか、色々弁護する者もありませうが、兎に角吾々が朝鮮を旅行して見ても、或は朝鮮に居る人の話を聴いても、悉く不平なことだけは疑ありませぬです。其不平は固より全部の不平でないとしても、一つでも二つでも、爾ういふ不平が有るならば、爾ういふ不平の有るといふ事を、朝鮮統治の責任の衝に当る者は、知つて居なければならぬ。又吾々国民もそれを知りたい。所が斯ういふ事も、言論の自由が与へられて居らないから、全然真闇黒になつて少しも事情が外に知られて居ないのであります。

私は、朝鮮にも言論の自由を与へて貰ひたいと要求するのでありますが、実は内地に於ても、言論の自由は、相当の迫害を受けて居るのでありますから、内地以上の言論の自由を、朝鮮に於て与へよとは言はない。内地でも相当の圧迫を蒙つて居るのであるから、其程度の圧迫は、朝鮮の諸君に甘んじて貰ふとして、兎に角内地と同様の言論の自由を、朝鮮に与へて呉れても然るべき事だと思ふのであります。もつと具体的に言へば、内地で以て、立派に発売頒布を許されて居る程のものは、特に朝鮮に於て、発売頒布を禁止することを撤廃して貰ひたいと、斯う思ふのであります。

さうして私は冒頭に、朝鮮の統治は何うしたら宜いかといふ、将来の細かい点に就ては、或る研究調査の機関を設けて、攻究するが宜からうといふ事を申したのでありますが、今後吾々の間にも諸君の間にも、色々な意見が出て来る。斯ういふ意見が段々沢山出て来た其上で、朝鮮統治の最良の策は何処に在るかといふ事が、略々《ほぼ》輿論が決まる。爾ういふ風に輿論で決まるならば、内地の人も満足するし、朝鮮の人も満足する。両方で満足する相当の解決案といふものが、言論の自由を許すことに依つて出来ると思ひます。斯ういふ案が妙案だと言つて、唯々考へただけでは駄目だ。矢張最良の案でないとしても、多数の人が納得する案でなければいけない。多数の人の納得する案は、言論の自由を許さない以上は、吾々が発見することが出来ないのでありますからして、将来の点から言つても、言論の自由を与へて置けば、今後何うすれば宜いかといふ良策を、発見することが出来るだらうと思ふのであります。爾ういふ点から、私は朝鮮に於て、言論の自由を与へよといふ事を主張したいのであります。

*

要するに、以上の四つです。差当り㈠朝鮮の人に向つて、差別的待遇を撤廃せよといふ事。㈡それから武人政治を廃めよといふ事。㈢それから統治の方針として、同化政策を抛棄して、㈣さうして言論の自由を与へよといふ事。此四つを先づ差当り、吾々の最小限度の要求として要望したい。而して改むべきことに定つたならば、速に革《あらた》めて貰ひたいと思ふのであります。今猝《にわか》に改めるといふと、暴動が起つたから改めたといふ姿になつて、復た将来暴動を挑発する虞《おそれ》があるといふ風な考があるかも知れませぬが、そんな慰みに暴動をやるものではない。今度暴動をやつたために、朝鮮人が二千人も三千人も殺傷されて居るのでありますから、容易に再び、暴動が起るなどといふことがあるものではない。そんな事は度外に措いても宜い。それよりも暴動を為す源を取除くといふ方に、吾々の態度をきめる必要が有ると思ふ。さうして朝鮮の総督を更へるとか、政府部内を色々変へるとか、やる丈けの事は早くやつて欲しいと思ひます。爾う言つても人が無いとか何とか言ひませうけれども、人などは沢山あります。我が黎明会に頼めば、朝鮮の政府位のものは、三つでも四つでも、何時でも引受ることが出来る。今日は日本に於ても、段々爾ういふ方面に対して、志の有る者が出て来ましたから此際特に改むべき点があるならば速に革めて、さうして朝鮮人に安心を与へ、吾々国民も共に、此に大に安心を得たいと思ふのであります。或る意味から言ふと、朝鮮問題は人道問題であります。或る意味に於ては、日本国民が大陸発展の能力有りや否やといふ事の、試験問題でもあると思ふ。吾々は此問題にどうか落第したくない。何れにしても私は此の大事な問題について切に諸君の御考量を願ひたいと思ふのであります。

〔『黎明講演集』第六輯、一九一九年八月〕

支那・朝鮮の排日と我国民の反省

朝鮮支那の騒動

今年の三月朝鮮に騒動が起つた。莫大な兵を動かして、どうかかうかヤツト鎮め得た事は読者の既に知らるゝ通りである。五月からまた支那に排日運動が起つて居る。直接日本の手に及び難い所ではあるが、此方は近き将来に於いて急に歇《や》まりさうもない。兎に角、物質上から云つても精神上から云つても、日本に取つて大いに不利益な出来事たるは言ふまでもない。殊に之れに依つて自ら誇称する東洋の盟主としての日本の名誉が見る影もなく傷けられた事は我々の如何にも残念に思ふ所である。而して当初我国の官民は、此等の騒動の原因を一部不逞の陰謀家の教唆に帰したり、東洋に於いて日本と利害を異にする外国人の煽動に帰したりなどしたけれども、斯くの如きは全《まる》で事実を故意に曲解する僻見か、然らずんば巧みに責任を他に転嫁せんとするの奸計に出づるものであつて、決して毫末も事実の真相に触るゝものではない。而してこんな謬見を今日尚懐いて居る者の少からずある事は吾々の私《ひそ》かに遺憾とするところである。今日は何処の民族だつて容易に他人の煽動に乗つて動くものではない。よしんば他人の煽動が無ければ容易に動くものでないとしても、少くとも一旦動き出したからには最早必しも煽動家の註文通りにのみ動くものでないことは明である。そこであゝいふ大騒動になつた以上は、煽動者の有無如何に拘らず吾々は直ちに彼等民族の間に動もすれば日本に反抗する様になる深い根柢の潜んで居ることを見免《みのが》してはいけない。

然らば問ふ。何が故に朝鮮人や支那人は斯程まで吾々日本を嫌ひ且つ憎むのであるか。

朝鮮人の排日の理由

抑も朝鮮人の独立運動は、天道教や耶蘇教の煽動で初めて起つたものではない。若し此等が多少の関係ありとするならば、張り切つて居つた腫物《できもの》をウツカリ突き破つた針の尖《さき》位の役目を務めたものに過ぎない。機会があらば、あんな大騒ぎになるだけの排日の気分が、かね〴〵朝鮮人の間に宿つて居つたのである。然らば何んで朝鮮人は斯程まで日本を嫌つて居つたのか。

一言にして其原因をいひ尽さうとするならば、日本は朝鮮を亡国扱ひにして居つたからである。或意味に於いて朝鮮はいかにも亡国であらう。然しながら夫の日韓合邦は、決して日本が朝鮮を征服したといふ形で出来上つたものではなかつた。甲と乙と寄合つて新世帯を作るといふやうな意味が併合の詔勅の中にも現れて居る。併合の後も吾々は盛に何千年来の歴史を説いて、両国民族の親密ならざるべからざるを説いて居る。而して此等の表向きの理屈は、朝鮮人に従順を要求する時には能く説かれたけれども、日本人の方が一向さういふ気分になつてゐなかつた。官吏も人民も悉く皆征服者の驕慢を以て朝鮮人に臨んで居つた。甚だしきに至つては敵国扱ひにして、例へば今度の戦争中独逸人を取締つて居ると同じやうな圧迫をば、彼等に加へて居たのである。見よ、朝鮮全土は隈なく憲兵を配置されて、宛《まる》で戒厳令を布いたやうな状態で治められて居るではないか。日本では例へば田舎に行つて見ると、警察は皆県知事の管轄の下に在る。けれども、朝鮮では道長官と警察〔務〕部長とは全然独立である。といふよりも実は警察部長が実際の支配者で、長官は飾り物に過ぎない観がある。警務部長は大抵佐官級の憲兵で、是れが中央の警務総監に隷属し、下に幾百の憲兵巡査を支配して朝鮮統治の実権を握つて居る。而して文官の飾り物たる関係は中央に於いても亦同様であるから、朝鮮はつまり憲兵の支配するところと言つて可い。是れ宛で朝鮮を敵国扱ひにするものではないか。加之《しかのみならず》、朝鮮と内地人との間には色々の点に於いて差別的待遇が与へられて居る。上の方の官吏には成るだけ朝鮮人を使はない。使つても同じ役でありながら、朝鮮人の月給は格別安い、と言つたやうな事は僅かに其一例に過ぎない。其上彼等には全然言論の自由が与へられて居ないから、此種の不平は勿論、其他一般日本人民が彼等の弱きに附け込んで為す所の各種の横暴も、大抵泣寝入りになつて仕舞ふ。啻に此等の事実が広く上級為政者の耳目に入らざるのみならず、彼等から不平を訴ふるの機会を奪ふ結果として、終に陰険なる思想を懐くに至らしめざるを得ない。更に又極端な強制的同化政策を採つて居るから、朝鮮人は益々不平を云ふ。斯くして朝鮮人の遂に日本を憎むに至るのは、残念ながら寧ろ当然と言はなければならない。要するに是れまでの朝鮮統治は余りに独立民族たる朝鮮人の心理を無視したものであつた。

支那に於ける排日の理由

支那に於いても亦之れと同様の事が言へる。今度の巴里の会議で、能く日本の「朝鮮政策」といふ事が支那問題に関聯して言ひ囃《はや》されたやうであるが、此意味は、日本は宛で朝鮮に対すると同じ筆法で支那に対して臨んで居るといふのである。是れ多少極端な云ひ方ではあるが、日本が支那に於いて出来る丈広き勢力範囲を獲んと欲し、而かも夫等の範囲内に於いては独得の支配権を樹て丶相当に土人を圧迫したといふ事実は、不幸にして十分に此批難を反証し得ない。圧迫された者は素より平かなるを得ない。直接圧迫されない者でも、自国の一部の蹂躙に憤慨して、日本に反感を有するに至るのは決して怪しむを須《もち》ゐない。

斯ういふ傾向は、実は日露戦争頃から始まつた。日本が支那を苛《いじ》めた最初の幕は、日清戦争であるけれども、其後露西亜の跋扈があつた為めに、支那は寧ろ日本と結んで露西亜に当らうといふ訳であつた。だから日露戦争前後は支那と日本とは非常に親睦であつた。然るに日露戦争が終つてから、日本は支那に取つて第二の露西亜となり、それから段々彼等は吾々を嫌ひ始めたのである。一番日本贔負《びいき》といはれた袁世凱までがそろ〳〵排日の鋒鋩を露し始めたのは、明治四十年の暮頃からである。其後日本は更に支那の政争に干入し、一方を援けて他方を圧へ、斯くして援けたる一方から特別の利権を収めんとする。為めに支那の国民は漸く挙《こぞ》つて憤慨の情を懐くやうになる。而して日本から援けられた者自身も亦援けられてゐる間は表面黙つて居るもの丶、恐らく真から日本の態度を快しとするものではあるまい。而して日本が支那に勢力を張る為に採る斯ういふ遣り方は、欧洲戦争の開始後更に甚だしくなつた。恰も鬼の居ぬ間の洗濯をするといつたやうな風で、国民の怨府となれる段祺瑞一派を極力援けて頻りに我国勢力の拡張を図つた。それが為めに我日本は何れ丈支那民衆の憤慨を深うし、更に欧米諸国の誤解を強めたかわからない。

更に一歩を進めて考へて見ると、日本の官憲が相手にした支那の連中は殆ど悉く選択宜しきを得てゐなかつた。人はよく言ふ。段祺瑞の一派は支那に於いて最も有力な政治家であると。然しながら彼が長く国民怨府の中心であり、実は日本の後援に依つて辛うじて其勢力を保ちし者たることは疑を容れない。之れに色々の援助を与へて、そして日本の便宜を図らしむるのは、謂はゞ大家の道楽息子に高利の金を貸すやうなものではないか。尤も日本の官憲が段祺瑞一派を援けたのは、支那は武力に依つてのみ統一し得べきものとした誤解にも因るだらう。然し何れにしても、日本の官憲は支那の多数の国民が熱心に排斥せんとした者ばかりを援けた事だけは疑ひない。これでも国民が日本を怨むのを間違ひだと言ひ得るだらうか。

更に日本が今日猶ほ主として援けて居る地方督軍の誰彼に至つては、随分ひどいのがある。日露戦争の頃馬賊となつて所謂特別任務を帯びて満蒙の奥に秘密の活動を為した日本将校の雇傭に応じ、可なりの勲功を樹てたのが固《もと》で、之れに報いるが為めの意味から、日本が非常に骨折つて遣つたといふので、今日の地位を贏《か》ち得た者もある。けれども彼等の前身を洗つて見れば、中には宿屋の番頭をして居つた者もあれば、遊廓の妓夫を勤めて居つた者もある。政治などといふ頭のテンデ無いは勿論、甚だしきは目に一丁字無き者すらある。こんな連中が督軍だの省長だのと威張つて居るのだから、国民の不平を云ふのも無理はない。而かも彼等が省長督軍であり得るのは専ら日本のお蔭だと考ふるならば、此等の馬賊上りの督軍に対する反感が転じて日本に向ふのは亦無理もないではないか。

要するに吾々日本は支那に於いても、朝鮮に於けると同じ筆法で、怨まれもすれば憎まれもして居るのである。

支那朝鮮に於ける最近の騒動の誘因

右述べた通り、支那でも朝鮮でも共に排日の考への起るべき下地は残念ながら十分に熟して居つた。只何んなにそれが熟しても、民衆一般の運動は何等か之れを突つつく直接の誘発物が無ければ起らない。而して此誘発の原因は或は第三者の煽動であることもあるが、然し私の観るところに依れば、是れは矢張り欧洲戦争の結果であると思ふ。蓋し欧洲戦争の結果として民主主義、民族自決主義といふやうな考へは非常に勃興し、戦前に流行つた軍国主義などはもう遥かに時勢後れなものとなつた。それに土人彼自身の智的開発も亦助を為して、支那朝鮮に於ける民心は最近著しく進歩発達を遂げたのである。これに勢を得て遂に今日の様な形勢が出来上つたのである。

只両者の間に幾分違ふ所は、支那では先づ自国に於ける官僚軍閥を排斥するといふ考から起り、而して之れをかね〴〵援けて居たといふ意味に於いて日本を排斥するといふ事にまで進んだのであるが、朝鮮のは民族自決主義といふやうな思想に共鳴して、謂はゞ外部の刺戟によつて初めて起つたのである。何れにしても共に国民的の深い根柢があつて起つたものである事を見免してはならない。

誰が此責任を負ふか

今や軍国主義の排斥、民主思想の勃興は世界の大勢である。我国も亦到底此大勢に逆ふことは出来ない。そこで昨今我国でも此意味の改革が段々要求せられて居るが之は歓ぶべき現象である。即ち日本国民は昨今此新しい思想に余程傾いて来たと言はなければならない。

けれども事一度外交の問題となると、此点はまだ十分ではない。是れ一つには従来外交の事は秘密に附せられて居つたので、外国の事情が十分知られてゐないといふ事もあらう。然し外国の事情が解つて居つたとしても、兎に角国民の思想はまだ頗る単純で、日本の勢力範囲が外国に発展したとでも云ふと、他の事は深く問はないで、只一も二もなく之れを喜ぶといふ癖がある。新聞などでも時々十分此癖から脱け得ないものもあるやうだ。従つて政府が時々間違つた政策を執つても、十分之れを咎むる所以を知らずに過ごし、知つても亦十分咎めようともしない。此点に於いて、対支対鮮の政策を誤つた者は官憲であるけれども、之れを十分に咎めなかつた国民も亦其責任の一半を分たなければならないのである。

然らば日本国民は元来侵略的か

右の如く申すと、日本国民が元来侵略的であるやうに聞えるけれども、是れは必ずしもさうではない。尤も今日までの日本国民は誤つて多少侵略的政策を喜んで来た、又は少くとも之を支持して来たといふ事実は、正直のところ隠す事は出来ない。これだけの事実を観て、西洋人の中には往々黄禍論などを唱へる者があるけれども、然しこれは必ずしも日本国民本来の性格が侵略的であるといふ断定にはならないと思ふ。然らば何故に本来侵略的でない日本国民が一時誤つて侵略的政策を支持するに至つたか。それには実は歴史上の沿革がある。

歴史上の沿革といふのは斯うである。明治維新の前後以来、日本は陰に陽に外勢の圧迫を感じて居つた。そこで、常に如何にもして彼等と同等の程度まで発展したいものだといふ熱望があつた。而して当時吾々の心配の種となつた外国の勢力とは取りも直さず外国の兵力である。そこで彼等と対等の域に進まんとする努力は、必ずや彼等と頡頏《きつこう》し得る所まで日本の国防を充実せねばならぬといふ事に来なければならない。さういふ所から今日吾々の先輩たる元老の政治家連は口では何と言つても、腹の底では国防といふことが実に国家の政務中の一番大事なものとする考を懐くに至つた。総べて此精神で行くから、朝鮮に於いても支那に於いても、何時でも軍国主義的に自づと出て行く様になるのである。根本が其処に在るから、動もすると同じ筆法を何処にでも応用するといふ事になり易い。最近西伯利亜で日本官憲の活動が問題となつて居るのも是れが為めに他ならない。

更に一歩を進めると、此考はやがて又国防の事には外部の容喙を許さないといふ方針になる。茲に於て軍人は一種の閥をなして一般政界の外に立つ様になる。更に之がまた一歩を進めると、外部の容喙を許すまいといふことで固まつた軍閥は、今度は自分の方から色々な国家の政務に干渉する事になる。最も甚だしいのは東亜の関係の外交事務に兎や角文句を入れることである。斯うなると最早軍閥の横暴を説かざるを得ない事になる。世間ではよく政府の外務省か、又は参謀本部の外務省かと罵倒する者〔も〕あるが、之も観様に依つては尤もの話である。

斯ういふ風にして、日本には軍閥といふものが跋扈するやうになつた。軍閥が国民の輿論に飽迄も反抗して百般の庶政に干与するやうになつた。さういふ所から縦令《たとえ》国民一般が段々開明の域に進んでも、並大抵の事では頑迷なる官僚軍閥の態度を改めしむる事は出来ない。是れ昨今民間の輿論が進歩的になつたに拘らず、其影響が殆ど何の変革をも実際社会に及ぼし得ざる所以である。

こればかりならまだ可い。前にも述べた通り、此大事な国防の仕事に兎や角第三者の容喙を許してはならないといふ所から、軈《やが》て軍事に関する一切の活動は全然普通の政務を取扱ふ内閣から独立のものとした。国防の為め丈けにはこれでもよからうが、これより日本は実際に於いて二重政府を戴く事になる。否、物の勢ひは此処に止まらない。之等の事情からして国民の啓蒙も亦一般に大いに傷けらるゝ所があるは多言を要しない。

けれども幸にして欧洲戦争の結果、国民は今や著しく覚醒し始めて居る。又事実上の教訓から云つても、今日の時勢に於いては到底軍国主義ではいけないといふ事が明かになつた。今のところ軍閥の跋扈が中々強いので、思ふ通りに改革の努力も効を奏しそうにないが、然し何れ早晩民間の輿論が遂に軍閥を抑へるの日が来るに相違ない。又来らせなければならない。

東洋の盟主としての道徳的責任

斯く論じて来れば、日本が支那朝鮮に於いて非難さるゝのは、確かに日本夫れ自身にも責任がある。而して我等の今日現に蒙つて居る糺弾は、大部分軍閥の負ふべき所と思ふけれども、国民も亦全く罪が無いではない。此点で反省して、吾々が十分に朝鮮人にも支那人にも、尊敬と同情を持ち、自分の非は何処までも之れを非として、他日に改むるを期しつつ、単純な誠実な態度を以て進んだ上でなければ、彼等の誤解を誤解として幾ら論弁しても、幾分の功能もなからうと思ふ。支那朝鮮の暴動の原因は、無論彼等民族の誤解にも在るが、然し最も多くの責は我国の官僚の負ふべき所にして、又国民全体の反省を促すべき方面も少いとは言へない。今後の日本人が此点に処して能く誤りなきを得るにあらざれば、東洋に於いて我等の志を伸ぶる事は断じて出来ない。況や従来の日本の態度に就いては、欧米各国も共に概して猜疑の目を以て観て居るに於いてをや。

〔『婦人公論』一九一九年八月〕

新総督及び新政務総監を迎ふ

久しく我々の待ち望んで居つた朝鮮騒擾の善後策は愈よ此程に至りちらほら其輪廓の大体を外間に示したのであつたが、先月央《なか》ば新総督及び新政務総監の任命によつて余程其姿が明かになつた。改革官制の発表も、本誌の読者に見《まみ》ゆる頃には無論発表になつて居ることと信ずる。

細目の条項は改革官制の発表並びに之に関するいろ〳〵の手続きを詳細見た上でなければ判断の出来ぬことであるけれども、今日まで世上に伝唱せらるる所に拠つて観るに、現内閣は朝鮮統治の方針に殆ど根本的とも云ふべき大改革を加ふるの決心を固めたらしい。今日まで明かになつて居る点は、朝鮮総督を文武併用とし且つ従来の天皇に直隷するの地位を改めて内閣総理大臣の指揮監督を受くるの地位に置いたことが一つ。もう一つは今度の騒擾に就いても大部分の責任を負ふべき、而して従来朝鮮統治上の百弊の源として指弾せられて居つた憲兵制度の撤廃である。無智頑冥の下級憲兵が或は独断に、或は上官の訓令を曲解して、如何に無辜の臣民を虐げたかは今更ら繰返すの必要は無い。けれども憲兵制度の主たる弊害は此処に在るのではない。憲兵が朝鮮全土に亙る警察権を掌握し、而も自ら一種の軍閥的独立系統を作つて、文官系統とは全然懸け隔れ、謂はば朝鮮に於て一個独立の治外法権の別天地を為して居つたことである。従て如何に本当に政治を理解する文官系統の者が、如何に適切なる施設を考案しても、軍閥系統の気に入らなければ全然之が実施を要請するの途は無い。之れ朝鮮の官吏中相当見識ある者を網羅せざるに非ずして、而かも事実驚くべき非文明の政治が行はれて居つた所以である。而して今や所謂憲兵制度の撤廃に因つて此悪弊を取除かんとして居る。吾々は少くとも此点に於て朝鮮の為めに、否、日本の為めに現内閣の勇断に感謝を表するを至当と認むる。

総督を天皇直隷の地位より貶《おと》して宰相の指揮監督の下に置いたことは、亦之と関聯して朝鮮統治上の一大改善である。天皇に直隷するを改めて宰相を通して上奏するの関係にしたのは総督の面目に関し、又朝鮮の不名誉であると云つて、過般此改正の撤回を求めた者が朝鮮貴族中に有つたと云ふことであるが、之れは寔《まこと》に噴飯の至りである。武官総督が天皇に直隷して内閣の指揮監督の外に在つたことが従来憲兵政治を可能ならしめたものであつた。植民政策を文明的に指導する点から観ても、又国内の政治を内閣の手に統一するの必要から観ても、総督は――独り朝鮮に限らず、台湾でも何処でも――必ずや内閣総理大臣の指揮の下に立つべきものである。日本では殊に軍事上に於て内閣を離れた天皇直隷の諸機関甚だ多く、之に因つていろいろ軍務を国民の容喙の外に置き、全然専門家の手に独占するの便宜はあらんも、国務統一を害するの弊之より甚だしきはなく、斯かる悪制は他の諸国に於て余り其例を見ざるところである。況んや植民政治の如き純然たる民政事務に於ておや。従来の制度が総督を以て必ず武官ならざるべからずとしたのは、驚くべき不当の規定であつた。尤も武官では悪いといふ理窟もない。植民地統治者として必要の才能があれば、文武孰れでも構はないが、要は唯一国全体の施政方針と歩調を合すべきことである。此点に於て今度の改革は少くとも制度上正に然かあらねばならぬ当然の軌道に復帰したものと云はなければならない。

然し制度だけではまだ安心が出来ない。更に之が適当に運用せらるるか否かが問題であるが、之は統治の局に当る者の人選と、統治方針決定の結局の根柢たるべき民心の趨嚮に繫《かか》る問題である。而して一般民心の趨嚮に就ては近時段々開発せられて居るやうであるが、然し此点は今吾々の直接問題とする所でないから略さう。局に当る者の人選に就ては総督としては斎藤海軍大将、政務総監として水野前内相の任命に於て、予輩は理想的とは云はないが、略ぼ統治の改革に関する前途の光明を期待せしむるに足るべき人選たる事は疑はない。偶々武官なるの故を以て斎藤大将を忌避せんとするは、同大将の人格、経歴並に所謂軍閥との関係を思はざるの俗論である。若し夫れ水野前内相が行政官として並に学者として相当令名を博して居つた経歴に顧る時、吾々は姑く彼等をして自由に其手腕を振はしめて見たいといふ感を抱かざるを得ない。

何れにしても予輩は朝鮮統治の開発に一新紀元を劃するものとして、新総督と新政務総監とを歓迎する。細かい施設はゆるゆる之を将来に観ることにして、唯差当り彼等に希望したいのは何を措いても先づ内鮮両民間の凡ゆる差別的待遇を撤廃せられんことである。言論の自由を尊重し、少くとも内地以上に無用の拘束を為す事を避け、殊に朝鮮人には出来るだけ発言の機会を与へられんことである。更に進んで形式上だけでなく、本当に朝鮮人の開明を図り、彼等に教育を受くるの十分の機会を提供せられんことである。一言にして云へば朝鮮民族をして朝鮮民族として十分発達するを得しめ、此基礎の上に彼等が我々の真箇頼もしき友人たるやうに導かれんことである。

〔『中央公論』一九一九年九月〕

朝鮮統治に於ける「向上」と「正義」

労働問題に対して一部の無識なる資本家は今日労働者の地位は以前より遥かに向上したと云ふ事実を以て抗弁せんとする。併し今日労働問題の要求する所は、労働者の地位の姑息の向上ではない。産業界に於ける正義の実現である。斯う云ふ動機で労働問題を説くものに向つて、君等の幸福は以前に比して大いに増したでは無いかと云ふのでは何の役にも立たない。此点に気附いた我々国民は朝鮮問題についても亦同じやうな態度を取らなければならない。日本の統治以来朝鮮人の物質的幸福の増進した事は測るべからざるものがある。併しながら朝鮮統治の主眼とすべき目標は漫然たる「向上」でなくして、「正義」の実現である。之れ朝鮮人の専ら要求する所であつて、又統治者たるもの丶責任とする所である。

〔『中央公論』一九一九年九月「小題小言」のうち〕

朝鮮人の自治能力

今度の騒動に関聯して朝鮮自治の問題も時々議論の標題になつたやうであるが、之に対する多数者の共通の結論は、何時も朝鮮人には尚未だ自治の能力が無いといふ事であつた。成程此事は事実であるかも知れない。けれども朝鮮人に自治能力が無いから日本人の統治に任かすことは必要だと云ふ議論を肯定するには、事実の上に日本人の統治能力を示さなければならない。併しながら先達の騒擾鎮圧の始末に於て見事我々は此試験に落第した。寛大なる試験官は新総督、新政務総監の下に再試験を許して居るが、我々は果して之に合格して真個文明国民たるの免状を贏《か》ち得るや否や。

〔『中央公論』一九一九年九月「小題小言」のうち〕

所謂呂運亨事件について

上海に於ける朝鮮人独立政府の代表者呂運亨《りょうんこう》氏を、或る政府当局者が東京に招いだと云ふ事が、端なくも世上の物議を醸して新聞を賑はし、外交問責同盟会とやらは国法を破壊し、朝憲を紊乱するの行為として政府を糺弾するの決議をなして居る。之がどれ丈けの反響を生じて、どれ丈け政界を攪乱するやは知らないけれども、此事が偶々此種の問題に関する国民の正当なる理解を誤らしむるの虞《おそれ》あるを思ふが故に、予輩は茲に之に関する予輩の見解を述べて置かうと思ふ。

第一に呂運亨氏を招いだと云ふ政府の態度其物は断じて何等糺弾に値しない。成程朝鮮独立の計画は日本の国法に対する叛逆の行為たるに相違ない。此行為の主謀者の一人を帝都に招致して款待優遇すると云ふ事は国法の行為を無視した事に相違ない。国法の無視は原則として之を許すべからざるも、併し之は絶対の約束ではない。何となれば国法の権威よりも、国家其物は遥かに重い。国家が大事だからこそ国法も尊敬すれ、若し国家の為めに一時変則として国法の権威を着眼の外に置くことが必要であるなら、さうすることが真に国家の為めを計る所以である。而して朝鮮問題が斯くの如く紛糾し、日鮮両国の将来の平和と幸福との為めに上下心を悩ますこと今日の如く甚しきの秋《とき》に当り、紛糾の原因たる問題の有力な一人を、礼を以て招致し、之と将来の平和幸福を相談するのが何で悪いか。さうする事が国家の利益でないと云ふ点で争ふのならまだしも、国法破壊、朝憲紊乱の形式論で行くのは余りに政治家としての聡明と臨機応変とを無視するものではあるまいか。予輩はやつた事の成績は別問題として、兎に角今度の事件についての政府当局者の賢明と機略とを多とするものである。

第二に同じく叛逆不逞とはいひながら、対手が朝鮮人であると云ふ事は特に之を眼中に置く必要がある。大和民族の一人が仮りに同じ事を企てたといふなら、之は到底一歩も仮借することは出来ない。併しながら彼は朝鮮人である。形式を離れ、朝鮮は如何にして日本に合併されしかの実質を考へて見よ。更に今日我々国民の耳目に最も明白になつた過去十年間の朝鮮統治上の重大なる失策を反省して見よ。許すべからざる事ではあるけれども、朝鮮人の独立を企つるにそこに恕《ゆる》すべき何物をも見出すことが出来ないだらうか。仮りに地を代へて日本人があの境遇に居つたとしたならばどうだらう。武士道を以て誇る大和民族にはかう云ふ点にもつと寛大な同情を有ち得る雅量がある筈だ。赤坂離宮拝観の恩典を与へ賜ふたのが或は彼等の此の衷情を酌み給ふた結果であらうと拝察する。此点についても一図〔途〕に形式論を振り廻はすのが、日本人らしくない態度であるのみならず、又問題の真実を摑むの妨げとなる。

第三に我々は更に呂運亨氏一派の主張する所を十分に聴いてやるの余裕を有たなければならない。過去の統治に於て日本も重大なる過失を犯した事は我々自ら承認する所ではないか。然らば一概に我々に反対するからというて、単にそれ丈けで彼等を不逞呼はりするのは余りに軽卒である。同じく日本を罵る朝鮮人の声の中にも最近東京で発行せらるゝ『新朝鮮』の如きもある。随分醜穢の言辞を弄して罵詈讒謗を逞うして居る点に於て、我々は此中に余り多くの誠実を認め得ないが、呂氏の説く所の中には確かに一個侵し難き正義の閃きが見える。斯く云ふ所以は予も亦彼と会談するの機会を得たからである。彼は一個の年若き紳士にして、別に経歴の誇るべきものなきも、其品格に於て、其見識に於て、予は稀に観る尊敬すべき人格を彼に於て発見した。支那、朝鮮、台湾等の多くの人と会談したが、一個の教養ある尊敬すべき人格として呂運亨氏の如きは其最も勝れたる一人であることを断言する。如何に彼が帝国に対して許すべからざる計画をして居つたにせよ、彼を道徳的に不逞の徒と蔑しむことはどうしても予輩の良心が許さない。偏狭なる国家至上主義の道徳観を取るものは格別、最高善を国家に実現せしめんとするのが我々の理想であるとす〔る〕以上、予輩は彼の把持する一片の正義を包容し得るにあらずんば、日本の将来の道徳的生命は決して伸びるものでないと云ふ感を深うせざるを得なかつた。彼は確かに少くとも世界的正義の確立の為めに行動するの意識に動いて居る。従つて徒らに故なく我に反抗するものと見てはいけない。此点に於て我々は寧ろ此種の連中と胸襟を披《ひら》くことによつて、初めて日鮮問題は本当の解決を見得べきであると考へる。何れにしても我々は只一片の形式論を取つて彼等を不逞と呼んではいけない。況んや威圧によつて屈服し得べしと考へてはいけない。彼等が一片の道義をとつて独立を叫ぶ以上、我はそれ以上の高き道義的理想を掲ぐる事の外に彼等を服せしむる途はない。是に於て初めて我々は朝鮮の統治を如何にすべきやの根本問題を正当に理解するの端緒が開かれる。此点に一切盲目で、漫然国法の破壊、朝憲の紊乱を叫ぶのでは、世界は到底我々の立場を諒解せざるのみならず、日本人たる我々も真に日本を思ふの赤誠から此種の形式論に反対せざるを得ない。

第四に我々は此種のデリケートな問題が政争の具に供せらるゝの弊を努めて避けなければならない。政友会を攻撃するの道具として貴族院各派其他頑迷なる一部の国民を動かすには極めて格好の問題かも知れない。予輩は大体に於て、政友会の為す所に常に多大の不満を感ずる一人である。けれども今度の問題について丈けは政友会内閣の為す所を賞讃するのみならず、又此問題を正しく視ない事の結果、我々にとつて最も大事な朝鮮問題の正しき理解を国民に得しめない怖れあるの点に於て、特に政友会の今度の行動を弁護するの必要を感じた。無論政府のやつた全体を是認するのではない。不用意に招び、彼等と対抗すべき何等道徳的見識なくして応接した所から、結局不得要領に畢《おわ》つたのは我々の甚だ遺憾とする所である。若し政府を責むべくんば、即ち此点であつて、呂運亨氏を呼んだ事夫れ自身は決して何等の糾弾に値せざるものである。

〔『中央公論』一九二〇年一月〕

朝鮮青年会問題

――朝鮮統治策の覚醒を促す――

一

新年の諸新聞に於て原総理大臣が斎藤朝鮮総督と共に兎も角も堂々と意見を発表したといふことは、割合に世間に反響は無かつたとは云へ、近頃珍しい現象と謂はねばならぬ。原宰相の意見に就いても述べて見たいやうな点が若干無いではないが、今は姑く之を措く。玆には斎藤総督の宣言に関聯して、少しく朝鮮統治上の問題に就いて一言して見ようと思ふ。

斎藤総督の宣言其者に対しては、実は大体に於て異論を挿むべきものを認めない。只だ物の言ひ方が如何にも大名が家来にでも訓示するかのやうな、又は長官が属官に訓示するかのやうな、傲然たる態度を取つて居るのが、聊か温厚にして平民的なる斎藤総督其の人にふさはしくない様な気がする。斎藤総督其人の人格の現はれとしては、もつと謙抑な、もつと温か味のあるものであつて宜かりさうに思ふ。殊に末段に至り、苟くも当局の方針に反するものに付ては仮借する所無く処分するぞなどといふ辺りは、無論当局のことには相違無いが、何となくミリタリスチックの臭ひが強い。尤もこれは恐らく斎藤総督が自分で書いたのではなからう。併し斎藤総督の率ひて行つた部下の中には、朝鮮統治に就いて前の時代とは違つた新しい思想を有つて居る者も少くないと聞いて居つたのに、あんな角張《かどば》つた文章を作るやうでは、一寸心許《こころもと》ないやうにも思はるゝ。

斎藤総督の宣言其者に就いて言ふべきことは外に無い。唯だ斎藤総督の下に於ける朝鮮統治の当局者は事実果して総督の示すやうな立派な精神で朝鮮民族に接して居るかどうかゞ予輩の常に懸念する所である。寺内、長谷川時代に於ける朝鮮統治の失態は、今日最早何人も疑はざる所であり、最近の朝鮮に於ける各般の不安動揺主として茲に其の原因を有することも亦言を待たない。而して是れに依つて我が日本はどれだけ損害を被つて居るか分らない。故に我々は先般総督の更迭と共に、新に多大の期待を朝鮮統治の前途に繋《か》けたのであつた。否な独り我々日本国民ばかりではない、実に世界全般の耳目が挙つて新総督の施政如何に注がれたのであつた。それ程までに我々は新当局者の手腕を恃んで居るのであるが、彼等は果して這の期待に反かず朝鮮の統治に立派に成功するだけの十分なる能力を有つて居るだらうか。これが実に我々の甚だ懸念に堪へない所である。

朝鮮統治の成功不成功を単に外面的施設の如何に依て決するの時期は最早過ぎた。総督は宣言に於て誇つて居らるゝ。曰く合併以前に於ては、批政百出、土民塗炭に苦しむのみであつたが、新に日本の統治を受くるに至つて、殖産興業も開発せられ、交通機関も整備し、其の他色々の物質的開発の結果、彼等の幸福は昔日に百倍したと。成程これは其の通りであらうが、併しさういふ外面的の色々の施設を整備したといふこと丈けで、朝鮮統治の能事了れりと思ふならば、是れ大なる誤りである。どんなに外面的施設を整へても、朝鮮人の「心」を得なければ何にもならない。これが実に去年三月の大騒動以来の教訓に依つて、我々日本国民の深刻に経験した筈のものではないか。故に今後朝鮮統治に本当に成功せんとならば、先づ第一は朝鮮人の「心」を得ることに力めなければならない。而して我々が斎藤総督並びに其の部下の当局者に望む所又期待する所も、実に専ら此点にある。単に殖産興業がどうの、交通機関がどうのといふ方面だけの整頓ならば、何も我々はそれ程多大の希望を特に彼等に繫くる必要を見ない。そこで我々の問題とするのは、現在の当局者は果して朝鮮統治上の肝要な此こつを呑込んで居るかどうか、即ち彼等朝鮮人の「心」を得るに成功するの能力を有するや否やの点に在る。

斯ういふ問題になると、固より外面的に現はれない問題であるから、一に具体的に例証を挙げて論ずることは出来ない。けれども我々は最近起つた在京の朝鮮人青年会問題に対する所謂当局者の態度なるものに就いて、図らずも此等の問題に関する当局者の見識を論じ得る一具体的事実に遭遇した。尤もこれは或る一部の噂に過ぎない。噂を取つて直ちに之を議論の問題とするのは、聊か軽卒の嫌ひ無きに非ざるも、但だ之は相当に信用するに足る方面より得た噂であるのと、又丁度朝鮮統治を論ずるに都合のいゝ問題であるので、暫く之を主題に藉りて論評を試みて見やうと思ふのである。

青年会問題といふのは斯うである。東京神田に朝鮮人の基督教青年会の会館と寄宿舎とがある。これが在留朝鮮人青年学生数百名の唯一の集会所であり、又随つて各種の陰謀の策源地になる。此処を中心として在京の青年学生は、上海の所謂独立政府なるものと聯絡もあるやうである。故に之を撲滅して仕舞ひたいといふやうな希望を当局者は有つて居たといふのである。尤も之を撲滅するといふことが、色々の関係上、出来ないといふなら、何とかして之を日本人の管理に置く訳には行くまいか。幸ひ朝鮮に於ては、「組合教会」が総督府と提携して朝鮮人の教化に努めて居るから、其の組合派に属する日本人牧師にでも朝鮮青年会を管理せしむる訳には行くまいか。少くとも此の青年会に附属する寄宿舎だけは廃したい。而して此処に居る学生は、別に総督府保護の下に一つの新たなる寄宿舎を建て、其処に収容して監督したいといふやうなことを考へたのである。これが去年の暮頃専ら我々の間に伝はつた噂であるが、若しこれが本当であつたとするならば、甚だ愚策であり又朝鮮統治上の蒙昧を証拠立てる所の有力なる材料でなければならない。

尤も去年の暮、斯んな噂があつたのは一時の事で、今日までの所その一端すら実現して居ないから、一部の人がそんなことを一寸考へたといふ位に止まつて、所謂当局者が熱心に之を計画したといふ程のことではないらしい。果して然らば今頃之を問題とするのは少しく適当を欠いて居るかも知れない。のみならず、一青年会の興廃はそれ自身極めて小なる問題であるから、之を取つて朝鮮統治の方針がどうの斯うのといふのは、亦少しく不穏当のやうにも思はれる。併しながら予輩が此の問題を茲に持ち出すのは、敢て当局者を攻撃する意味でもなければ、又斯んな噂を本当だと信じて議論するのでもない。只だ斯ういつたやうな思想が今日猶ほ、表面には現はれないが、矢張り朝鮮統治の任に当る人々の胸の中に存在して居るといふ事実は疑ひ無いから、それで之を藉りて一つ議論して見やうと思ふまでゝある。本当に我々の理想とするやうな朝鮮統治の成功を見るには、右の様な思想は根本から、之を正して置くの必要がある。独り当局者許りではない、民間の識者の間にもあんな考は今日猶ほ相当に深い。どうしても朝鮮の統治に根本的に成功するには、独り官吏社会の考ばかりでなく、国民全体の朝鮮人に対する考が覚醒するを必要とするから、乃ち之を一の機会として、我々内地人が対朝鮮人の態度を正すのは頗る必要のことであると考へる。会々《たまたま》斎藤総督の宣言などを見て此事に思ひ附いたので、即ち此の一篇を寄せて教を大方に請ふ次第である。

二

先づ問題を極く小さい所から始めて、段々と歩を進めて行かう。

朝鮮人青年会は、噂の通り、今日まで多年の間陰謀の策源地と当局から認められて居た。去れば何か集会があると其度毎に、警察の露骨なる監督を受くるは勿論、平素に於ても、常に密偵が其の附近を迂路ついて居る。祈禱会などを静かにやつて居る場合にすら、探偵が其処に臨場して高声で話し合ひ、其の静謐を破るといふやうな無礼は、予輩も屢々聞いた。そこで青年会が果して基督教的修養の場所といふ正当の目的を超へて、各種の不都合なる陰謀の策源地に利用されて居るといふは、一体事実なりや否やといふ問題が起る。之に対して予輩は此の観察が或意味に於ては正しく、又或意味に於ては正しくないと答へる。

或意味に於て正しいといふのは、青年会が屢々独立運動などの策源地となつたといふ事実は疑ひ無いからである。けれども、基督教青年会といふことゝ陰謀の策源地であるといふことゝの間には、必然の関係があるのではない。基督教青年会なるが故に必然に陰謀の策源地となつたといふのでなくして、朝鮮人の青年学生に取つては、此処の他に集会の場所が無く、青年会は即ち彼等が公然集まり得る唯一の場所であるから、そこで自から陰謀の策源地となつたまでの事である。即ち青年会は偶然に陰謀の策源地となつたのであつて、若し此の二者の間に必然の関係ありと観る者あらば、其の観察は正しくない。即ち予輩が或意味に於て正しくないかと云つた所以である。であるから、若し青年会を撲滅したら如何なるかと云ふに、彼等は必ずや他に秘密の集会所を作るだらう。彼等がいろ〳〵の陰謀を廻らし、其の為めに集会の場所を必要とするといふことは、青年会とは何等関係が無い。此の要求が偶々青年会に依つて満たされるのであるけれども、若し青年会が無かつたなら、他に秘密の場所が出来て、却つて其処から更に一層危険なる計画が企まるゝであらう。そこで予輩は寧ろ常に斯う考へて居る。若し朝鮮人の間に初めから青年会のやうなものが無かつたならば、彼等は絶へず色々の所に秘密に会合して、警察の方では洵《まこと》に取締りに困るだらう。その結果寧ろ青年会のやうなものを造つてやつた方が宜くはないかといふやうな考が起るに相違無いと。であるから青年会といふ建物の存在することは、寧ろ一つの安全弁であつて、之を撲滅するとか又は之を閉鎖するといふのは、以ての外の短見と謂はなければならない。

青年会が事実屢々陰謀の策源地となるからといつて之を撲滅するのは、安全弁を取り去つて遂に悪性の爆発を促すに過ぎないことは前述の通りである。故に青年会が陰謀の策源地となるといふことが苦になるなら、之を撲滅するよりも、先づ彼等が諸種の集会を必要とする所以の原因を能く考へてやる必要があらう。まさか絶対に彼等を集会させぬといふ訳には行くまい。絶対に彼等の集会を禁ずるは、どの点から見ても甚しい不正であると同時に、又事実斯ういふことは出来るものでもない。公然集会するの機会を彼等から奪へば、秘密の集会となつて、却つて一層危険なるバチルスの此の間に養成せられる虞《おそ》れのあることは火を睹《み》るよりも明白ではないか。此の点に就いて我々は朝鮮統治の局に当るものに慎重なる省量を求むると共に、尚ほ又直接此の建物の取締の任に当る所の警視庁並びに警察署の官吏諸君にも大なる反省を促したい。

三

青年会が陰謀の策源地となるのは、外に適当な建物が無い為めに彼等が之を利用するまでのことであつて、青年会其のもの、本来の活動と何等直接必然の関係があるのでないから、青年会の指導者を換へるといふ事はまた何の役にも立たないのである。噂の伝ふる所に拠れば、今更青年会を撲滅するといふことも不穏当であるから、せめて青年会の指導者を換へる訳には行くまいかと考へたと云ふが、斯の如きは徒らに平地に波瀾を生じて、寧ろ悲しむべき結果を生ずるに過ぎないだらう。

今日朝鮮人青年会の幹事として指導の任に当つて居る白南薫《はくなんくん》君は予輩の親友であつて、実に立派な温厚の紳士である。之をしも不都合の人物と認むるならば、真面目の朝鮮人の間には一人も適任者を見出すことは出来ないと謂ふことにならう。青年会が朝鮮人青年学生の鬱勃たる元気に対する安全弁であると云つたと同じ意味に於て、白君の如き温厚なる紳士が幹事の地位に居るといふことは、又青年学生の元気を過度に奔放ならしめざる所以の息抜であるとも謂へる。白君を青年会指導者の地位より失ふは、啻に朝鮮人青年会に取つての損失である許りでなく、我々内地人の立場から観ても、非常の損失と謂はなければならない。仮《も》し人は白君其人を不適当としても、朝鮮人青年会のことは、須らく朝鮮人に自治せしむべきであつて、内地人が――而かも当局者などが――之に干渉するといふは、甚しき時勢後れと謂はなければならない。殊に白君の後任として、朝鮮語を解し朝鮮の事情に通ずる日本人を入れやうなど丶いふ考は、愚も亦甚しいと謂はねばならぬ。何となれば、日本人を入れたからといつて、当局の希望する様な結果は断じて得られないからである。朝鮮人青年学生の多数が独立の見識無き愚昧の輩であつて、一から十まで指導者の言ふことに盲目的に従ふものであるならば、指導者次第で彼等を如何やうにも動かすことが出来やう。一般の民衆を愚民扱ひにして、自分の思ふ通りにどうにでも動くものと観るのは、兎角官僚政治家の通弊であるが、今日の人間はさう軽々しく人は〔の〕思ふ通りに動くものではない。況んや朝鮮の青年学生は、殊に日本其のものに対して、一種特別の感情に燃へて居るに於てをや。故に日本人などが此の間に入つて行てはどんな立派な人が行かうが、直ちに排斥せられて仕まうに決つて居る。若し又其の日本人が例へば官憲の威力を借りて逆襲の態度に出でん乎、青年学生は其の日本人を置きざりにして青年会を去つて仕まうに相違無い。其結果は折角青年会といふ傘の中に集まつて居つたものを、取締の手の及ばない所々方々に散乱せしむるやうなものであつて、危険此の上も無いと謂はなければならない。

殊に組合教会の人をして指導の任に当らしむるといふのは、以ての外の愚策である。予輩は自ら組合教会に属して居るものであるが、それでも朝鮮に於ける組合教会の伝道は、精神的に全然失敗であるといふことを断言して憚らないものである。斯く云へば、多数の教友は或は不快に感ぜられるかも知れない。けれども、予輩は日本の為めに又朝鮮の為めに、組合教会は新規蒔直しをやらなければ、到底真の基督教的精神を朝鮮人に伝ふることは断じて出来ないと確信して疑はないものである。それ程組合教会は今日朝鮮人の間に信頼を失つて居る。其の信頼を失つて居るものを、唯だ基督教徒といふ名前だけで指導者の地位に強ひやうと云ふのは、決して彼等の心を得る所以ではない。

要するに、どの道日本人が彼等の中に入つて行つたのでは駄目だ。若し日本人として誠実に彼等を援助し、又は親切に彼等を指導してやらうといふならば、遠くから彼等に誠意を示すの外に道は無い。冷静に彼等の希望を聴き、彼等の民族的要求に相当の敬礼を払ひ、彼等の拠つて以て立つ所の「正義」を後援するといふだけの実意を披瀝するでなければ、我々は到底精神的に彼等に接近することが出来ないのである。

四

寄宿舎を廃するといふやうな噂さも、若し斯んなことを一人でも考へて居るものがあるとすれば、是れ亦甚しい愚策と謂はざるを得ない。今日内地の学生に取つても、一般に適当な寄宿舎の無いので大に困つて居るが、殊に朝鮮人台湾人若くは支那人などになると、最も此の点に困つて居る。心あるものは此に非常の同情を寄せて、何とかして寄宿舎でも造つてやらうと心配して居る際だのに、今在る寄宿舎を廃すと〔い〕ふのは、啻に著しく彼等の感情を害するに止まるまい。尤も別に半ば官営の寄宿舎を造つて、之に収容してやらうといふのかも知れないが、それはつまり形に得て、精神に失ふの外、何の役にも立たないのである。台湾人の方はこれでやつて居る。けれども台湾の方のやり方も、あれで十分成功であると考てゐるならば大に誤りである。どうせ我々が金を使つて彼等の便利を図つてやらうといふのなら、もう少し上手な遣り方がありさうなものだ。今日までのやり方は、金許り沢山使つて少しも彼等の信服を得ない、極めて下手なやり方だ。而し其信服を得ないのは当然の理であるのに、動《やゝ》もするとこれだけ世話しても恩に感じない怪しからぬ奴だなどと罵る。罵らるゝものが悪いのでなくして、罵るものが無識なのだ。予輩は友人と謀つて、最近或る外国の学生の為めに寄宿舎を造つてやつたが、金を集め寄宿舎を造つて、それを全然無条件で其外国留学生の団体に贈呈した。監督どころか、何等の条件も設けない。さうすると却つて向ふが寄宿舎の経営其の他に就いて色々と相談に来る。固より斯ういふ美はしい結果を予期して無条件贈呈といふ方法を採つたのではないが、俗諺にもある通り、損して徳取れといふことは、策略としても上乗のものである。初めから監督するの取締るの世話してやるのといふのでは、到底目的を達するものではない。

五

上述の如く在留の朝鮮人青年学生が、絶へず会合して陰謀に耽るといふことは、一青年会の小問題ではなく、もつと重大なる問題を含むものである。我々は先づ此事に気着かなければならない。そこで単に青年が此の如き企を為すに至る所以の根本を深く反省することが必要なのである。

人によつては、朝鮮人青年学生が全部斯る不穏の挙動に出づるのではなく、極く少数の者が誰かの煽動に因つてやるのだなど、楽観するものもある。併しながら予輩の観る所に依れば、直接積極的に之に関はる者は或は夫れ程多数でないかも知れないが、受動的に之に関係するもの若くは少くとも之に同情共鳴するものを算へるならば、殆んど全部が皆其の仲間であるといつて宜からう。一人も残らず十人が十人まで同じやうなことを考へて居るといふのが、抑もどういふ訳か、之を問題とすべきであると思ふのである。只だ少数の人が煽動に乗つて騒ぎ廻るといふだけの問題なら、我々は何も之を矢釜《やかま》しく云ふ必要は無い。二三の警察官諸公に任せて置いて十分安心の出来る問題である。けれども事実は全く之に反し、十人が十人まで動揺して居るといふのだから、其処に何等か根本的に考ふべき問題があるのではないかと考ふるのである。

此事を考ふるに当つて予輩の常に甚だ遺憾とすることは、世人の多くが之を兎角法律的にのみ観ることである。法律的に観るといふのはどういふ事かと云へば、即ち彼等を以て朝憲を紊乱し国法を蹂躙する不逞の逆徒と観ることである。成程朝鮮人は法律上日本の臣民である。日本臣民にして而かも日本の支配を脱しやうといふのだから、彼等の行動の法律的評価は言ふまでもなく一種の反逆罪である。反逆罪は刑法上の罪の中でも最も重きもの。そこで此等の運動に関係する朝鮮人を、世人は動もすれば不逞の暴漢と罵る。先達て上海の独立政府から呂運亨といふ人が来た。あの時、逆賊を帝都の真中に呼寄せて之を優遇したのは怪しからぬといつて、大に政府に向つて喰つて掛つた者があつた。法律的にのみ観れば、成程それに相違無い。併しながら此の如く観て而して之に法律の要求する取扱を其の儘加へるといふことが、一体朝鮮問題を根本的に解決する所以であるかどうか。此処が我々の真面目に又冷静に考ふべき問題である。

朝鮮人は法律上日本臣民であるに相違はない。けれども事実に於て朝鮮人は大和民族ではない。大和民族の造る所たる此大日本帝国に於ては、朝鮮人が継子の様な地位にあることは、事実の上にどうしても隠すことが出来ない。朝鮮人が日本といふ国に対して我々内地人と同じやうな忠実の心を有つて貰ひたいといふことは、我々の熱心に希望する所ではあるけれども、急に之を有てと強ゐる訳に行かないは勿論、持たないからとて之を不都合呼はりするのは甚だ酷である。少くとも此の如き魂を有たなければならぬものとして彼等を取扱ふといふが如きは断じて穏当でない。内地人が反逆を企らむといふのなら、それこそ真に許す可ざる不逞の暴漢に相違無いが、純粋の大和民族でない朝鮮人が、而かもあのやうな状態で併合され又あのやうな状態で統治された朝鮮人が、日本国に対して内地人と同じやうな考を有ち得ないのは、我々としては遺憾の事ではあるが、自然の成行としては亦已むを得ないと思はるゝ。そこで朝鮮人の立場から云へば、日本の国法に反抗するといふことは、純粋の道徳的立場から観て強《あなが》ち不逞の暴行といふことは出来ない。内地人の反逆なら、同一の罪を法律的にも道徳的にも之を排斥するに矛盾を感じないけれども、朝鮮人のことゝなると、法律的には排斥すべきことであつて、而かも道徳的には大に之を諒とすべき理由があるのである。随つて之に不逞兇暴といふやうな道徳上の汚名を冠するのは、我々としても良心が許さない。斯ういふ所から、相手が朝鮮人である以上、単純に法律的見地よりのみ批判するのは、決して彼等を正当に取扱ふ所以ではないと思ふ。

一体内地人間の問題としても、法律一点張りで物事を捌《さば》くといふのは考へ物である。一体法律などゝいふものは元来頗る器械的のものである。外形の表識に依つて器械的に物を定めるといふ所から、往々実際に合はない結果を生ずる事がある。且つ又時勢が段々に変つて来ると、前の時代には社会の状態に能く適合して居つた法律も、新しい時代には適合しなくなるといふこともある。そこで法律は屢々改正することを必要とし、又改正を見る前に於ても、比較的余裕のある解釈をすることが必要であるとせられて居る。法律の解釈が余りに末節に拘泥したり、乃至時勢の必要に応ずる適当の改革を怠ると社会の為めの法律が却つて社会の進歩を妨げるといふやうな結果をすら見る。之を要するに、法律と云ふ者は器械的に極められるものであり、其改正を見るまでは、時勢の進歩がどうならうが、一向頓着なく一本調子で進むものであるから、今日のやうな特に変遷の劇しい時代に於ては、法律の規定と時代の道徳的意識と合はないやうなことも往々にして起る。従つてまた道徳上の一般観念に於て善良なる臣民と見られて居る者が、往々法律の名に於て忌まはしき刑罰を受けると云ふやうな場合もある。之も一度や二度ならいゝが、度重つて来ると段々良心の方が法律の制裁に反感を有つといふやうなことになる。即ち制度と良心との反目を生じ為めに色々国内に面倒のことも起る。其の点を旨《うま》く裁いて行くのが即ち政治家の手腕であらう。此の種類の手腕を、我々は実に朝鮮の統治——日本の政界に取つて全く新しい経験たる——に特に之を期待せんとするものである。

朝鮮人の所謂陰謀は、外面の形は成程反逆罪に相違無い。内地人なら一歩も仮借することの出来ない大罪である。併しながら朝鮮人のことゝして見れば、こゝに多少諒とすべき点が無いでもなく、仮りに日本の政治に対する幾多の誤解が原因であるにしても、彼等の要求する所の中には、猶ほ若干の道理があることをすら認めない訳には行かない。況んや最近十年間の日本の統治に幾多の失政あるに於てをや。彼等の中には、只盲目的に日本に反対するといふものもあらう。此の種の輩に対しては固より我々も大いに争はねばならぬが、若し彼等が個人並びに民族の自由の為とか、制度上並びに社会上に於ける正義の確立の為めとかいつたやうな信念に立つて、日本の統治を批判し、更に其の根本要求を貫徹するが為めに色々の主張を為すといふことであれば、仮令《たとえ》形が法の秩序に対する反抗であつても、全然之を斥けるといふ訳には行かない。単に日本に反対するからといつて、それ丈けで彼等を不逞呼ばゝりするのは、極端にして褊狭なる国家主義者のことである。寧ろ国家をして正義の確立に協力せしめようとするのが我々の立場ではないか。然らば彼等の拠つて以て立つ所の根本原理は、即ち亦我々の拠つて以て立つ所と同一の根本原理であることを認めて、之に相当の敬意を表するの必要がある。唯だ日本に反対するの故を以て彼等を罵倒し日本臣民としての法律上の義務違犯といふことだけで彼等を責めるのでは、真に心から彼等を日本の統治に服せしむることは出来ない。若し我々が彼等の要求に対して飽くまで大いに争はんとするならば、其の戦ひの武器は必ずや彼等の亦信奉する所の原理其者でなければならぬ。此原理に立つて一方に於ては我々自身も深く反省して、朝鮮統治に根本的大改革を加へると共に、更に他方に於いて東洋の大局を達観し、彼等と協力して最高の正義の実現の為に努力するの態度に出でなくては、朝鮮統治の前途に永久に光明は来ない。

然るに我々内地人が、朝鮮人の反抗に対して執る所の武器は、一から十まで国家主義である。而かも低級なる国家主義である。彼等は国家の上に国家を指導すべき一段と高い原理に拠つて立たんとして居るのに、我は夫れよりも遥か低い処から兎や角云ふのだから、彼等は我々の逆襲に接しても心中びくともしない。最近上海から来た呂運亨君は、滞京中幾多の政治家と会見したやうであるが、彼が一種の道徳的根拠に立つて其の主張を述べて居るのに対して、内地の政治家は極めて旧式の武器を以て之に応接したらしい。そこで折角の会見も殆んど何等の解決も発展も見ずして物別れになつたやうである。何れにしても、我々は彼等の主張と運動と、就中其の最も純真なる主張と運動とに対しては、漫然不逞呼ばゝりをせず、道徳上多少尊敬すべきものあるを認めて、先づ相当の敬意を之に払ふといふ雅量を持ちたいと思ふ。其の上で始めて我々は彼等と対等の地位に立ち、対等の武器を以て、東洋の大局の為めに問題の根本的解決を相談することが出来るのである。

〔以上『新人』一九二〇年二月〕

六

さういふと、論者或は「日本の国家に反対し独立を企てるやうな逆賊を尊敬するといふのは怪しからぬ、苟くも日本に反対するものは一から十まで之を抑へ附けなければならない、生中《なまなか》優遇などをするから、却つて彼等は附け上るのだ」と非難するものもあるだらう。これにも一応の理由はある。犬や猫やを可愛がつてやると附け上ると同じやうに、蒙昧の人間はとかく恩に馴れて我々を蔑《ないがし》ろにするといふやうなことも全く無いではない。朝鮮の大部分は、今日猶ほ未だそんな風の蒙昧状態にあるといふことも疑ひ無いが、併しながら、我々は此等蒙昧の階級のみに着眼してはいけない。否、其の中の最も優れたる階級に着眼しなければならない。何故ならば、彼等の同族の間に或る高度の開発を遂げた階級の在るといふことは、蒙昧なる階級もやがては其処までは行くといふことを意味するからである。人間は動物のやうに何時までも蒙昧の社会に止まつて居るものと考へてはいけない。彼等は絶へず発達する所の霊妙なる活物である。一寸の虫にも五分の魂といふことは、当さに殖民統治の局に当る者の服膺すべき金言でなければならない。

且つ又、仮令国法を蹂躙し、正面から我々に反対するものでも、之を無下に敵視するは古来の武士道の精神でもない。敵味方と分れても、彼我の交争を超越する最高の原理を共同にする所から、互に尊敬し合ふといふのは、昔からの日本民族の誇りとした精神ではないか。去年の十二月帝劇に於て「安宅の関」といふ芝居があつた。義経弁慶は頼朝に取つては不倶戴天の敵である。富樫左衛門は時の政府の命令を受けて国賊を逮捕するの任務を負ふて関を守つて居る。其処へ義経弁慶の一行が飛び込んで来た。富樫は行政上の職責として、此の国賊を是非とも逮捕すべき責任のあるのに、臣として義経に対する弁慶の忠誠に感激して、遂に之を免してやつた。其上諸国の関所に対するパッスをさへ贈つた。今日の乾燥なる法律論から云へば、飛んでもない不都合な役人と云はねばならぬが、富樫左衛門彼自身は、其の間に何等の煩悶をも感じない。見物人も亦寧ろ富樫に同情して居る。何故かといふに、即ち彼は敵味方の区別を超越した最高の道徳即ち君臣の義といふものを弁慶に認めて、之に無限の感懐と尊敬を感じたからではないか。今日の言葉で申すならば、国家を超越する所の最高の正義は、国法以上に尊敬すべき者であるといふ考を現はしたものに外ならない。であるから、富樫左衛門は弁慶の縄を解いた後、「斯かる剛勇無双の忠臣に非道の縄を繋けたる罪、弓矢八幡赦させ給へ」と述懐して居る。即ち此の最高の道徳に対しては、彼は行政上の職務を完うするが為めに縄を掛けたことをさへ、一種の罪悪と観ずるに至つた。若し斯ういふ思想が日本古来の精神であつたとするならば、例へば先達て日本に来た呂運亨君の如き、形の上に於ては逆賊に相違無いが、彼の抱懐して居る所の正義の観念に対しては、我々は之に無限の尊敬を払ひ、彼を優遇してやつたといふことに、日本国民として何等反感を有つべき筈は無いと思ふ。

要するに、朝鮮人を適当に取扱ひ朝鮮問題を適当に解決するが為めには、今日少くとも富樫左衛門以上の雅量を国民全体が有つことを必要とする、少くとも当局始め天下の識者がこれだけの雅量を有つてなければ、どうしても茲に満足の解決を見ることが出来ないと思ふ。

七

といつて、余輩は彼等朝鮮人青年学生の主張を全然是認せんとするものではない。唯だ彼等を道徳上の破廉恥漢やなぞと一緒に不逞呼ばゝりすることは、やめて然るべきだと思ふのである。否更に進んで彼等の拠つて以て立つ所の立場には、相当の尊敬を表すべきであると考へるのである。日本人といふ立場に立つて観ればこそ、彼等を不都合とも思へ、一旦地を換へて我々が彼等と同じやうな境遇に立つたと仮定したならどうであらうか。

彼我対抗の関係に於て、我々は彼等を不都合といふが、彼等は亦彼等自身の行動を初めから正しいと信じて居るのみならず、朝鮮人中日本の官民と特別に接近して居るもの——即ち我々が信頼するに足ると認めて居る連中があると彼等は非常に之を軽蔑する。甚しきは之を売国奴扱ひにすらする。此の如く相反した感情を我と彼とが懐くといふことは当分のところは已むを得ないのであつて、斯の感情の存在する限り彼等の動揺は容易に鎮静に帰する見込は無い。然らば他に適当の場所がない限り青年会が常に不穏な企の策源地に利用さるゝといふ事実も当分の間は已まぬだらう。

そこで、青年会が各種の運動の策源地となるのは、偶々是れが唯一の集会所であるが為めであつて、青年会の奉ずる所の基督教が、必然に排日運動と関係があるのではない。故に或一部の人の考ふるが如く、基督教徒が特に排日を煽動するといふ風に観るのは誤りである。少くとも文字通りに受け容れらるべき観察ではない。

尤も排日運動などに狂奔するものが基督教徒の中に特に多いといふことは、或は事実であらう。併しながら、そは耶蘇教が本来排日的要素を多分に含んで居るからといふのではなくして、耶蘇教が最も開発せる人間を沢山出して居るからであらう。蓋し朝鮮人も近来耶蘇教に依つて色々の点に於て大に覚醒せられて居る。其の覚醒せられた頭で以て社会の現状を見ると、茲に幾多の不平と不満とを感ぜざるを得ない。斯くして一方にまた領土の支配者たる日本の政府に不平の鋒先を向けるといふのも、怪しむに足らないのである。これは独り朝鮮に限つたことではない。日本内地に於ても、官僚軍閥の失政に対して猛烈に反対の声を揚げるものは、案外に耶蘇教徒中に多いではないか。無論耶蘇教徒のみとは限らない。苟くも開発した人間で、誰一人今日官僚軍閥の施政を謳歌するものはあるまい。朝鮮人といふ立場から日本の統治を見る時には、無論其間に幾多の誤解はあらう。けれども、従来の朝鮮の統治に対しては、日本内地の識者すら大なる不平を抱いて居る。況んや開発せる朝鮮人彼自身に於てをや。頑冥者流は、自己の失態を棚に上げて、或は自己の失態を強ゐて蔽はんが為めに、頻りに排日的運動の原因を外に向けんとして居る。そこで動もすれば耶蘇教徒が排日を煽動するのだなどゝ云ひ、甚しきは宣教師やら米国までを引合に出す。数多き宣教師の中には多少排日運動に関係のある者が無いともいへまい。けれども朝鮮人の日本に反対する所以の根本は、朝鮮人自身の心の底に伏在して居るので、他の煽動に因つて始めて起るものと視てはいけない。之を是れ考へずして、只だ徒らに教会とか宣教師とか専ら外のものに責任を塗《な》すり附けやうとするのは、一には徒らに余計の敵を作るの愚を敢てする事なるのみならず、又これに依つて国民をして自ら反省するの必要を忘れしむるの恐れがある。

宣教師と独立運動との関係に就いては、我国官民の間に重大の誤解がある様だ。総督府の見解もこれに就いてははつきり定まつて居ないらしい。曾て宣教師は独立運動に全く関係が無いといふ様なことを発表したことがあるのに、最近赤池警務局長は之とはうらはらに大に関係があるといふことを明言して居られる。けれども、赤池警務局長の発表したものを、我々が先入の偏見なく、冷静に読んで見ると、寧ろ警務局長の言ふ所に甚しい無理解があるを発見せざるを得ない。予輩はあれを見た当時、当局者がこれ程宣教師に対して又耶蘇教に対して、無理解であるかといふことに実は驚いた。一言弁明する所あらんと欲したけれども、時を得ずして已んだのであつた。予輩は此の問題に関しては外にも論ずべき多少の材料を有つて居るけれども、単に赤池局長の提供した材料だけを見ても、我々は未だ宣教師と独立運動との必然的関係を断定することは出来ないと思ふ。無論宣教師の中にも不都合のものは若干居らう。初めは誤解から起つたにしろ、今は殆んど感情的に日本のすることは一から十まで嫌ひだといふやうなものも若干はあるらしい。而して此の如き強い反感を懐かしむるに於いて、日本の官民も与つて力あることは勿論であるが、此等の点は今敢て深く論じないとして、たゞその大多数の宣教師が、一から十まで日本其者に反感を有つて居るといふならば、是れ大に誤りである。にも拘は〔ら〕ず、日本の官憲が宣教師の態度を誤解する所以如何といへば、之は日本側の方に重大なる誤解がある為めだと思ふ。そは何かといふに、宣教師について苟くも日本の領土内にある以上は、善いことであれ悪いことであれ、日本政府の為す所は悉く之を弁解してやるべき筈のもの、少くとも朝鮮人の前にて之に非難の声を加へてはいけないもの、といふ考である。日本の政府は宣教師に対して斯かることを要求するのは果して正当であらうか。我々国民ですら、政府の為す所を其所信に従つて非議するに何の妨もないではないか。善いことは善いといひ、悪いことは悪いといふに差支ないではないか。而して政府の失態に対して反抗の声を揚げるものある時に、若し其の言ふ所に道理あらば朝鮮人だらうが、日本人だらうが、我々は之に同情を寄するを惜まない。況んや宣教師などの如き兎も角も国家以上の「正義」を以て拠る所として居る連中に於てをや。其の拠り所から観て、日本政府の為す所に幾多の誤りがあり、之に対抗する朝鮮人の主張に、大に同情すべきものありと思ふなら、彼等が朝鮮人に味方をしたとて、決して宣教師たるの本分に反くものと謂ふことは出来ない。要はたゞ真に同情すべきものを誤らないか如何に在る。何れにしても些細の事実を取て宣教師が煽動したとか、独立運動に関係があるなどといふては、一般の世間は余りに日本人の狭量なるを笑ふであらう。

之を要するに、当局者を始め、我々日本人は、朝鮮問題に就いては余りに神経を過敏ならしめて居る。少しでも我々に都合の悪い出来事が起ると、直ぐに赫《かつ》として怒る。これでは到底問題を根本的に解決するの能力ありと自負することは出来ない。我々はもつと寛大の精神を有たなければならない。彼等の立場には十分の了解を与へて、彼等と少くとも共通の立場に立つて、言はゞ敵の執る所の武器を以て敵を納得せしむるだけの用意が無ければならない。それには我々自身が先づ以て正しい立場に立つて居ることを必要とするは言ふまでもない。

八

朝鮮人の排日運動は、日本人から見れば、真に不都合の計画であり、日本の国法から観ても、容《ゆる》すべからざる曲事であるには相違無いが、朝鮮人の立場としては、決して之を道徳上排斥すべき罪悪とは謂はれない。朝鮮問題を根本的に解決するが為めに、我々日本人は、先づ第一に間違なく此の立場に立つことが必要であると思ふ。

現に排日運動とか独立運動などをやつて居る連中の首動者は、日本に反対するといふことの外に於ては、何れも皆道徳上一点の非難すべき点無き立派な紳士であると聞いて居る。先達て日本に来た呂運亨氏の如きも、何処へ出しても引けを取らない立派な教養のある紳士である。又在留朝鮮人青年学生でも、警視庁などの眼から見て危険視して居るもの程、皆な学識品格に於て優良なる青年である。其の優良なる青年が此の如き運動をなすといふのだから、我々日本人としては大に反省するの必要があるといふのである。詐偽をしたとか、泥棒をしたとか少くとも平素無節制なる粗暴の青年が野次馬的にやる仕事なら、我々は固より之を歯牙に掛くるに足らぬ。優良なる青年が挙つて之を為すといふのであれば、少くとも我々は玆に大に反省するの必要を見るのである。要するに、今日朝鮮人青年学生の動揺は優良なる分子が中堅となつて居るのだから、到底之を抑へ切れるものではない。又飽くまで之を圧迫するの態度に出でゝは、結局朝鮮人は永久に日本を離れるばかりである。彼等の運動は、決して他よりの煽動の結果ではなく、全然自発的のものである。盲滅法に日本に反対するのではなくして、日本の失政に反対し、一個の正義の理想に動いて居るのだから、そこで自づから外部の同情をも惹き得れば、又同胞民衆の後援をも得ること丶なるのである。彼等は今日既に朝鮮民族の中堅を以て任じて居るのみならず、近き将来に於ては十分に之を率ゐる丈けの地歩を占むるであらう。而かも亦世界の同情をも得つゝある。して見れば、日本が結局朝鮮と本当の精神的提携をなさうといふならば、此等の中堅分子を手に入れなくては駄目だ。故に予輩はいふ。朝鮮問題を根本的に解決するが為めには、外面上一番猛烈なる排日的分子と先づ提携するを心掛くべきであると。

従来の当局の方針を見るに、又退いて民間の議論を見るに、日本に反対するやうな不都合な奴は飽くまで之を排斥せよ、飽くまで其の撲滅を図れといふ謂はゞ圧迫一点張りであつた。而して朝鮮人の如何なる部分を手に入れんと努めたかといへば、過去の情勢に依つて纔《わずか》に社会的生命を維《つな》ぎつゝある所の、而して前途には何等光明の将来を有しない所の、所謂衰亡階級のみであつた。成程経歴だとか年功だとか財産門地だとかいふ外形的条件を並べたならば、彼等は今日朝鮮人中の有力者であらう。けれども明日の朝鮮は決して彼等の掌中には無い。にも拘はらず、当局者などは之をさへ手に入れておけば、又之に十分力を貸してさへ置けば、青年学生の如きは訳もなく抑へ得べしと考へたのであつた。是れ程誤つた考は又とあらうか。従来は全然此の方針であつたから到底治まらなかつた。又此の方針で今日も進まんとするから、昨今の動揺も到底治めきれないのである。

最近十年間の治鮮の失態は、全く此の誤りに基いて居る。新総督の下に於ては、此の点を全然改めて掛るのであらうと思つて居つたが、まだ十分でないやうに見へる。最近の世界の事情に通ずる水野政務総監も居ることであるから、何れ早晩朝鮮統治の局面も、新たなる面目を開くことゝは思ふけれども、聞く所に拠れば、今日猶ほ一般官界の思想は頑冥にして、首脳者の新しい考も十分に徹底しないやうだとの事である。何れにしても今日は、最早国民は此の点に大に醒めなければならない。此の上愚図〳〵して居つては、やがて取返しのつかぬことになるだらう。同じやうなことは支那問題に就いても云へるが、朝鮮問題に就いてすら猶ほこんなにマゴ〳〵して居るのだから、支那の問題を片附け得ないのも無理がない。併し此儘にして已むべきでない。如何すれば宜いかは自ら前言に表れてゐると考へる。偶々青年会問題に関する流言を耳にし、之を機会として平素の所懐を述べた次第である。

〔以上『新人』一九二〇年三月〕

朝鮮統治策に関して丸山君に答ふ

一

僕の一小論文が朝鮮総督府の幹部に在る官人の目に止まつた事は非常に光栄とする所である。殊に平素最も尊敬する丸山鶴吉君の批評を辱《かたじけの》ふした事は私の最も愉快とする所である。遠慮無く白状すれば私は多年朝鮮総督府の統治方針には可なり強い反対の意見を有し、従つて可なり強い非難を放つて来たのである。其の結果随分公私〔両〕方面に於て敵を作つて来たが、又我々の誠意を諒とせらるゝ少数の方々も在つて、非難する事に依つて新に得た親友もある。又夫れ程心安くない方の中でも、真に此の人こそ国家の大事を計るに足る人才だと敬服して居る人もある。前の総督府時代に於ては、僕は最も多く関屋君の如きに敬服して居たが、丸山君は現総督府の下に於て吾輩の最も尊敬する一人である。丸山君は朝鮮統治に於て何れ丈けの経綸があるかは知らない。唯だ氏が学生時代から誠意の人であり、警視庁時代、内務省時代に於ても、其の熱誠と、其識見とに於て群を抜いて居た其の罕《まれ》に見る才識から判断して、朝鮮に於ても必ずや傑出したる手腕を示すであらうと想像して居るのである。こんな事を云ふと余りに御世辞めくが、僕は心にも無い事を云ふのではない。真に斯く思ひ而して斯くの如き人を論敵として最も関心して居た朝鮮問題を論ずる事を愉快とする余り、思はず斯く云ふのである。丸山君の如き人と議論を交ふる事が如何許《いかばか》り問題の要点を明にするか分からないからである。

丸山君は僕の論文を読んで大いに共鳴したと云はれるが、僕も亦同君の論文を読んで共鳴する処が頗る多い。

殊に君の論文の第三項の如きに対しては最も大なる感激を以て氏の熱誠に服せざるを得ない。然し互に共鳴する点を説き合ふは本論文の目的とする処ではない。此処には唯だ相互の意の疏通せざる所を明にして御互の間に、且又世上に向つて問題の要点を明白にする事が必要であるから、閑話休題として直ちに、余の同君と見る所を異にする点一二を簡単に論じよう。尚附け加へて申して置き度いのは、細かい点を挙げれば見る所を異にする点が一二に限らないが、枝葉に亘るは反つて本文の闡明を曖昧にするから之も略して置く。すると問題は二つになる。一つは青年会の問題である。一つは独立陰謀に関する問題である。

二

青年会と総督府取締り方針との関係に関する事実に就ては大体丸山君の述べらるゝ処の通りであらう。之に就ても具体的の事実としては多少申し度い事があるけれども、そんな細かい点はどうでもよい。唯だ青年会に対する僕の意見は(一)朝鮮青年会は今あるがまゝに発達さしてよい。又発達さす可きである。(二)なまじか之に手を著けるのは宜しくないのみならず、反つて彼等の心理に逆らひ徒に平地に波瀾を起すの嫌があると云ふに帰する。丸山君は、「殺風景な単なるドーミトリーに過ぎない今の青年会」を物足らないとして之に娯楽の設備をさするとか、朝鮮語を解し日本語を能くする親切な外国人を監督の任に当らしめ様と云ふ様な事を考へて居らるるが、其の親切は飽く迄も之を諒とするけれども、夫れが余計な御世話だと云ふのである。娯楽の設備を彼等が要求して居るか、又之が第一の必要であるか。現今青年会の監督として、あの聡明にして誠実なる白南薫君を以て何故不足なのか。独り総督府の役人許りでない、朝鮮の学生などを世話したがる人に僕の常に不満とする所は本人の要求、本人の必要を深く考へないで、自分一個の考で余計な世話をして徒らに平地に波瀾を起す所にある。誠意の問題でない。どうする事が我が誠意を最も披瀝し得る事になるかの問題である。之は僕の経験する所であるが、僕が何か批評をすると相手方は、いや俺は誠心誠意を以てやつて居ると云ふ。僕は彼等に誠心誠意の無いと云ふのではない。其の誠心誠意を通る様にやれと云ふのである。道徳的要素に科学的要素を入れよと云ふのである。個々の問題はどうでもよい。そして僕は諸君の誠意を疑はない。唯だ其の誠意を如何にすれば充分有効に現はし得るかと云ふ方法に異議があるのである。

総督府並に役人諸君が留学生の為めに非常に骨折つて居らるゝ事は余の疑はざる所であるけれども、唯だ留学生の必要と要求とを充分に了解して居るかどうかに就ては今尚大いに疑つて居る。而して是の如き腹で僕が兎や角批評する所以は全然留学生の世話から手を退けと云ふ意味で無い事は云ふ迄も無い。「親切に世話をし、相談相手にもならう」と云ふ事が悪いから止せと云ふのが僕の趣意であると云ふ風に丸山君の考へられたのは全然誤解である。大いに世話すべきであるが、今迄の様な態度でやつては結局世話した事にならないと警戒すると云ふのが僕の趣意である。丸山君の云はるゝ様に、留学生諸君も大半は偏量偏狭に相違ないけれども、彼等をして是の如く偏狭ならしめた事に就ては、一般〔半〕の責任は我々にもあるから無論此の点を彼等にも責む可きであるが、唯だ彼等を責めた丈けでは為めにならない。我々日本人としては、先づ日本人の対朝鮮人観を改むるのが先決問題だと云ふのが日本人としての僕の衷心からの叫である。丸山君の云はるゝ様に「真面目なる一般内地人に、より多く接触を保たしむる様に努力する事が、本統に朝鮮人に同情を表する所以である」と云ふに全然賛成であるが、唯だ問題は如何にして朝鮮人を内地人に、より多く接触せしむる事が出来るか。之には先づ第一に我々が謙遜して朝鮮人の心理を尊敬し、彼等の云ふ処為す処の中に、尊敬す可きものを正直に見てやると云ふ雅量がなければならない。己の意を以て他に強制すると云ふ態度では、どんなに熱誠と温情とがあつても彼等と本当に友達となる事は出来ない。親切は道楽にやる事ではない。之には研究が伴はなければならない。此の点に於て僕の青年会問題に対する態度が若し少しでも丸山君の完全な了解を得なかつたとすれば、それは唯だ僕の前の論文の説き方が不完全であつたが為めであらうと、甚だ慚愧に堪へない次第である。

三

次に最も大事な点は、独立陰謀に関する道徳的判断の問題である。之に比較すると前の青年会問題の如きは、ほんの枝葉の問題に過ぎない。此の方の見解が決まれば前の問題に就ての議論は自ら氷解す可きである。此の点に関する丸山君の思想は僕等の考と余程近い様であつて、又可なり距離がある様にも思はれる。

第一に、丸山君は独立陰謀を僕が道徳的〔に〕是認するものと見て居られる様だが之が抑《そもそも》の誤りだ。「祖国の恢復を図るものは志士である、陰謀を企つる事は道徳上の善事である」と絶対的に断定した覚は無いけれども、若しさう取られる様に僕の論文が書かれてあつたとするなら、それは僕の不明として謝して置かう。けれども全体の文章の上から解釈しても明なる通りに、僕の趣意は朝鮮民族独立運動の根本的動機には道徳的なものが有ると云ふ点である。独立運動をするのが総べて道徳的に善であると云ふのが過りである様に、独立運動する事が総べて道徳的に不善であると云ふ事は出来ない。独立運動者の中には道徳的に非難すべからざる、否尊敬すべき動機から之を企てゝ居るものがあると云ふ事を見てやらなければならぬ。之を見た上でなければ、我々が朝鮮人の立場を充分に了解して其上に彼等と共に提携すべき所以の道を樹つる事が出来ないと思ふのである。

尤も之に就ては道徳と法律との関係が問題となる。丸山君は「道徳と法律との限界」と云ふ文字を使はれて居るが之が頗る不明断な言ひあらはし方である。少くとも僕等の様に道徳を以て国家以上のもの即国家を指導すべき所謂超国家的規範と認むるものに取つては、与へられたる問題の場合に、道徳と法律との限界を云々すべきではないと考へて居る。と云つて僕は所謂国民道徳又は国家道徳を否認するものではない。唯だ其の国家道徳なり、国民道徳なるものは、個人道徳と云つても、又すべての個人に通ずる意味の道徳を意味する様に、其の当該国家内に跼蹐する狭い意味には解せない。此の点に於て我々の云ふ道徳的観念は法律と其本質を異にせずして、しかも大いに其の領分を異にする所以である。であるから法律は須らく道徳的観念の要求に合すべきであるも、法律の命ずる所は必しも道徳の命ずる所と一致するとは限らない。道徳上是認せらるべき事で、否道徳上少くとも諒とせらるゝ事で、法律上罪とせらるゝ事は我々日常の経験に於ても決して珍らしい事ではない。故に実際問題としては、法律と道徳と云ふものは一致せるものではない。之を出来る丈け一致せしめて行かうと云ふのが即ち政治家の手腕である。例へば朝鮮独立の問題にしても、法律的には逆賊であつても道徳的には大いに其の心事を諒とする所に政治家の手腕を発揮せねばならぬと考へる。法の非とする処がすべて道徳上罪であると見るのは余の平素唾棄して已まざる、偏狭なる国家主義者の立場であつて、丸山君の如き明白に人道主義的立場に立つて居る方々の取らるべき立場ではない。然し、こんな小理窟は素より御互に充分わかつて居る事であると思ふから此処にはくどくどしく説かない。

丸山君は「朝鮮が日本と併合して、朝鮮人が日本人となつた以上、日本の国法を遵守し、国憲を重んずることが、法律の要求であつて、同時に道徳上の至善であるべき筈」と云はれて居る。法律の要求が道徳上の至善であるべきは政治上に理想であるが、之を現実に肯定するは思想上大なる過りである、のみならず、朝鮮人に是の如き要求をなすのは形式上もとより当然の事ではあるが、然し政治家の見識としては、之が朝鮮統治の理想であつて直ちに現在の朝鮮人に之を求むるの難きを知らなければならない。現に丸山君も此の道理を理解せらるる迄には長い努力がいる、此の信念自覚を植ゑ附けて行く事が統治の要諦であると云はれて居るから、此の日鮮融合の理想を最後に到達せらるべき目標として居らるゝ事は疑を容れない。然らば、朝鮮人に全然日本人と同一の態度を求むると云ふ事は、最後の到達点であつて決して出発点ではない。朝鮮人が法律上日本人だからと云つて此の前提の下に政策を決定しやうとするなら、それは法律を知つて政治を知らず、従つてスタートと決勝点を混同するものである。出発点と到達点との混同は殖民地統治上最も用心して避く可き事とせられて居る。余程注意深い人でも動もすれば此の点は誤る事を常とすると云ふので、殖民政策の書物などには、くどい程説いて居る事であるから、丸山君も篤斗《とくと》此の点に就ては御研究になつて居る事と思ふけれども、お書きになつた所に依つて見ると此の点は聊か明瞭を欠いていると思ふ。而して之と同様な謬見は今日迄僕の遭遇した殆どすべての朝鮮論者の誤解であるが故に、此処に特に此の点を高調せんとする所以である。繰り返して云ふ、我々は朝鮮人に向つて日本の国法を遵守し国憲を重んじ、日本国法の要求を以て同時に道徳上の至善であると彼等が考ふる様に努力せねばならないけれども、かう考ふべき筈であると決めて彼等に臨む事は益々彼等を反撥して日本に背かしむる事になる。

そこで丸山君の所謂朝鮮放棄論に就て一言せざるを得ない。君は朝鮮統治に関する余の理想が朝鮮放棄ではないかと疑はれて居るが、或は丸山君の云はるゝ様な立場からは放棄論になるかも知れない。何故なれば出発点と到達点とを取違へ、前提と結論とをごつちやにして、法律的に形式的に奴隷的服従を強ふる事に依つて、朝鮮と日本とを結び附けて置かうとするものゝ立場には絶対に反対するから、さういふ形式的意味に於ては断然朝鮮を放棄すべきであると考へて居るけれども、我々は形式的に棄てる事は実質的に堅く結ぶの端緒である、もつと高い道徳上の立場で彼等と結ぶ事を根本の理想とする。此の理想から云へば、或一派の人々の考へて居る様な朝鮮統治策は寧ろ朝鮮民族拒絶論になると思ふから、我々を朝鮮放棄論者とする人々は実際に於て朝鮮拒絶論者たるものと考へて居る。云ふ迄もなく僕は日鮮融合提携を以つて東洋平和の根軸であり、又日本の対東洋策の根帯であると考へて居る。此の理想はもとより丸山君と全然同一であると考へて居るが、唯だ如何にして此の理想を実現する事が出来るか、今迄の様なやり方は朝鮮を捉へんとして益々彼等を遠ざけるに過ぎない。そこで我々は従来のやり方に根本的に改革を加へて、もつと道徳的な、もつと実質的な所で彼等と結ぶべしと云ふのである。然らば即ち彼等に臨むに徒に形式的服従を以てせず、もつと共通な、もつと高い立場を取つて行かうではないか。従つて又朝鮮人の行動の中にも若し高い道徳的立場があるなら之を是認し、少くとも之を諒とする事に依つて彼我融合の一新境地を開かうではないか、と云ふのが僕の立論の根拠である。

一体丸山君などは朝鮮統治の理想を何処に置いて居らるゝのであらうか。同化か独立か、形式的融合か実質的融合か。当局者として統治の責任を感じて居らるゝ以上、此の点に関する明答を承り度い。僕は多年の学術的研究の結果として此処に断言する。同化は先づ殆ど不可能である。若し朝鮮人を形式的に日本人たらしめんとするのが朝鮮統治の理想であるならば、これ程非科学的な事はない。然らば朝鮮統治の理想は日鮮両民族の実質的最高原理に於ての提携でなければならない。此処に於て我々は彼等に臨むに、否彼等と我々との間の関係を規律するには、必ず普遍的な基礎に立つて一致提携を図らねばならぬ。特殊的の立場に於ては断じて融合は出来ない。日本の国法に反いてはいけないと云ふのが日本の立場である。祖国の恢復を図ると云ふ事は、日本人たると朝鮮人たると支那人たるとを問はず、普遍的に是認せらる可き道徳的立場である。此処に共通な或る最高の原理を見ると云ふ事が即ち日鮮両民族の本当に一致提携すべき新境地を発見する事だらうと云ふのが僕の立場である。之を性急に朝鮮放棄論などと考ふるのは浅見も亦甚しい。丸山君をして如是《かくのごと》き誤解を懐かしめたのは、或は僕の前の論文の不完全な為めであつたであらう、よく事をわけて議論を進むれば恐らく同君の了解を得る事が出来るに相違ない。

最後に丸山君は僕の気分には共鳴するが問題を取扱ふ態度には承服が出来ないと云はれて居る。趣意には賛成だが態度には反対だと云ふ事は、何を意味するか、一寸了解に苦しむが、唯だ誤解の無い為めに一言して置き度い事は、僕はかういふ渉外の問題に就ては議論の使ひ分けをしない事にして居る。朝鮮人に物言ふ時には、かういふ態度、支那人に物言ふ時はああいふ態度と、態度を二三にする事は少くとも今日の世の中には通用しない、又さうしてはいけないと考へて居る。売主の所に行つても買主の所に行つても、又嫁を貰ふ方に行つても嫁を遣る方に行つても、全然同じ事を云ひ得ると云ふ、公明正大の態度でなければ今日の人間は承知しない。生半可な政治家は、所謂人に依つて法を説く事を当然の原則と心得て居るものもあるが、是程間違つた事はない。殊にかういふ謬《あやまり》が殖民地統治の議論に頗る多い事を遺憾とする。丸山君がかういふ誤解を懐かれて居ると云ふのではないけれども、如何に此の種の誤解をなす人が多いかわからないから、序を以て此処に一言する所以である。

四

丸山君の質問に対する答解として、此の論文は甚だ不完全なものである。が、之を機会として十二分の理解と疏通とを得る迄考究を続けん事は、余の希望であり、恐らく又我々同人の熱望であらう。朝鮮の問題に対しては、此の外に又色々の人から質問を受けた点もあつたので、始めはもつと充分に、もつと詳細に論ずるつもりであつたけれども、或る私事の為めに妨げられて今回は其の意を尽す事が出来なかつた。此の論文は極めて倉卒の際に辛うじて出来た次第であるから、僕一個としても丸山君を初め其他多くの人の更に一層突き込んだ教へに接して、此の肝要な問題をもつともつと深く論究するの機会を作り度いと考へて居る。朝鮮問題に関する論諍が之を以て終を告げざらん事を切に希望する。余一個としては又次号に於て述ぶる所あるつもりである。

〔『新人』一九二〇年四月〕

支那朝鮮基督教徒の大会不参加

支那並びに朝鮮の基督教界が今度の日曜学校万国大会に代表員を出す出さぬの問題は未だに決定しないらしい。打つ棄《ちや》つて置けば来ない事が明かなので、是非来るやうにと之まで内外の先輩を態々彼地に派遣して勧誘に努めたのである。それでも結局来ない事になるらしいが、よし来たとしても快く自発的に来たのでなし、又人数も非常に少いだらうから、我々日本人としては、矢張り大いに考ふべき一問題たるを失はない。併し何れにしても大会不参加と云ふ事は、支那朝鮮の基督教の為めにも遺憾千万な出来事と言はなければならない。

彼等は何故東京に来る事を厭ふのか。言ふ迄もなく、日本官憲の従来の侵略的武断的態度並びに之に対する日本国民全体の無反省を憎むからであらう。併し如何に之を憎めばとて、基督教徒が国境を超越して其真理と愛とを紓《の》べんとするのに、之れまでを厭がるのは余りに偏狭に失しないか。成程支那朝鮮の人にとつて当面の何よりの苦痛、若しくは憤慨、従つて又当面の第一の問題は日本よりの圧迫を如何しようと云ふ事にある。従つて日本に対する反感に異常の昂奮を見て居るのも、之を諒としない訳には行かないが、併し少くとも基督教徒丈けは、も少し真理と愛との輝きに眼が明いてゐる筈である。日本に反感を有つは止むを得ないとして、若し之が真に東洋の平和に害あるものなら、彼等は何故に胸襟を披いて日本の基督教徒と之を談ずるの態度を採り得ないか。

日本にも基督教徒の数は沢山ある。隣邦の同教徒と同じ真理と愛とに動いてゐるものが沢山ある。日本人なるが故に基督教徒だからとて安心が出来ないと云ふ風に疑ふのは明白に基督教的精神ではない。而して今我が日本の基督教徒は主人公となつて彼等を鄭重に迎へんとするのに、彼等が面を背けて之に応ぜ〔ざ〕らんとするのは、一時の憤激に昂奮し一時の利害に眼が暗んで、真に基督教的精神から遠ざかつたものと言はれても仕方がないではないか。

現に日本の基督教徒の中には、日本在来の彼等に対する政策を以て不当なりと認むるものが少くない。否な多数は其武断的軍事的色彩に極度の反感を示して居る。従つて又或場合には支那朝鮮の人々の言ひ分を尤もとし、中には之に共鳴し、彼等と力を協《あわ》して呪ふべき悪主義を東洋の全局面から排し去らんことを考へて居るものもある。尤も此種の人々に対して一部の人は、之も実は官憲と同腹で畢竟我々を籠絡せんとするの手段に過ぎまいと邪推するものもあるやうだが、基督教徒丈けは、其処まで拗《ひ》ねくれて考へまい。只今日一般民間には非常に排日熱が盛んだから、之に圧倒されて心ならずも参会を見合せると云ふものもあらう。之も事情は諒とするが、併し基督教徒としては甚だ臆病な態度と云はざるを得ない。真に基督教的情熱に燃ゆるものは、之れ位の圧迫に怖れて大事を取り逃がす筈はない。

尤も支那朝鮮の代表者の渡日を躊躇せしめたに就いては我々にも責がないではない。一つには従来日本の基督教徒が、彼等の所謂日本の対外的罪悪を責むるに甚だ冷淡であつた事である。尤も我々日本の方から云はすれば、基督教徒が概して時務に迂闊であつた事、並びに政府の秘密政策の結果として、驚くべき程外交事情に無智であつた事を挙げて一部分の責を弁じて置かなければならない。斯くして日本の基督教徒は、自分の考から割り出して外から非難の声を聴いた時、まさかそんな事はあるまいと云うて弁護する。そして彼等の非難を事実に基かざる悪意の讒誣と見做し、彼等は又我々の態度を以て、知つて居る癖に余りに白々しい弁明だと怒る。茲に多少阻隔の原因があり、従つて基督教徒でも、日本人は駄目だとする考を起さしむるに至つた。故に我々は基督教徒として隣邦の友人と胸襟を披いて虚心に物事を談じようと〔する〕ならば、もう一層突き込んで日本の対外的行動の真事実を知らなければならない。今までのやうな憐れむべき無智の状態より脱しない以上、我々は十分なる信頼を彼等に要求することは無理である。

次ぎに今度の会合に際しての政府の態度として伝へらるゝ所も又著しく彼等の不参加の決心を固むるに与つて力があつた。それは支那朝鮮より来る代表者に対する差別的待遇の事である。支那や朝鮮の代表者は必ず其不平を米国人なぞに訴へて日本の不利益を計るに相違ない、故に彼等を厳重に取締つて出来る丈け米人と接近するの機会を少くしようと云ふのである。政府が果してこんな馬鹿な方針を取る積りであるかどうかは分らないが、兎に角かう云ふ噂が伝つた。斯ういふ噂の伝つたに就いては、曩頃《さきごろ》の米国議員団一行の来到に際しての政府の取締方が大いに累をなして居ることは疑を容れない。あの時如何に政府が朝鮮人と米人の接近を妨ぐるに苦心したか。此無用の苦心は米人鮮人双方に疑惑と不快の念を深からしむるの外何の得る所があつたらうか。要するにこんな失態が累をなして今度も不愉快な思をするに相違ない、そんなら初めから行かない方がいゝと云ふので、やつと行かうかと考へたものまでが、急に又不参加に定つたと云ふ説もある。よし之が一片の噂に基いた誤解であつたにしろ、政府が今度の会合に対して名実共に、もつと寛容な態度を取るでなければ彼等の疑を今更らどうする事も出来ないやうに思ふ。

第三に我国の日曜学校大会関係者が、政府並びに之と同類と認められて居る官紳の直接間接の援助に余りに寄り縋《すが》つて居ることも亦一つ考へねばならぬ問題であると思ふ。

斯く考へて見れば支那朝鮮の代表者が快く参加しないのも無理がないやうに思ふが、併し我々は斯う云つた一時の感情には代へ難い大きな意味があると思ふから、それ丈け此大会の不参加を彼等の為めにも非常に遺憾に思ふのである。

今や軍国主義、武断的専制主義は、東洋の大地には到る所に横行して居る。隣邦の友人は之れあるが為めに我々を憎むけれども、彼等の中にも又之れあるは疑もない事実である。然らば我々進歩思想を取るものに取つては軍国主義、武断的専制主義は共同の害悪ではないか。而して我々は現に日本を道徳的な基礎の上に平和の発展を遂げしめんが為めに、此害悪と大いに悪戦苦闘して居るのである。此際隣邦の友人は即ち我々の悪戦苦闘に於て真に頼み甲斐ある味方であるべき〔な〕のに、彼等が故《ことさ》らに我々と協力を拒むのは、之れ真に真理と愛とに徹底して居るもの、之れが為めに粉身するの勇気に富むもの丶安んずる所であらうか。我々は固より彼等の基督教的精神の欠乏を責むるのではない。固より日本人と比較して其深浅を説くのではない。彼等の立場は万々之を諒とするが、只単純に基督教的精神の見地から観て、我輩は支那朝鮮の教友の為めに其態度を遺憾とするものである。

〔『中央公論』一九二〇年一〇月〕

外交上に於ける日本の苦境

一

現在の日本帝国は非常な苦境に陥つて居るとよく人は云ふ。色々な方面に襤褸《ぼろ》が出て始末の着かぬやうになつて居るといふ事実は、之を隠すことは出来ないが、さて此先どうなるかといふことに就いては、悲観楽観両様の見解があるやうである。他の方面のことは暫く之をそれ〴〵の専門家の観るところに譲り、私は特に外交の方面に就きどういふ風な苦境に陥つて居るか、又その由つて来るところの何処にありや、而して此先それがどういふ風に変つて来るだらうかといふ事に就いて簡単に愚見を述べようと思ふ。

二

外交の方面で差当り日本が非常に苦しんで居るのは例の排日問題である。排日問題の最も喧《やかま》しいのは支那と亜米利加であることは云ふ迄もない。他の方面でも多少の排日的気分のあるところもあるが、是は直接に日本と利害の交渉の深いものがないから、吾々に取つて差当り大した苦痛にはならないと云つてよろしい。西伯利亜《シベリア》の排日に至つては、出征軍隊の後始末の問題がまた是と関聯して我国当面の政界に於て非常な難問題となつて居る。若し夫れ朝鮮に於ける排日に至つては殆ど内乱状態に近きものあり、是が始末を巧くやり了せるかどうかは、吾々に取つて実質的利害関係の大なるものあるのみならず、日本人の植民的能力の開発とか、又帝国の世界に於ける信用とか、其他色々の意味に於て精神的に重大な問題だと云はねばならない。さう云ふ訳で吾々は以上述べた様な排日といふ事実に対して晏閑としては居られないのである。

朝鮮に於ける排日運動の始末が巧く着かねばどういふ損害と苦痛とがあるか、といふことは今更説く迄もないことであらう。尤も一部の偏狭の論者の如く、日本の国防の為に由々《ゆゆ》敷《しき》大事だと考へるのは如何であらうか。日本には明治初年以来国防といふことを特に重大に考へる人がある。否、是等の人々の考の影響を受けて、今日の政治家の大多数も亦国防と云ふ問題を不当に大袈裟に考へて居るやうである。思ふに我国政界の先輩は、明治初年頃の欧米の形勢が甚だ血腥《ちなまぐ》さかつたのを見て、世界は斯うした殺伐なもの、国と国との関係は要するに利害を以て相争ひ、いざといふ時は道徳も法律も守られないものと考へたのであらう。斯ういふ弱肉強食の間に在つては、たゞ頼むところは富国強兵の一事にあるのみとして、其中でも国防の充実は列国と列を伍する上に欠くべからざる最先の急務と考へたのである。だから今日の政治家は国防の為めと云へばどんな法律にも又どんな予算にも殆んど文句を云はず協賛し、国防の為めと云ふ施設に反対することは如何にも国家に不忠な所為なるかの如くに考へ込む傾がある。而して今日朝鮮をどう治めるかといふことに就いても、兎角国防本位の統治主義が先に来るやうに思はるる。朝鮮を日本に合併した以上、一体どういふ根本主義によつて之を治めねばならぬものか。此事は暫く読者の判断に任せて今は是に触れないが、兎に角、日本今日の政治家の頭には、専ら我国国防の為めに用をなす様に朝鮮を治むべきものと考へてる様だ。此考の正しいか否かは別として、一体斯ういふ考は絶対的に実行の出来るものかどうか少しく反省して見たい。朝鮮が無人の地ならばいざ知らず、苟くも一千幾百万の民衆を包容する旧い国である以上、是等の人々の利益幸福を全然日本の国防的必要の犠牲に供するといふことは出来る筈のものでない。出来れば日本の為めには誠に結構のやうだが——出来たとしても実は真実《ほんとう》に日本の為めにはならないと思ふが――事実出来ないことなら、之を希望しても仕方がない。而して之を出来ること〻して空しい努力を為すところに朝鮮統治の失敗の一つの原因があるのではあるまいか。斯くの如く国防の為めにする統治策は根本的に誤つて居るから、今日の統治上の失敗は謂はゞ国防といふ当初の目的を裏切る事実となつて現はれたものである。一面には誠に致方のない事柄であるが、又一面には間違つた国防論が成功を収め得なかつたとて深く之を憂ふるには及ばない。只日本の統治の失敗の結果が、朝鮮半島に日本に敵対する積極的の勢力が成立するといふことになると、それこそ日本に取つて大いなる脅威である。吾々も亦大に之を心配する。さればと云つて之を鎮圧する為に更に大なる威力を加ふる事は考物《かんがえもの》だ。元来斯かる脅威が吾々を苦める様になつたのも国防本位の統治策の結果であることを忘れてはならない。

国防本位の統治策の最も露骨な現れは内地植民である。日本内地の農民を朝鮮の豊饒なる地方に移して、朝鮮全土の各方面に日本人の勢力を固着せしめ、以て完全に朝鮮を日本的なものにしようとするのである。此為めに東洋拓殖会社といふものが造られた。此会社は他にも色々仕事を持つて居るが、朝鮮政府の命令により、毎年一定戸数の内地農民を朝鮮に移植するといふのが一番大きな仕事であつた。然し人間といふものは如何に色々便宜を与へたとて、さう容易く甲地から乙地に動かせるものではない。移つて来たからとて、それが又土着民を――尠くとも平和的には――圧倒し得るものではない。内地植民は嘗て普魯西亜《プロシア》が其属領波蘭《ポーランド》に之を行つてさん〴〵失敗した。さういふ明白な先例があるのに何の観る所ありてか日本も之を採用したのであるが、其結果は果して所期の目的は十が一も達せられないことが明になつた。従つて東洋拓殖会社も其事業の方向を別方面に大拡張せねば経営が立ち行かぬことになつた。現に近頃は満洲の方面に大いに手を伸ばしてゐる。何れにしても此会社の設立は朝鮮の農民から非常な怨恨を買つたのである。

国防本位の統治策では、朝鮮が完全に日本の云ふ通りになることを要求する。従つて朝鮮人は日本政府の希望する通りの人間になればい丶といふことになる。然し生みの親でも自分の子を思ふ通りに育てることは出来ない。況んや風俗、習慣、言語、伝統を異にする異民族に於ておや。誰でも他人が自分の思ふ通りになるものなら、世間の事は訳も無く押し通れる。自分が何んなに善い事を考へても、或は何んなに誠心誠意であつても、随分誤解されることもあり、又意外な処に故障が起るものである。其処を巧く切り抜けて行くには、世態人情に対する深い洞察と温かい同情と又広い経験とが無ければならない。是れ無くしてたゞ抽象的に斯うしたらい丶、あ丶したらい丶といふ計画《プラン》を立てるだけでは未だ空想家の域を脱したものではない。政治家は生きた人間を相手とするものであるから、深く近代人の心理に通暁する所なければならない。況んや異民族を統治するに於ておや。此点から観ると日本の政治家の朝鮮に対する同化政策程愚昧な滑稽なものはない。同化政策とは云ふもの丶実は全然日本人と同じ者となれと云ふのでなく、日本人の云ふ通りの者になれといふ要求なのである。而かも其方法としては、日本の国家は有難いとか、吾々は日本国民となることを光栄とするとか云ふ様なことを形式的に暗誦することによつて出来《でか》さうといふのだから堪らない。斯かる努力の結局何等の奏効を見るべからざるは素より云ふ迄も無いが、我国の政治家は兎角自分の誤を棚に上げて無理にも相手方に諾《うん》と云はさうといふのだから、其処に無理な圧制が起るのである。是が紛擾の本源で、之から段々派生する細かい現象は一々数ふるに暇無い。

要するに朝鮮には人間が住んで居る。吾々は先づ此事を忘れてはならない。朝鮮は日本の国防の為にのみ専ら経営さるべきものではない。此間違つた考は今や到る処に一大破綻を示して居る。不幸にして今日の政治家の頭には、何うして之を始末するかの方針がまだ十分に着いて居ない様である。

然し朝鮮の問題は、吾々自身の問題としても又世界に対する帝国の面目の問題としても、何とか之を始末せねばならない。一刻も放任しては置けぬ問題なのである。去年の騒擾以来前の遣り方が不可なかつたといふので余程寛大な政治を執るやうになつたが、其結果は却つて朝鮮人が附け上るといふ事になる。此頃北鮮の方では益々騒動が烈しくなる様だが、之には他にも原因があらうが、日本が武圧の手を多少緩めたといふことも一つの主要因であらう。其処で一部の人は、それだから圧迫の手を緩めぬ方がよかつたと云ふて昔の遣り方に復らうといふ。が、然し、一旦解き放たれた彼等の自覚は、又元の圧迫に還つて之を鎮め得るものではない。騒ぎは益々酷くなる。さりとて元のやうな圧迫も出来ぬ。此処に朝鮮の統治は益々苦境に陥つて来る訳がある。是れ皆其の根本は国防本位の誤まれる統治主義に在るのである。之を十分に認めない限り、吾々は更に進んで後始末の攻究に這入つて往くことは出来ない。

三

国防本位で押通すに急ぐの余り、其処に居る「人」を着眼しなかつたことから抜け難い苦境に陥つた他の例は之を支那に於て見ることが出来る。一体国防と云ふことは非常に大事なものではあるが、是のみに執着して他を顧みないと、ともすると侵略主義に陥り勝なものである。例を以て云はんか、日本の国防の為めには対島〔馬〕海峡が大事だと云ふ。然るに此海峡の安全の為めには対岸の朝鮮が要る。朝鮮対岸の地を確実に維持する為めには朝鮮の南半部が必要となる。南半部を安全にする為めには国防の第一線を長白山の処迄進めなければならぬ。否、朝鮮を安全にする為めには更に満洲に手を拡げねばならぬ。といふ風にそれからそれと際限無く進むもので、其為め終に世界を併呑せずんば終局の満足は出来るものではないと云ふ事に帰する。斯ういふ風に順序を立てゝ考へなくとも、少くとも政治上の理想を国防本位に置く人は、何となく侵略的外交政略を喜ぶやうになるものである。

是が又近代の産業組織が自然其の勢力範囲を海外に求めるといふ必要と相結んで、所謂帝国主義の大勢を作つた。殊に日本は、色々の意味に於て後進国であるから、製産品を売る方から云つても、又安全に原料を獲得する方から云つても、武力を以て海外に専属的勢力範囲を作ると云ふ必要がある。斯くして日本は漸次満洲に於て抜くべからざる勢力を確立した。其結果日本といふ国が支那人の眼に侵略的国民として映ずるのは無理もない。而して日本の政治家には国防一点張りで其他何等の考もなかつたのであるから、支那人の云ふがまゝに侵略的国民と思はれつ放しで、此悪評を緩和する為めに何等の手段をも講じて居なかつた。否却つて彼等の非難に対しては腕力を以て臨むといふやうな乱暴な傾向が著しかつたのである。

勢力範囲の確立は支那が弱い間はどん〳〵出来た。此頃は段々出来なくなつたので、そこで日本の政治家は他の方法で利権の獲得に骨折ること、なつた。丁度十年此方支那は革命後の混乱を続けて居るので、以前の如く政界の中心勢力が明瞭でない。南北分立を最も著しいものとして、支那は更に各方面に群雄の割拠するものあり、紛々擾々として帰するところが無い。何とか此処に統一を見て、早く中心勢力の確立せんことは支那の希望するところたるのみならず、又諸外国も普く之を希望して居る。然し一旦混乱して来ると、中心勢力と云ふものは容易に出来るものではない。是は道徳的に海内の威望を一身に集める者が自然と現はれて来るのを待つか、或は各方面の議論が練りに練られて輿論の自ら帰する所あるまで待たなければならないので、人為的に無理に之を作ることは出来ない。革命以前ならば、例へば光緒《こうちよ》皇帝が崩ぜられた際に何人を後継者とすべきやを人為的に定めて政界の安全を計るといふことも出来たであらうが、革命後はさういふ訳にはゆかない。殊に第一革命成功の当初から大統領たる人、総理大臣たる人は決して社会各階級から十二分の信頼を受けてゐなかつた。斯ういふ混乱の際に機械的に或人又は或団体を強ひて中心勢力たらしめんとするが如きは極めて危険な仕事である。而して日本は実に此危険の仕事を敢てした。其結果は終に日本自ら進んで支那の政争の渦中に投ずることになつた。之が既に一つの大いなる過失であつたのに、更に悲しむべき失敗は、日本の加担した階級は、正に支那の国民的輿論の敵とせるものであつたことである。斯くして日本は支那の輿論を向ふに廻して戦ふことになつた。過去に於ける侵略的傾向と此過失との間から生れたものが即ち最近猛烈な排日的国民運動である。

要するに日本の政治家は支那を観るに複雑な心理を有する種々雑多の人の団体と見ず、所謂一人又は少数の英雄に依つて自由自在に操縦される機械の如きものと見たのである。人の団《かたま》りではない、一個の機械だと見れば、之を運転して我用をなさしむるには、一人又は少数の技師を手に入れゝばよい。寺内内閣は段祺瑞と云ふ技師と結託して支那を自由に料理せんとしたのであるが、然し寺内内閣のみならず、よしんば対支政策に於て彼と反対の立場に立つ者と雖も、結局同じやうな考を以て支那に臨むものであることは疑を容れないのである。

四

同じやうな事は西伯利《シベリア》の問題に就いても亜米利加の問題に就いても云へるが、たゞ西伯利と云ひ亜米利加と云ひ、処が違ふだけ日本人の此問題に悩んで居る姿はそれ〴〵趣が違ふ。之を前と同じやうに精しく説くことは興味ある問題だと思ふけれども、余り長くなるから略することにする。たゞ此処には斯ういふ風に排日の感情が高くなると、どうして日本が非常に困ることになるか。其理由を簡単に説明して置かうと思ふ。

世間には亜米利加がぐづ〳〵云はふが支那や朝鮮がぐづ〳〵云はうが構はない、吾々日本人は断乎として吾々の考を押通せばいゝ。頗る元気の善いことを云ふ人もある。人から何と云はれても自分は自分で押し通すといふことは、如何にも自信のある元気に満ちた云ひ分だが、然しこれも無鉄砲に意地張るのでは、決して日本人の大を誇る所以ではない。一個の国民的精神問題としても是を議論する余地は十分あるが、私は此処にはたゞ一つ経済の方面から、日本が抑も其流儀で押通せるものかどうかを考へてみやう。

先づ日本人の衣食住のことを考へてみるに、日本は元来甚だ天恵に乏しい国で、衣食住の上で自給自足が出来ない。日本人の食物は全部を日本で供給することが出来ず、住宅建築の材料も段々欠乏を感じつゝあつて、遠からず満洲西伯利の方からでも輸入せねば立ち行かぬといふ時代が来るだらう。若し夫れ衣物の点に至つては殆ど全部を外国の供給に仰いで居ると謂つてい〻。加之《しかのみならず》製産工業に必要な鉄と石炭は殆んど全く日本に無い。機械類は今でも大部分機械として出来上つたものを外国の供給に仰いで居るが、もし日本で之を造る技術が発達したところで原料は無い。斯う考へてみると日本程天恵に乏しい国は少ないので、吾々は昔の人と共に豊蘆原《とよあしはら》の瑞穂《みずほ》の国など丶誇つては居れないのである。してみると日本といふ国は、少くとも衣食住の点に於ては外国に頼ることによつて初めて其存立を保つことが出来るのである。若し将来日本が世界の経済界から絶縁するやうなことにでもなつたら、吾々は忽ち餓死せねばならない。かう考へると我々は何うしても最も天恵に富む隣国の支那と相結ぶことが必要になる。即ち日本は支那と相結ぶことによつて初めて経済上独立の一単位たることを得るのである。してみると吾々は実を云ふと此方から頭を下げて支那の御機嫌を取らねばならぬ境遇に在ると云つてもよい位なのである。更にも一歩を進めて考へて見ると、仮令《たとえ》日本が支那の豊富なる天産物を自由に利用することが出来るやうになつたとしても、それで直ぐ経済上自給自立が出来るかと云ふにさうではない。其為めにはもつと機械工業が発達して居なければならぬ。是には十年や二十年の歳月はか丶る。然らば其間吾々国民の生活は何人によつて之を維持するかと云ふに、吾々はどうしても英米両国を着眼の外に置く訳には行かない。中にも米国は此点に於て吾々の最も恃む処である。だから米国などは吾々の方から進んで親善な関係を維持するに努めなければならない国柄なのである。

斯ういふ事実上の必要をいろ〳〵念頭に置く時、吾々は是等の大事な国々に於て其の国民が排日の感情に興奮するのを観て実に戦慄を感じずには居られない。それも曲彼に在るのなら、説いて彼等を諭すの余地も在るが、一部の曲は我に在り、而して我が同胞の多くが此事を気附かずして居るといふに至つては、我々は益々憂慮の念を深くせざるを得ないのである。

要するに是等の誤の源は、細かに挙げれば沢山有るが、其一番本元になるものは、外交が人を相手にするものだといふことを忘れた点にある。此方で考へる通りに相手方は必しも動かない。動かねば吾々は姑く退いて吾々の考が間違つたのではないかと反省して見るの必要がある。然るに自分が間違つた考を立てゝ居ながら、之を何処迄も押し通さうとし、又押し通せるものとして盲進するのはどういふ訳か。従来の色々の失態は実にこゝから生れたのである。それでも押し通せればまだいゝ。愈々押し通し切れなくなると、中には仍ほ其誤を改めんとせず、或は更に陰険な手段を弄し、或は一層強い威圧を加へんとする。為めに一時の誤魔化しは利くこともあるとして、結局永久の精神的不満を相手方の脳裡に深く印するに止るのである。日本が外交界に於て苦境に陥つて居る所以を抽象的に解明してみれば、先づ斯んなものであらう。

〔『婦人公論』一九二一年一月〕

朝鮮問題

朝鮮の状態も過去一年の間に殆ど何等目醒しい発展を見て居ない。総督が変つた丈けの事はある。総督の更迭と共に統治方針の大いに改善せられた跡は之を認めるけれども、併し乍ら日鮮両族を真実の意味に於て融和陶合〔統〕する大方針から観て、更に何等の発展を見て居ない事だけは疑を容れない。蓋し今日のやうな状態では、何んなに政治を改善したと云つても、朝鮮人自身の要求には更に触れて居ないからである。故に朝鮮に於ける統治の改善は幾分内地人の慈悲心を満足せしめては居るだらうが、朝鮮人の満足は買つて居ない。朝鮮人は満足する筈だと一部の内地人は云ふ。満足しないのは不都合だと性急な役人は罵る。悪いか善いか知らないが、満足して居ないといふ事実は疑を容れない。

尤も吾々は朝鮮人の満足を買ひさへすれば可いといふ考へであつてはいけない。朝鮮人の真実の幸福と真実の要求とを充たしてやる為めに、彼等の一時の満足は犠牲にせねばならぬ事もある。之れ丈の自主的見識が無くては本当に朝鮮を統治する事は出来ない。自分に確固たる自主的見識が無く、徒らに彼等の小さい満足を買はうとすると、却つてとんでもない失敗を招ぐ恐れがある。かういふ立場から観ると、かの共同墓地問題の如きは最もよく浅薄なる官僚気分を暴露したものだと思ふ。朝鮮には非常に墓場を尊重する風習がある。風水の地異を案じ、一番好い所に墓場を作れば子孫が繁栄するといふので、金持などは年が年中墓地の捜索選定に憂身を窶《やつ》して、此処が一番好いといふ事になると、他人の地面であらうが、お上の地面であらうが、構はず墓を作る。為めに朝鮮には由来之れに関する土地の訴訟といふものが非常に多い。且之が無用に土地を使ひ又金を遣ふ所以であつて、朝鮮不振の原因も亦一つは此処に在ると云はなければならない。そこで寺内伯の時代には、かういふ私設墓地を禁じ、凡て墓は共同墓地に作るといふ事にした。之は寔《まこと》に寺内式のやり方で、朝鮮人の為めにも結構な事であるが、然し深い迷信に関係して居る事であるから、急激に之を禁ずるといふのが適当であつたか何うだか疑ひ無きを得ない。それは孰《いず》れにしても、此新しい規則に対しては朝鮮の古老の間には非常な反感があつた。例へば如何に利用厚生の為めとは云ひ乍ら、神社仏閣を皆打壊して田畑にしようと云つたら、日本国民だつて非常な不平を唱へるだらう。然し之に不平を唱へる者は実は金持の古老の一部であつて、一般の青年は却つて共同墓地の制度を欣んだのであつた。然るに現総督の時代に至り朝鮮人の満足を買はうといふ浅薄の考から、折角作つた共同墓地の制度を強制する事を止め、旧式の墓地をも作る事を許した。是などは一時の満足を買はんが為めに彼等の真の利益を深く考へてやらなかつたといふ点に非難があるのみならず、古老の意見さへ聴けば一般人民の思惑は何《ど》うでもいゝと考へた点に、旧式政治家の特色を発揮して居る。されば折角彼等の満足を買はんとしてやつた事が却つて有為なる多数青年の不満と侮蔑とを買つて居る。

斯くの如く吾々は朝鮮人の満足を買はうといふ事を浅薄に考へてはいけない。継母が世間の非難を恐れて継子の要求を無茶苦茶に容れ、以つて心にもなき慈愛振りを発揮するといふ事は寧ろ嗤《わら》ふべきである。吾々は時として彼等の要求を断じて撥《は》ね付ける位の自主的見識を有つて居なければならない。唯其自主的見識の基く所は何処までも朝鮮人の為め、彼等の真の満足の為めといふ事になければならない。自主的統治策といふ事を穿《は》き違へて、吾々の満足の為めに彼等の利益幸福を犠牲にする事と考へてはならない。此点に於て朝鮮統治策は、官僚の施設する所と又一般国民の態度とを通じて余りに内地本位に過ぎては居ないか。偶《たまたま》、朝鮮人の幸福の為めにやつたやうな事でも、そは吾々の側の慈悲心を満足せしむる為めで、真に朝鮮人の満足の為めなりや否やは大に疑しい。

吾々は朝鮮統治の根本方針に疑あるのみならず、昨今の騒擾に対する内地官憲の態度に就ても不平がある。読者の知らるゝ如く、昨今朝鮮には排日の気分が漲つて居る。北韓の方面には排日の実際運動を猛烈にやつて居る者もある。排日運動を実際の暴行に現はす者は法に照して之を処分すべき事は固より云ふを俟たないが、只彼等の行動に対する道徳的価値に就ては、吾々はもつと広い度量を以て考へてやらなければならない。吾々は動もすると彼等を不逞の徒と呼ぶ。焉《いずく》んぞ知らん彼等は朝鮮人の間に在つては或は尊敬すべき愛国の殉難者であるかも知れない。詐欺とか泥棒とかいふやうな、凡ての人類が共同に憎む所の罪を犯した者なら、吾々が之を不逞の徒と呼んで朝鮮人も之を怪まない。けれども政治上の考で日本の統治に反対する者は、吾々からは敵だけれども彼等からは憂国の士として尊敬される。吾々の敵視する所以が即ち彼等の尊敬さるゝ所以だから、吾々が不逞呼はりをすればする程、朝鮮人の反日結束は固くなる。純然たる敵国なら是でもいい。朝鮮人を結局我同胞として治めて行かうとする上から云へば、是れ程拙い方策は無い。況んや我官憲は所謂不逞鮮人を取締るに遺漏なからんが為め、往々良民を駆つて対日反感を強めしむるの失態を演じつゝあるに於ておや。

朝鮮人は法律上日本臣民である。けれども固有の日本臣民と同一に待遇する事は出来ないといふ事実に基いて、全然内地人と同様の権利を与へられて居ない。是れ法律に於ても朝鮮人を日本人となるべきもので、既に日本人であるものと見てゐない証拠である。形式上は日本人となつた、けれども実質的にはまだ日本人になり切らない。而して之を永い努力の結果、完全な日本人にするといふ事は吾々内地人の道徳的責任であり、従つて朝鮮統治策の根本要諦でなければならない。であるから統治策の出発点としては、彼等はまだ日本人になつてゐないといふ事実に立つべく、彼等に完全な日本人としての義務を要求するのは、我等の永い〳〵努力の最後の帰着点に於て之を為すべきである。若し朝鮮統治の局に当る者が此見地を諒解して居るなら、彼等の反日運動に対しても多少の理解が無ければならない。固有の日本人が排日をやるなら、それは以ての外の売国的行為だ。朝鮮人の之を為すのは多少之を諒とせねばならない。やつて可いといふのではない、之をやる事が残念ながら日本の国法には背くけれども、道徳上に於て之を諒とすべき理由あるを諒解する事である。然るに官憲は固有の日本人に対すると同じ態度を以て彼等を責むる。法律上日本臣民たるの故を以つて日本人としての完全なる義務を要求し、之に背いたといふ理由で彼等を責むるのである。而して一般国民も亦官憲の此態度を深く怪まない。斯くして彼等は此問題に就き出発点を取違へた。彼等はまだ日本人になりきつて居ないといふ事実を出発点として、彼等を完全な日本人にする事を最後の到達点に為すべきに、彼等は完全な日本臣民であるべき筈といふ仮定に立つて彼等を責むるのであるから、謂はゞ出発点と到達点とを混同するものである。ヒステリツクな我儘な細君が、よく仕込んで人にして下さいと頼まれた山出しの女中を、自分の思ふ通りに動かないからと云つて散々罵倒するやうなものである。出発点と到達点との混淆が、朝鮮統治の上に現はれた最も著しい謬であらうと思ふ。此根本的誤謬が悟られ且つ改められざる限り、吾々日本国民の懸案としての朝鮮問題は実質的に一歩も進める事は出来ない。

役人が僅か許りの自己満足に欣んで、大勢は依然何等の進歩を見て居ないといふ憫《あわれ》むべき状態にあるのに、他方間島の虐殺問題なるものが起つて、更に世界に於ける日本の不信を強めたのは、吾々の返す〴〵も遺憾とする所である。間島に於ける不逞鮮人の掃蕩運動が多少の良民を傷け、耶蘇教会にも不当な圧迫を加へた事実は、軍事当局者も之を認めて居るやうだ。然し宣教師側の報告に拠れば、水原事件以上の大暴行だと云ふ。宣教師の報道が誤りか軍事当局者の弁明が信ずるに足るか、其等の点に就て予輩は相当確実なる材料を有つては居るけれども、今は云はない。只疑の無い点は軍事当局者が果して真の不逞鮮人と良民との区別を立てるに十二分の注意を加へたか何うかといふ事である。軍事行動の遂行上多少の過失は已むを得ないといふ事は、戦時非常の場合には可《よ》い。平時に於て而かも堂々たる帝国の軍隊が二三の騒擾を討伐するに、良民を完全に保護するの遑《いとま》無かつたとは、帝国軍隊の名誉の為めにも云へまいと思ふ。予輩は此方面に於ける宣教師が朝鮮に同情するの余り、日本に対し驚くべき誤解を有つて居る事を知つて居る。予輩自身朝鮮に於ける文武両官憲の行動に対しては可なり強い反感を有つて居るものであるから、宣教師連がそれ以上に強い反感を有つのも当り前だと考へて居つた。けれども去秋日曜学校万国大会参列の為め来朝せる朝鮮在住の外国宣教師連と会談するに及んで、彼等の対日本誤解の極度に猛烈なるには有繋《さすが》の予輩も一驚を喫した。であるから彼等の報道も其儘に信ずる事は出来ないとは思ふけれども、只彼等の報道をする見るが儘の事実に就いては疑を容るゝ事は出来ない。之に附する解釈は割引して考へねばならぬとしても、十人殺したと云へば十人殺したといふ事実丈は之を承認せざるを得ない。兎に角彼等の弾劾によつて帝国政府の軍事行動が世界の道徳的判定の問題となつた以上、吾々は之に対して出来るならば正々堂々の弁解を為し、出来るなら其罪を悔ひ、将来に対する新しい覚悟を宣明したらいゝではないか。さうでなければ朝鮮の問題も、之に関する日本の世界的信用の問題も実質的に解決され得ない。

然るに之に対する我当局の態度は如何。新聞雑誌に向つては朝鮮の事を書くなと云ふ。而して当局自らは我を責むる者が悪いといふやうな気分を抱かしむるに努めて居るやうだ。日本の官憲を兎や角云ふのが悪いので、事実は公表しないが何も悪い事をやつたのでないと云ふのでは、国民から当局の失態を責めらるる煩累は免れようが、問題其物は少しも解決されないのである。由来何か外交上の困難が起ると、肝腎の外交的活動はそつちのけにして、之が内政上政府糺弾の口実とならないやうにと云ふ方面のみに、工夫を凝らすのが常だ。内政の為の外交である。斯くして国民は政府糺弾の機会を捉へ損ふ。之と同時に彼は吾々の同胞が外国に於て何を為たかの事実を知り損ふ。其結果自ら反省して道徳的に向上するの機会をも失ふが、世界に於て日本の信用が何故に又如何に議せられつゝあるかも諒解が出来ない。斯くても日本は最近国力の発達によつて世界五大強国の一に加はつたと誇示する。誰か懼然《くぜん》として我国の前途を憂へざる者があらうか。

〔『中央公論』一九二一年一月〕

朝鮮問題に関し当局に望む

朝鮮問題については従来屢々いろ〳〵の点を挙げて、新聞雑誌上に論評する事を禁ぜられて居つた。吾々は其禁令に牴触せざる範囲に於て読者と共に、此重要なる問題を或は報道し、或は論評する事を懈《おこた》らなかつたが、其言説自ら隔靴掻痒の感ありしは已むを得ない。それにも拘らず、予輩は殆ど其度び毎に其筋の手と認めらるべき方面から、非公式にもつと謹慎な態度を採れと注意をされたのであつた。予輩の従来発表した朝鮮論が不謹慎なものであつたか何うかは、読者の判断に委かせよう。日本側の非を高調して国民の反省を促すに急なる所より、排日内応者などいふ汚名を付したものがあつたから、一部の偏狭なる偽愛国者の気に入らなかつた事は疑ない。けれども之を黙視するは、差当り帝国の健全なる発展に障《さまた》げあるは勿論、大和民族の道徳的生命の発達の上に由々敷大事だと信ずる所から、世の非難や当局の警告に拘らず、沈黙を守る事が出来なかつたのである。併し予一人の声では甚だ微弱である。朝鮮問題について吾々と憂を同じうするものは、必ずや他に幾人もあるに相違ないが、何分万一の危険を恐れて公然と之を論評しない。そこで我国の評論界に於ては、朝鮮の問題は殆ど顧みられないやうな有様であるが、併し之では少くとも世界に対する日本の道徳的責任が済まされない。何となれば今や朝鮮問題は、一つの正義人道の問題として、将に世界的に取扱はれんとして居るからである。

日本でも有繫《さすが》に外字新聞は時々朝鮮問題を取扱つて居る。東洋に居住する外人間には、宣教師たると実業家たるとを問はず亦日本に好意を有する者と然らざる者とを問はず、等しく此事が重大な問題となつて居る。蓋し彼等の眼から見れば、東洋に於ける平和の根本的確立は主として日本が対朝鮮政策を如何に改むべきかに繋つて居るからである。更に一歩退いて之を日本のみの問題として見るに、日本の運命は彼が朝鮮の統治に、成功するや否やに繋《かか》つて居る見地よりしても、朝鮮の問題は頗る大きい。それ丈け此問題は昨今大いに注意せられて居る。此頃外国の新聞記者などが可也《かなり》頻繁に日本の国情視察に来るが、彼等の最も熱心に知らんとする所は、純良なる多数の国民は如何に朝鮮の事を考へて居るかの点である。然るに日本に来て見ると、朝鮮の問題は更に民間の論議に上つて居ない。新聞雑誌にも書いてない。書いてあつても極めて浅薄な御座なりに過ぎぬ。誰かに会つて話しても、第一外人間に普通に知られて居る事実其物さへ知らない。此処に於て外人は呆然として為す所を知らない。唯呆然とする丈けならい丶、中には知つて居ながら弁明を避くる白々しさを罵るに至る者もある。斯くの如きは決して好ましい現象ではない。

尤も吾々は、外国人が騒ぐから吾々は黙つては居れないと云ふのではない。之も一つの理由には相違ないが、之よりも大事なのは日本民族の良心の為めに黙視する事が出来ないのである。事実について是等の点を詳しく述ぶると、当局の忌諱に触れる恐れもあるから今は差控へるが、唯簡単に吾人の意を徹する丈けの事を云ふなら、先例へば先般来問題になつて居る間島の基督教徒虐殺事件の如き、人によつては其範囲に於て又其程度に於て、先年の水原事件以上と云はれて居る。新聞にも断片的に一部の事実は出た。けれども吾々は外字新聞によつて初めて事態の大様を知つたのである。外字新聞の記事は全部正しくないかも知れない、可也誇張も多からう。併し之等の事実を知つて居る必要は、外人よりも吾々に在るのに、国民は殆ど其十が一をも知らされて居ない。新聞に載つて居る所は当局の弁明である。之れも他を罵るに急にして自ら省る跡は薄い。然し吾々は当局の弁明を其儘之を信じよう。それにしても相手が悪いから吾々が之を擲《なぐ》り飛ばしてもい丶といふ理窟はない。売言葉に買言葉は、対等の間柄でも褒めた態度ではないが、況《ま》して先進国を以て処《お》り指導者を以て任ずる者が、自己の暴行を弁護するに相手方の不法を以てせんとするは、甚だ浅間しい次第ではないか。間島事件や水原事件に関する外人側の非難攻撃に対して当局が相当の弁明を発するのはい丶、併し乍ら之と同時に吾々は亦省みて吾々の失態を悔ひ、過失を責むる所無ければならない。自ら悔ひ自ら責むる所無き弁解は、何の道徳的権威も無い。吾々国民は全く事実を知らされて居ないからとて、殆ど自ら責むる所以を識らずして、恬《てん》として恥ぢざるは吾々の甚だ心外とする所である。偶々外人が吾々を非難すれば、之を怪しからんと云ふ。外人の非難も或意味に於ては余計な事かも知れないが、之に不快を感じて徒らに亢奮するの余り、遂に自ら省るの機会を失つては大変である。此点からしても吾々は先以つて吾々同胞に、朝鮮に於ける事実を有りの儘に知らしむる事が必要だと考へて居る。外人にして吾々を非難する者があるなら、何よりも先きに国民は彼等の云ふ所に耳を傾けなければならない。にも拘らず極端な制限を以つて国民の耳目を掩ふに当局の熱中するのは、吾々殆ど其意を酌むに苦しむのである。

尤も日本人自ら朝鮮に於ける日本の失態を公然と論じたなら、さらでも排日の気勢に昂奮して居る朝鮮人は、得たり賢こしとつけ上るであらうと云ふ者もある。然し斯く云ふ人は日本国民の多数が朝鮮の事情を知らずして、当局の過失を黙過すれば、それで朝鮮は治まると考へて居るのであらうか。熟《よ》く考へて見ると、か丶る秘密政策を取る事によつて多少でも益する者ありとすれば、そは只過りを犯した当局のみである。而かも其得る所たるや、一時他の非難を免がれ得たといふ瞬間の気休めに過ぎない。之れ丈けの結果に対して払ふ所の国家的損害は、比

朝鮮に関する事物の報道を極端に抑止して居る結果である。之れ皆当局が世上の口を箝して較にならぬ程大きい。何故なれば、為めに国民は自ら反省して改むるの好機会を失ふのみならず、日本人中には事物を正視する者一人も莫《な》しと做して、大いに失望せしむるからである。現に朝鮮人は殆ど例外無く、文字通りに、日本人中には語るに足る者一人も莫しと考へて居るのである。之れ皆当局が世上の口を箝して

今や朝鮮問題は人道上の一大問題として、世界の耳目を聳動せんとして居る。中にも英米の識者の一部の間には、之を余所事《よそごと》とは思はず、心配して居る者もあるやうだ。之に対して一部の政治家は無味乾燥の国際法理を楯に取つて、我国の内政に外間の干渉を許さずと云ふ。所謂非干渉の原則が守られて居つた旧時代に於ても、人道上の大問題といふ事になると余所事と思はず、世界の識者は口を揃へて論じ合つたものだ。芬蘭土《フィンランド》虐待の問題について、欧洲諸国の学者が袂を連ねて露西亜皇帝の忠告に出掛けた事もあると聞いて居る。況んや戦後国際的精神の勃興と共に、非干渉の原則は戦前程重んぜられなくなつたに於ておや。吾々は外国が矢釜しく云ふから朝鮮問題を論じようと云ふのではない。けれども世界的問題として議論の鋒先が向いて来た時、吾々に適当な咎弁を与ふる丈けの準備ありやを、今から考へて置く必要があらう。

昨今政治家の間に我国が国際上段々孤立の形勢に立たんとして居る事を気付く者が多くなつたやうだ。彼等は亦孤立の原因が支那朝鮮に対する従来の政策である事にも気付いたやうだ。就中朝鮮の問題が最も多く外人の批評を促す種子であつた事を気付いたやうだ。此儘にして捨てゝ置く訳には行かぬと云つて、それ〴〵手段方法を講ぜんとして居るとの事であるが、然し彼等は何を以つて此問題に対せんとするのであるか。新聞の報ずる所に

拠り、彼等が此為めに催せる会合の席上に於ての議論の様子を観ると、日本の不評判を専ら東洋に於ける外人の報道に帰し、彼等に代つて吾々が自ら通信機関を設くべしと云ふやうな事を云つて居る。それでは少しも問題の解決にはならないではないか。外人の非難を問題とした点まではいゝ、之を機会に自ら反省するといふ点に更に気の付いて居ないのは、吾々の甚だ遺憾とする点である。単に外人間の不評判を一掃するといふ必要から観ても、吾々は先づ自分の非を自ら非とするの態度を示さなければならない。自ら悔ひて大いに改むるの雅量を示したなら、朝鮮人と雖も結局其排日態度を緩和せずには居るまい。是等の点が縦令《たとえ》反対の方面に進んだとしても、吾々はもつと吾々と朝鮮人との関係を道徳的に反省するを大いに必要とする。此為めには先づ事実を有りの儘に知るの必要がある。而して従来の当局の態度は此点に於て吾々の向上発展を其第一関門に於いて抑止するものであつた。吾々は吾々自身の為めに、又東洋平和の為めに、附け加へては又日本の国際的信用を恢復するが為めに、当局が一日も早く其謬妄の態度を一変せん事を切望して止まない。

〔『中央公論』一九二一年二月〕

亡国の予言＝鄭鑑録
――日本と朝鮮との交渉に関する研究の一――

此頃矢釜しい問題になつて居る大本教《おおもときょう》では、大正の何年とやらに日本に一大国難が起り殆んど滅亡の悲境に陥るが、唯一の安全地帯たる綾部に救主が出て、この皇国を再び万代の安きに復すると予言したとか。世の中が混乱して一時民心の帰嚮する所を知らざるに至つた場合には、よく斯んな予言めいたものが唱へらるゝもので、敢て珍らしい事ではない。而して朝鮮でもかう云つた様な予言は、百年この方普ねく伝唱され、既に久しき以前から相当に根強き国民的迷信となつて居ると聞いて居る。

朝鮮の亡国の予言は、鄭鑑録《ていかんろく》といふ本に載つて居るさうだ。鄭鑑録と云ふ本を知つて居ますかと朝鮮の青年などに聞くと、大抵知つて居ると答へるが、サテ見た事があるかといへば、然りと答ふる者は案外に尠《すくな》い。危険な迷信を流布するもの、徒らに民心を擾乱するものとして、李朝時代に於ては此本の公布を厳禁して居つたから、自然民衆の眼に遠かつたものであらう。かくて本は無い。けれども其内容は甲から乙と口伝へに伝はつて、遂に之を知らざるものなき程になつた。故に朝鮮土民の思想を識る上から云つて、鄭鑑録と云ふ本は余程研究の値打があるものと謂はねばならぬ。

予は先年朝鮮に在る一友人の好意に依り一本を手に入れた。無論写本である。厚い美濃紙の両面に十二行三十字詰が総計四十三枚になつて居る。公布の禁以来甲から乙と写し伝へた所から、字の書き損ひや書き足し省略等いろ〳〵になつて、今では内容が彼此随分違つて居る事になつたといふ。朝鮮通の畏友今関天彭君の説によれば、無慮三十種もあらうかとの事である。併し最も根本な点は大抵一致して居るとの事である。

鄭鑑録は漢文で書いてある。但し余程朝鮮臭い漢文であるさうだ。予の先年之を手に入るゝや、久保天随氏に乞ふて読んで頂いたが、氏にも一二ケ所分らない所があつた。一つには書写の際の誤脱もあらうが、又一つには普通の漢文とは丸で違つた書き方もあつた為であらう。併し漢学の素養ある人には大体読めぬ事はない。

書いてある内容は何かと云ふに、朝鮮滅亡の史的経過の予言である。之には段々官吏の腐敗や、地方豪族の横暴や、民衆の苦悩やを型の如く述べ立て、夫より外国との面倒な交渉から戦乱の巷《ちまた》となりて滅さるゝに至る順序が、詳しく書いてある。読んで見ると成る程日清戦争の事もあれば、厳〔閔〕妃の暗殺の事から、日露戦争の事や併合に至るまでの事が符節を合するが如く出て居る。従つて鄭鑑録に基く迷信は、日韓併合後民間に一段と高くなつたと云ふ事である。

但し鄭鑑録の予言は亡国だけではない。一旦亡びた後、やがて東の方より一偉人が現れて人と国とを救ふとある。そこで今まで一々予言が的中したのであるから、此再興の予言も中《あた》らないと諦める事は出来ないと信ずる事になる。是れ朝鮮人が今日現に独立復興に強き確信を繋けて居る所以であつて、其根拠の迷信に基くにしろ、兎に角為政者の大に留意せねばならぬ所である。

如何に鄭鑑録に基く迷信の強きかを示す一つの証拠として、曾て前記今関君からこんな話を聞かされた事がある。朝鮮の再興は何とやら云ふ滝壺の水の乾き上る時なりと鄭鑑録に書いてあるとかで、或る古老は併合以来右の滝壺の側に庵を結び、毎日水面をながめては日を暮して居るといふ事である。旅人試に水の増減を問ふに、此数年間に五六寸も減つたとて私《ひそか》に喜びの微笑を洩したとやら。其愚笑ふべきが如くにして亦其情の大に憫むべきものがあるではないか。

兎に角吾々は、鄭鑑録の内容が示す様な迷信は、今日国民の間に広く行き渡つて居るといふ事実を看逃してはならない。そこで吾々は鄭鑑録の内容を詳しく研究するの必要がある。少くとも鄭鑑録の内容だと今日の朝鮮人の考へて居るもの、如何なるものなるかを研究するの必要がある。之を知らずして朝鮮に臨むのは、病を診ずして薬を与へんとするが如きものである。併し予は今玆に其内容を詳しく読者に伝ふるの遑を有しない。之は他日に譲るとして、兎に角右の様な迷信が普ねく行き渡つて居る事、而して此迷信が昨今ことに強くなり、独立運動などの根柢ともなつて居る事を指摘して置く。更にも一つ注意して置きたい事は、此迷信は今に始つた事でなく、既に数十年の昔に在り、此迷信に基く一種の運動として東学党の乱があつたと云ふ事である。東学党は日清戦争の原因を為すものであるから、吾々日本人には全く新しい名前ではない。而して最近の独立運動の中堅を為す天道教は、実に東学党の一変形とも観るべきものであるから、鄭鑑録の迷信は最近天道教を通じて大に世間を騒がしてゐると謂つていい。天道教は一昨年の独立運動以来表て立つて活動が仕悪《しにく》くなつた。それかあらぬか、此頃は外の名に隠れて運動を続けてゐると見へ、朝鮮に居る友人などより、大本教類似の予言めいた事を朝鮮人中に言ひ触らす者が昨今多くなつたと報じ来る者があるが、之は二三子の説明するが如く、大本教の侵入の結果ではなくて、もと〳〵朝鮮にあつた鄭鑑録の迷信が又姿を換へて活躍して居るものであらうと思ふ。

〔『文化生活』一九二一年六月〕

東学及び天道教

——日本と朝鮮との交渉に関する研究の二——

先年の朝鮮の万歳運動以来、天道教の名が著しく我々内地人の神経を刺激するやうになつた。そは天道教が実に之等の運動の中堅を為すからである。天道教とは一体どんなものか。

天道教は東学党の一変形であることは前号にも述べた。東学党といへば、之は日清戦争の原因を為すもの丈に我々に新しい名称ではない。そこで先づ東学党の起りから詮索して掛る必要がある。

東学党の起りは、今より約六十年の昔に遡る。尤も此頃は東学党とは云はず、単に東学と云つた。東学は即ち西教に対するもので、始めから少しく排外的色彩を帯びてゐる所に注目を要する。

初めて所謂東学を唱へ出したのは崔済愚《さいせいぐ》といふ人である。彼は一八二四年(西暦に依る)南朝鮮の慶州に生れた。家は地方の豪族で、父は博学多識を以て郷党の重んずる所であつたと云ふ。政治の腐敗、官吏の横暴、階級別の桎梏等、御定りの事情が揃つて居て、有為の人材は不平の裡に世を見限つて仕舞ふ。彼の父も固より此例に漏れない。崔済愚は実に斯う云ふ境遇の下に斯う云ふ人を父として生れたのである。加ふるに彼の幼時は、家政も段々傾いて来たので、壮年時代まで随分辛惨〔酸〕を嘗めたと云ふ。彼の教に政弊の革新と救国済民の要素を含むは右の様な事情に基くものと思ふ。

併し彼の教の表面上の立場は右の様なものではない。純宗教的なものである。伝ふる所によれば、彼は生れ乍らにして甚だ宗教的素質を有つて居つたとやら。是れ一つには父よりの遺伝であらう。彼は幼時衣食の道に迫はれ乍らも儒・仏・老・荘の諸典を渉猟して倦まなかつたさうだ。斯くして彼は年齢三十有五にして天命を受けたりと称して世の中に出て来た。先づ彼は或る山寺に籠り、天に祈ること四十九日、天帝との霊交を体験して民衆教化の事業を刱《はじ》むるに至つたと云ふ。之より彼は四年間普く南朝鮮を巡歴して布教に従事したのである。

彼の教旨を組織的に紹介するは今私の目的とする所ではない。之を知るには彼の作つた布徳文や東経大全など色々のものがある。之等は「天道教研究資料」と題して大正八九年の頃『国家学会雑誌』に訳文を公にした事がある。要するに、さうはつきりしたものではない。所謂儒・仏・道三教の粋を集めたと称するも、固より整つた一体に完成せられて居るのではない。冷静に考へて観ると、余程基督教からも取つて居るやうでもある。疑のない点は、彼は儒教の天を説き而かも之をば基督教的に人格的に解し、自分は之と日夜交通して居るものだと訓へて居る事である。即ち自分は天の道を教へるものだといふのである。是れ後に天道教と名を改めし所以である。

然るに彼は斯う云ふ結構な天道の名を称せずして何故に東学と名づけたかと云ふに、之には大に理由があると思ふ。或人は云ふ。当時朝鮮には天主教即ち西教の跋扈甚しく、一度之を迫害せるも殉教的精神を以てする伝道は益々盛にして、一部の人は非常に之を怖ろしいものに思つた。そこで之に対抗して何等か一新運動を起すと云ふ事は最も時人の心を攬《と》るに都合がよかつたのである。是れ東学の名を取つた所以であると。成る程西教の危険を誤りて過大に怖れて居つた場合に、国粋に拠て奮起せりと声言するは、運動の勢を張るに便利であつたらう。之も慥に一つの理由であつたに相違ない。けれども一つの理由として或人は斯様にも云ふ。鄭鑑録には一大国難の後一偉人東方より現れて故国を救ふとあるので、崔は這の迷信に乗じ、「我は東に生れて東に天の道を学びし者なり」と声言し、さてこそ東学の名を立てたのだと。此点は甚だ正確だといへぬが私は之も主たる原因だらうと考へて居る。少くとも鄭鑑録の迷信と照し合せて、彼の教が東学の名をつけた為に大に拡まつたことだけは疑を容れぬ。而して少しく詳細に立ち入つて考へて見るに、東学の教の中には随分鄭鑑録の所載と相応ずる者も少く無い様である。

又此教は国政紊乱・民心昏迷の際に生れたものとて、同じ様な事情の許に生れた大本教などゝ同じ様な事を述べて居る所もある。今や国家は道徳地を掃ひ人心惟れ危く人々に禍多しといふが如き、上下心を悛《あらた》めて我が教を奉ぜば始めて疾《やまい》を免れ長寿を保たんといふが如き是れである。兎に角人心漸く昏迷せるの際とて、彼の教は実に非常な勢を以て拡まつた。一八六四年三月彼の大邱に殺されし時には教徒の数三千を超へたりとの事である。

彼は何故に殺されたか。一つには自ら天命を受けたりと称したからである。天命を受けたる者之を天子と為し万民を支配するの権を有すとは、儒教の思想である。朝廷は即ち天の命を受けたる者の子孫、事実は力によりて天下を統治してゐるのだとはいへ、理論上に於ては天子の国君としての地位を保ち得る所以は、天命に違はざるに因るのだ。従つて朝廷の威衰へ天下漸く乱るゝと、叛を謀る者は常に必ず曰ふ、現在の王は上帝に見限られ、天命新に我に下つたと。故に天の命を受けたといふは即ち謀反する事と同一に解せられるのである。崔済愚の意何処《いずこ》に在りしやは明ならざるが、あゝ云ふ天才に斯う云ふ様な事を口にするといふは兎角有り勝の事である。少くとも斯く誤解さるゝやうの事は恐らく云つたらうと思はるゝ(大本教の不敬事件を連想して見よ)。其結果として東学は動もすれば政治的非望を懐くものとの嫌疑を蒙つて居るのに、搗《か》てゝ加へて之に集るものに時の政治に不平なるものが甚だ多かつた。之れ彼れが謀反の盟主と観られて刑死せしめられた第二の原因である。更に彼の疑を蒙つた第三の原因としては、東学は即ち国教とも云ふべき儒教に反対したといふ事を挙げねばならぬ。此事は深く問はずしても明であらう。要するに以上の様な事情が重なり合つて、彼は遂に大邱の監司に捕へられ、邪道を以て民を誘ひ、徒党を結んで陰謀を企つるものとせられ、前記の如く一八六四年(元治元年)三月十日刑場の露と消へたのである。時に四十一歳であつた。而してこの最後の一年は彼の最も活動せし時代であつた。

猶序《ついで》に申して置くが、予はさきに崔が其教を立てるに際し基督教を加味したらうと云ふ事を述べたが、其の最も著しいのは彼が特に天に対する祈禱をすゝめた事である。尤も基督教の如く熱烈なるものでない。けれど天帝を人格化する思想に基かなければかう云ふ考の起り得る筈はないのである。其外教祖の事蹟中に聖書にあるやうな奇蹟を取り入れてあるなども看逃し能はざる証拠である。

崔済愚の刑死するや、門人崔時《さいじ》亨《こう》なるもの其後を受けた。彼は済愚より後るゝこと三年、即ち一八二七年同じく慶州に生れた。彼は教祖処刑の後をうけ、教勢頓挫の中に種々の困難と戦つた。加之《しかのみならず》教祖の処刑に憤激し処刑〔ママ〕乱を起すものあり、又時に東学に名をかりて事を起さんとするものなどもありて、政府の圧迫は益々甚しきを加へ、為に彼の辛惨を嘗むることは実に名状す可らざるものがあつた。夫れでも彼は熱心に伝道した。其中には政府の手も弛む。斯くて一八八五年頃より又盛となつた。是れ矢張り国勢不振に悩む民心に入り易きと、鄭鑑録の迷信とに原因するものと思ふ。孰れにしても、東学は再び盛に流行する様になると、政府は亦再び疑の眼を差し向けて来る。斯くて又前よりも一層ひどい迫害が始つて来る。之より夫の東学党の乱が起るのである。

何処の国でも有り勝ちの事だが、朝鮮の官吏は名を東学の撲滅に藉りて非常な横暴を働いた。東学に対する圧迫だけでも民の怨嗟に値する。況んや之に藉口して体のいゝ掠奪をやるに於てをや(丁度徳川時代に仏寺が切利〔支〕丹邪宗門取締の権を与へられたので之を利用して人民を苛《いじ》めたのと異曲同工である)。そこで民心は大に険悪になつた。段々年を重ぬると共に大に危ない状態となつた。李太王は一旦懐柔政策を取つて破綻を未前〔然〕に防がんとしたけれども、下級の官吏は十分に其旨意を奉体し得なかつたので、更に緩和の効を奏しない。遂に不平の勃発が東学党の乱となつたのである。

東学党の名を以て乱を起した大将は全琫準《ぜんほうじゅん》である。地方の一豪農であるが、深く政府にふくむ所あり、東学の徒の力を利用して事を起したともいふが、又東学の人々から担がれたともいふ。孰れにしても東学の徒が彼を首将として革命戦を開始したといふ事だけは疑を容れない。但し東学の徒が革命乱を起したからとて、東学を政治的結社と観ては不可《いけな》い。又李朝に反対する徒党と観てもいけない。彼等は主としては宗教的団体である。唯彼等は其修養と其努力とに依つて最も開発したる団体となつた。従つて又現状に最も不満を感ずる団体となつたのである。革命と謀反とが彼等の本領ではない。彼等が最も開発したる階級たりしが故に卒先して革命的運動を始めたまでゞある。夫れ丈け彼等は偉いのである。之と同じ様な関係は今日の朝鮮独立思想と基督教徒との間にもあると思ふ。独立運動などの巣窟に基督教青年会がなるので、基督教が独立運動の後押しでもしてゐる様に考へ、甚しきは米国人などが青年会を利用して朝鮮人を日本に背かしめてゐるのだと誣《し》ひるものあるけれども、之は共に皆大なる誤りである。独立運動はいゝか悪いか、其判断は玆処でする限りでないが、兎に角之を敢てする程のものは偉い者に限る。どうして偉くなつたか。宗教の御蔭である。基督教は実に彼等の聡明を開いてやつた。聡明を開かれたるが故に独立運動などを始めるのだ。斯くして偶然に青年会や教会などが其運動の策源地となるは怪むに足らない。教会が直に必然的に独立運動の源泉なのではない。故に間島にて行はれた様に、教会を焼き払つたからとて独立運動は熄《や》む筈はないのである。独立運動は民智開発の結果である。民智の開発はもと之を抑へる事は出来ぬ。之を抑ふ可らずして而かも独立運動を阻止緩和せんとせば、最も根本的な所に立ち入つてもつと慎重な攻究を重ぬることが必要であると思ふ。

故に当時の乱は東学の徒がやつたのだけれども乱と東学とは何も必然の関係があるのではない。乱の起る原因は政府で多年作つて居る。東学と云はず西教といはず、誰でも不平を有つて居つたのである。偶々東学の徒は特別の聡明と特別の勇気とを有つて居つたが故に万民に代つて革命戦を開始したのである。東学の徒は特に斯う云ふ方面に活動する様な素質を有つて居つたとはいへる。けれども教そのもの、中に革命的分子が主として動いて居るのではないと考へる。されば東学の中にはまた斯かる実際運動に関係すべきでないと云ふ風に考へた人もあつた。現に教祖を継いだ第二世教主崔時亨は厳しく之に反対した。彼は純宗教的の考であつて、東学としては斯程の実際的運動に干渉すべからずと宣言した。少くとも這般の革命戦に東学の名を冠するに極力反対した。然れども他の一派は、東方の偉人来りて我々を救ふと云ふ鄭鑑録の迷信もある事とて、東学の名を唱ふるを便利としたのである。而して時勢が時勢だけに、天下は翕然《きゅうぜん》として全琫準に与《く》みし崔時亨の方は東学の本流だけれども萎靡として振はず最も困難を嘗めたのである。此時に方《あた》り彼と倶に具さに艱難を嘗め、彼を助け又彼を慰めたのは今度天道教の教主として独立運動の首魁を以て目せられ居る孫秉熙《そんへいき》である。

東学党の乱の事は今更詳しく説かなくてもよからう。全琫準の起つや集る者雲の如く、全羅道に於て最も猖獗を極めたが、政府軍到る処敗走して王都将に危からんとした。招討使洪啓薫《こうけいくん》策尽き書を上りて外国の援兵を借らんことを乞ふた。韓廷狼狽の極時の公使袁世凱に厚く贈賂して清兵の来援を求めたのである。李鴻章《りこうしょう》乃ち袁の請に任せて出兵する其際の清国政府の日本に送れる知照が韓国を属邦と称せるに憤慨して遂に日清の戦争となつたのだ。而して日本軍は忽ち清兵を邀撃《ようげき》し後朝鮮政府の請を容れて東学党をも掃定した。之より朝鮮政府は日本の援助により大に東学の徒を迫害し、其幹を切り其根を絶やさずんば已まざるの態度に出でた。之より約十年は東学の全然屏息した時代である。

〔『文化生活』一九二一年七月〕

小弱者の意気

――日本と朝鮮との交渉に関する研究の三――

崔時亨の死後其後を嗣いだものは孫秉熙《そんへいき》である。尤も孫の第三世たるは、海月先生が直接水雲先生より教首の地位を授けられたと同じ意味に於て後嗣たるものではないと云ふ説もある。崔時亨は其後を定めずして刑死し、孫は乃ち衆望に推されて首位に就いたとも云ひ、人に依りては自ら教首を僭称したのだとも云ふ。孰れにしても先般の万歳運動に依りて嶄然頭角を顕はしたる孫秉熙は斯くして一部の朝鮮人間に多年既に偉大な潜勢力を有つて居た事を知らねばならぬ。

併し孫の許に於て東学は甚だ振はなかつた。そは東学党の乱以来政府は之に対して極度の圧迫を加へ、而かも取締の手は政治的色彩を帯ぶるものと否との間に毫末の区別をも置かなかつたからである。政府のする這の取締りには日本も大に間接に助けたと云ふ説もある。要するに、恐るべき危険な陰謀団と認められたから、東学并に之に因める一切のものは、何れも非常に迫害されたことは事実だ。されば明治三十年頃は不振の極点に達し、東学の名すら呼ぶものが無くなつたと云ふ程の有様であつた。そこで孫も本国に居堪らず、遂に暫く天国に赴くと称して密かに日本に亡命し、李邦憲《りほうけん》の仮名の許に他日雄飛の機会を覗つて居たのである。

之から日露戦争までの間、東学に対する圧迫は時に依り多少厚薄の差はあれども、概して変らない。若し夫れ一般政界に至つては波瀾重畳、就中親日親露両党の反目抗争は最も猛烈を極め、為めに我国に来る亡命客の数もだん〳〵殖える。之等の政治的亡命客が直に我国朝野の政客と関係を結ぶは言ふを待たないが、孫の一派は同じ亡命客でも其性質が違ふ所から、余り日本の有志との交渉は無かつた。が、併し亡命の同胞を通じて間接にいろ〳〵の交通のあつたことは自然の数であらう。斯くして彼等のうちには、やがて又日本の勢力を利用して東学の再興を故国に図らんとする策士も出て来る。明治三十九年孫の久し振りで朝鮮に帰つたのはこの辺の事情に由るものであると謂はれて居る。

日露戦争は申すまでもなく朝鮮に於ける親露党の勢力をば根柢から覆へした。昨日までの亡命客は、今や故国に帰りて要処々々を占める事になつた。之に連れて孫の一派も亦故国に再挙を謀るに便宜を得べきの希望に燃えた。三十九年統監府の置かるゝと共に、孫秉熙も亦公然京城に帰りて伝道に従事することゝなつた。言ふまでもなく伊藤公との間に何等か意思の疏通があつたらしい。併し従前の行懸りで東学と云ふ名では面白くない、誤解も受け易いと云ふので、此時から名を天道教と改むることにした。蓋し天の道を説くといふ謂である。孫は即ち京城の天道教中央監部に納まつて頻りに教勢の振興に尽力したのである。

孫は其はじめ策尽き勢窮まりて暫く身を日本に隠したのだけれども、全然故国に於ける教徒を放擲したのではない。亡命中故国に於ける教務の若干は時々同志李容九《りようきゆう》を派して之を掌らしめた。而してこの李が日露戦争の時宋秉畯《そうへいしゆん》と結んで一進会を作るに及び、孫と彼との分離、従つてまた天道教の排日思想が始まるのである。

朝鮮の政界が一時露国の勢力の蹂躙する所たりし頃の、日本に亡命せる親日派の巨頭は宋秉畯である。彼は金《きん》玉均《ぎよくきん》・朴泳孝《ぼくえいこう》の後輩として彼等と共に日本の有志に識られ、従つて日露戦争の頃は我が廟堂の大臣と相往来して極めて重大なる役目を勤めたのである。実に日露戦役に際しての彼の功績には頗る感謝すべきものがある。其の中で予の本論文と関係ある一事は、彼が戦役人夫を引き受けた事である。昔し日清戦役の時には人夫を態々内地から伴つたが、日露〔戦〕役の時は人夫は一切戦地で募ると云ふ事に定めた。之には何人か朝鮮人中の有力な人物に頼む必要がある。宋秉畯は正に其人なのであつた。而して此目的を成就する為に宋の第一に結托したのは李容九である。

之等の関係を細叙する前に、吾人は当時の朝鮮の有力な先覚者の思想を分析して考へて見る必要がある。宋秉畯などは日本の勢力を利用して政敵の親露党を逐はんとせるの随一であらうが、段々日本の勢力の張るのを見て、露国党を挫《くじ》き露の桎梏より故国を解放せんが為には、先づ日本に助勢しておかうと云ふ考の強まりつゝあつたことは想像に難くない。恰もよし日本人亦戦争の遂行上大に朝鮮の力を藉らんとして居る。此処に密切なる結托が出現し来らざるを得ない訳である。斯くて宋の如きは殆んど日本の手足となつたと謂はれる程までに這の大勢に乗つて深入りした。彼が尹始炳《いんしへい》を語らつて一進会を作つたのは此の為めである。而して此際日本を利用すべし日本を援くべしといふのが朝鮮有識者の輿論であつたから、他にも宋と外形上の目的を同うする仲間の団体が出来た。孫秉熙が帰国に先ち李容九をして作らしめた進歩会の如きも亦是である。但し進歩会の組織に由りて何事を達成すべきかの動因に至つては、恐らく孫と李と同一ではなかつたであらう。孫は比較的に宗教じみて居つたのに反し、李は著しく政治的色彩を濃厚にして居たらしい。両者共に始めは其差別を意識しなかつたかも知れないが、兎に角斯うした差異のあることは忘れてはならぬ。而して李が本来著しく政治的であつたと云ふ事が、後遂に宋との提携を持ち来す縁因となるのである。

宋は何のために李と結んだか。日本軍を援助する目的を達する為には、有力なる東学の残党を包容するを要したからである。宋は如何にして李と結ぶを得たか。口善悪《くちさが》なき者は買収したのだなど丶云ふ。何れにしても宋の一進会は、明治三十七年六月李の進歩会を併合して一進会は更に其大を増した。日露戦争中より其後にかけて頻りに日本の為に尽したものとして、深く我々に其名を知られて居る。一進会は実に右の如き事情の下に出来たものである。

然るに三十九年に帰つた孫秉熙は、其後の一進会の行動は余りに日本の傀儡となるに過ぎたといふて大に憤慨し、遂に李容九を破門した。一つには一進会の純政治的結社と堕せるを不快とせるによるも、更に大なるその原因は、孫の愛国心は李等の所謂売国的行動を忍び得なかつた点に在る。孫は兎に角宗教家にして又愛国の熱誠に燃へて居る。目先きの利く片々たる政治的俗才ではない。大才は動《やや》もすれば小才に誤らる丶ものだ。先きには崔時亨全琫準に背かれしが、今また孫は李の為に困《くるし》めらる。趣は異れども、俗才の世を誤り人を悩ますは常に其揆を一にする。と云つて予は孫を以て非常な英才だと讃歎せんとするのでもない。

天道教を逐はれた李容九は其後別派を立てた。侍天教といふのが之である。宋との結托は勢益々深からざるを得ない。声は高くないが、売国の悪名を彼等に冠する孫派の論も亦可なりに強く響いて居る。夫につけても彼等は益々日本に倚るの外安全を期するの途はなくなる。斯くして其後の一進会の行動は、丸で日本の策士の薬籠中のものであつた。海牙《ハーグ》密使事件を縁とし一進会長李容九が会員百万の代表者として、大胆に日韓合併の急務を声明し、明治四十三年十二月には時の統監曾禰荒助を官邸に訪ふて一封の書を呈し、合併の希望を天聴に伝達せられんことを乞ひたるの事実は今尚吾人の耳目に新なる所である。

当時此の一進会の行動に対しては、故老少年の間に反対の声頗る高かつた。而して此間孫秉煕の一派の最も憤慨したるべきは想像に余りある。之より彼の、従つてまた天道教の排日的色彩は、極度に濃厚になる。之を好むと好まざるとに論なく、之れ丈けの史的背景は天道教を語るに先つて先づ心得て置く必要はあらう。

天道教の排日的素質に富むの事情は、之で分つたが、更に之が昨今朝鮮人民の間に非常に勢力を得つゝある理由を考へて見やう。大正五年予の京城に遊び、天道教中央監部を訪へる時は、其会員二十五万と称して居つた。然るに一昨年の万歳運動の際には、百五十万と報ぜられて居る。数字の精確は保証し得ないが、只非常な勢で増大しつゝある事だけは想像される。以前に遡れば其勢力は甚だ微々たるものであつた。其情熱なり意気なりには素晴らしいものがあるにしても、量的には大したもので無かつたのに、近年之が俄然として盛になつたのは如何云ふ訳かと云ふに、之は主として日韓合併の結果であらうと思はるゝ。

日韓合併は何故に天道教の勃興を促したか。それは鄭鑑録に現れて居る予言の適中からである。合併に依つて、亡国の予言は見事に適中した。然らば他の予言も適中せねばならぬ。就中東方の偉人来りて故国を再興すとの予言の如き、最も彼等の心を躍らす所のものである。而して天道教は即ち東に興りて宛《あたか》も此渇望を充さんが為に起つたものと見へたのである。斯くして天道教は俄に多数の民心を謂はゞ予期せずして捉ふることとなつた。民心の天道教〔へ〕の帰依は、取も直さず独立復興の確信の表徴である。それは迷信に基くにしろ、事実として兎も角も深き根ざしを示して居る。為政者は勿論、我々一般内地人も亦深く此点を顧慮する事が必要であらう。

之に関連しても一つ我々の看却してならぬ事は朝鮮民心に於ける国民的英雄の観念の誕生といふことである。朝鮮には朝鮮人の好んで誇示する通り成る程四千年の長い歴史がある。其間には幾多の偉人豪傑も現れた。併し之等の英雄は、其自身非凡の才物であつたと云ふに止り、其盛衰浮沈が全国民の利害休戚に直接の影響を及ぼすと云ふ意味に於ての英雄ではない。豊臣秀吉は偉い。併し彼の征韓事業の成敗は、当時の日本国民の幸福に直接の係はりがない。否、時に一将功成りて万骨枯るの愁声をさへ聞かぬでなかつた。之に反して今日の例へばロイド・ヂヨルヂの一挙一動やハーヂングの一進一退は、直に英米両国民の運命に係はるのである。国民は、かるが故に、之等の政治家の浮沈消長に無関心では居れない。此の意味に於て此二人は国民的英雄だ。朝鮮には外の古い国と同じ様に、従来国民的英雄といふものを有つて居なかつた。英雄は時々ある。併し国民とは何の係はりもない、従つて国民と共に浮沈消長の運命を共にするといふ種類の英雄ではなかつた。否こんな意味の英雄ありと云ふ事さへ知らなかつたと謂つていゝ。換言すれば、土台国民的英雄の観念を有つて居なかつたのである。然るに今度之が新に生れたのである。即ち孫等が万歳運動を起すや国民は即ち彼等を我々の為めに骨身を挫く者と見做し、彼の運命は即ち我々の運命だと考ふるべく余儀なくされた。斯くて玆に始めて国民的英雄なる観念は起る。是に於て善かれ悪かれ民心は自ら帰嚮する中心点を与へられ、従つて又鞏固なる民族的運動の発達する第一条件が完了せられる訳になる。之も亦我々としては大に注目するの価値ありと思ふのである。

孫は其実左程の人物でなかつたというて油断してはいけない。発達の初期に際し国民的結束も名ほどでもないとて馬鹿にしても不可ぬ。兎に角朝鮮人の心裡に国民的英雄の観念の生れた事は、朝鮮政治史の上に他日著大なる一時期を劃すべき出来事でなければならぬ。日本と朝鮮との関係を観察する者、殊に両者の関係につきての策を立つる者は、此辺の事情に特別深き内面的省察を加へなければならぬ。

〔『文化生活』一九二一年八月〕

朝鮮人の社会運動に就て

＊

大正八年の春朝鮮独立の暴動が鎮圧されて以来、朝鮮人の民衆的運動は種々局面の推移を示した。就中最近彼等のうちに無産階級解放運動がしつかりした底力を持つて擡頭しつゝあるは頗る注目すべき現象と云はねばならぬ。

政治的独立運動も全く屏息したのではない。朝鮮議会の要請といふ穏な所で満足しやうと云ふ連中の運動もある。内地の人々は朝鮮人の民衆運動とさへいへば徹頭徹尾政治的方面の要求に外ならぬと独りぎめに決めて居るが多い様だ。無産階級解放運動といふ点に目ざめて彼等も亦新に現代通有の国際精神に動かされつゝあるに注意を怠らば、飛んでもない過誤に陥るだらう。況んや彼等の間に起れるこの新しい運動は、今や諸外国の――同時にまた日本内地の――所謂無産階級より直接間接の支持と声援とを得んとしつゝあるに於てをや。之を好むと好まざるとに論なく、朝鮮問題に志ある者は深く這般の新機運に通ずる所なくてはなるまい。

＊

大正八年の万歳運動以後、その引き続きとも見るべき民衆運動は、時に依て其表現の形をこそ異にすれ、兎も角も熱心に続けられて今日に及んで居る。此種類に属すべきものに、現在のところ硬軟の二派を区別することが出来る。硬派の者は、多く海外に在りテロリズムの傾向を有する。国内に在る者は自然巧に韜晦して其運動外面に現はれない。が、孰れにしても相当の勢力を認めねばならぬと云はれて居る。之に対して軟派の方は何事も実力の涵養が先決の急務だとの信念からして、教育と産業との振興に主力を注ぐのである。従て運動も外面的に幾らか花々しい。聞く所によると、当局者側は、硬派の方はどう取締つて居るか知らぬが、軟派の運動をば非常に危険視し、金融圧迫の方策に由て彼等の志す教育及産業の振興を防止せんと企てゝ居るとやら。夫れかあらぬか朝鮮人間の経済的悲境は昨今実にヒドイもので、財源の涸渇は何事をも発展するに由なからしめて居る。斯んなわけで、政治的自由独立を最後の目標とする側の運動は、硬軟両派を通じて目今非常な進展を示して居るとは云はれない。

*

政治的要求の覚束なき貫徹に低迷して居る者の多い間に在て一部の朝鮮人間に、滔々たる世界思潮の刺激を受け無産階級解放の達成といふことに方向転換の必要を覚る者を生じたのは、最近の現象である。人或は曰ふ、朝鮮には資本主義が発達して居ないから現代的意義の階級意識のめざめは期し難いと。併し乍ら耕地の大部分が極めて少数の日鮮大地主に独占され、農民の経済上に蒙る抑圧の甚しきを思ふとき、我々は彼処にも無産階級運動の勃興すべき素地は十分ある様に思ふ。況んや昨今日本内地に続々入り込みつゝある朝鮮労働者は、日本に於ける無産階級運動を識らず〳〵本土に伝へずして已むべからざるに於てをや。孰れにしても昨今朝鮮人の間に此種の新しい運動の起りつゝあるは争ひ難い事実だ。この事実の発生を裏づけるべき沿革的乃至社会的の理由は、いづれ他日また詳論することゝして、僕は之より直に此種新運動の発展を概略語らうと思ふ。

*

先づ朝鮮内地に於ける無産階級運動発達の概要を見やう。之を述ぶるには大正九年より十年までを第一期とし、同十一年より以後を第二期とするを適当とする。

朝鮮に於ける無産階級運動の嚆矢は、大正九年の春京城に創立された朝鮮労働共済会だと謂てよからう。中央幹部の熱心は真に敬服に値するものあり、講演会に機関雑誌(現に二種あると云ふ)に頗る宣伝に力めて居る。されば其発展も侮り難きものあり、支部も各地に設けられ、会員総数今や二万六千を算すと声言して居る。但し一部少数の者を除いては階級意識も甚だ不鮮明で、且種々雑多の分子の混入してゐるの弊は免れないやうだ。其後同じく京城に小作人相助会なるものが生れた。一部野心家の御用機関だといふ評判がある。また労働大会と称する灰色の組合も出来た。高麗共産党とか漢城共産党とかいふ秘密結社も生れたといふことであるが、其の正体は十分に分らない。之等諸種の団体の簇生に関し、極東露西亜の実際的影響如何の問題は、極めて興味あり又大切な事柄であると思ふが、之は他日の評論に譲らう。

以上は大正十年末までの形勢である。

大正十一年に入るや、京城に於ける形勢は新人同盟会及び無産者同志会の二団体の設立に依て、俄然一変した。そはこの両者は共に共産主義的色彩を帯ぶるものたるのみならず、幹部は固より会員の多数また比較的に理義に明かな意気の熱烈な人々であつたからである。やがてこの二団体は合同した。是に於て可なり根柢のある無産階級運動は一歩一歩を踏みかためつゝ、漸次有為な青年の間に喰ひ入ることゝなつた。朝鮮青年の内部的要求は斯くして今や政治的自由よりもモット深いところに突進せんとして居るのである。

斯かる形勢一変の新にもたらせる最も著しき現象は、従来其自身統一的であつた各協力団体の内部に、思ひも寄らぬ平和攪乱の鉄槌をもたらしたことである。それは従来気の附かなかつた所に大なる問題の伏在することを暗示し、之に由て党内新に新旧二派の争を生ずることになつたからである。斯かる動揺を経験しつゝある有力団体に例へば朝鮮青年会聯合会がある。天道教や仏教等の団体も亦御多分にもれない。否同じ様な動揺は労働団体それ自身にも起つた。他の団体の事は暫く措く。今専ら労働団体に付て観るに、旧幹部中の裏切者や密に官憲と気脈を通ぜる者やは改革運動の為に放逐され、団体自身の階級闘争的色彩が頗る鮮明となつたことは最も注意すべき点であらう。此外その影響の下に、之と相前後して晋州・大邱・平壌・釜山・其他の重なる地方に有力なる労働団体の簇生せることも亦看逃してはならぬ。京城に於てはまた多数の職業別労働団体が作られ、地方に於ても小作人運動は昨秋以来盛に起つてゐる。此種の新運動に参加せる者総数実に四万を超へるといふが、機関紙『新生活』の気焔には中々盛なるものがある。今後更に大に拡張するだらうと思はるゝ。

*

翻て日本内地に於ける朝鮮労働者の状況は如何。先づ其の総数を挙ぐれば廿五万乃至卅万の間を上下し、南は九州一帯より北は北海道樺太沿岸にまでも散在して居る。従来とても毎日平均二百四五十名の移入者と約其半数の帰還者とがあつたが、昨年十二月十五日旅行証明制度の廃止の結果は、帰還者数は依然たるに来住者の数は激増して毎日の平均が八九百名に上つたと云ふ。こは勿論昨年来の農村疲斃《ひへい》の結果が労働者の出稼を余儀なくした為でもある。孰れにしても内地来住の昨今の趨勢はすさまじいものだ。(序に云ふが、大正十年度の統計によると、来住労働者数は、大阪府内だけでも、男・九三三五、女・三二六五で其中約四千人は工場労働者、他は概して土工と無定職者ださうだ。其後来住者は益々増加し、昨今は二万六千以上に達してゐると云ふ。而して工場労働者の総数は大正十年度とさして変らないと云ふから、激増した部分は全部土工と無定職者だと云つてゐゝ。是れ朝鮮労働者の供給常に市場に溢れて居る所以である。彼等の賃銀が工場労働者に在ても日本人たるそれよりも一日平均五十銭乃至七十銭方格安なるは、単に技術の未熟な為ばかりではないらしい。)

＊

何故に斯く多数の朝鮮労働者が日本内地に移入し来るのか。其の大体の原因は前にも述べたが、今参考の為に朝鮮人たる金鍾範《きんしょうはん》君の説を紹介しやう。君は今実に朝鮮労働運動の中堅人物である。

さて金君の挙げて居る理由は四つある。

第一、日本の対朝鮮政策の産物としての朝鮮農村の疲弊並に之れが結果たりし満州露領方面への移住の最近の不便

朝鮮に対する殖民政策の根底が資本的帝国主義たるは言ふをまたない。其結果農商工業のあらゆる権利は資本家の奪ひ去る所となり、土着農民は遂に祖先伝来の郷里をすて丶満州及び露領亜細亜方面へ放浪せねばならなかつた(最近十数年間に於ける此種の移出者実に百六十五万に上ると云はれて居る)。然るに政府は之に対して政治上また経済上何等の保護を与へざるのみならず、時に却て種々の迫害をさへ加へたのであつた。殊に夫の琿春事件あつてよりこの方、朝鮮労働者は危難の起るべきを恐れて専ら日本内地に来る様になつた。

第二、小作人の生活難

物価騰貴に伴ふ支出の激増と諸税金の加重とに反比例して、米価の低落甚しく、農家殊に小作人の生活は極度に窮まり、嫌でも応でも出稼せねばならぬ羽目に陥つて居る。

第三、東拓の移民政策と支那人労働者の移入とに由る朝鮮人の駆逐

東拓が日本人一戸を移住せしむること——そが予期の成功を収むると否とに拘らず——の必然の結果は、朝鮮人の十数戸の耕地喪失である。昨今激増しつ丶ある支那人の来住も亦朝鮮人の職業を奪ふこと夥しきものがある。

第四、日本当局の朝鮮人招致策

日本政府では、一つには内地産業に於ける生産費を安くする為め、又一つには由て以て日本労働運動の鋒先を鈍らす為め、寧ろ多数朝鮮労働者の来住をよろこび、否之を奨励せんとする傾さへ見へる。去年十二月十五日の旅行証明制度の廃止の如き慥にこの理由に基くものと思ふ。

以上の解釈の当否は姑く別論として、金君の様な有力な地位に在る人の言論である丈我々に取つては大に参考になるものがある。

*

日本内地に於ける朝鮮人労働者の状況につき最近最も看逃す可らざる現象は、「朝鮮労働同盟会」の創立である。

従来朝鮮労働者は、比較的に多数密集せる東京・名古屋・大阪等の都市に在ては、夫れ〴〵さゝやかな団体を結んでは居た。併しそは質に於ても量に於ても大したものではなかつた。而かも其間に確とした連絡もない。最も多数を抱擁する大阪に於ても、十二三の小団体が雑然として割拠し、「兄弟会」と称するもの丶外は、労働団体といふ名に応しい程のものではなかつた。若し夫れ之等団体と日本人労働団体との関係に至ては、寧ろ不祥なる衝突の頻出に悩まされて居た。現に九州に於ては国粋会の爪牙となつて純労働運動の妨害に利用されて居るものもあるといふことだ。

併し朝鮮労働運動も真に無産階級運動として覚醒すべくんば日本労働運動と徒らに感情的衝突を続くべきではない。が、夫よりも先決の急務なるは、彼等自身の大同団結である。而して此の事が実に前掲の「朝鮮労働同盟会」の結成に依て実現の緒に就いたのである。

先是《これにさきだち》東京在住の一部の朝鮮人有志は、朝鮮労働者の組合運動を起すの準備として各地に散在放浪する労働者の調査を行ふの必要を認め、「朝鮮人労働者状況調査会」なるものを組織した。之れ実に昨年夏の事である。昨年の信濃川鮮人虐殺事件に刺戟されて起つたことは言をまたない。斯くて東京方面では機運は漸次熟して居つた。十月に入り、月の中ば朝鮮内地の調査を了へての帰途大阪に立寄つた調査会の金鍾範君は、既成の団体に関係のない労働者諸氏と協議して一新労働組合の組織を企てた。之が偶々大合同の端緒となつたのである。右の企てには東京の調査会も六名の委員を特派して援助し、超えて十一月日本労働総同盟大阪聯合会も亦委員会の決議を以て朝鮮人労働運動を極力後援するを声明した。且事実組合組織の計劃に大に協力したのでもある。

其結果として昨年十二月一日に至り、所謂「〔大阪〕朝鮮労働同盟会」の創立大会は大阪九条市民殿に於て開催された。会場は僅に二百名を容る丶に過ぎなかつたので、二千名以上の朝鮮人は門外に立往生するの外はなかつた。日本総同盟側からも数名の応援を送つたことは注目するの価値がある。不幸にも会半ばにして傍聴席から妨害が起つた。議論紛糾して遂に臨監の九条署長の解散命令に接したのは甚だ遺憾の次第であつた。混雑の中から検束された者も日鮮人を通して数名ある。解散後一部の労働者は九条署に押し掛けて検束者の釈放を迫つたが、発起人等は同時に他の場所に会合し組合組織の協議を続行したのであつた。翌二日府知事は命令を発してその宣言綱領の発表を禁止したので、幹部は綱領を左の如き形に修正して六百の組合員に頒つた。

一、我等は我等の結束《〔団結〕》の威力に依り階級闘争の勝利を獲得し以て労働階級の生存権の確立を期す

一、我等は我等の膏血を搾取する資本制度を打破して「○○○《〔生産者〕》を以て本位とする○○○○○《〔新社会の建設〕》を期す」

右の綱領にも明である如くこの団体の左傾的特質は極めて明瞭である。而して大阪方面に於ける朝鮮人労働者の全部(又は大部分)が之に参加して居るのでないことは言ふまでもない。此外職業紹介と所謂鮮人の福祉とを主たる目的とする「大阪朝鮮人聯合会」なるものもある。之は前記同盟会の成立に刺撃され既成小団体の若干を合

同して出来たものであるといふ。斯くて目下大阪方面に在てはこの右傾的組合と、かの左傾的組合の対立を見て居るわけである。

兎に角右の朝鮮労働同盟会は、創立後日猶浅きにも拘らず、着々発展して今や最も有力なる団体として評さるゝのみならず、又多望なる前途を祝福されて居る。而して之がまた日本労働者と最も緊密に提携しつゝあるは頗る注目すべき現象であらう。無産階級解放といふ高処に手を握れることに老輩中或は之を一段の危険と観ずるものもあらうが、又一方には朝鮮の民衆運動が今や将に偏狭なる政治的独立の埒外に出でんとしつゝあるに甚深の意義を了解せねばなるまい。

猶昨年中東京に於て「朝鮮労働同盟会」とか「黒雲〔友〕会」とか云ふ団体の創立を見たが、未だ茲に論ずるに足る丈けの発展を示して居ない。

〔『中央公論』一九二三年五月〕

朝鮮人虐殺事件に就いて

鮮人暴動の流言の出所に就き、親交ある一朝鮮紳士よりこんな話を聞いた。横浜に居る鮮人労働者の一団が、震火災に追はれて逃げ惑ふや、東京へ行つたらどうかなるだらうと、段々やつて来た。更でも貧乏な彼等は、途中飢に迫られて心ならずも民家に行つて食物を掠奪し、自らまた多少の暴行も働いた。これが朝鮮人掠奪の噂さを生み、果ては横浜に火をつけて来たのだらう、などと尾鰭《おひれ》をつけて先きから先きへと広まる。かくして彼等の前途には警戒の網が布かれ、彼等は敢無《あえな》くも興奮せる民衆の殺す所となつた。飢餓に迫れる少数労働者の過失が瞬く間に諸方に広がつて、かくも多数の犠牲者を出だすに至つたのを見て、我々は茫然自失するの外はない。

この説は流言の出所が横浜方面にありとする当局の説明に符合する。暫く之を一面の真相を得たものとしても、併しこれ丈けの出来事が、あれ程の結果を生むだ唯一の原因とはどうも思へない。この外に又勢を助成する幾多の原因があつたものと見なければならない。然らばその原因は何かと云ふ事になるが、我々はまだこれを断定する充分の材料を持たない。併し責任ある××〔官憲〕が、この流言を伝播し且つ之を信ぜしむるに与つて力あつたことは疑ないやうだ。之等の点は追つて事実の明白になつた上で更に論評を試みたいと思ふ。兎に角民衆は、自警団などと称して鮮人虐殺を敢行したものと否とを問はず、×××〔警察官〕の云ふ事だから嘘ではあるまいと、少くとも一時鮮人の組織的暴行を信じた事は明白の事実だ。尤も昂奮の程度には処によつて多少異なるものはある。田舎では事情が分らぬだけ、東京の火は大部分鮮人の手に出たなどとの流言を信じ、復讐的に虐殺を行つたのもあるらしい。

東京市内では流石にそれ程ではなかつたが、教養なき階級が自警団なぞと飛び出してる方面では、可成り乱暴が働かれた様だ。何れにしてもかくして無辜の鮮人の災厄を被つたものの数は非常に多い。罪なくして無意義に殺さるゝ程不幸な事はない。今度の震火災で多くの財と多くの親しき者とを失つた気の毒な人は数限りもないが、併し気の毒な程度に於ては、民衆激情の犠牲になつた無辜鮮人の亡霊に及ぶものはあるまい。今度の災厄に於ける罹災民の筆頭に来る者は之等の鮮人でなければならない。

*

殺された鮮人の大部分が無辜の良民であつたと云ふ事は当局でも断言して居るが、流言の如き事実が全然鮮人の間になかつたかと云ふ事に就いては、久しく疑問とされて居つた。民衆の昂奮余りに軌を逸するを見るや、当局は頻りに慰撫の警告を発して、鮮人の多数は無害の良民なり、妄りに之に危害を加ふる事なからんことを諭した。併し乍ら一度び誤り信じた民衆の感情は、容易に納まるべくもない。当局の戒告に拘らず鮮人の暴行を説くものは今日尚頗る多いではないか。斯くして鮮人の我々の間に於ける雑居は、今日尚充分安全ではない。当局にして之を矯めやうとするならば、実はもつと〳〵民衆に向つて啓蒙的戒告に努むべきであつた。この点に於て我々は当局の態度の頗る冷淡であつた事を遺憾とする。単にそればかりではない。時々、鮮人と社会主義者とが通謀して恐るべき不敵の企てをなせるものあり、などの記事を新聞に発表せしめて、却て民衆の感情をそゝる様な事もあつた。兎に角事実は久しく曖昧糢糊の中に隠されてゐた。従つて我々も当局の態度に対して種々の疑を持つたのであるが、此頃に至つて段々事実の発表を見て少なからず疑を解く事が出来たのである。

日本人と鮮人との××〔陰謀〕に関する報道は今尚公表を禁じられて居るから、今は説かない。併し之を以て大袈裟な組織的陰謀と見るべからざる事だけは疑ないらしい。若しそれ震災に乗ぜる鮮人の突発的暴動に至つては、先月下旬の公表に数十名の夫れを算ふると雖も、大部分皆殺されて居るのだから、冷静な判断としてはどれ丈けの暴行をしたのか分らぬと云ふの外はない。よしあつたとした所が、あの位の火事泥は内地人にも多い。普通あゝ云ふ場合にあり勝ちの出来事で、特に朝鮮人が朝鮮人たるの故を以て日本人に加へた暴行と云ふ訳には行かない。況んや二三の鮮人が暴行したからとて凡ての朝鮮人が同じ様な暴行をすると断ずる訳には行かぬではないか。此際に於ける内地人の昂奮は余りに常軌を逸して居つた。泥棒が東に走つたから東へ行く奴は皆泥棒だと云ふやうな態度だつた。殊に鮮人の暴行に対する国民的復讐として、手当り次第、老若男女の区別なく、鮮人を鏖殺《おうさつ》するに至つては、世界の舞台に顔向けの出来ぬ程の大恥辱ではないか。

*

これも親交ある朝鮮の紳士から聞いた話だ。彼は突如旅寓を襲はれて二名の×官〔警〕、十四名の青年団員に衛られて、某××〔警察〕署の演武場に抛り込まれた。捕つたのは三人、後手に縛り上げられる時一人は奮慨の余りに反抗しさうに見えたが、此際何事も命のまゝにするが得策と宥めて、おとなしく引かれて行つた。××〔警察〕に行つたら×〔署〕長と対談して事の仔細を明かにし得るだらうと期待したのに、演武場へ抛り込まれたまゝ廿日の間一言も弁明の機会は与へられず、又××〔警察〕側の説明にも接しない。一日、何故の検束かを尋ねやうと試みたが、これに酬いられたのは手厳しい××〔鉄拳〕の雨であつた。それから先き色々の目に遭つたが、結局同行の二人は所謂行衛不明のリストに入つて最早此世の人ではないらしい。自分の斯うして生き残つたのが不思議な位だ。そして出て見ると、乱暴だと思つたのは、下級の××〔警察〕官ばかりでなく、平素その親切を頼みとして居つた純朴な一般内地人が、故なく我々同胞を滅多切りに切り捲つたといふ。あの親切な純朴な日本人が一朝昂奮すると斯の惨虐を敢てすると知つては、どうして我々は一刻も安心してこの地に留まることが出来やう。内地の諸君は済まなかつたと云つて呉れる。民情も鎮つた、これからは心配はないと慰めても呉れる。けれども我々のかくして日本内地に留まるのは、恰も噴火山上に一刻の苟安《こうあん》を偸《ぬす》むやうな思ひがする。戦々兢々夜の目も合はぬとは此事だ。

右は決して誇張の言ではない。下層鮮人の内地に流入し来るは、元より余り好ましい事ではなかつたが、併し内地在留に極度の不安を感じて、学生などがぞく〳〵支那に転学するといふ如き現象は、我々の深き反省に値する事ではないか。かう云ふ不安に襲はるゝ朝鮮人も気の毒だが、彼等をしてかくまで恐怖を感ぜしむる我々日本人が、実に大いに反省する所なくてはならない。

*

鮮人虐殺事件に就き差当り善後策として、何よりも先きに講ぜねばならぬのは、犠牲者に対する救恤乃至賠償であらう。若し之が外国人であつたら喧しい外交問題が惹き起されて居る筈だ。朝鮮は日本の版図だからと云つて不問に附することを得べき問題ではない。尤も殺された者の多数は労働者などであるから、氏名も判らず、遺族の明かならぬも多からう。かういふものに対しては、救恤賠償に代へるに、将来一般朝鮮人の利益幸福に資すべき設備の提供を以てするがいゝかとも思ふ。要するに、僕は此際鮮人虐殺に対する内地人の、謂はゞ国民的悔恨若しくは謝意を表するが為めに、何等かの具体的方策を講ずるの必要を認むるものである。而して特に之を主張するは、只に日鮮融和の政略上よりするのではなく、寧ろ之を以て大国民としての我々の当然なる道徳的義務と信ずるからである。

*

更に進んで、我々は我々自らの態度を深く反省して見るの必要を感ずる。我々は平素朝鮮人を弟分だといふ、お互に相助けて東洋の文化開発の為めに尽さうではないかといふ。然るに一朝の流言に惑ふて、無害の弟分に浴せるに暴虐なる民族的憎悪を以てするは、言語道断の一大恥辱ではないか。併し乍ら顧ればこれ皆在来の教育の罪だ。此所にも考察を要する問題が沢山あるが、これらは他日の論究にゆづり、只一言これを機会に、今後啓蒙的教育運動が民間に盛行せられん事を希望しておく。

*

最後にもう一つ考へて置きたい事は、仮令《たとえ》下級官憲の裏書があつたとは云へ、何故にかく国民が流言を盲信し且つ昂奮したかと云ふ点である。多数の奉公人を使ふ一家の主人が、或る一人を非常に虐待したとする。虐待されても格別反抗もしないので、平素は意に止めなかつたが、その中図らず放火するものがあつて、家が全《ま》る焼けになつたとする。此時誰云ふとなく火を放《つ》けたのはその男だと云ふものがあると、人々が悉く成程と信ずるに相違ない。それは平素は意に留めなかつたが、彼は平素虐待されて居る所から、必ずや主人を恨んで居つた筈だと、各々の心が頷《うなず》くからである。これと同じ様に、鮮人暴行の流言が伝つて、国民が直にこれを信じたに就いては、朝鮮統治の失敗、之に伴ふ鮮人の不満と云ふやうなことが一種の潜在的確信となつて、国民心裡の何所《どこ》かに地歩を占めて居つたのではなからうか。果して然らば、今度の事件に刺戟されて、我々はまた朝鮮統治といふ根本問題に就いても考へさせられる事になる。

朝鮮から来て居る僕の友人は、鮮人同士の今回の災厄によつて被れる窮迫を救はんとして、檄を本国の父兄に発して義捐金を募つた。やがて集つた若干額を東京に送らうといふ時になつて、銀行は送金を拒んだ。官憲の干渉があつた為めだと云ふ。官憲は何の為めに救恤資金の転送を阻止したか。揣摩《しま》するもの曰く、この金の或は不逞の暴挙に利用せらるゝなからんかを恐れたからだと。何所まで事実かは知らないが、食ふや食はずの罹災者の救助資金にまで文句を云はねばならぬ程煩はしき警戒を必要とするなら、何所に我々は朝鮮統治の成績を語る面目があるか。爆弾を懐いて噴火口上を渡るやうなのが、属領統治の本分では断じてない。

〔『中央公論』一九二三年一一月〕

朝鮮の問題

此頃の問題で吾人の最も憂慮に堪えぬものは、支那紛乱の前途でもない、日米関係の険悪でもない、将《は》た東京市政の紊乱でもない。近き将来の危惧さるゝ陰惨なる朝鮮の空模様である。少しく朝鮮の実情に通ずる者、果して今日の状勢に甘じて晏如たることを得るか。

＊

私は沢山の友達を朝鮮の官界に有つて居る。彼等の多くは内地に帰る度毎に私共を訪ねて呉れる。そして其の告ぐる所は殆んど一致して居る。曰く朝鮮の物情は案外に静平だ。曰く朝鮮人の大多数には今の所日本の統治に不平をのべたり反抗したりするの気概はないと。果ては朝鮮を見もせず東京辺で在留学生達の空論に聴いて勝手な対朝鮮意見をきめられては困るなどゝ忠告めいたことをさへ云はれる。

之等の友人のうちには、赴任前私共から朝鮮に関する意見を徴し、向ふに往つたら行掛りや偏見やを脱して本当に朝鮮の為に竭《つく》さうと熱烈なる道念を担うて起つた者も少くはない。然るに向ふに落ち付いて一年も立つと、大抵皆一種の型に自分の頭脳を鋳かためてしまう。本人は意識しないかも知れぬが又それが本当の見識の積りで居るのかも知れぬが、私共の観る所では、朝鮮の官吏には一種特有の型のあることを疑ふことが出来ぬ。

尤も役人をやめてから又は内地の他の役に転じてから前の意見を翻えす人もないではない。矢ツ張り局外に立て見ると君達の見解が正しいやうだと大人《おとな》しく折れて来るのである。併し之は極めて稀な例外だ。孰れにしても朝鮮の問題が朝鮮の役人に依てのみ解決さるゝといふことに、国民は今や一種の不安を感じてゐる。

*

そんなら朝鮮今日の状態は如何といふに、詳しく述ぶる迄もなく、毎日の新聞を注意して居れば一ト通はわかる。就中私共の見逃してならぬ事は、本年度に於ける異常の凶作である。凶作だの豊作だのといふことは日本でもよくある。そこで朝鮮の凶作の事も、内地でも時々あることの様な程度のものに考へてしまう嫌はあるが、事実そんなものではない。実をいふと平年に於てすら一般の鮮人は日本の凶作以上の苦痛を嘗めて居たのだ。それが本年度の様な凶作となると、本当に喰ふに一物もないといふ窮境に陥るのである。本年中はまだいゝとして、年もあけ二月三月と日を重ねたら何となる。統治の政略上からは無論だが、隣りの親類の死活にかかはる人道問題として亦吾人の大に奮発を要する所ではあるまいか。

若し夫れ凶作に脅さるゝ極度の不景気の結果内地留学の学生の廃学帰郷せるの事実、従て所謂智識階級の人士が為す事もなく各地に散在せるの事実や、米国方面に於ける一部青年の活動開始の事実やを併せ考ふる時、今や朝鮮の問題は事極めて重大である。而して之に備ふる最善の途は断じて師団増設の挙に非ることも、心ある読者の諒とせらるゝ所であらう。

*

朝鮮人の衣食の為には日本政府としてこれ迄随分力を尽してゐる筈だ。遣つた金も莫大の額に上るだらう。夫にも拘らず朝鮮人の生活は年々歳々苦痛を増して行くのは如何《どう》いふ訳か。役人は押しなべて此事実を否定する。そんな筈はないと云ふ。而も事実は争へない。一昨年より昨年が苦しく、昨年より今年が更に辛い。彼等の現実の生活が斯く年と共にドン底に馳けて行くの事実は、我々国民の最も深き研究を遂げねばならぬ所ではあるまいか。

＊

私の友人に朝鮮の某会社に勤むる者がある。彼の云ふ所に依ると、重役は一年の四分三を東京で暮し妻子眷属をも東京に置き乍ら、莫大の俸給の外毎月何千といふ出張手当を取て居る。又或る重役は、昔官吏であつた頃は清廉の令名があつたが、此会社に天降つて数年、罷めて内地に帰る時は数十万の私財を持ち去つたといふ。もう一人の友達は曰ふ、会社員ならまだいゝ、大した位置の高くない役人の某氏は頻りに内地に金を送て地面を買て居る、又或る人は可なり巨額の金を株に換へたと。

私が斯んな例を列挙するのは、会社員なり官吏なりが不正の富を作つたといふ点に粛正の叫びを高うせうと云ふのではない。朝鮮生民の為に将た朝鮮産業の開発のために向けられた金の如何に大きな部分が、色々の形に於て朝鮮から奪はれ内地に掠め取らるゝかの一例を示して、読者の警戒を促さんが為に外ならぬ。東拓の資金が北海道の地面を担保として政党員に貸出されたとか、又は総督府の機密費が選挙費用に濫用されたとかの噂は、何《ど》れ丈信用していゝか分らぬが、之等の金が直接の使途が何であれ兎に角朝鮮で使はれ朝鮮といふ軀《からだ》の血管に注射されて居つたなら、朝鮮は決して今日の様な営養不良の状態には陥らなかつたらう。

＊

我々は色々の意味に於て朝鮮に対して悔まねばならぬ。

〔『中央公論』一九二四年一一月「巻頭言」〕

朝鮮の農民

朝鮮に二十年も居つて農業を経営してゐる友人の手紙の中にこんなものがある。

「朝鮮の農民は年々貧乏になりまさるのみです。

「総督府では朝鮮全道にわたり一郡村も洩さず金融組合と申す高利貸機関を設けてくれました。之はもともと農業資金を与へて貧困なる農民を救済するといふ趣旨のものでせうが金利は驚くべし抵当貸付に在て日歩四銭五厘、延滞利子五銭八厘、また信用貸付に在ては五銭八厘、延滞日歩六銭五厘といふ高率です。金を借りるには一口拾円以上の出資をして組合員にならねばなりませんから、本当の貧乏人は実の所絶対に寄り附けません。貸付金額は普通五十円乃至二百円程度ですが、抵当貸付には一人信用貸付には二人の連帯保証人がいります。猶借りるときに色々の名義で若干の手数料も取られます。さて愈弁済期が来ますと組合の役員は田舎に出掛けて居催促をやります。返せる見込は無論ありません。そこで田畑は勿論のこと、家屋から耕牛まで取り上げられます。組合の役員は自分の成績さへあがればいゝので、組合員が困らうが困るまいが頓着がありません。組合の決算期に近づくといつも私共の眼に映ずる事一から十まで不快でないものはありません。

「地方庁の技術員即ち農業技手は田舎を巡廻して盛に金肥の奨励をして居ります。農民には固より之を買入るゝ丈の資金がありませんが、技手等は商人と結托して肥料の前貸をさせます。そして殆んど強制的に之を使用せしめてゐます。肥料代金には月に三分の利子を徴するのが普通ですが、之が秋の収穫期になると有無を云はせず取られます。農民に残る所極めて少いことは御話の外です。

「斯んな風で朝鮮農民はとても浮ぶ瀬がありません。彼等が年と共に貧困に陥るのは単に彼等の無智なるが為ばかりではありません。内地の人々にも能くこの事を考へて頂きたいと思ひます。

〔『文化の基礎』一九二五年九月〕

朝鮮農民の生活

二十年あまり朝鮮に土着して農業を営んで居る友人から受取つた最近の音信の一節に次の様な文字がある。

朝鮮はたしかに年と共によくなつて来て居ります。昨今の各種産業の発達は素晴らしいものです。特に蚕業の進歩が著しく目につきます。この分で進めば百万石の産繭も遠いことではないでせう。之に伴つてまた製糸会社も出来はじめました。工賃が安いから、朝鮮での製糸業が有望なことは云ふまでもありません。併しこの産業の発達の結果は、富める者を益々富ましむるに役立ちますが、一般の貧乏人には恩恵はちつとも廻りません。否却つて物価の騰貴の為に前よりも困ることがなからうかと思はれます。当節朝鮮の田舎では、人夫一日の賃銀は、男は最高壱円より最低五十銭まで、女は三十銭より二十銭までです。之れで彼等は自ら食ひ係累を養ひ又衣類をも作らねばなりません。働いても働いても追ツ付かないのです。而も彼等は何の不平もなく黙々として働いて居ります。一所に働いて居て私は、日本人たることの幸福をつく〴〵感謝すると共に、彼等の為にまた一掬《いつきく》の涙なきを得ません。

朝鮮人の幸福の為の企業家は居ないものでせうか。産業発達を朝鮮人の幸福の為に専ら貢献せしむるやうな方策は立て得ないものでせうか。……

之を読んで私は、朝鮮の産業問題の前途が二重の難関に直面して居ることを、今更ながら痛感せざるを得ない。朝鮮農民にまだ階級的の目醒めが来ないからとて安心してはいけない。遠からずして起るべき労働問題は、更に険悪なる民族問題の介入に依て一層尖鋭にさるることはなからうか。朝鮮は内地人の利権をあさる所としてのみ経営すべきものではあるまい。

〔『中央公論』一九二六年一二月「小題雑感」のうち〕

朝鮮の牛馬鶏犬

朝鮮で二十年足らず農業に従事してゐる一友人からの手紙に、斯んなことが書いてある。

……私の長い間の経験に依ると、朝鮮では犬や鶏や馬牛まで内地産のものと心理状態が違つてゐる様です。例へば内地の馬は、放ておいてもやがて必ず主人の側に来り又飼主の家に帰りますが、朝鮮の馬は、放つたら最後、主人を見捨て家にも帰らず、二日でも三日でも野山に遊び暮します。この点は牛も犬も鶏も皆同じ事です。殊に犬などは至つて意気地がなく、碌に喧嘩もしませんが、又甚だ忠実でもありません。概して頗る物質的です……

朝鮮産の家畜だけがさうなのか、内地産のものでも朝鮮に置けばさうなるのか。その辺までは書いてないが、私の想像に依ると、十分に飼糧をやらないからではあるまいか。若しさうだとすれば、之はまた一面に於て、朝鮮の農家が如何に疲弊を極めて居るかを物語るものでなくて何であらう。農民の疲弊が家畜の性質をまで変へたとすれば、朝鮮の統治を預つて居る日本としては、もつと慎切に考ふる所がなくてはなるまい。

猶ほこの手紙の末段に、昨今米価の低落に伴《つ》れて、人夫の賃銀も終日働いて男は五十銭、女は二十銭まで下つたと書いてある。之で一家族の生活を支へねばならぬのでは、成る程家畜に物を食べさす余裕のないのは怪むに足らない。それでも大多数の農民は不平もいはず一生懸命に働いて居るといふ。それだけ我々日本人は彼等に対して一層大なる責任を感ずべき筈ではないか。

〔『婦人公論』一九二七年二月〕

中国論　三

山東問題

講和会議に於ける山東問題の地位

先般来我々が非常に心配して居りました巴里講和会議に於ける山東問題も、我日本の要求が貫徹して首尾好く我国の有利に解決したと云ふことで、諸君と共に同慶に存ずる次第であります。此の解決を見るに至りまする迄の間、我国の国論は、御承知の如く非常に沸騰して、上は帝国の知名の士より、下は有《う》象《ぞう》無《む》象《ぞう》に至る迄、種々の議論があり、中には名論卓説もあるが又名論卓説でないのもありました様であります。兎も角此の問題の解決を見る迄の間、色々の人々が色々の議論を闘はして漸く今日解決したのであるから、最早これを論ずるの必要がない様ですけれども、併しながら私は此の問題に対する最近の紛々たる議論の中には、大に敬服する所の議論もありましたけれども又敬服することの出来ない議論もありました、又多くの場合に於て、議論の善悪は兎も角として甚だ遺憾とするものが多い様であります。而して我国の将来には、更に色々の、人種問題とか外交上の困難なる問題があるのであるから、此等の事を適当に考へて諸君と共に健全なる外交的輿論を喚起する為には、参考として山東問題の経過についても研究するの必要があらうかと思ひます。私が山東問題の議論や経過の中に遺憾とする一の著しい点は、山東問題を巴里の講和会議に於て如何なる形に於て之を要求したかと云ふことであります。未だ詳細の報告に接して居ないから、その経過については委しい事は分りませんが、而も国論の中には、山東問題をどう取扱はねばならぬ〔か〕と云ふことを外にして、この問題につき日本の個別的立場を主張するに急でありまして、此の問題は今日の講和会議に於ける世界的問題の中に於て如何なる地位を占めて居るかといふことを考慮する点が薄いと思ふのであります。此点を明白にしてかゝらねばならぬと思ふ。一体此の問題はドウいふ問題であるか、講和会議全体の中にドウいふ地位を占めて居るかといふ事を明かにし、それを根拠として主張するのでなくては、巴里の講和会議に於て我々の言ひ分はうまく通らない。巴里に行つて少しも通用せぬ不換紙幣を出しては何の役にも立たぬ。何処へ行ても通用する議論をする、即ち広き根柢に立つて堂々と主張するといふやうに外交問題を取扱ふの必要があります。

日本の不用意

尤も斯く云へばとて、日本の立場が正しくないと云ふのではありませぬ。山東問題が日本の主張通り解決せられたのは当然の事であると思ひまするが、同じ当然の事でも、モ少し言ひ様がある、主張のしやうがあらう。矢張り外交上の事は、常に己を知ると共に敵を知ると云ふ用意がなくてはならぬ。己を知つても敵を知らない時には失敗するのが通例であります。今日迄日本の外交も敵を知らずして往々失敗に帰したことがあります。即ち敵を知らずに、出来ない相談を持掛けて、失敗した例は尠《すくな》くない。一例を申しますると、四五年前に、日本は日独戦争の後、青島《チンタオ》の税関問題と云ふことを持ち出したことがあります。青島の税関は支那の税関であるが、日本の領土否《いな》元の独逸の領分――領分と云ふと語弊がありますが――兎に角独逸の管轄区域内に支那の税関を設けると云ふのであります。そこで独逸と支那との約束で支那の税関ではあるが独逸人のみを使ふことゝした。之れに倣《なら》つて日本でも大連の支那税関には全部日本人を使ふといふ支那との約束が出来た。そこで日独戦争の結果、独逸の山東に於ける利権を全部継承した日本は、青島の税関にも全部日本人を使ふことになつた。元来支那の税関は、御承知の通り悉く支那の官吏でありまするけれども、実際に於ては所謂国際管理の形でありまして、上には英国人のアグレン氏、元はロバート・ハート氏が之を経営して、支那の役人ではあるが、然しながら之は列国共同管理の下に置かれて居るのであります。夫れで英人も居れば独逸人も居る、仏蘭西人も居れば、露西亜人も居ると云ふ風でありまするが、その中で青島と大連との税関は此一般的原則に対する唯二つの例外であります。即ち大連は日本人のみを以てし、青島は独逸人のみを以て之に当てると云ふのでありました。然るに今度独逸の権利全部を日本が継承したのであるから、青島にも皆日本人の役人を入れると云ふことになつたのであります。そこで日本はその人選をチヤンと一人極めにして何某を税関長に、何某を何々にと云ふ風にチヤンと取極めて支那政府に申込んだが、それは見事に失敗した。若し初めから支那の税関制度を研究して置いたなれば、かゝる不体裁はなかつた筈である。前述の如く支那の税関はロバート・ハートが支那の命令を受けてチヤンと規則を作つた。その規則には支那の税関に人を採用する場合には、一番下から傭つて中途半端な途中からは決して傭はない。そして年齢は二十三歳と定めてある。例へば高等官なら八等から順次に上げて行く、六等五等四等と云ふ様な階級のは断じて採らない。尤も日本人には例外がありまして、大学を卒業するにも日本では年限が永いから、日本人に対しては年齢の制限を緩めて居りまするけれども、高等官三四等といふ様な上の方の階級から採つたことはない。否採れないことにチヤンと決めてある。そして支那語を学び且英語で自由に用の達せる様にして本当に支那の事情に通暁することが出来ないものは、採らない規則であります。尤も支那に十年も廿年も領事をして居たとか、或は十年も二十年も学校教師をして居て支那語も達者であるといふやうなものに対しては例外がありまするが、タトヒ日本に於てどんな役人をして居ても、又税関の事務に如何に明るくても、藪から棒に勅任官に採つて呉れと云つても、それは断じて採れない。それを勅任官系から選んだものを採つて呉れと申し出でたので、支那政府では之を承認せず、アグレン総税務司を始め其他の外国人もナカ〳〵聴かない。是は出来ない相談を何処迄も突張つて向ふの処置に業を煮やしたゞけである。どんな山を掘つても蛤は出て来るものではない。これで立派に此の問題は出来ない相談として失敗に了つた。この問題は一体かう云ふものであると云ふ事を知らずに、只今申しまする通り、敵を知らずして鉄砲を放つたのだから夫れは必ず空砲に終るより仕方がありませぬ。内地に於てどんなに騒いで見ても駄目であります。山東問題は斯の如き出来ない相談ではないが、此の山東問題の世界的背景が、今日の講和会議に於て議論せられて居る所の世界的問題の中に於て、これはドウいふ問題であるかと云ふことを、チヤンと了解して掛らなければならない。向ふの腹を了解して、その上で日本の立場は斯く〳〵であるから、此要求は通して呉れろと云ふ様にやれば、甚だ通りが好い。所が我が帝国講和委員には此点の用意が或は欠けて居ないかと思はれるのであります。巴里の事は遠いから分らないが、而も日本内地に於きまして、此の問題を論ずる時に、論ずる者の多くは、世界的背景を見て居ない者が多い様であります。斯う云ふ点を明確にして、外交問題を論ずる時に、常に注意を払はなければならぬ。巴里に持つて行つても通る、米国に行つても通る、倫敦《ロンドン》に行つても通ると云ふ様に、世界的に通る普遍的の外交上の提言をなしたいと思ふのであります。

山東問題の来歴

山東問題の来歴は、最近の事実でもありまするし、新聞でもようく書いて居ることでありますから、特にくど〳〵しく説明をする要はないのであります。然れども唯順序として一言申添へて置きたいのであります。要するに此の問題の発端は、大正三四年の日独戦争の結果として、山東省に於ける独逸の持つて居つた所の権利を、全部日本が承継したのでありますが、之れには膠州《こうしゆう》湾の租借権もありまするし、鉄道の敷設権もあり、鉱山の採掘権など尚その外にも色々のものがありまするが、独逸の有つて居りますものを、日本が一旦占領するけれども、此の権利が日本の物となるにはドウしてなるかと云ひますと、将来の講和会議に於て、此の問題の解決を告げる、講和会議に於て独逸と日本との間に協定が出来て、それを改めて支那が承認する、茲に初めて日本の権利が確定して日本の所有となるのであります。併し日本では此の順序を顚倒して、独逸との協定は尚遠い将来の事でありまするから、先づ他日独逸との協定を見たならば……と云ふ条件で、支那の承諾を求めたのであります。之れは御承知の通り大正四年の日支交渉に依り、他の南満問題、蒙古問題、漢冶萍《かんやひょう》問題、或は南支那の鉄道に関する問題——之は不調に終りましたが——兎に角色々の問題と共に、大正四年五月に悉皆解決を見ましたので、そこで山東省に於ける日本の権利と云ふものは、将来独逸の承認を得たならば、即ち支那の承認の下に確定して日本のものとなる次第である。斯ういふ風に此問題は既定の事実となつてしまつたのである。この既定の事実に対して支那は今度どういふ立場を執つたかと云ふと、支那では大正四年の日支交渉に於て一旦承諾を与へたから既定の事実にはなつて居るが、併し大正六年に支那も亦欧洲戦争に参加することになつたので、此の戦争参加と云ふことの結果として、詰り日本に取ては既定の事実であつたものを紛更しやうと云ふのである。チヤンと出来上つたものを、戦争参加といふキツかけで紊《みだ》さうと云ふのが、支那の要求であります。この点について支那の言分に道理のないことは言を俟たない所でありますが、支那が戦争に参加した結果として、新に何等かの利益を得べきものであるとしましたならば、支那が戦争に参加したがために新たなる状態が生れ、その新なる状態に基き支那が利権を要求すべきものであるならば、これは日本に喰つてかゝるべきことでなくして、聯合国に喰つて掛らなければならぬ事である。これは全くお門違ひであります。即ち個別的に一局部的に主張する問題でない、一般的に言はなければなりません。そして戦争に参加したが故にこれ〳〵の条件を承認せられたいといふのならば、講和会議で英国、仏国、米国の全体に申込むべきで、各聯合国に於て戦争に参加したが故に其報償としてこれだけ遣るといふことに定まり、其結果日本が何等かの犠牲を払はなければならぬといふのでありまするなれば、日本に対しては先づさういふ順序で要求するなら、それは至当である。然るに講和会議に於て、行く処まで行かなくて、独り日本に突つかゝつて来たといふことは、外交として大に支那が不味《まず》い処である。大に不味いばかりでない、支那の戦争参加を勧めたものは日本である。主として日本が勧めて戦争に参加せしめたのであるから、支那の戦争参加といふことについて日本は大に責任を重んじなければならぬ。それで支那の戦争参加といふことに対して日本に道徳的の義務があるといふのならば、これも正しい主張であります。私も耳を傾ける必要があると思ひます。左様に道徳的義務の関係から何等かの権利の譲歩を日本に求むるのならば、今巴里でやつて居る様な乱暴な方法でなく、モ少し道徳的の方法でやらなければならぬ。此点は支那の外交の誤りで、其誤りは大に日本に取つて幸福であつたかも知れませぬ。今仮に私が支那人でありましたならば、これは甚だ遺憾とすべき点であります。

誤れる支那の論拠

支那外交委員が、巴里に於て支那の参戦につれ山東問題を斯う処分して呉れろと持出した論拠といふものは、大体に於て二つあるが、之も間違つて居る。一の論拠は、支那が戦争に参加したことになれば、独逸と支那とは交戦国になるから、前に結んで居る条約は総て無効となり、条約に基きて独逸が有して居る権利は、条約が無効となつたと共に、なくなつてしまつたから、山東省に於ても、独逸の権利が自然支那に還る筈である。故に日本などの仲介者を待たずに直接に取るといふのである。それが間違ひである。又今日の国際法の上から見ても、戦争になれば総ての条約が消滅するといふのは間違である。モ一つは、一体日本と支那との間に結ばれた条約といふものは、総て日本の圧迫の結果であるから無効だといふのでありますが、これも正当の権限を有するものが取極めた条約を無効とする理窟は、少しも立たない。兎に角支那のこの態度は、夫婦喧嘩の裁判を他人の処に持つて行つた様なもので、是程馬鹿気たことはない。此点も支那外交の過誤である。然しながら、此点について只支那外交の拙劣なることを罵倒して満足するほど、まだ我々はそれだけの稚気がない。が、斯の如くなるまでに支那が我々に対して反感を抱いたといふことについては、彼等の遣方の不味いといふことのみを罵倒するよりも、何処迄も我々に反対し、我々に抗争する反感を持つといふことについては、我々も大に反省する必要のあることを、諸君に痛切に感じて頂きたいのです。巴里に於て目下排日の先鋒になつて居るのは顧維鈞《こいきん》、王正廷《おうせいてい》で、彼等は親米派だからといつて盛に罵倒して居るが、唯相手を罵倒したゞけではいけない。私は個人としては顧維鈞君、王正廷君の事は多少知つて居りまして、支那人の中では最も人格の高いものとして平素尊敬して居るものでありますが、政治問題については、元来が政治家でない、宗教家であるだけに、政治上の遣方については幾多の失敗を重ねて居る様ですが、人物としては尊敬すべきものであらうと思ひます。兎に角相当の人物があゝいふ風の態度を取るといふことについては、罵倒するもよいが、反省もしなければならぬ。

英仏米の態度

そこで日支の関係を改善するに於て、茲に新たなる方法を取るの必要があるかと思ひます。殊に彼等の今日の如き態度に出づるを見て、我々が何等反省することなく「あんな風なことを言つて居るがアレは何者か後から煽り立てるものがあるのである、米国か英国かゞ突《つゝ》くのだらう」といふ風に考へて居るものがある。斯の如きは事実の真相を見るものでない。世間には得て想像を逞うして背後から突つくとか何とか考へたがる人があるけれども、昔は豊臣秀吉が朝鮮征伐をすれば之れが国民的運動となり、一個人の意思で国が動いたものであるが、今日ではナカ〳〵一個人の精神で国が思ふ様に動くものではない。ウヰルソン氏にしても、前の独逸皇帝にしても、国民を斯う向け様、ア丶向け様としても、国民はさういふ様に自由にはならぬ。政治家の陰謀といふ者があるが、政治が黒幕の陰謀で動き、世界の外交が陰謀で動くといふのは、之は封建時代の外交で、今日の外交はそんなものではありませぬ。今日巴里に行つて、ウヰルソン氏の如きも、表は公明正大でも陰謀によつて著々成功して居る、日本も少しく陰謀をやればよいになどと、報告するものがあるなれば、それは今日の国民を甚だ愚にしたものであります。若し陰謀によつて日本が欺かる丶様なれば、それは先方が悧巧で自分丈が馬鹿なのである。私共はさういふ古い外交の報告に耳を傾くべきでない。陰謀などはどんなに上手でも直分る、大体に於て五年か十年は長い方で、短いものは二三日は分らなくても、一週間位経てば直分つて来ます。それが分らないのは間抜けである。陰謀が物になるといふ余地がある様では駄目である。然るに之を英国が突ついたとか、或は米国が突ついたとかいふのは、外交に失敗した人が自分の立場を弁護する口実には頗る善いが、決して之を外交の真相と信ずる所ではない。今申した様な次第で、支那の申分といふものは、支那にとつて残念ながら一つも言分が通らないで、日本の言分の通るのは寧ろ当然の事であります。併し巴里の講和会議でこの問題が議題に上ると、英国や仏国は矢張日本の立場を援けたけれども決して明白ではない。矢張り曖昧である。いくらかボンヤリして居るといふことは、新聞紙上で諸君の明白に認めらる丶処でありませう。米国の立場はドウかといへば之は丸で反対である。日本に反対の立場を取つて居る。米国の方では日本の主張通り、独逸の権利を日本が継承するといふことには賛成しない。これを一旦国際聯盟で引受けた上で、日本が山東省に於ける利権を得ること丶なし、之れを国際聯盟案中の問題にしようといふのが、米国の主張である。何故かういふことをいふかといふと、或は米国は支那を援けて日本を抑へる積りで、初めから日本に敵対したのである、或は顧維鈞、王正廷にかういふ議論を起させたのも其結果であると見る人もあるが、私は之に賛成しない。王正廷、顧維鈞の立場からいつても、左様な根拠のない事柄で動かう筈がない。又徒らに国際会議でウヰルソン氏が日本の邪魔をするといふ筈もない。之はマア最も善意の解釈ではあるが、又他の一面から見ると、これは我々に取つて如何にも不利益であるが、米国が日本の意に反して、そして一旦独逸の権利を巴里会議で引継がうといふ説を執るに至つたといふことについては、之は米国の立場を十分に了解する必要がある。のみならず今日の講和会議を中心として動く処の世界の形勢を見る上に於て、之を正当に了解することを国民に訴へたい。

戦争の実質変化

此点から見て米国の主張は其処に相当の理由がある。その相当の理由といふのは何かといひますと、今日巴里の講和会議を中心として動いて居る処の世界の形勢といふものは、日本は〔が〕独逸の権利を継承し而して支那の承認を得ました時の大正三四年から五年、あの時と今日とは世界の形勢が全く変つて居る。ドウ変つて居るかといふと今度の戦争は始め個別主義であつたものが、其後共同主義に変つて来た。個別主義と共同主義といふのは何かといふと、前には皆んな我々が共同して独逸と戦争して居るのでありますが、理論の上から言ひますと、開戦当初の戦争は、一の戦争ではない、日独戦争、英独戦争、仏独戦争、伊独戦争といふ風に色々の戦争が偶然に打《ぶ》つかり合つたのである。所が今日は敵と味方の両団体に分れて相対峙して居る処の分離すべからざる一つの戦争となつたのであります。即ち前も今も形は同じでありますが、実質が相違して来ました。例へば我々が五人なり十人なり聯合して何々ホテルに何々会といふ名称でやつて行く。そして色々に飲食しても、勘定は幹事が居つて万事世話を焼くといふ風であつて見れば、ホテル対我々はたゞ一つの関係である。ホテルはたゞ一つのお客として取扱へばよいのである。所がこの同じ人々が同じ様にホテルに飯でも喰ひに行かうかといつて、同じ物を喰つて同じ物を飲んでも、自分銘々に註文をし、個々別々に勘定するといふ風では、決して一の関係ではない。たゞ偶然時を同うし場所を同うして同一のテーブルを囲んだといふに過ぎない。ホテルから見れば個々別々のお客さんである。こんどの戦争も初めは単独不講和条約といふものを結んで居りまして、これによつて聯結されて居るが、然しながら、これは個々別々の戦争である。何故なれば単独不講和条約といふものを結んだといふことが、即ち個々の戦争であるといふことを証明して居る。個々の戦争なるが故に、個々別々に講和するのは不利益であるから、講和の際には一緒にやつて利益を図らうといふのが、単独不講和条約である。この部分的に結んだ条約により、個別的の戦争が今日まで続いたとすれば、今度の講和といふものは、一緒に独逸と講和を結ぶにしても、日独関係は日本と独逸との問題であるから、独逸の権利を日本が継承するには、独逸と商議すればよい、又伊太利のフユーメの問題はこれも単独に伊太利が継承してよい。何もウヰルソン氏が彼此と干渉することはいらない。然るに今日はさういふ訳には行かない。戦争の精神に大変の相違が出来た。茲一両年の間に、包括的共同主義に変つた。此の戦争は吾々全体の戦争である。最早日本と独逸とのみの戦争ではない。全体の戦争であるといふ風に考が変つた。此考が変つたことは、毎日の新聞で連続して御覧の諸君は、改めて古新聞を取り出す迄もなく、一寸眼を閉ぶつて考へて御覧になると、能く分ることであります。戦争の目的と云ふものは、此の三四年間に非常に普遍化した。されば、英国は斯ういふ目的、仏蘭西は斯う、日本は斯う〳〵いふ目的と云ふ様な個々のものではなくなつた。戦争目的に関して、世界の人が普遍的に独逸と共同の目的のために戦争をしてゐると云ふ考へを持つやうになつた。そしてこの普遍的戦争と云ふ事は、米国の戦争参加に依つて尚一層濃厚になつたのであります。尤もさう云ふ風に戦争の目的が普遍化して、戦争に関する考へが一つの主義原則の形になつて、初めは利害の衝突の為めに戦つたのが、今日では主義の為めに戦ふと云ふことになつた。即ち世界に正義を樹てる為とか、或はデモクラシーの為めとか、小国民の権利の為めとか、その精神は総ての国民の為めに、主義の形によつて戦争の始末をしやうと云ふ精神に変つた。

二大思潮の反影

斯の如く変ると云ふことは、一見不思議の様であるが、実は偶然のことではない。而も歴史上に動かすべからざる根柢を有して居る。十九世紀百年間の歴史の上に根柢がある。今日此等の点を申し上げる遑《いとま》はありま〔せ〕んが、只一言申し上げますれば、十九世紀の文明と云ふものは、一面に於て人と人との関係を法則的道義的のものにしようとしたのであつた。その立場は今後更に更に努力奮闘によりて完成すべきものでありまするが、十九世紀の文明は、人と人との関係を余程法則的道義的にしたものである。所が不幸にして国と国との関係は、道義も法則もなかつた、有つても甚だ微弱でありました。国と国との関係と、個人と個人との関係とは、其本質が異《ちが》ふ。従つて個人の間に道徳ありといふことは出来るが、国と国との間には道徳なしと云ふ議論が行はれて居つた。然しながら、十九世紀の文明はかういふ考へで安心する訳には行かない。その点に大なる煩悶がある。個人の生活にしても、自分の子供を教育するに際して、兄弟は仲好くせよ、兄は弟をいたはり、姉は妹を親切にせよと教ふるけれども、隣の坊ちやんは殴つてもかまはない、二軒目のお嬢さんは泣かしても可い、良い物があれば欺して取つて来ても可いと云ふのでは、家庭に於ける道徳の講義が何にもならない。斯ういふ事態であつたならば、道徳的精神に非常な煩悶がなければならぬ。国内に於て仲好くせよ、国内に於ては嘘をついてはいかぬ、けれども支那に行つては支那人を欺して金儲けをしてもよい、西比利《シベリア》に行つては露西亜人を打き毆《たた》つて金を儲けて来い、これは国家の為である、と云ふ風に教ふるのでは、吾々の道徳的精神は満足しない。この道徳的不満足と云ふことは、段々鋭敏になつて行くものです。吾々日本人同志は、今日嘘を言はず互に道徳を重んじなければならぬといふ法律を作り相互の関係を律する様になつて居る。封建時代には、泥棒や詐欺を厳重に罰する規則があつても、隣の藩に行つてしまへば人を殺したり泥棒をしてもお構ひなしである。処が世の進むに連れてこれではいかぬ。自分の藩だけ好ければ他の藩はどうでもよいと云ふのでは道徳的精神が満足しない。之れが段々に発達して広くなり、日本全体となつたのであるが、尚世界にこの精神を押し広めなければならぬ時代になつた。然し不幸にして吾々日本人は、さう云ふ点に於いては国際的精神といふもの、大いに発達すべき所の物質的要素を残念ながら欠いて居る。欧羅巴の先生方になると、一には基督教国である為め、又一つには独逸人と仏国人との結婚も盛に行はれるし、英国人と仏蘭西人或は米人と云ふ様に、実質的に外人間の関係は複雑なるが為に、独逸人は英国に行つて詐欺をすると云ふて黙つて居らぬ。さう云ふ事からして、最近段々に国際的精神の勃興を見るに至りましたが、然し今日国際競争の激しい境遇に於ては、残念ながら正義公道のみを云つても居られない。動もすれば宋襄の仁になつてしまふ。さりとて外国に行つて勝手な事をして、自分の利益許りを図るに於ては、そこに非常の苦痛がある、非常な煩悶がある。その煩悶の極が今度の戦争になつたのである。是れ十九世紀の文明は破産せりと云はるゝ所以である。従来の国際関係と云ふものは、個人の関係と異り、道義もなく法則もなく、腕力の関係であつた。その結果今度の戦争になつたのでありませう。然し此の四年間の戦争によりて、欧米の人間が非常に深刻な経験を積んだ。サテ今度世界を如何に改造する? といふことになれば、従来の煩悶を基礎に、従来の苦痛の多い状態から脱して、これからの世界は武力の支配より道義的法則の支配に変へなければならぬといふことになるのであります。之は一朝一夕に完成せらるべき問題ではないが、兎に角かういふ世界的の輿論が勃興するといふのは、十九世紀百年間の歴史による当然の結論である。支那に於て南北妥協といふ問題がありますがアノ南北妥協問題について、絶えず問題となるのは、事実問題の解決を先にするか、法律問題の解決を先にするかといふことであります。ソコで南方側或は支那全体の輿論は、法律問題を先にせよといふのであります。この法律問題を先にせよといふ支那に於ける一つの国民的輿論も、亦世界全体の思潮の影響に外ならない。事実問題を先にせよといふのは、ドウいふ訳かといふに、是は支那には唐継尭《とうけいぎよう》とか陳樹藩《ちんじゆはん》とか倪嗣冲《げいしちゆう》とか諸々の督軍連が群雄割拠して居るので、互に利害の衝突がある。その割拠的勢力の調節は将来の和平に大に関係のあることであるから、先づ力の調節を図らふといふのである。それは丁度今度の戦争でも、その結末は利害の調節でつけやうといふのと同じである。が、利害の調節は、結局満足に出来るものではない。必ずや紛糾を伴ふものである。そこで個々の利害は眼中に置かないで、何事も道徳の支配下に持つて行かう、といふ方針で行けば巧く治まる筈である。かういふ風に考へ様といふのが法律問題を先にしようといふ論拠である。事実問題を先にするとか、法律問題を先にするとか、いふのが支那南北妥協の二つの重要なる点である。之は畢竟するに、国際関係を武力の支配下に放任するか、或は道義の支配下に新に世界を改造するかといふ、世界の二大思潮の反映が、偶《たまたま》支那に現れたのであります。さういふ事からして、戦後の利害関係を如何にするかを論ずるよりは、少くとも戦後の世界を如何に改造するかといふ問題が、巴里会議に於て一つの底の流れとなつて居る。風のまに〳〵漂つて居る表面には、色々の波があるが、底を流れて居る思潮は始めから一つであつて之に外ならないのであります。斯様に戦争の目的が普遍化して、道徳的抽象的原則によつて戦争の始末をしようといふ考へは、十九世紀百年間の当然の結論であります。之は戦争最後の二三年間に、最も実際にこの思想の流れを我々は見ることが出来たのであります。これは講和といふことの起らないのみか、実にこの思潮は、戦争の済まぬ間から起つて、終にこの考へは或意味に於ては、今度の戦争の終結を告げしめたと見ることが出来るのであります。

戦争と二の新思想

ドウいふ訳で斯の如くに申上げますかといふなれば、今度の戦争の始まつたのは、矢張従来の戦争と同じく、利害の衝突に外ならない。表面上は色々と公明正大に戦争の原因を掲げて居るが、事実に於ては皆利害の衝突である。然らば戦争の結末は亦利害の調節によつてドコかに帰著せねばならぬ。利害の衝突は常に力争となり、其結果負けた奴は結局閉口してそれで勝負がきまる。そこで今度の戦争も、結局ど〔そ〕うなるだらうと一般に想はれて居た。独逸が負けるか、或は英仏の敗戦によつて戦争の終結を見るか。即ち何れかが勝つか負けるかして結末のつくものと思つて居た。然るに此見解は段々に変つて来た。一般に敗けたものが屈伏して戦争が終ると考へて居たのでありますが、戦争の進むに伴れて、茲に一つの新しい考へが起つたのであります。即ち今迄のやうに他の一方が他の一方を屈伏せしめて戦争を終るといふのは、本当の戦争の終り方ぢやない。何となれば、負けたものは力が足らない為で、心から先方に道理があるといふので負たのではなく、残念ながら力尽き精根が尽きて負けたのである、真から先方に屈服したのでないから、必ずや臥薪嘗胆捲土重来、又復戦争をするといふこと丶なり、恨みを他日に貽《のこ》すことになる。恨みを他日に貽すといふならば、是は世界の平和から見て根本的の解決ではない、そこで今迄の様な解決の方法を採る訳にはゆかない、此戦争を力業の戦争に終らしめず——力業で勝負を決すると云ふのでなしに、ボンヤリと国際関係を新なる道義的原則主義に依つて始末しやうといふ風に考へて来た。斯うしないと、永久平和の保障が成立たないといふ考へが、欧米の人々の間に起つたのであります。かういふ思想が起つたといふことを、私は何によつて証明するかと申しますと、是は米国が未だ戦争に参加しない以前に、大統領ウヰルソンが最後の仲裁として仲に入つた時に「勝利なき平和」といふことを云ひ出しました所が、欧米人中之に共鳴するものが甚だ多かつたといふ事に依つて証明するのである。併し是は既に幾多の生霊を犠牲とし、幾多の財産を抛ちて最後の勝利を得べく惨憺たる苦心をして居るものに対して、勝敗なしに戦争を止めてしまへといふのでありますから、此突飛なる提言は、実際的政治家をして一も二もなく反対せしめ、ウヰルソンも已むなく引込んでしまつたのであります。然るに民間には段々此主張に共鳴する者が出て来り、勝利なき平和に依て根本的に戦争の解決を告げやうと云ふやうに考へて来た。戦争は勝つ為にやつて居るものであるが、それを勝負なしで道義を以て戦争を止めやうといふのである。而もウヰルソン氏が此「勝利なき平和」といふことを聯合国及び敵国へ申出た時には、其時の世界の人心が或意味に於て此語によつて代表されて居つたと見てよいのであります。即ち民間には、従来の国際関係の規則では仕方がない、それに満足することが出来ないといふことを表明して居つたのであります。但し此時には「勝利なき平和」を十分に認むるといふ迄には行かなかつた。何故なれば、此勝利なき平和には具体的原則が伴はなかつたからであります。それでウヰルソンも泣き寝入りになつた所へ、幸か不幸か露西亜に革命が起り、其結果として具体的法則が出来ました。それは何かといふと非併合主義、無賠償主義、民族自決主義である。斯う云ふ主義が露西亜の革命と共に激烈に唱へられた。此事に就ては多少長い説明を要するのでありますが、今日は之を略しまして、兎に角露西亜に於て、斯の如き説が生れ、且頑強に唱へられたといふことに依つて、従来は卓上の空論、二三社会主義者の議論として実際に勢力のなかつた議論が、実際の勢力ある議論となつたのであります。

嘘から出た真実

総て政治上の事は如何に立派な論でも、全体の輿論として国民的基礎の上に真実の勢力がないと、具体的問題とはならない。而して実際の勢力は、長い年月の間に幾多の努力奮闘が加はり、其結果初めて具体的勢力となるべきものであります。所が偶然の幸として、露西亜の革命の結果、初めて此議論が世界的輿論として確定したのである。英仏は、最後の勝利といふ目標を掲げて戦つて居る真最中に、露西亜の革命党は、此議論を非常に頑強に主張したのであります。そこで英国や仏国の方では之に賛成する訳にも行かず、又反対する訳にも行かず、頗るヒヨンな立場になつたが、さりとて露西亜に逃げられては尚更不利であるから、寧ろ有耶無耶《うやむや》に、表面之に賛成して、内々は露西亜を自家薬籠中のものたらしめんとしたのである。併し時日の経過は遂に之を真の賛成と化せしめたのであります。此点は嘘から出た真である。独逸に於ても、此三大主義が喜ばれたのは当然でありますが、敵味方共今度の戦争は、先づ大体に於て其辺で終らしむるのが恰度好からうといふことに、多数の意見が纏り、之が実際勢力のある議論となつて、初めて具体的案が「勝利なき平和」に結び付けられたのである。曩《さき》に此提言をして、そんな馬鹿なことが出来るものかと一蹴されて引込んだウヰルソンも、この三大主義の発現により て、早速之を土台に昨年一月夫《か》の十四箇条の講和条件といふものを発表した。此の十四箇条の講和条件なるものは、正式には何の国も賛意を表して居るのではないが、唯大体其辺で今度の戦争の結末をつけやうといふことに、略々世界の輿論が決つた。其間には多少の説もあつたやうですが、大体に於て今度の戦争の始末のしかたといふものは、此輪廓の外に出でないといふことに世界の大勢が定つた。さう云ふ所からして、漸次に其影響が独逸にも及び、そこで独逸の方でも此主義の平和論が非常に強くなつたやうである。それは独逸がだん〳〵旗色が悪くなつたからであらうと、我々もさう云ふ風に考へて居ましたが、最近色々の材料に依つて見ると、全く負け出したからではないやうであります。何れにしても、今度の戦争の結末を見る以前に、此戦争に一つの原則——世界全体の原則——を立てるといふことによりて戦争の始末をなし、且又従来の国際関係の建て直しをやらうといふ大勢が見えて来たので、玆に個々別々の個別主義から、漸次包括的協同主義になつて来たのであります。

協同主義と国際聯盟

偖《さ》て世界の大勢が包括的協同主義の原則に大体賛成である、それがよいと云ふことになつても、亦それに種々厄介な問題が生じて来るのは当然である。例へば近頃流行の小会社の合併といふことにつきましても、小会社の合併といふことは大体に於て利益であるが、小会社は小会社だけに、大会社は大会社だけに、夫々利害立場を異にして居りますから、合併談の成立するまでには、却々《なかなか》容易の骨折ではない。然しそこに苦心の結果、或妥協点を見出しまして漸く合併成立の運びに至るのでありますが、尚其の間際になつても、色々の駄々を捏《こね》るものが出て来るのは、誠に已むを得ないことであります。今度の戦争も、包括的協同主義といふことに大勢は定つて居ながらも、尚之に色々反対するものがあり、不当の要求を逞うするもの丶あることは免れ得ないことであります。従つて今日の講和会議に於ては、ウヰルソンの十四箇条の講和条件を徹底的に持つて行かうといふものもあれば、又伊太利のやうにフユーメ問題につき頑強なる要求を提出するといふものもある、之は我々の承服し能はざる所でありまして、斯の如きは従前の個別的考へで外交をやるものであります。大勢が斯うだといふならば、各其考へでなくてはならぬ。ウヰルソンの如き断乎として此立場を動かないで突進しやうといふのである。即ち此戦争は、聯合国全体と敵国全体との単一な戦争であるから、従つて今度の戦争の結果として獲得した所の権利は、一旦国際聯盟の方に引受くべきものであるといふ議論の出て来るのは当然である。敢て日本の問題に就てのみ反対するなどいふは、米国の立場を真実に解釈するものではない。ウヰルソンの立場も、斯の如き世界の形勢の変化から推定して、初めて一応の理由があります。然もそれだけの立場を我々は承認した上で、国際聯盟を成立させやうといふのである。此形勢の変化をも顧みないで、唯無茶苦茶に利己的立場にのみ執著して、種々の要求を逞うするは誤りである。之では世界に其理論が通用しないと思ふ。斯様な世界の形勢の変化といふものは、条約で定めたものでないから、別に之に拘束される必要がないやうなものでありますが、既に国際聯盟を作るといふ前提に足を踏込んだ以上、個別主義を拋棄して協同主義に入つたのであるに相違はありません。

新聯盟と個別的条約

左れば過去の個別主義時代に我々が締結した条約に、絶対的拘束力を有せしめ、其条約を絶対に守るべきと主張することは出来まいと思ひます。無論斯う云ふ条約は総て無効だといふのではない。協同主義、包括主義に抵触する範囲内に於て、古い条約は新しい条約の陰に隠れてしまうといふ議論を正しいと思ふのであります。此点に於て伊太利のフユーメに対する問題に就ては、私は伊太利に何等の同情がない。尤も此山東問題に就て、日本の立場を主張するに方り、一寸考へると、伊太利の立場に同情した方が或意味に於て日本の立場を主張する所以になるやうに思ふが、是は問題が初めから異《ちが》ふ。伊太利の態度に賛成することによつて、日本の山東問題が旨く主張することが出来るといふならば、それは大なる誤りであります。私は此点に於て、事実の真相を確めもしないで、軽卒な議論をする一部外交論者に対して、大に異見を有するのであります。

フユーメ問題といふのは一体どんな問題かと云ひますれば、之を一言にして尽くせば、例へば支那共和国を二分して、満洲及び蒙古に独立を与へるといふ問題があると仮定しますと、旅順、大連はどうしても満蒙にやらぬとするか、或は満蒙が独立する以上は旅順、大連をやらねばならぬ、さもなくば満洲及び蒙古は外部と交通することが出来なくなり非常の窮境に陥ることになるが、之を如何《いか》に処分するかの問題と同じである。今伊太利がフユーメを取つて仕舞つては南スラヴ人は何処へも出口がなくなる。伊太利にして南スラヴ人の立場を認むる以上、フユーメは南スラヴに譲るが当然である。伊太利はフユーメがなくても立つて行くが、南スラヴはフユーメがなくては立ち行かない。前の条約はどういふことになつてゐやうとも、今日の包括的全体的立場から考へたなれば、是は伊太利が譲らなければならぬ。伊太利のフユーメに対すると、日本の山東省に対するとは、全然性質が異ふ。山東省は所謂既定の権利に属するものでありまして、若しもフユーメを以て山東問題と関連せしめやうとするならば夫は誤りである。

山東問題と埃及

若し欧羅巴方面に於て日本の山東問題と結付けて論じやうと云ふならば、フユーメなどを対手にしないでも、モツト良いものが外にある。それは埃及《エジプト》である。日本の山東問題に対してグズ〳〵いふなれば、埃及はどうであるかと云ふがよい。埃及は今日の所、英国のものになつてゐるが、従来は名義上何処迄も土耳其《トルコ》のものである。それを土耳其が戦争に参加したので、英国が併合を宣言して完全に取つてしまつたのであります。だから埃及が従来土耳其のものであつたといふことは天下何人も異論のない所で、之を完全に取つたといふものゝ、取りも直さず之は今度の戦争の戦利品であるから、皆一緒に国際聯盟の許に持つて行かうといふのならば、山東省に於ける既定の利権と共に之をも国際聯盟に持出すがよい。即ちフユーメなどにくつゝけずに、埃及にくつゝけるがよい。然も日本の外務省は之をどう云ふ風に扱つたか。夫は知らないが、一体何かの問題を持つて行く時には、欧洲の真中で世界全体に最も響のよい主張、世界全体の最も共鳴する大経綸を背景にしなければならぬ。夫につい
ては何も云はないで、私の方は斯うして呉れ斯うして貰ひたいと、唯だ憐れみを乞ふ様な外交は頗る不味い。よしんば日本の立場を主張するにしても、日本の山東は斯うだと云ふ様なことは云はないで総て原則の形で持つて行く。先づ一切の戦利品を皆国際聯盟に帰せしめるといふ法則を立てやうといふならば、其法則を立てるのに賛成してよい。一旦講和条約に於て一切の戦利品を議するといふことに賛成して、偖改めて「其中にも種々異つたものがある、例へば日本の山東省の如き第一に利害関係が単純である、他の占領地とは其性質が異ふ、他の占領地には種々の利害関係が輻輳して居るが、山東省に於ては日本のみの利害関係で他の利害関係は極めて尠い、夫からモ一つは山東問題といふものは既に関係して居る国と国との間に於て異議なく解決された既定の事実である、是は他の占領地と同等に見る訳にはゆかない、然し此山東省と同じ立場にあるものに埃及があるが、斯くの如きものは特別の地位にあるのであるから、如何なる原則によつて解決すべきか」と日本は、嘆願するのではなく主張によつて原則を立てゝ貰ひたいと世界的に出て行けばよいのであります。日本委員がさう云ふ風に主張したかどうか、公報も来ないから分らないが、新聞紙の報道によれば、山東省は租借地であるから他の領土とは異ふといふ様な主張であるらしい。然し租借地なるが故に他の領土と異ふといふのでは問題にならない。理屈にならぬことを主張するよりも、チヤンと当然の理窟になることを主張して、斯の如く世界の利害関係の原則を定めやうと、堂々と持つて行くことにしなかつたのは遺憾である。尤も埃及と山東省は、非常に似て居るけれども、一つ異ふ所がある。それは埃及は敵国のもので山東省は我々と事を共にして居る所の友邦のものである。従つて埃及

の主権は土耳古に還さなくてもよいが、山東省の方はさうは行かない。ソレ以外の利権に就ては、埃及と山東省は其性質を同うする。そこで山東省と埃及とを引くるめて、原則の形で日本の立場を主張すべきが当然であると思ふのであります。

外交問題と国論

ソレは兎も角、今日の肝要なる場合に於て、外交問題に関する多くの議論といふものを見まするに、さう云ふ広い方面に著眼された議論が頗る乏しいのは甚だ遺憾であります。今度の巴里会議は、世界改造の大会議である。此秋《とき》に方つて、我日本委員は世界改造の大経綸に就て何等か発言する所があつたでせうか。不幸にして我委員は、之まで世界を支配すべき所の大経綸に関する発言は、一つもして居ない。又発言したとしましても、今日世界に通用する一番高い見地から持つてゆきましたでせうか。翻つて国内に於てはどうでありますか。今日外交を論ずるもの、多くは低い所の外交的見解を以て国論を統一せんとし、徒らに過激の言辞を弄して一般の議論に調子を合せて居るが、私は此点に就て甚だ遺憾と思ふのであります。山東問題に就て、講和問題に就て、或は講演会を開き或は演説会を開いて、そして有象無象が名論、卓説、国論の統一に努めるといふ。夫はよいが、低い間違つた所に国論を引きつけていつては何もならない。併し他の一面に於て、私がさう云ふ説に反対しますと、貴様は異分子じや、ソンナ勝手なことを云つては国民全体と調子がとれないじやないかと喰つてかゝるものがありますが、低い所に国民全体の調子を取つた所で、夫は真の国民外交ぢやない。それでは世界の市場に通用しない。モツト高い所に国民全体の調子を取つてこそ、始めて巴里へも響くといふものである。今日苟くも外交を論じ、民心の統一を期せんとする者は、宜しく地平線上に立つて、明かに世界の大勢を達観し得る見地の許に、広く世界に通用する国論を纏め、大勢に順応すべく民心の統一を図つて貰ひたいものであります。

〔『大阪毎日新聞』一九一九年五月二〇日―二六日〕

北京学生団の行動を漫罵する勿れ

去月四日、北京大学を始め高等諸学校の学生団が、巴里に於ける山東問題の失敗に激し、売国の罪を数えて、曹汝霖《そうじょりん》君の私邸を焚き章宗祥《しょうそうしょう》君に重傷を負はしたと云ふ一大珍事は、他処《よそ》事ながら吾人の太《はなは》だ遺憾とする所である。

但だ彼等が曹章諸君の罪を鳴らすの傍、山東の直接収回を叫び、延《ひ》いて排日の声を高むるの故を以て、我国の新聞などの頻に之等学生諸君の行動を漫罵する者あるに至ては、吾輩不幸にして之に与《く》みすることが出来ぬ。

吾人は決して彼等の行動を許す可らざるの暴挙でないとは云はない。併し乍ら吾人は彼等の行動を評するに方つて、次の二点に誤つては不可《まず》いと思ふ。一は曹章一派の青年政客を親日派と観ることである。二は学生に依つて代表せらるゝ中華民衆の排日を目して日本国民其者に対する不抜の反感と為すことである。

曹章諸君は成程従来親日派として知られて来た。併し彼等の所謂親日的行動は、どれだけ日本国民の真の要求を充たしたか。彼等が我が官僚軍閥乃至財閥の親友であつたことは疑ないが、更に日本国其者の友人であつたかどうかは尚ほ攻究の余地はあらう。若し夫れ中華民衆一般の排日に至ては、官僚軍閥乃至財閥に依て代表せらるゝ日本に対する反感に過ぎずして、之が為に如何に多数の国民が迷惑したかは、吾人が多年内に在て彼等の対支政策を事毎に攻撃批難し来つたことに観ても明であらう。隣邦の一般民衆は、恐く我国に「侵略の日本」と「平和の日本」とあることを知るまい。若し知つたら彼等は直に排日の声を潜むる筈である。

故に支那に於ける排日の不祥事を根絶するの策は、曹章諸君の親日派を援助して民間の不平を圧迫する事ではない。我々自ら軍閥財閥の対支政策を拘制して、日本国民の真の平和的要求を隣邦の友人に明白にする事である。之が為に吾人は多年我が愛する日本を官僚軍閥の手より解放せんと努力して来た。北京に於ける学生団の運動は亦此点に於て全然吾人と其志向目標を同じうするものではないか。

願くは我等をして速に這の解放運動に成功せしめよ。又隣邦民衆の同じ運動の成功をも切に祈る所あらしめよ。官僚軍閥の手より解放されて始めて茲に両国間の鞏固なる国民的親善は築かるべきである。従来の所謂親善は、実は却て本当の親善を妨ぐる大障礙であつた。

暴行の形を執つたからとて、吾人は彼等を難じたくない。左ればとて固より彼等の暴行を是認せんとする意思は毛頭ない。

〔『中央公論』一九一九年六月「巻頭言」〕

北京大学学生騒擾事件に就て

一

五月四日北京大学の学生を中堅とする一団の青年が国賊膺懲の名に於て曹汝霖君の邸宅を火にし、章宗祥君を半死半生の痛い目に遭はせたと云ふ報導は、色々の意味に於て我々日本人の神経を興奮せしめた。何を措いても此の事件が排日的色彩を帯びた事は我々の最も遺憾とする所である。

而して是等の運動が従来屢〻起る所の同種類の夫れの如く唯だ盲目的な暴動で無かつたと云ふ事と、又此の種の暴動に対して北京の官憲の力が如何に微弱であつたかと云ふ事は、又支那の将来に常に多大の注意を払ふ我々の興味を是れ又色々の意味にて唆《そそ》るのである。

遮莫《さもあらばあれ》、支那に於ける親日党の頭領たる曹章二君が是の如き不時の災厄に遭つた事は我々の最も気の毒に思ふ処である。何となれば、両君は単に親日党であつたが故に此の難に遭はれたのであるからである。殊に章君の軽からざる負傷をなされたと云ふ事に対しては、我は心から同情を寄せるものである。

二

然し乍ら北京に於る此の最近の出来事を、是迄屢〻起つたものと同様に単純なる盲目的排日運動と見てはいけない。十数年この方支那に排日思想のだん／＼強くなりつゝあること、殊に最近の感情は殆ど牢として抜くべからざる程の根蔕を得た事は、隠すことは出来ない。けれ共之が一種の排日運動として或はボイコットとか、或は其他の示威運動の形をとつて起るのは、多くの場合に於て少数者の煽動に依るものであつた。就中当局者が日本に対する外交談判に資せんとして民衆を煽動するものが最も多かつた。又外交的失敗の焼糞《やけくそ》的腹癒《はらい》せに民衆を煽動する事もあつた。其他少数の狂熱的青年の煽動に乗つたと云ふ事もあるが、要するに民衆一般の心裡に排日になる素質が有つたればこそ起るのではあるが、他の煽動に乗つて受動的に起るのが常であつた、民衆彼自身から自発的に起つたと云ふことは無い。されば従来の排日運動は唯其の鋒先を日本に向けるのみにて、彼等が此の運動に依つて撲滅せん事を要求する禍根の、我が内に存する事に当て殆ど考へ及ばない、従つて彼等の運動は排日の為めの排日運動にて、其の為めにどれ丈けを利し支那の民衆を利するかは殆ど顧みられなかつた、つまり全然感情的の運動であつたのである。

然るに、今度のは全然之と面目を異にし、第一に、彼等の運動は全然自発的である。何人よりも煽動せられて居ない、それに我国の新聞などが、例によつて某国の煽動に依るなどと見るのは飛んでもない僻《ひが》みである。第二に、彼等の運動は一種の確信的精神に動いて居る、従つて其の確信の目的を達すべき最も肝要な狙ひ処は誤つて居ない。其の結果として第三に、彼等の運動は単純の排日一点張りではない、先づ内に於て禍根と認むべきものを取除かんとするのが彼等の主眼である、唯彼等の取つた手段が狂暴を極めて聊か非文明的であつたのを遺憾とするのみである。

三

一体両三年来の北京大学に於ける新思想の勃興は実に著しいものがあつた、総長の蔡元培《さいげんばい》君の采配の下に欧米の新空気が極めて濃厚に漂ふて居た。而して最近は、『新潮』或は、『新青年』と云ふ様な雑誌を発行して盛に新思想新文学を鼓吹して居る。而して彼等は之を「文学革命」と云つて居る、此の新運動の陣頭に立つて花々しい武者振を示した闘将に、陳徳〔独〕秀君胡適之《こてきし》君あり、銭玄同《せんげんどう》君あり、傅斯年《ふしねん》君ありて、或は孔孟の教の時世に適せざるを説いたり、或は言文一致の文体を鼓吹し、甚しきは、エスペラントを公用語とすべしと説くものさへあつた。此処に於て旧派の学者は愕然として驚ろき、今年の春以来非常に反対者をいぢめ上げて居る、而して此の派の云ふ処は即国粋保存と、礼教維持とである、最近林琴南《りんきんなん》が蔡総長に猛烈な手紙をやつた事や又張元奇《ちょうげんき》が大学総長を免職するか、然らずんば議会に弾劾案を出すと云つて教育総長を脅した事が八釜しい問題になつて、所謂新旧思想是非の論が非常に沸騰した。而して、つい先頃新運動の陣頭に立てる前記の四教授が免職せらるに及んで、学生の憤慨が其の極に達した、而も此の免職が北京に於ける旧派の政治家のなす所なりと聞いて彼等は、更に勇を鼓して思想上の革命を起さずんば已まずとするの決心を示して居る。之を要するに北京大学教授学生を通じて一には世界的思想の影響にも依るが、最近著しき進歩を示して居るのは我々の見逃す事の出来ない現象である。

　北京大学の学生が是の如く飛躍的開発を示して居る事は或意味に於て、日本に於ける思想上の開明が民間からだん〱に官立の大学の中に這入つたのと対比することが出来る、官立大学、しかも官僚政府の御膝下の大学が常に官僚的保守思想の淵源である事は従来の例であつた。而して開明思想は常に民間に勃興し官立の大学は之と戦つて官僚階級を保護するのが役目であつたのに、其の官立の大学が遂に最も進歩的な自由思想の鼓吹者となるのは又時世当然の結果であつて已むを得ない、此の当然の時世は我が日本に於て既に十年来之を見て居る、最近北京大学に此の現象を見るのは、即これより愈々支那民衆全体が国を挙げて開明の目標に進まんとする端緒を開いたものであつて、我々は東洋文化発達の為めに大いに之を祝賀せざるを得ない、従来開明的自由思想と云へば、所謂南方派の独占する処であつた、今や官立大学の学生がしかも中央政府所在地に於て最も熱烈に、最も徹底的に、自由思想の鼓吹者となるのは、以て如何に支那の青年が世界の変転に際する今日の時世を善用しつゝあるかを語るものである。

而して、如是《かくのごと》き有為なる青年の覚醒の結果は必や各方面に現はれなければならない。政治に、文学に、宗教に、哲学に、支那は之より急に新生面を開くであらう。エスペラント採用の義はあまりに突飛なりとしても、北京大学の発行にかかる諸雑誌が殆ど皆口語体をとり、我々の処へ来る手紙迄が口語体で、且つ横書きで、其上に，・！？など迄つけた念入りなのもある。小説などにも随分思ひ切つたのがあるが、若しそれ孔孟の教に対しては、就中陳徳秀君の如き最も忌憚なき批評を加へて居る、旧派学者の愕然として色を失へるも亦無理はない。

今度の騒擾事件の如きも、形は随分狂暴を極めて居るが、然し精神に於ては矢張り政治の開発運動に他ならぬ。我々は親日を以て知られた二三君の被害に同情するの余り、此の新運動の真価を没却してはならない。

四

北京大学学生の新運動は何故に曹汝霖君、陸宗輿《りくそうよ》君並に章宗祥君を憎んだか。こは云ふ迄もなく彼等が日本の官僚軍閥の薬籠中のものとなり、国を売て私益を計つたと認められたからである、彼等が真に日本の軍閥の操縦する処となつたか否か、又国を売つて私益を計つたか否か、予輩明に之を知らない、けれども彼等が最近に於ける日支各種の交渉の当局者であり、而して其の交渉はすべて国民多数の意嚮と没交渉に行はれた事丈けは明白である。此の点に於て是等三君の一派はすべての意味に於て我が日本の官僚軍閥と酷似して居る、而して日本に於ける開明の思想家は常に官僚閥の対支外交を色々の意味に於て攻撃して已まなかつた。或者は其の形式を非なりとし、或者は両国の真の国民的要求を無視するを非なりとした、或者は少数者の間に公にすべからざる醜関係を結んで一時の成功に国民全体の利益幸福を犠牲に供するのではあるまいかと疑がつた、就中、当局者が自家階級の狭い見識に依つて、すべての外交方針をきめるのを見て不満に感ぜざるを得ない、是の如き外交の、形に於ても、実質に於ても、旧式封建的外交にして到底今日の時世に存在を許さるべきものではない。況んや其結果の国民全体の永久の生命を毒する事頗る大なるべきに於てをや、而して、北京大学々生の運動は、是等の旧式外交を否認して、能く公明に、能く合理的に国家政策を指導せんとする其の熱心なる意図に於て、正に我々と其の立場を同うするものと見なければならない。即彼に於て、曹章陸君等を弾劾する声と、日本に於て軍閥的対支外交を弾劾するの声と大いに共鳴するものがある。大いに共鳴するものある丈けそれ丈け彼等の取つた狂暴なる手段を、呉々も遺憾とする。

五

誤つた手段に対する国法の制裁の免る可からざるは云ふを待たない。北京大学々生団の運動は此の点に於て厳重な国法の制裁を蒙るだらう、又蒙ることが彼等自身の為めでもある、何故なれば彼等が最も純な形に彼等の運動を導く為めには、尚多くの点に於て、鍛錬を必要とするからである。然し乍ら、彼等を動かす所の生命は、之に依りて毫末も動かない、兎に角、彼等は、基礎に立たざる軍閥、財閥の政治的地位に国民的一大鉄槌を下した。従つて支那の民心が今後軍閥財閥に与ふる所の決定的判断は極めて明瞭である。手つ取り早く云ふならば、曹汝霖、章宗祥の諸君は勿論、其他段祺瑞《だんきずい》君と云ひ、徐樹錚《じよじゆそう》君と云ひ、北京政界の中心人物として我が官僚軍閥が常に当の対手として居た連中は、悉く支那の政界では札附きとなつて居る。然らば我国が、今後相も変らず是等の連中を相手として居るのでは、真に国民的承認を得る事の出来る外交的成果を挙ぐる事は出来ない、此の事は、我が日本が従来通りの方針で行つては対支外交も益〻困難になる事を意味する、此の点に於て我々の官僚軍閥は今度の騒擾に対して恐らく茫然為す所を知らないであらう。

然し乍ら、之を他の一面より見れば、北京騒擾は我国官僚軍閥に対して対支外交の新規播き直しを要求する実物教育に他ならない。是丈け実物教育に打《ぶ》つ突かつて、猶かつ目醒めないとすれば、我が日本は遂に永久に支那に延びる機会が無くなるだらう、苟も支那と親しみ、支那と共に立つて東洋の文物の開発を進めんとするならば、即吾人のかねがね主張して居つた様な、対支政策の人道的転換を決行せなければならない、従来の対支政策が必しも侵略的であつた、又軍国主義的であつたと云はないけれども、少しでも是等の臭があるならば、そは悉く之を捨てなければならない。我々は何処迄も人道主義の立場に立つて、自主共存の根本義より一切の対支政策を割り出さなければならない。此の主張は従来の官僚軍閥より殆ど顧みられなかつた。而して今や、北京に起つた実物教育は更に現実の力を以て吾人年来の主張を裏書し官僚軍閥の伝統的外交に変革を迫つて居る。

尚終りに一言すべきは、吾人は何処迄も北京大学々生の取つた方法に一種の反感を抱かざるを得ない事を告白する。唯彼等の奮起した精神に至りては大いに共鳴するものがある。殊に彼等の排日を叫ぶのは、即彼等の敵とする支那の官僚を操縦籠絡した官僚軍閥の日本を排斥するのであつて、彼等の思想に共鳴する日本国民の公正を疑ふのではあるまい。

我々は彼と我とに於ける所謂我が党の勝利に於て始めて日支親善の確実なる基礎が開ける事を思ふものである。官僚軍閥同士の親善は、断じて似而非《えせ》の親善である。真個の国民的親善は、之から我々の隣邦開明の諸君と共に、打ち解かなければならない宿題である。

〔『新人』一九一九年六月〕

支那の排日的騒擾と根本的解決策

一

山東省の直接回収並びに売国奴膺懲を名として、北京大学の学生を中心として行はれた運動は、今や排日の形を取つて全国に瀰漫した。而かも其の運動たるや、頗る険悪を極め、殆んど狂乱の体に陥つて居ることは、最近我々日本国民の非常なる憤激の種となつた上海の不敬事件に就いても分る。彼等のその運動が理非得失の見境ひも無い程に狂暴を極めて居るのは、全《まる》で戦争のやうである。或は武器で戦争が出来ないから、これで我々は日本国民に戦ひを挑むのだといふのかも知れない。斯うなれば、我々に於ても亦致し方が無い。彼等の挑戦に応ずるのが大人気無いとすれば、少くとも自衛の道を講ずる上に、十分なる決心を堅むるの必要がある。

尤も彼の暴に報ゆるに暴を以てせよといふのは、向ふが憲兵を撲殺したから我が国の官憲も朝鮮の良民を虐殺したといふ例の水原事件の弁明と同じく、苟くも一日の長を以て任ずるものの取るべき態度ではない。我々は東洋諸国の先達としての道徳的責任を幾分なりとも感じて居る以上、相手が激すれば激する程、何処までも冷静の態度を失つてはならない。一時の興奮に其の為す所を誤つて、最後の勝利を取逃がす程馬鹿げたことはない。

二

支那の排日運動が熾盛を極むるは、独り日本の憂ひのみならず、支那の為めにも極めて憂慮すべき事である。

けれども我々は、此の運動が国民の自発的運動なることを見逃がしてはならない。兎角此の種の運動が起ると、日本人は、之を一二の陰謀家の煽動に帰し、其の将来を楽観して満足するものもあれば、又僅かの暴行を極度に誇張して、支那人の残忍を説き、飽くまで之を懲らさなければならぬと云ふものもある。現に新聞紙上にも此の両様の見解を同一の紙面に見ることがあるが、此の如きは、それ自身に於て矛盾した報道として取るべからざるのみならず、そこに少しも自ら反省の点を見出し得ないことは、我々の首肯し得ないことである。若し夫れ今度の運動を以て、全然一二の陰謀家の煽動に帰するに至つては、真相に徹せざる皮相の見解である。日本人に対する反感運動、殊に日貨抵排はこれまでにも屢〻起つた。併し此等のボイコットの多くは、官界、商界の一二有力者の煽動に出でたものであることも、亦疑ひを容れない。随つて昔ならば、此の種の運動を目して一二煽動者の所為なりといつても間違ひではない。併しながら、今日は最早時勢が違ふ、国民も大に進歩した、さう〳〵人の煽動に因つてのみ動くものでない、有力者の言ふが儘になつて居つた時代でさへ、一旦煽《おだ》てられると、薬が利き過ぎて国民の運動が手の着けられない状態に陥つたことも屢〻ある。狂言に飲んだ毒薬の為に、計らずも身を滅ぼすやうなこともあつたのであるが、併し大体に於て、国民自身に動くべき何等根柢ある原因を意識して居なかつたから、官界、商界の有力者が之を治めようとすれば、比較的之を治めるに難くはなかつた。そこでボイコットなどが起ると、何時でもこれと見越しがつくと、有力者を責めつ賺《すか》しつして、其の結末をつけることが出来たのである。そこで時勢の変を知らず、今でも猶ほ支那の民衆を呉下の旧阿蒙と思つて居る人々は、今度の運動を見ても一向驚かない、曰く、是れ亦一二の陰謀家の煽動に因るものであると。

凡そ人間には、一口に言へば、自分は悧巧で他人は馬鹿と見る癖がある、此の癖は殊に外国人に対する時に於て著しくなる。尤も我々は特別の理由があつて、西洋人を不当に買被《かいかぶ》る傾向が無いではないが、他の同じ東洋の外人に対する場合には、随分不当に劣等視するの傾きがある。朝鮮人にしても、支那人にしても、其の素質に於て決して我々の考ふる程劣等のものではない。我々が蛮島土人と同様に考へて居つた生蕃人でさへ、日本人に反感を懐くに至つたのには、相当の理由があると聞いて居る。一寸の虫にも五分の魂がある。況んや彼等以上の支那人、朝鮮人に於てをや、唯だ色々の点に於て日本人は強いと考へて、彼等は日本人に接する時に遠慮する。それに言葉も分らない。それで一寸応接すると馬鹿に見える所もあるが、それを図に乗つて、彼等はどうにもなるから我々の思ふ通りに引廻はしが出来る、又少し位無理をしても押さへ切れるものと考へるならば、大なる誤りである。彼等には矢張り独立の見識がある。独立の利益の主張がある。否な独立の人格の主張を有つて居る。人の言ふ通りにばかりなるものでもなければ、又た容易《たやす》く人に煽動されるものでもない。彼等が今度のやうな大運動を起したのを見て、又例に依つて一二人物の煽動に乗つたなど丶見るのは、是れ余りに対手方を愚にした見解である。

尤も彼等の運動が全然一二陰謀家の煽動と関係が無いとは云へない。何故なれば、今日の程度に於て我々も亦彼等と共に何等の挑発無しに、全然自分で運動を始めるといふ程までには発達して居ないからである。東洋に於て此等の点に於て一番発達して居るのは、何といつても我々日本人であることは疑ひない。其の日本人ですら、デマゴーグが煽動でもしない以上、仮令起さねばならない必要があつても、容易に国民的運動は起り得ない。早い例が最近東京に於ける公設市場の問題に就いても明かである。物価調節の一策として、公設市場設立の急務たるは、殆んど天下の輿論であるのに、一年間も怠けた上、市参事会が自分等の利益と情実との為めに、遠慮会釈もなく此の案を葬つた。斯ういふ場合に於てこそ、市民は大に奮起して彼等の不親切を叱咤すべきであるのに、一向平気で居る。国民全体は却々《なかなか》理窟で動くものではない、動くにはどうしても煽動が要る。此の意味に於て支那の今度の運動は、慥《たし》かに第三者の煽動に原因して居ることは明白なる事実である。けれども問題は、煽動に因つて起つたのであるが、唯だ煽動者の希望した通りに動いて居るか否かといふことにある。斯う考へて見ると、今日の国民は煽動に因つて運動を起すが、一旦運動を起した以上は、其の運動の方法や程度や、又方向やは自ら独立に決するものであつて、決して一から十まで煽動者の指図通りに動くものではない。動くまでには煽動者が要る、けれども動いた以上は、後の運動が全然独立であるといふ所に、今日の国民運動の本体を認むべきである。であるから、仮令煽動者があつたとしても、其の煽動者を捕まへて文句を云つた所が、運動は治まらない。煽動者を捕まへて文句をいふのは、横浜の大火を目の前に置いて、火元を詮索して其の罪を論ずるが如き類である。火元を責めて治まる位なら、実は火元を責めるまでもなく、我々自身の力でも治めることが出来る。何故なれば、煽動者の言ふ通りに国民がどうにでも動くものなら、動いた国民を反対の方向に動かすことに、我が日本の努力が成功しない筈が無いからである。英米が支那の愚民を煽動したなど丶漫罵することを以て能事とするのは、或意味に於て我々は支那の民衆を動かすことに、全然無力であるといふ在留日本人の無能力を曝らすだけのことである。要するに国民の運動には煽動が要る、けれども煽動された後の運動は、全然国民の独立運動といふことに注意しなければいけない。而して国民をして排日的方向に動かすことは、比較的容易であるけれども、親日的に動かすことは極めて困難であるといふ所に、我々は深く反省する必要がある。

三

誰が煽動したかを詮索して、之を吟味することが、実際上何の効果もないことは明らかである。そして、斯ういふことは支那では決して珍しいことではない。伝ふる所に拠れば、最初北京の学生の運動は、林長民《りんちょうみん》の一派が煽動したといふ。煽動したのか或は運動の起つた後之に油を注いだのかは分らない。又いふ、後に至つては梁士詒《りょうしい》の一派が盛んに煽動して、政敵を陥るゝに之を利用したと。これも恐らく事実であらう。支那のやうな所即ち政争の公明正大に行はれず、手段を選ばずして一旦或地位を贏《か》ち得ると、益〻其の地位を利用して自家の地歩を堅め反対者をして容易に復活する能はざる窮境に陥れ得る所に於ては、有らゆる機会を捉へて反対者を陥るゝに陰険なる計略を弄することは、怪しむに足らない。形こそ違へ、斯ういふ悪辣なる手段は、随分日本にも行はれて居るのである。

又一部の人は、在留英米人が組織的に莫大なる資金を出し合つて、支那に於ける日本の勢力の撲滅に力を注ぎつゝあるとなすのは、朝鮮の宣教師が独立運動の黒幕となつたといふ説と同じく、恐らく疑心暗鬼の説であらう。新聞にも見えれば、又我々の友人からの報道にもあるが、暴動に加はつた学生の中には米人から何百円を貰つたとか、英人から何千円貰つたといふやうなものは可なりあるさうだ。併しあゝいふ、言はば国家的運動に参加するものに、特別の同情を寄せて、巨額の金銭を恵んでやるといふ好事者は、国の東西を問はずこれ有るを見る。孫黄の一派が支那で革命運動をやる時に、日本人の誰彼れは随分莫大の資金を提供した。孫黄が鎮南関で事を挙げた時に、或る米人の商人が、負けたら只だやる、勝つて君方が天下を取つたら、倍にして返して呉れといふ条件で、何十万かの寄附を申し出たこともあると聞いて居る。又日露戦争後、孫逸仙《そんいつせん》の挙兵に当年の成金鈴木久五郎氏が、孫逸仙に六万円の寄附を申込み、中に立つた或る有名な代議士が二万円のコンミツシヨンを請求した為めに、孫は憤つて其の金を返したといふ話もある。斯うしてちよい〳〵金を寄附するものがあつたからとて、若し昔の清朝政府が孫黄の革命運動を日本国民の責任なりと喰つて掛つて来たら、我々は之を本気に相手にすることが出来ようか。日本の不利益をなす結果の運動に金を出す二三外人の所為は、憎むべしとするも、之を一概に英米人の不信に帰するのは、少し冷静を欠いた点がある。事件が我々には不利益な事柄であればとて、事件の判断に血迷うてはいけない。英米の人が金を呉れたから、排日運動をするなど丶いふ暇があるならば、日本も負けずに金をやつたなら宜いではないか。従来の例に徴すれば、我々は学生を買収して無垢の青年を誤るの不徳をなすに忍びないなどといふ柄でもあるまい。

要するに煽動云々の説には、大に誇張があるやうに思ふ。併し彼等が煽動したといふ事実に、或は間違ひはあるまい。けれども是れが唯一の原因であり、又これが現に運動を指揮して居る唯一の勢力であると思ふならば、前にも繰返して述ぶる通り明白なる誤りである。レーニンが独逸皇帝の金を貰つて露西亜に這入つたからといつて、彼は決して独逸皇帝の傀儡ではなかつた。レーニンは日露戦争の当時、日本でも之を利用したことがある。けれども若し之を利用したと思つて居るならば誤りで、レーニン自身から言へば、或は日本を利用し或は独逸皇帝を利用して、終始一貫自己の革命運動の成功を図つたといふであらう。今時の人間は、どうしても此方の思ふつぼに嵌めて利用の出来るものではない。これが出来ると考へて、少なからぬ金を使つて色々小刀細工をやると、其の結果は屹度《きつと》失敗に終ることは我々の常に満蒙シベリヤ方面に於て、其の例を見て居る所ではないか。要するに煽動者の勢力なり影響なりは、余りに過大に之を評価してはならない。之を過大に評価すると、之に促がされて起つた運動其のもの丶真相を見誤る。之を過大に評価したればこそ、多額の金を使つた例の小刀細工は到る処に襤褸《ぼろ》を出して居る、飼犬に手を噛まれる事を好む我が国一部の政治家は、以て鑑《かがみ》となすべきである。

支那の排日運動は、最早煽動者の手を離れて居り、而も随分狂乱を極めて居る。或は排日、或は官僚政府の攻撃、而して政府攻撃の鋒先は、一転してボリシエヴヰズムたらんとして居り、殆んど手の着けやうもないやうであるが、併し此等の運動の奥に潜む所の根本の思潮を能く考へて見ると、疑ひもなく次の二点が之を指導する原則となつて居るやうに思はれる。一つは外来の侵略主義に対する反抗である。もう一つは国内の専制的官僚軍閥に対する反抗である。彼等は今日まで外来の侵略主義に依つて余りに苦がい経験を嘗めた。此の主義に反抗する点に於ては、彼等の眼中に日本西洋の差別は無い。是れ此の運動が主として排日的でありながら、又時として排外的なる所以である。唯だ支那民衆の多くは、日本を以て侵略主義の第一の代表者として最も直接に自国を脅かすものと認めて居る。故に動《やや》もすれば、鋒先きが専ら我々に向ふのである。これと同じ意味に於て、官僚主義に対する反抗の声は、少くとも其の初めに於て殆んど専ら曹、章、陸の三君に集まつた。彼等が官界を退いた後は、其の鋒先きが、更に転じて北京政府全体に及ぶべきは、言ふを俟たない。

だから排日運動の鎮圧を目的として外務省の訓電に基いて、小幡公使を始め諸方の領事が繰返してやるやうに、向ふの官憲に掛合つたのでは、何の効能も無い。政府としては固より外に道も無いことであらう。けれども中央、地方の官憲に掛合ふことに依つて、排日運動の始末が出来るものとするのは、宛《あたか》も地上の問題の解決を天に向つて求むるが如きものである。斯う考へると今度の排日問題の始末は、双方の政府に任せて置いては、到底解決が附かないといふことになる。

四

併しよく〳〵考へて見ると、支那で日本を排斥するのは、実は侵略の日本を排斥するものである。併し日本其のものは、決して侵略主義の国ではない。官僚軍閥の日本の侵略的色彩を濃厚に持つて居るといふことは、我々は之を疑はない。さればこそ多年官僚軍閥の攻撃に浮身を窶《やつ》して来た。けれども今や国民の多数は、平和を愛し、自由を愛し、国際的共存の主義を愛して居る。言はゞ今日の日本には、侵略の日本と平和の日本との二つがあることを認めねばならない。而して従来政柄を握つて居つた侵略の日本は、支那に往つて事を起すに、丁度悪辣な御用商人が姦智に長《た》けた役人の一人と結託して取引をするやうに、常に公明正大の外交を避けて、対手国の政府中に、如何様にも自分のいふことを聴く所謂数名の親日派を作り、其の勢力を助け、又彼等の我儘を援けて自己の利益を図つて居た。而して支那の民衆は、之を以て容るべからざる罪悪と叫んで居るのである。而して支那に於ける親日派の勢力の根拠は、日本の御用商人主義的外交の支持に依つて、鞏固なる根拠を有すると彼等は認めて居るが故に、彼等は一転して著しく侵略の日本に反感を示して来る。而も此の侵略の日本は、即ち我々平和の日本が極力排斥せんとする所である。彼等の排斥せんとする所のものと我々の排斥せんとするものとは、正に同一である。若し日本に此の二種の日本があるいふことを知つて居つたならば、支那の民衆は恐らく掌を覆へすが如く、排日運動を罷《や》めたのであらう。支那国民の排斥せんとする専制的官僚主義者は、彼等の目から見れば、所謂怪力に致されて国を売る輩である。曹、章、陸君の一派が果して外国と結託して国を売つたかどうかは、我々の知らない所であるけれども、彼等が侵略的日本の友達であり、侵略的日本が支那に於て事を為し得る唯一の関門であつたことは疑ひ無い。侵略的日本の友が、果して親日派の名に値ひすべきや否やは、彼等が同時に日本国民の真の要求を理解し、日支両国の真の友好関係を開拓するに尽力したものであるか否かに依つて分れる。此の一派の人々の中には、個人的に親しい友人も居るが、而も政治上の立場から観れば、余輩は彼等の総ての人と其の見る所を異にして居る。此等の人々が政界から葬れない以上は、本当の親日的国民は出来ない。けれども御用商人主義の外交から言へば、三君が居なくなると、商売がやりにくゝなる。況んや之を押し除けて、新たに道を開かうとする英米党の機関となつて居るものがある。そこで三君の没落は、即ち日本の勢力其のもの丶没落のやうな感情が浮かばないでもない。鈴弁に取つては山田某は必要欠く可らざる役人であつたらう、山田が失敗するやうなことでもあつたら、如何やうにしても援けたに相違ない。山田の不利益を図るやうな同僚があつたら、鈴弁は必ず彼と共に其の排斥に努力を惜まなかつたに相違ない。而して此の際鈴弁の店員の中に、斯かる結託関係を不正として、山田は怪しからぬ奴と罵しるやうなことでもあつたら、鈴弁は恐らく家の為めにならぬ不忠の奴と憤つたに相違ない。外のことで喧嘩して遂にあんなに大きな騒ぎになつて仕まつたが、鈴弁の地位に立つて能く反省して見ると、斯んな関係を続けて、山田の地位が長く安全なるべきや否やを疑はずには居れまい。飽くまで悪人の山田を援けて運命を共にするも一策であるが、併し永久の繁昌を図るなら、速に立返つて、宜い加減に見切りをつけるのが得策である。曹、章、陸の諸君を信頼すべき親日派だとして、益〻其の関係を深くするのは、我々から観れば、対支関係に於ける日本の自滅を促すに過ぎないものと考へる。

支那の民衆が官僚排斥を叫んで起つたのは、或る意味に於て日本に対する一大警告であり、又或意味に於て日支両国の真の親善の開拓に対する一大障碍物の攻撃の叫びである。斯うなると、彼等の運動に対しては、我等も亦大に共鳴する所あるを感ぜざるを得ない。尤も支那の排日運動には、色々不純不粋の分子が喰つ附いて居る。これに就いては我々は大に歎息もし、又憤慨もするけれども、併し冷静に彼等の真の要求を考へて見る時に、此に彼我の間に、共通のある一つの生命の発芽を認めることが出来るのである。事によつたら此の点に問題解決の端緒が開かれはしまいかと考へるのである。

五

斯う考へて見ると、差当つての狂暴なる排日運動に対しては我々は何処までも慎重なる態度を取つて、軽々しく無謀の挙に出でゝはならない。聞く所によれば、一部の人の間には、開戦を賭しても飽くまで支那を膺懲すべしといふ説もあるとのことであるが、これは断じて賛成が出来ない。今日の時勢も許すまい。政府と国民とが全で没交渉な彼の国に向つて、宣戦を布告するのは、言はゞ政府をして内外両面の敵に苦しめられるといふ窮境に陥らしむるだけのことである。然らば支那の政府を援けて、民間暴動の鎮定に成功せしめたら宜からうといふ説もあらうが、これも大に考物だ。支那が若し普通の国情であるなら、無論これが宜い。それでも先方の要求を待つて始めて手を出すべきは言ふを俟たない。けれども今日の場合にはそれでもいけない。何故なれば、暴動鎮定の為めに政府を援けるといふことは、此の一時的暴動よりも、猶ほ深い長い根柢を有する南北の争ひに就いて北方の勢力を増大するといふ結果を生ずるからである。日本の官僚軍閥は、支那の官僚軍閥と結託したことに因つて、どれだけ東洋の風雲を険悪ならしめたかは、第三革命以来十二分に経験を積んだ。原内閣に至つて漸く援段政策を捨てたのに我が国一部の軍閥者間に、再び寺内時代の対支政策に復帰せんことを図つて居るものがあると伝へられる。今若し支那の暴動を機会として両国軍閥の結託を再現するが如きことあらば、さらでも治まり難き支那の内争を、猶ほ一層紛糾せしむる所以となる。

然らば、先づ当面の策としては、消極的に自衛の道を講じ、暫く隠忍して南北両勢力の妥協統一を待ち、其の上で力を貸すものならば貸すといふ方策に出づるの外はない。此の際最も慎しむべきは軽挙妄動である。而して更に他の一面に於て、我々は彼我両国の民衆の間に、平和主義、自由主義、人道主義の基礎に立つ社会改造の共同運動が段々現れて来ることを希望せざるを得ない。如何にして紛乱を治むべきやを考へるよりも、如何にして両国民衆の間に、協同提携の機会を作るべきかが焦眉の急務である。

〔『東方時論』一九一九年七月〕

狂乱せる支那膺懲論

近頃、学者、軍人、記者等の一部の間に、外務当局を鞭韃して武断的対支外交の措置に出づべきを、頻りに説き廻る連中があるといふ噂を耳にする。

顔触れを見ると、又あの連中かと真面目に相手にする気にもなれぬが、念の為に其主張する所を聞くに、曰く暴慢なる支那の排日的行動を膺懲すべし。曰く之等運動の黒幕たる米国をも序に敵として一泡吹かしてやるべし。曰く英国は印度が恐いから中立を守るに相違なく、爾余の国々は口では何と云つても当分東洋にまで手が出せまいから、やるならば今が実に絶好の機会だと。

斯んな無謀な企ての、到底実現さるべき筋のものでないことは言ふまでもなく、之を説く連中だつて本気の沙汰かどうかは分らない。只物価の高い今日、態々御腹をすかして騒ぎ廻るに就ては、他に何等かの思惑があるに相違ないと観るのも一つの解釈である。想像を逞うすれば次の様な事でもあらうか。

曰く斯くして兎に角戦争気分を民間に深め、動もすれば起らんとする軍備縮少論の鋒先を挫《くじ》かんとするに在り。曰く排米熱を民間に高め、之を転じて親米的——彼等の斯く看做す所の——民本主義者の社会的圧迫に利用せんとするに在り。又曰く排日運動の膺懲論をば巧に転用して、支那政府の自ら為す所の武断的取締を援助すべしとの国民的輿論を作り、原内閣の方針をマンマと切り崩して、再び寺内時代の援段政策に帰らんとするに在りと。

何れにしても、国民の疑惑の眼は直に軍閥方面へ飛ぶ。飛んだ迷惑だと彼等の知らぬ気の顔が想ひやられる。

噂の火元の孰《いず》れに在りやは暫く措く。只斯んな無謀な運動の少しでも娑婆に存在を許さる、のは、必竟多数国民の頭の中に、「あんな場合には癖になるから十分威圧を加へなければならぬ」との考が潜んで居るからである。我々は第一に此謬想より醒めねばならぬ。

去ればとて、支那人の暴行に対する自衛の策は決して等閑に附してはならぬ。我の正当なる利権の飽くまで擁護に努むべきは言ふまでもない。

〔『中央公論』一九一九年七月「巻頭言」〕

日支国民的親善確立の曙光
——両国青年の理解と提携の新運動——

(一)

五月初め、支那で騒擾の起つた際、我々は只何んとなく今度の騒擾の従来のとは性質を異にするものであるやうな感がした。騒擾の直接の発端は、山東問題に関する巴里外交の失敗であるけれども、然し根本の遠因は、最近一両年此方の北京学界の飛躍的確信に在ると思はれたからである。欧洲戦争に依つて起されたる思想的激変の波濤は、支那にも押し寄せたので、青年学生の間に於ける開発の頗る著しきものありし事は、今更くど〳〵しく云ふの必要はない。而して其の結果は、社会各方面の事物に対する鋭敏なる批判となり、更に進んで支那を最も毒しつゝある官僚政治に対する劇《はげ》しき不満となるは理の当然である。而して今日北京の官僚政府が、久しく我国の一部の閥族の支持に依つて、立つて居る事が明白なる以上、隣邦青年の鋒先が転じて我国に向ふのも亦已むを得ない。斯く考へて見れば、支那の対日暴動は我々日本人としては、誠に厄介な事であるけれども、支那人の立場に立ちて考へれば、又是れを諒とすべき理由がある。善かれ悪しかれ、今度の騒擾は斯くの如く彼等の自発的行為なりと見るべしとは、我々の当初からの見解であつた。而して其の後の経過を精密に注視して□□〔来る〕と、我々は当初の見解の益々誤なき事を確むるのみである。かの一部の野心ある政客の使嗾《しそう》に出づるとか、英米官民の煽動に出□□〔づる〕とかの流説の如きは、多少其の痕跡ありとするも、決して主要なる原因を為すものではない事は云ふを俟たない。

其処で我々は支那の騒擾に対しては、始めから次の如き考へを決めて居た。

〔一〕彼等の主たる目的は結局に於て官僚軍閥の撲滅に在る事。

〔二〕彼等の排日の原因は、日本を以て彼等の官僚政府を援助するものと為すに在るが故に、支那官僚の援助に、責任なき国民は、彼等の罵倒を甘受する理由なき事。

〔三〕若し彼等にして、日本に帝国主義の日本と、平和主義の日本とあるを知らば、彼等は必ずや喜んで後者と提携するを辞せざるべき事。

斯くして我々は隣邦青年の暴動の影に潜む精神の内に、本当の日支親善を生み来るべき種子を認めざるを得なかつた。考へやうに依りては、同じく官僚軍閥と悪戦苦闘を続けつゝある我々と彼等とは、同じ精神で同じ仕事をして居るのだとも考へられる。然らば此の際、只表面の形に囚へられて、彼等の行動を漫罵するのは宜しくない。何となれば本当の日支親善は、彼等を了解し、彼等に我々を了解せしむる事に依りてのみ、出来得るからである。

(二)

斯ういふ立場で我々は騒擾の勃発以来、しば〳〵同胞の国民に警告を試みたのである。当時世上の論者は、支那の青年が所謂親日派と称する曹、章、陸の諸君に危害を加へたからとて、恰も日本其者に対する危害なるかの如く見做す者が多かつた。其の他、彼等青年の主として敵とする一派が倒るゝと云ふ事は、日本が従来支那でして居つた仕事の凡べての根拠が崩れると云ふ事になる所からして、只管《ひたすら》彼等の不成功に終らん事を希望したのである。けれども新しい思想を了解し、又其の希望に生くる少数の識者は、従来の対支政策の根本的に誤りなる事を自認し、一つには隣邦青年の奮起に同情し、又一つには従来の有らゆる行掛りを一擲して、是等青年と結ぶべく新規蒔き直しを断行する事の必要を認めたのである。是の点に於ても我々の警告は決して徒労に終らなかつた。我々は我々の周囲に、是の点に於て我々と志を同くする多くの青年を発見する事に於て、多大の満足を感じたのである。

(三)

斯う云ふ行掛りは、遂に我々をして多大なる成功の確信を以て、真の日支親善の恢復、又は創立の為めに起たざるを得ざらしめた。斯くして我々は遂に隣邦の学生諸君と或る種の交渉を開く事になつたのである。我々の交渉の相手も学生諸君の団体である事は、何の怪しむべき事もないが、爰《ここ》に一言参考にまで申して置きたい事は、従来の日支交渉は多く正しい的を外れ勝ちであつたと云ふ事である。今度も各地で排日暴動が起つたと云ふので、公使や領事が夫々当局の官憲に苦情を持ち込んで居るが、然し学生の暴動の仕末を官憲に持つて行つたのでは、地獄の問題を極楽に持つて行くやうなもので、到底満足の解決を得らるべき道理はない。何となれば政府と国民と何等の有機的関係なきは勿論、一方には政府反対の為めの学生の暴動があり、他方には政府に之れを取締り得べき何等の実力なきに当り、一から十まで政府ばかりを相手にして何とかして呉れと云ふのでは、政府をして内外共に困却せしむる外実際に於て何の得る所もない。尤も公の仕事としては、向方の政府に突き掛る外道もあるまいし、又其れ丈けの手続を尽くせば一応の責任も済む訳であらうが、然し外交官にして此の手続以外利害関係の実際に立ち入りて、実のある活動を為すべき責任ある以上、モー少し何とか別の智慧が出さうなものである。それには暫く公の衣を脱いで、赤裸々の一個人としてヤカマシク文句を云ふ学生の中に飛び込むだけの覚悟がなければならぬ。然して従来の我国の当局者には、か丶る覚悟もなければ又かうした風の智慧もない。この頃ヤツト斯う云ふ事に考がついたものと見えて、普く民間の意思の疏通を計らしむる為めに、従来とは風の変つた特使を派遣すると云ふ噂もあるが、果して然らば之れは至極結構な企に相違ない。只犬養翁を起して此の任に当らしむると云ふ人選の仕方ではまだ〳〵此の考に徹底して居るとは云へない。

我々は先づ向方の学生全体と意思の疏通を計り、親善の関係を確立するを手始めとして、北京の諸大学の教授学生の招聘と云ふ事を企てた。尤此の話の起りはさる六月五日の黎明会講演会の時であつた。先づ北京から教授一名学生両三名を東京に招き色々懇談をして見やう。結果が良かつたら漸次此方からも出て行かう。東京では黎明会の有志が其の斡旋に任ずる事として、一つ北京に交渉して見やうと云ふ話が二三有志の間に纏つた。中には今日のやうな排日運動の殆んど狂乱の極度に達した際、こんな企は空想ではあるまいか。少くとも時機宜しきを得て居るものでないと云ふ考もあつたが、然し我々には決して然からざるの確信があつた。ソコデ追つて誰かを派遣して具体的に交渉を進むる前に、一つ書面を以て仕組をしやうと云ふ事になつた。

其の結果余は有志を代表して在北京大学の友人李大釗《りだいしよう》君に手紙をやつた所が、予想の如く――或人に取りては予想外にも――次の様な返事があつた。

北京学界は貴君の来遊を甚だ望んで居る。縦令《たとえ》大学の交換教授の試みが不可能とするも民間の学会や新聞社にして貴君を聘して講演を聴かんとする者がある。貴君が今夏或は今秋に於て駕を枉《ま》げて華に来り数月の間日本国民の真意及デモクラシイの精神を弊国人民の前に披示する事が出来れば東亜黎明運動の前途に甚だ重大なる関係を有するであらう。

(四)

李君に手紙をやつた時、余は先に北京学生の騒擾に関し日本国民を警告する意味で発表した一二の論文を切り取つて送つてやつた。然るに李君は之れを翻訳して北京の新聞に載せたものと見え、而してそれが又学生諸君の間に多少の影響があつたものと見え、多くの未見の友人より極めて同情に富んだ、又極めて感激に値する書面を貰つた。而して此等に依つて余は彼等が決して滅茶苦茶に日本の敵たらんとするものでない、我々の態度一つで彼等は寧ろ大いに我々と結ばんと欲する本能的熱情を持つて居る者なる事を認め得た。彼等は異口同音に自国の悪政府を呪ひ、従つて又之れを助くる日本の一部の政客を罵倒するけれども、何とかして日本の本当の健全の分子と結ばん事を希望せざる者はない。次に掲ぐる北京清華学校の駱啓栄《らくけいえい》君の書面の如き其の最も代表的のものである。

日本国民と中国々民との感情は、近来愈々以て険悪に趨き、遂に這次《しやじ》の情形に到りしは、畢竟以下の数因によるものなり。

(1) 日本軍閥派が中国軍閥派を圧迫及び誘引せしこと。

(2) 日本の新聞が中国人を謾罵し以て中国人の対日反感を誘起し、相互仇恨の念を強めしこと。

(3) 日本政府が許多の浪人と不良軍人とを派して、中国内地に到らしめ、中国人を欺瞞し因りて以て中国人の排日的感情を引き起したること。

(4) 日本の学者中常に種々の出版物を著はし、幾多中国侵迫の説を立て、中国人をして堪え難きの念を起さしめ遂に反響を起し日本人を恨むに至らしめしこと。

(5)　日本の軍閥派、新聞、浪人、軍人、一部分の学生は均しく中国に対して野心を存し、而して真正の善良国民は其応《まさ》に有す可き責任を忘れ、以上の不良分子に対し相当の処分を与ふるを怠り只是れ袖手旁観すること。

以上中国々民が日本国民に対し甚遺憾の点あるを免かれざる所なり。夫れ日本国々民は素より東亜の先進を以て自ら恃つ。而して其の言行乃ち此の如きに過ぎず！　中国人が日本人に対し甚だ不満なる故あるなり。

中国人は自ら進んで以前其の専横政府を推翻し、現在に到りて已に七年の星霜を経たり。但し政府は依然乾浄ならず。現在の中国の青年学生は因つて此次山東の事情に関し極力政府が日本軍閥の政客に親しむを指斥し、且つ漸次各界の国民と連絡し団体を結為して以て政府の挙動を監視せり。然して日本の野心外交家と浪人とは故意に中国々民に舋《きん》を挑み、故意に中国々民を翻弄す。怎《いか》んぞ能く中国々民たる者焉《いずく》んぞ能く日本国民を仇恨せずと云ふを得んや。中国々民は木偶の如くにして従来のまゝに責任を放棄する能はず。此次力を竭《つく》して政府に反対し、又政府に強求して日本の山東の権利を享有するを承認せざらむことを以てせり。然るに日本の真正の善良なる国民は、彼等の政府が中国々民に対して為す所の無友誼的侵略の暴行を阻止し去らず。即ち坐視して理せず、心に動く無し——即ち其の人ありとするも是れ誠に少数に過ぎざるのみ。

中国は千九百十一年改めて共和国を成して以来、今に至りて已に七年を経たり、而して日本人依然として是以前の生活に非ずや、中国々民を侵害し中国を破壊する自国の不良政府に対し、日本国民は依然其の存在を許し、自己の責任を放棄し居るに非ずや。彼等は中日両国民の真正なる感情の連絡を怠り、却つて十八世紀の陳腐なる政治思想の下に生活す。後るゝも亦太《はなはだ》し。而して中国人の今日尚ほ真政的共和の享《う》福を享くる能はざる所以は、日本の野心家と不良なる日本国民が暗々裏に掣肘する在るに因る。是れ中国人をして日本全国の男女老幼善蕘の国民を仇恨せしむる所以。而して東亜の国民の享福は日に益々消滅す。人類親愛の平和、及其互助的実現は一点も有る無し。中日両国の真正なる善良国民は須らく彼此互相の親愛を想ひ、隣国互助主義に立ち、永久真正なる人類的和平の享福を享けむと欲すれば、中日両国々民は先づ各自其の政府を改良するに非らずんば不可なり。顧《おも》ふに中国は今已に再び其の政府を改良することに従事せり、而して日本国民は今日如何にぞや？　今日、日本国民にして若し再び政治を改良するの根本上の覚悟無くむば、則ち将来中日両国々民の子孫は将に世仇と為り解く可からざる可矣《べし》！

(五)

斯くして北京に於ける大体の風潮は明かになつた。偶々友人岡上法学士が用務を帯びて北京を通過するので、同君に託して此の問題に関する更に一歩を踏み入つた交渉を頼んだ。次に掲ぐるものは北京より送り来つた同君の消息である。依て以て隣邦首府の最近の風潮を想見すべきである。

前略小生本月一日東京発只今は無事燕京に滞在致居候。本日北京大学を訪ね李大釗氏に面談致し例の一件に就き相話し申し候処同氏は最近先生よりの来翰に接したる由にて先生の御意嚮及日本の新思想を抱懐する学生青年の様子を能く了解し居り尚ほ小生の口より現下我国の情勢など一応説明せしに心より打ち解けて喜び居り候。同氏の考にては目下同大学総長蔡氏不在にて如何とも致し難けれど来月帰京すれば十中八九は承諾せしむる様成功する見込あり。若手の新思潮を了解せる青年教授を(一種の交換教授的に)送る事は一般教授連も賛成なる由。総長帰京すれば早速此の方の話を取り極め先生に報告せんと待ち構へ居るとの話に候。

然るに学生達は所謂「学生聯合会」の主なるもの上海に赴きて不在、刻下の外交問題が落着する迄は其の中より少許の学生を引き抜きて日本行を勧むるは今回の外交政治問題と関係なき思想了解の挙をして誤解せしむるの惧《おそ》れあり。折も折とて時機極めて悪しければ学生丈けは外交問題が片付くまで勧誘不可なるべしとの事に候。但し李氏は此の挙を以て自己の非常なる義務なりとの責任感を感じ居る由にて、勿論学生にも日本の進歩せる一派の状態を懇説すべし。而して第一回には学生は行かずとも其の内には必ず行かす様努力すべしと断言し居り候。小生もそれ以上具体的の結着を聴き難く更に一応刻下の外交問題や国境問題を離れ思想的に人道主義的に日支青年が提携し日本の軍閥と言はず支那の軍閥と言はず、要するにデモクラチックに非ざる態度は鼓を鳴らして攻撃せざる可からざるに付き呉々も教授のみならず、学生諸氏へも渡日を希望する旨を伝言されたしと申し置き候。

尚ほ是れは余一個の私事なるが、北京の学界及び二三新聞社は共同して講演の為め余に今夏若くは今秋を期して来遊を促して来た。是又彼等が強ち日本排斥に狂奔するものと見るべからざる明証である。

㈥

扨て岡上法学士の書面の中にもあるやうに、北京での輿論は青年教授の交換は悉く賛成なれども、学生の意向は上海に行つて居るから一切解からない。時節が時節だけに学生の派遣はムツかしいだらうと云ふ風に見て居る。然るに若い者の思想はいつでも年を取つた者の想像以上に突進するの例に洩れず、此れ丈けは排日に猛進して居るから駄目だらうと見られた学生連は寧ろ彼等からイニシアテイブを取つて、最近我々に長文の書面を寄せた。即ち上海に集まれる学生連の中央機関たる全国学生聯合会は黎明会に宛て次の如き書面を送つて来たのである。

黎明会諸君、今度弊国人民の愛国運動に関し貴国人士能く之を諒解する者実に貴会を以て嚆矢とす。感佩の情に堪えず。然れども貴国の人士我等の挙動に対して諒解せざる者決して少からず。以為《おもえ》らく侵略政策を主張する者は日本の軍閥政府なり。日本人民は之に与《あずか》らず。而して今回の排貨の運動は日本人民に損害を加へ所謂「江戸の仇を長崎に打つにあらずや」と。抑《そもそも》貴国の軍閥を抵制するが為め貴国人民に損害を蒙らしむることは遺憾千万なり。我等自ら咎を引く。而も我等は内に昏愚の政府を戴き外に侵略の政策に逢ふ。自衛の為め排貨運動を為すの外何の良法かある。我等の運動の一つの目的は人民の心理を顕はし従来〔の〕秘密外交の不当を鳴して以て我政府の反省を促し一は以て国民の能力を示し聊か経済上の打撃に藉《か》りて以て貴国人士の軍閥に対する決心を促すに在り。中日両国の人民本より深仇宿怨なく只両国軍閥の狼狽要結に依り遂に互に嫉視する所となる。苟も一日此万悪の軍閥より解放せざる以上両国の人民毫も親善の望なし。而して若し共に軍閥政府よりの解放を欲せば則ち互に助けざるべからず。デモクラシイの精神は今や宇内に磅礴《ほうはく》し之に順《したが》ふ者は栄え逆ふ者は亡ぶ。武断主義軍国主義等は時勢に適せず。両国民宜しく奮起して自決を謀《はか》るべし。中日両国の人民は等しく軍閥悪魔の下に蟄伏し正に同病相憐むべきものなり。所謂患難の兄弟の間何の衝突誤解あらん。今や欧戦の終りに際して欧洲列強の中尚ほ侵略主義を主張する者将に彼の驚くべき経済政策を以て東方に殺到せんとす。

中日両国唇歯輔車の関係あるを以て宜しく聯合して対応の道を講づべし。同心戮力以て彼等に対するも尚ほ東亜□□□〔の地位〕を維持する能はざる恐あり。況んや金銭無力の万能を恃み鬼域の技倆を弄して剽掠以て自ら生機を摧残するに於てをや。諸君猛省せよ。彼の軍閥財閥の侵略政策縦令《たとえ》成功するも唯彼等少数人の渓壑《けいがく》の欲を満すに過ぎず。貴国の一般人民に取り果して幾何の利益ありや。欧戦以来経済上貴国の得る所決して少しとせず。其の結果は徒らに官僚財閥等驕奢淫佚の風を長ずるのみ。其の社会状態を察するに物価は騰貴し米糧乏し〔く〕一般の人民をして却て益々生活困難の状態に陥らしむ。「可㆑恨年々圧㆓金銭㆒為㆓他人㆒作㆓嫁衣裳㆒」噫《ああ》諸君何の得る所あるか。貴会諸君皆社会の先覚者なり。願くば直ちに奮起して木鐸を大振し貴国人民の決断を促し以て廿世紀の不祥産物即ち軍国主義武断主義等を根本的に?除せよ。然らば弊国の人民駘鶩《たいど》と雖も喜んで其の後塵を追ふべし。

之れで見ると最早や学生連の意向も明かになつた。斯うなれば後は只時期と方法との問題に過ぎない。此れも段々書面を以て交渉を進めつゝあるが、其の内我々の内から宮崎法学士が上海に行く訳になつて居るから一層具体的の話が進むだらう。

(七)

斯うなると爰に我々に明かになつた事は、隣邦の多数の青年は畢竟するに我々の頼もしき友人であつて断じて敵ではないと云ふ事である。聊かの交渉で此れ丈けの事が明かになつた以上、縦令意外の障害で所謂学生の交換と云ふ事が実行し得なかつたとしても、彼等と我等との親善提携の見込は最早や疑ない。此処から本当の国民的親善が起り、此処から東洋平和の本当の花が咲くのではあるまいか。言ふ勿れ、学生の分際で何が出来るかと。何処の国でも革新的事業は常に無垢の学生に依つて遂げられた。少くとも端緒をつけられた。殊に支那に於て教育ある学生は、単に将来の中堅たるに止らず、又確かに今日既に一部の勢力を保有して居るものである。亡び行く官僚をのみ友とするは、何処の国に対しても決して賢明の策ではないが、殊に支那に於て此れ程目先きの利かない愚策はない。而して日支親善は只一人功利的見地よりのみ論ずべからざる以上、我々はドコマデも相互尊敬の共存主義否広大なる人道主義に立脚して、彼等青年の無垢な精神を信頼して、確実に提携親善の実を挙げなければならない。従来の対支政策が我々の眼より見て確かに無謀を極めて居たのは今更隠し立てをする丈け野暮である。我々は爰に新たに隣邦の青年と深く結んで、日支両国の有らゆる関係をして完全に道義の支配する所たらしむるの理想を立てなければならない。而して此の理想の標準に照して、若し過去に幾多の罪悪あれば我々は互に淡泊に之れを洗ひ落さうではないか。縦令親善提携の必要あるからと云つて、我々は彼等の過去の罪を寛仮すべからざると同時に、我々自らも亦過去の非を非とするに大胆でなければならぬ。是れ丈けの覚悟があれば、日支親善の確立は掌を返すよりも容易い。

以上は我々の計画の今日までの経過の大要である。此の計画の今後いかに発展するやは又適当の時機に於て、読者に報ずる所があるであらう。此の企てを単に我々少数有志の仕事たるに終らしめず、広く諸君の仕事、否、国民の仕事たらしめられん事を希望して止まない。（七月十八日）

〔『解放』一九一九年八月〕

青島専管居留地問題に就いて

一

此の際青島《チンタオ》に専管居留地を設定すべきや否やといふ問題を、之に附帯して起るべき色々の点の考察を姑らく度外に置いて考へるならば、私は全然反対である。此のことは本年の夏此の問題の始めて八釜しくなつた頃、或雑誌に書いたこともあつた。当時青島に於ては、在留民大会を開いて色々決議文を発表したり、又日本に代表者を派遣して朝野の間に色々の運動をしたり又は演説会を開いて輿論の喚起に努めたりなどして、所謂青島市民の意見なるものは、可なり明白に我々に知られたのであつた。而して此等の意見に私は一つも聴くべきものを見出さない、殆んど何等正当の根拠を見出すに苦しんだので、あれだけの理由では、専管居留地を設定しなければならないといふ主張に賛同することが出来ないといふ私の立場を公けにしたのであつた。然るに其の頃東京に滞在して居つた青島居留民の代表者数名の方の訪問を受けて、色々先方の言ひ分を聴かされたので、又当方の意見をも聊か述べたことがあつた。其の時此等の諸君は、自分達は正式の代表員で、演説会などをやつて輿論の喚起に努めて居るのは、我々とは丸で別個の運動であるといふやうなことを説明せられた。此の両者を混同して同じ運動と見た所から、私の考に多少の誤解もあつたので、次手《ついで》があつたら之を明かにして置かうといふ約束をしたこともあつたから、茲に此のことを断はつて置く。私も二回程演説を聴いたが、其の演説の調子は極めて低級のものであつた。あれでは恐らく識者を首肯せしむることは出来なからうといふ印象を得た、此の印象は今日も変らない。而して所謂青島市民の代表者と称する方々の意見は、此等の演説会で発表せられた意見とは大に違ふといふのであつた。其の内此等の人の意見を詳細に書き認《したた》めたものを頂戴することになつて居るが、まだ之を受取つて居ないから、改めて此等の諸君に愚見を述ぶるの機会も有しない訳であるけれども、其の後段々新聞其の他の報道で、多少は此等の人の意見も分つて来た。けれども今日の処、私は私の従来の立場を少しでも変ずる何等の必要を認めないものである。即ち私は依然として、青島に専管居留地を設定しなければならないといふ必要を認めることが出来ない。外に他の重大なる理由を挙げて説得せらるゝに非ずんば、今日の私の考では、青島に専管居留地を設定することは、日支国交に害あるのみならず、日本に取つても益する所が無い。寧ろ日本の将来永遠の利益といふ考から見て有害であると信ずるのである。

処が昨今青島に専管居留地を設定すべしといふ議論が、まさか之を政争の為めに現内閣を攻撃する手段に供するといふ意味ではあるまいけれども、貴族院の一角並びに憲政会方面に於て段々八釜しくなつて来た。青島の専管居留地は当然自明の道理、其の他条約並びに宣言に基く既得権利を抛棄するといふことは怪しからぬといふやうな立場で、政府に肉迫せんとするの気勢を揚げて居るが、中にも最近憲政会臨時大会に於て、加藤総裁の為した演説に拠れば、青島に於ける既得権利の喪失は、満蒙に於ける特殊地位の抛棄と共に、東洋に於ける帝国の地位を著しく動揺するものであるといふ風に説いて居られる。国権拡張利権の伸展は洵に景気の好い話で、之を取るのに何も遠慮する理由は毛頭無い。けれども唯だ問題は、之を取るとして果して国家永遠の利益なりや否やといふことに存する。加藤総裁の如く所謂錬達の国士にして、猶且つ編狭なる利己的外交論者と共に山東の一角に小利権を樹立するに恋々たるは、余輩の甚だ怪しむ所である。

二

青島に専管居留地を設くべきや否やの点に就いて、今日まで之を設くるを必要とするの真の実質的理由を挙ぐるものを聞かないのは、余輩の甚だ遺憾とする所である。何故に専管居留地で無ければならないか、専管居留地でなければ、我が日本の要求はどうしても徹底することが出来ないか。一体さういふことを通じて日本の支那に求むべきものは何であらねばならぬか、其のあらねばならぬ所のものは、何故に専管居留地を設定しなければ得られないか。此等の点を社会的に経済的に又両国交通の大義に基いて、真に納得の出来るやうに説かれたものは、まだ一つも見えない。而して世上に説く所の多くの専管論は、殆んど皆な形式上の浅薄なる議論に過ぎない。

或人はいふ、専管居留地の設定は、其の外の多くの利権と共にこれは大正四年の日支交渉に基く条約並びに宣言に依りて得たる既得の権利である。既得の権利なるが故に之を抛棄することが出来ないと。之などは最も明白なる形式議論の標本である。此の議論で行けば、条約若くは宣言に基いて得たものならば、仮令我れに取つて有害なるものであらうが何であらうが、皆な取つて置けといふ議論である。之も一つの見解に相違無いが、今度の講和会議のやうに、従来の行掛りを棄て、一旦一切素《す》つ裸体《ぱだか》になつた積りで、総てのものを投げ出し、其の上で真に自分の立場に必要なるものを取らう。即ち従来の行掛りを忘れて今度は此の世の中を総ての人の住み心地好き世界たらしむる為めに根本的改造を行はうといふ、さういふ原則の承認せらるゝ今日に於て、実質的意義如何に拘はらず、唯だ条約で得たから宣言で得たからといふ形式上の根拠で、一旦取つたものを無理に何時までも抑へて置かうといふのは、余りに時代錯誤も甚しくはあるまいか。戦争以前に於て之を主張するならば宜い、戦争以後に之を主張するのでは、少くとも道徳的原因が無い。無論我々は前に極めた条約や宣言を無効といふのではない、随つて此の条約並びに宣言の範囲内に於て、之に基く権利を主張することは決して不当でない。併しながら今日の世界改造の世の中に於ては、法律上の当不当は事実に於て第二第三の問題であつて、第一に主として着眼せらるべき問題は、真に其の必要があるかどうかといふことでなければならない。

次に青島には既に色々日本の神社などがある、これが若し共同居留地といふやうなことになれば、神社其のものに対しても甚だ済まないではないかといふ議論もある。神社は国家の重大なる利益に比して尚ほ大に大事なものであるとしても、之を内外人共同の住居区域内に置くといふことが、何で其の尊厳を傷けることになるか。西洋人だつて日本に来れば、我々の中に於て彼等は自ら其の教会堂を造つて、矢張り宗教上の目的を十分に達して居るではないか。我々が宗教的尊崇のシンボルを建てる時は、之を全然外国人の勢力の及ばない区域内に建てなければならないとするのは、余りに排外的に過ぐるの嫌ひは無いか。少くとも我々が我々の崇敬の対象物を民族的の小さいものにして、勅語に所謂之を中外に施して悖《もと》らずといふやうな方面を故《こと》さらに閉塞することになりはしないか。若し我々が我々の中だけに置かないで、西洋人の中にも持出して、而して我々の道義の光りを異国の人にまで輝かさしむるといふ気魄あつて然るべしではないか。斯ういふやうな点から見ても、神社を問題として専管居留地設定論の根拠とするが如きは、偶々以て説くものの極めて褊狭なる島国根性を暴露するものではあるまいか。

又斯んなことをいふ人もある、今度彼等に譲歩しては、騒ぎさへすれば何時でも目的を達するものと支那人をして附け上らしめる、外の点は兎に角として、此の点が一番大事だといふ。これも能く考へて見れば愚論である。向ふが附け上らうが附け上がるまいが、向ふが要求しやうが要求しまいが、我々は我々の立場を取つて、自主的に問題を極めれば宜い。我々の考で譲歩すべからずとすれば、何処までも譲歩しない、譲歩すべしと極めるならば、誰が何と云はうと譲歩する。形は向ふの要求があつたから之に屈したやうにならうとも、そは厭ふ所でない。唯だ我こそ正しい道理には何時でも屈する、然らざるものには如何なる場合にも屈しないといふ儼然たる態度を執りさへすれば、間違ひ無いではないか。向ふが附け上るだらう、向ふがどう思ふだらうといふことを顧慮して、自分の真実の要求如何に頓着なく、他動的に物事を決定するといふのは、外交上に於て最も慎しむべきことに属する。

此等色々の点を考へて見ると、私は専管居留地論者の説には少くも承服することが出来ない。外にもつと尤もな議論があつて私を納得せしむるならば格別、今の所は私はどうしても私の根本的の見地に立つて、専管居留地設定論には何処までも反対せざるを得ない。

三

私が専管居留地設定論に反対するのは、而も専管居留地設定が日支交渉の結果たる条約に基く権利なるに拘はらず、之を抛棄しても構はないと考へる所以は、大正四年条約締結の当時と戦後の今日とは全く時勢が違ふ、国際関係を支配する根本思想が変つて来たといふことに基く。一体私は個人と個人との間でも、国家と国家との間でも、総て人類の生活関係の間には、一つの至道的原理が働いて居ると観るものである。併し世間には此の考に反対するものもあらう。人間には盲目的の生存慾ある許りであつて、個人と個人との間、国家と国家との間には、互に権勢を競ふ争ひがあり、道義的原則の其の間を支配するものあるを考へることが無い。即ち人と人、国と国とは、互に相排し互に相闘ふを以て常態とする。斯ういふ風に宇宙を全然考へる人から見れば、私のやうに常に至道的原理が人心を支配するといふやうな説は、全然空想に見える。が、斯ういふ極端な見方は、余自身之に反対するのみならず、今日多数の人の認むる所ではない。然るに更に之に一歩を進めると、個人と個人との間は成程道義の支配を認めることが出来るけれども、国と国との関係は全くこれと其の本質を異にするものであつて、其の間に何等道義の支配を受けることが無い。即ち国家と国家との間には唯だ争闘あるのみである。斯ういふやうな見方をする人から云へば、国際関係などといふものは、行き当りばつたりで、自然界と同様、一定の進化の法則はあらうが、人間の理想によつて其の方向を決定するといふやうなことはない。随つて此等の立場を取る人は、国際関係を規律すべき道義的原則の存在を否認するのである。

併し此の立場は、前にも繰返し述べた通り私の取る所ではない。私は常に一種の至道的原理が国際関係を支配して居ると考へる。若し此の如き道義的原則が国際関係を支配して居なかつたとすれば、そは特別の理由に基く特別の変徴であると考へる。私と反対の立場に立つ人は、否なそれが常態だといふであら〔う〕が、此の説には私は与みしない。そこで私の立場からいへば、戦争以前、西洋諸国には殺伐なる競争を以て物質的利益を図る為めに、お互に相排斥して居つたのは一種の変態である。而して他に特別の理由があつて、此の変態は又容易に破ることが出来なかつたのみならず、又相当に永続すべき運命にあつた、併しこれは畢竟変態である、本理由は猶ほ外にある。即ち一種の至道的原則に従つて、或る一定の方向に平和的発展を遂げるといふのが人類生活の本理由であつた。それを本理由とするに拘はらず、不幸にして特別の原因から、国家間に権力と武力との忌むべき競争があつて、而もそれが容易に止むことの出来ない結果として、十九世紀の文明には非常の煩悶と焦慮とがあつた。而して其の結果が即ち今度の戦争である。されば今度の戦争に於ては、殊に戦争より直接に非常に苦がい深酷なる経験を嘗めたる欧洲人は、又々斯ういふ悲惨な境遇に立ちたくない、今度の戦争の結末に於ては、国際戦争の動機を根本的に解決したいものだ、今までのやうな不安の世界に生活することは洵に心元ない、今度の戦争を機として、此の次の世界は総て文明に達して最も住み心地の好いものにしなければならないといふやうな考が起つた。此の考が非常に世界の民心を一変して、今までのやうに国際関係は鉄火を以て極《き》められてはいけない、これからは是非とも道義を以て最後の決定者にしなければならないといふ風に考へるやうになつた。尤も今日は古い時代から此の新しい時代に移る過渡期に属するから、此の新しい考が総ての問題に徹底して居るとは云はない。まだ古い思想も大に優勢である。けれども古い思想は宛《あたか》も老人の如く、惰〔性〕勢的優勢が猶ほ儼然として動かすべからざる如くに見えるも、併し将来の実権は、一見無勢力なるが如くに見える少年青年にある。即ち今後の大勢に就いて論ずるならば、国際関係はこれより益〻道義的原則の支配といふ色彩が強くなるであらう。これが即ち戦前と戦後に於て、世界の形勢が全然変つた或は変らんとしつゝある所以である。

四

其の結果として戦後の世の中には、如何なる場合にも侵略主義の横行を容《ゆ》るさない、他国の領土を其の国民の意に反して、如何なる名義に於ても侵略することを容さないといふ考が起つた。此の考の如何に強烈であつたかといふことは、今度の講和会議に於て独逸の或る植民地が、大体に於て如何に処分されたかといふことに依つても分る。又今度の講和会議に於て、戦争半ばまでの侵略時代の古い条約が、条約として依然国際法上の効力を主張し得ながら、如何に其の道徳的権威の影が薄かつたかといふことに於ても分る。戦争開始当時、例へば英吉利と露西亜とは斯ういふ密約を結んだといふ、仏蘭西と露西亜とは斯ういふ利益の交換に関する密約を結んだといふ、此の種の条約は無論条約として国際法上の効力がある。けれども此等は、或る場合に於ては殆んど実際問題を決定する場合の拠り処とならないのみならず、偶々此の如き条約に依つて自分の主張に確実なる根拠を与へんと努むると、そは常に冷評を以て迎へられたではないか。即ち昔の古証文の道徳的権威は、殆んど地に墜ちたのである。尤もさればといつて、総ての古い時代の証文は、皆な道徳的無効といふべしだと考へるのではない。これも条約の実質に依るけれども、新しい時代の新しい道徳思想と相容れないものは、兎も角も皆な道徳的権威を失つたと謂はれなければならない。であるから今度の講和会議に於ても、古い証文は斯うだの、密約には斯うあるのといふやうな議論は、殆んど多くの人の敬服を買はないで、条約の如何や取極《とりき》めの如何といふことに拘はらず、単刀直入、高尚なる道義的原則の下に立つ議論が意想外に重を為したではないか。さういふ所からして、我らは先づこれだけのことを考へなければならない。山東問題などに就いても、大正四年の宣言や条約を口実とすることは、決して国際法上誤りではないけれども、それでは至つて道徳的権威が無い。少くとも今日の時勢に於ては、道徳上に拠り所があるなら、条約を無視した取極めを無視したやうな議論でも、相当に聴かれるといふ時代であることを我らは知らなければならない。山東省に関する取極めが、其の事柄の性質上道徳的に無効たるべきものかどうかは姑らく別問題として、我々が此の問題に対して、条約を楯《たて》として解決せんとするに当り、若し相手方若くは第三者が、そんな古証文を引つ張つて来ても承知しないぞといふ態度を取つた時に、我々は一応彼等の立場にも相当の理由を持つ、少くとも此の如き立場に対して、今日の時勢が相当の敬意を払つて居るといふことだけは覚悟しなければならない。

そこで問題は、青島問題殊に専管居留地問題が、今日の道徳思想の容るさない侵略主義の色彩を帯びるかどうかといふことである。侵略的色彩を帯びないならば、条約及び取極めを証拠として、我々は既得の権利を主張するに何の妨げが無い。が、若しも侵略的色彩を一つでも帯びるといふならば、我々は之を主張すると否とは法律上我々の自由だけれども、之を主張するには甚だ道徳的困難があるのである。随つて少くとも今日の時勢に於て、一般の承認と同情とを博することは、極めて難いといふことを覚悟しなければならない。此の点が即ち我々の寧ろ此の際小の虫を殺して大の虫を生かさんが為めに、小なる空名の利権を棄てゝ実質的に本当の親善を支那に於て確立せんが為めに、此の如き小問題は快く之を譲歩すべきものであると考へる。青島の市民諸君は勿論のこと、憲政会並びに貴族院の一部などが、之を天下の大問題なるが如くに騒ぐのは、甚だ大人げ無きのみならず、所謂蝸牛角上の一端に拘泥して、我が国永遠の大を誤るの誹りを免かれないことを憂ふ。

けれども私は茲に青島に専管居留地を設定するといふことは、果して侵略的色彩を帯びるか否かといふことに就いては、反対論者の意見を尊重する意味に於て、猶ほ多少の余地を置かう。けれども唯だ反対論者に向つては、少くとも彼等の言論其のものには、侵略的の嫌疑を受くるに十分なるものがあることを警告しなければならない。例へば彼等は、共同居留地になつて外国人が入つて来れば我々は困るといふ。人の国に居つて商売をするに、何故に外国人の雑居を拒まなければならないとするか。天下の公道の一角を劃して、之に他人の侵入を拒み、自分の独占に帰せしめんとする時に、世間が之を猜疑の眼を以て見るのは当然である。我々は唯だ表て向き我々に侵略的野心が無いといつただけでは、世間は決して満足しない。戦国時代の外交の如く、初めから白と極つたものを黒と云ひくろめて、それで首尾能く勝つのが智者と呼ばれた時代ならばいざ知らず、今日は黒いものは黒、白いものは白といふ総て事実の明白なる科学的認識の上にのみ、本当の政策を立て得る。此の点に就いて、我々の同胞が自分の都合の好いやうな得手勝手の議論を吐いて、而も相手方が我々の侵略的野心を疑ふのは失敬だなどといふのは、之を聞いて一時の痛快を感ずることは出来るけれども、之を以て外国人との問題殊に神経過敏なる対支那問題を解決すべしとするならば、大なる誤りである。

何れにしても、私は青島専管居留地問題には、今の所絶対に反対の意を表する、日本の永遠の利益の為めに、又当今世界を流れて居る高尚なる理想の為めに。此の問題の何れに決するやは、問題それ自身は極めて小さいけれども、これが日本国民の今日の外交界に処する態度の一つの現はれとして見る時には、実に軽々に看過すべからざる重大の問題である。

〔『東方時論』一九二〇年一月〕

対東洋政策の根本的誤謬

一

大正八年を送つて、茲に平和の第一春を迎へ、世界各国は皆此新しき形勢に応じて、夫々内外諸方面の政策に新粧を凝《こら》しつゝあるに当つて、猶我邦の依然旧態を改めざらんとするのは、吾々の甚だ遺憾とする処である。芽《め》出度《でたき》春に苦言を呈するも如何なれど、之れを改むる一日遅ければ遂に百年の誤りを匡《ただ》し難きが故に、予は此の際我邦の外交政策、殊に対支那、対西伯利《シベリア》、対朝鮮の方面に就て、其の根本的誤謬とする点を論じて見たいと思ふ。尚序《ついで》に断つて置くが朝鮮政策は外交政策ではないけれども、朝鮮を以て日本内地と同一視すべからざるは勿論、朝鮮民族は実質に於て矢張一個の大和民族以外の他種族に属するが故に、政治の実質を論ずる場合には、准外邦として取扱ふ事が必要である。

我邦の対支那、対西伯利、対朝鮮政策——之れを総じて対東洋政策といつて置かう——が皆凡て失敗に帰して居る事は、何といつても覆ふ事は出来ない。見よ支那に於ては、去年の春以来排日的風潮は滔々として底止する所を知らぬではないか。之れが為めには朝野共に心を悩ますこと一方ならざるものあるも、更に改善の跡を見ない。朝鮮に於ても排日的風潮は益々旺《さかん》で、不穏の報道は常に吼々《(ママ)》の耳朶を打ち、其の為めに現に今度の予算にも現はれて居るやうに、朝鮮駐屯兵の増援の必要が、所謂不穏の形勢に基いて居るのは、予算内示会に於ける陸軍大臣の演説にも明白である。若し夫れ西伯利に至つては、増兵の急を告ぐるもの頗る切に、此の為めに荐《しき》りに米国と折衝を重ねつゝあるではないか。而して所謂過激派の優勢と、西伯利出征軍の危機の報道は、オムスク政府撤退の指導と共に、尠《すくな》からず吾々の心胆を寒からしめて居る。単に夫れ許りではない。日本軍の比較的優勢を占むる部分に於ても、之れと土民との関係は、至つて融和して居ないといふ事実がある。従つて経済関係も思ひの外に発展して居ない。是等の点が、偶々此の地を旅行するものゝ実見して、而して痛嘆措かざる所である。

斯く論じて見れば、支那に於ても朝鮮に於ても、亦西伯利に於ても、今日まで日本官民の努力は頗る多大なるものあるに拘らず、其の結果として現はれた処は、一から十まで期待を裏切つて居るではないか。之れを是れ失敗と言はずして何をか失敗と曰はう。之れを当局者に詰問したならば、勿論相当に弁解の言葉はあらう。如何なる弁解の言葉があつても、失敗の跡は歴然として之れを覆ふ事は出来ない。吾々は国民の一人として是等の事実を冷静に見、其の上に今後の方針を定めたいと思ふ。

二

今後ドウすべきかを考うるに先立つて、第一に知らねばならぬ点は、何故に此く失敗を齎したかといふ事の根本原因である。予は此処に先づ是等の根本原因と思ふもの二三を指摘して見やうと思ふのである。

第一に最も著しい点は、我邦の対外政策が少しも対手方《あいてがた》の十分なる研究に基いて居ない事である。対手方を少しも研究して居ない事である。他の言葉を以ていへば、科学的研究に裏附けられて居ないといふ事である。地質を究めずして漠然種を蒔いたのでは、思ふ通りの作物は得られない。教育に成功しやうと思へば児童心理学の研究が必要になる。況んや複雑なる外交に於ては、対手方国民の如何なるものなるやを十分に研究せずして、漫然手を下すのでは其の効果の収め難き、問はずして明かである。我邦の実際政策が、此の点に於て如何に無謀なものであるかは、一々例を引くまでもなく明瞭であらう。例へば支那に於て青年の排日運動が起る。何の為めに、如何にして之れが起つたかを十分に研究せるものは、政府に取締を迫るのでは到底問題の解決の附かない事は知れ切つて居た筈である。朝鮮に於ても亦、支那に於ても、何故に我日本に反抗するかを十分に冷静に研究して行かないから徒らに不逞呼ばゝりするのみで、其結果は、只益々反抗を劇しからしむるに止まる。此ては問題を解決せんとするの努力は、努力すればする程、益々問題を紛糾せしむるに止まるのである。言ふまでもなく彼等は日本に反対する事を以て正面の理由として居る。従つて反対さるゝものが興奮するのも無理はない。併し乍ら当局者が、否少くとも有識階級は、無智の愚民と共に、徒らに興奮しては不可《いけな》い。何処までも冷静なる科学者が、或は地質を研究し、或は物理化学を研究する態度を以て問題に臨まなければならない。化学者にとつて最も大切な事は、例へ研究意の如くならずとも、決して冷静を失つてはならぬ事である。研究意の如くならず、結果も予期の如くならないからといつて、試験管をとつて地上に擲《なげう》つと云のが、丁度吾々の対外的態度ではあるまいか。

何れにしても対手方の状態を十分に研究して、問題の由つて起る処を完全に理解してかからないといふ処が、我が日本の外交政策の根本的誤謬であると信ずる、而して此の誤謬は当局者独り之れを為すのみならず、国民の多数も亦、之れを為しつゝある事は、吾々の甚だ遺憾とする処である。

三

次に更に進んで何故対手方の研究を疎略にするかの理由を考へて見やう。之れの最も大なる原因を成すものは、一種の官僚思想であると思ふ。官僚思想といふのは、官僚通有の思想といふ意味許りではない。内政問題に就ては多数の国民は官僚に対して所謂官僚思想を排斥するけれども、外政問題になると、其の多数国民が亦他国民に対して官僚的思想を発揮することがある。此の意味に於て、予は日本国民には、殊に支那、朝鮮、西伯利等の問題になると、一種の官僚的思想があると考ふるものである。

然らば官僚的思想とは何ぞやといふに、通俗に言へば、自分丈けエラクて他の者は馬鹿と見る考へである。天下の政治は自分達には完全に判る、一般人民は依らしむべく知らしむべきものではないと愚民扱ひにする事は、官僚政治家の通弊ではないか。従つて彼等は、自分の経綸を行はんが為めに民衆を意の如く引廻さんとし、又引き廻し得ると考へて居る。此処を斯うすれば、民衆はア、動くと丸で機械のやうに心得、而も時として意の如くならないと之れを圧迫する、殆んど其の人格を認めない、人格を認めないから、思ふ通りの結果さへ得れば、買収其他の非道徳的方法を執るも亦之れを辞しない。偶々民衆の道徳的開発を図るといふやうな事を考へる場合でも初めから民衆を愚民と見て居るから、所謂極端な老婆心を発揮して干渉至らざるなき有様となる。要するに自分の意思を他人に強制するに急にして、此かる態度の反応が、対手方に如何に起るかを考へない。少くとも対手方の事情を主として考へるといふ事はない。ツマリ対手方は丸で機械のやうな独立自由の意思のないものといふ風に見て居るから対手方の研究などといふ事は、テンデ必要がないのである。対手方は自分の思う通りになるもの、亦思う通りにすべきものであるから、茲に研究の必要ありとすれば、如何に対手方を動かすべきかといふ事だけである。恁《こ》ういふのが即ち官僚思想で、そして之が実に我が対外政策の根柢を成して居るのだから堪らない。

〔以上『横浜貿易新報』一九二〇年一月三日〕

三ノ二

対手方は自分の考へ次第で、如何やうにもなるものと考ふる事の結果、事実自分の思ふ通りにならないと圧迫する。圧迫しても思ふ通りにならないと無暗に怒り出す、而して此の如くなるが何等か由つて来る相当の理由なきやを嘗て反省しやうとしない。官僚思想に最も著き特徴は、自己の欠点乃至失敗に就いて、殆ど無反省であるといふ事である。何処までも自分を正しいとする事である。尤も中には自分の誤りに気附いて居るものもあらう。而して色々の事情が政策の根本的改革を不可能ならしめて居る事もあらう。併し大体に於て自己反省を欠くといふ事が官僚政治家の通有の特徴である事は言を竢《ま》たない。

自己反省を欠くの結果は、予期に反して結果の出現を見て、必ず其原因を自分以外に帰せずんば已まない。其処で或は対手方の軽挙妄動を罵り、又は第三者たる外国の煽動などゝ叫んで益々醜態を暴露する。是等の点は、最近支那朝鮮の問題に就いて、余りに多くの実例に接して居るから重ねて説くまでもなからう。

四

飽くまでも自己反省を欠く官僚政治家も、自己の予期に反する局面展開の実際の事実に対しては、如何ともする事が出来ない。支那の排日、朝鮮の動揺、西伯利の紛擾、是等の実際問題に対しては、必ず何とか方法を講ぜねばならぬ責任がある。而して吾々の立場からいへば、之れを為すの根本方法は、先づ第一に従来の失敗を自覚するといふ事が〔から〕始まらねばならぬと思ふけれども、彼等は有意又は無意に、此の態度には出ない。飽までも自己の間違つた態度を改めずして、何処までも突進しやうとするのであるから、其処で彼等の為めに残る処の唯一の方法は、対手方の中金を呉れたり、其他色々不正の利益の提供によつて吾々のいふ事を肯《き》くやうな連中と結託して、之れをして無理に政権を握らしめんとする事である。支那で段祺瑞の一派を助けたのも西伯利でコルチヤツクの輩を助けたのも皆異曲同工ではないか。夫れが対手方の国民の間に実質上ドレだけ威力を有つて居るか、又対手方の天下は是等の連中の思ふ通りになるものか、ソンナ事は一向考へずに、一寸勢力のあり相なものゝ中誰れでも宜い、吾々のいふ事を肯き相なものを捉まへて、之れに仕事をさせやうと云ふのが何処へ行つても遣る慣用手段ではないか。

之れも或る点までは相当に成功する。西伯利にしても、支那にしても騒乱の際であるから、強大な外国の援助を得るといふ事丈けで非常な強味になる。是れ段祺瑞や徐樹錚や、コルチヤツクや、ホルワツトなどの一時多少の勢力を示した所以である。けれども恁《こ》ういふ連中が結局支那や西伯利の天下を支配するものかドウか、少しく当今の時勢に通ずるものは此の位の事は何人も諒解が出来る筈である。吾々の対米〔外〕政策は、今明日の計を為すのではない。所謂百年の大計を為すものである以上、対手方の勢力関係が結局何処に落ち附くかを見窮めないで、自分達の一時の便宜で事を決するといふのは危険此の上もない話ではあるまいか。

五

以上述ぶる処で明かなるが如く我国の対東洋政策は疑ひもなく全然失敗であり、而して其の失敗の原因は、一部の有力な階級に牢として抜くべからざる官僚思想にある。而して之れを匡して対外政策を正当の軌道に持ち直す為めには吾々国民が大に覚醒して当局を監督する処なければならない。之れに就いては尚、他日を期して説く所あらんとするけれども、茲に肝要な点二三を列挙するならば、第一は従来の失政に目覚る事である、先づ自己の過ちを悟らずしては何事も改革は出来ない。第二には彼等の主張にも尤もとすべき点あるべきを許す事である、只日本に反対するの故のみを以て、彼等を不逞呼ばゝりするのは、慎むべきである。彼等の主張には不都合もあらう、併し乍ら之れに就ては吾々に従来多くの失態もあつた事を認むる以上、彼等の立場を道徳上全然否認するのは適当でない。第三には進んで彼等の要求の中に若し真理に合する部分あらば、躊躇する処なく之れを承認すべきである。朝鮮人の独立にした所が、単に自由独立といふ抽象的原理の中には多分の真理を含んで居る。朝鮮人が之れを主張するの故を以て、之れを謀叛呼ばはりしては不可《いけな》い。敵味方と分れても、彼我を超越する普遍的原理に共通なる精神を諒解して互に尊敬するといふのは、封建時代の武士道にすらある。義経弁慶と知りつゝ、之れを逃がして重大な職務違反を敢てした富樫左衛門に、今日国民多数が讃嘆措く能はざるものは此の為めではないか、此の点に於て今日一部の国士と称するものが、過般来朝した呂運亨《りょうんこう》を謀叛人呼ばはりするのは富樫に対して正に慙死すべきである。第四には差し当り我々に最も強く反対する一番骨の硬い連中を主として捉まへべき事である。是等の連中の主張には、兎に角一面の真理があるらしい。斯ういふ連中が一番確な一番動かない勢力を国民に有するのだから、之れを捉まへて融通の途を講ずるでなければ、結局問題は根本的に解決されない。従来の官僚政治家は吾々の思う通りに如何様にもなる連中のみを手に入れやうとする。コンナ連中を手に入れたのでは結局何にもならない。如何やうにもならないやうな連中を手に入れるでなければ、本統の成功といふ事は出来ない。尤も是等を手に入れるのは吾々の態度も亦、彼等の立つ所と同一の道徳的立場に立つ事が必要である。夫れには吾等が従来にとつた古い立場を全然棄てなければならない。之れを棄てるといふ事は、又取りも直さず官僚政治家の自滅を意味する。故に官僚政治家には此の芸当は六ケ敷いに相違ない。けれども六ケ敷いといふを之れを打棄て置いては、国家の将来が堪らない。是れ吾々が他の一方に於て凡ての改革の前提として、官僚政治の撲滅を主張して已まざる所以である。

〔以上『横浜貿易新報』一九二〇年一月四日〕

台湾に於ける共学の実施

植民地の教育制度が内地人と土人とを別々の学校に於て別々の教育を授けて居つたといふ事が不合理の甚だしいものであるといふ事は、予《か》ねぐ\吾々の主張する所である。朝鮮に於ても台湾に於ても、之れと反対の方針が行はれて居つた事は、吾々の非常に遺憾とする所であつた。無論実際問題としては種々の不便もあらうけれども、根本の原則として之を許さない。或は表面之を許しても、而かも実際之に大いなる不便を与へて居るといふ事は、とんでもない間違であつたと思ふ。然し植民地に於ける子弟は、其植民地に於て土人と事を共にして、国家社会の発達に貢献すべき使命を有つて居るものである。此使命を完うする為めには、自ら相当の方法を以て土人に接しな〔け〕ればならぬ。而して此考は大事な教育時代に於て受くべきが当然である。然るを学校に於て子供が全然土人と隔離されて居るといふ事は、内地人に向つては植民地住民としての最も大切な資格の訓練を拒まるる事であり、土人に向つては内地人を理解し内地人と提携するの訓練から絶対に遠ざけらるる事である。双方に向つて最も必要な資格を奪ひ、最も其境遇に不適当な人間を作る結果になる。そこで植民地の教育方針は、少くとも其根本方針に於ては、共学主義でなければならない。それを従来の植民地統治者が全然実行しなかつた許りでなく、却つて其反対の傾向を取つて居つたのは、官僚的専制思想より来るとんでもない謬りである。然るに新聞の報道する所に拠れば、最近台湾に於て共学の制度の一部実行を見るに至つたと聞くのは、吾々の大いに欣ぶ所である。即ち内地人が台湾人の学校に入る事も、台湾人が内地人の学校に入る事にも道が拓けたのである。唯少しく遺憾とするのは、之に就いて種々面倒な条件がある事である。吾々は之を手始めに更に共学自由の範囲を拡張し、尚ほ一歩進めて全然同一の制度の下に統一せられん事を希望する。少くとも主義に於ては完全なる一視同仁を教育上に実現すべきであると考へる。此事は朝鮮に就ても同様である。

〔『中央公論』一九二〇年二月「小題小言」のうち〕

日支学生提携運動

先月央ば東京に於て日支学生提携運動なるものが起つた。事は北京大学学生卒業生五名が我国学生並に青年思想家を訪問すべく来京したといふ事に端を発する。数度会見を重ねて大いに疏通共鳴する所あり、今後は彼我相往来してます〳〵親善の実を挙げ、並に東洋文化の開発の為めに協力すべき事を誓つたといふ事である。すると政府の方では何ういふ訳で此種の運動を国交に害ありと観たのか、此夏休みに同じ目的で支那に遊ばうといふやうな学生があつたなら成る丈け之を阻止するように、といふやうな通牒を各大学に発したさうだ。両国学生の提携する運動は国交に害ありとでも観たのであらう。

去年の暮から本年の春に懸けて、東京帝国大学の学生二名支那に遊び、上海に於ける学生聯合大会に臨み一場の演説をした。之が駐在日本官憲の忌諱に触れ、斯くの如き者の渡来は甚だしく国交を遮《さまた》げる原因となるから、以後は斯ういふ種類の者を寄越さないようにといふ注意が来たと聞いて居る。

今日日本と支那とが精神的に大いに阻隔して居る時に、只纔《わず》かに青年学生の間に意思の疏通を見んとして居る。而して官憲は之を国交に害ありと云ふ。果して此種学生の提携運動は、両国民族本当の親善を害するや否や。

今日支那と日本とが甘《うま》く折合つて居ない事は隠れもない事実である。全体としては甚だ仲が悪いが、其中に在つて仲の善い階級が二つある。一つは昔から久しい腐れ縁で繋《つなが》つて居る両国の官僚軍閥である。一つは昨今新たに諒解の端緒の着き懸けて居る青年学生の提携である。而して両国の一般国民は官僚軍閥を繫いで居る腐れ縁が、実に両国の本当の親善を阻隔し、併せて東洋の平和を脅すものであると信じて居るに対し、官僚軍閥は又青年の提携運動を以て非常に危険なものと観て居るのである。

支那の官僚軍閥は、日本のそれが日本の国民に不評判なる以上に、支那国民に不評判である。又事実日本の官僚軍閥が為す以上に、彼等は自家階級の利益の為めに国利民福を犠牲にして居る。そこで甚だ国民の非難を蒙つて居るが、之にも拘らず政権を擁して我儘を押通し得る所以のものは、他国の直接間接の援助を恃んで居るからである。而して日本の官僚軍閥は支那の形式上の政府を援ける事が即ち其代表する支那民族を援くる所以なりとの錯覚に陥り、稀には悪意を以てする者もあらうが、多くは支那の為めに計るといふ善意を以て支那の官僚軍閥の横暴を援けつゝある。斯く観て支那の志士は、自国の官僚軍閥を憎むが如く亦我国の官僚軍閥を憎む。而して最初は只これ丈けの理由で日本を憎み、夫の排日運動の如きを起したのであつたが、昨今はだん〳〵東洋の平和とか世界の文化とかいふやうな高い見地から、官僚軍閥に通有なる一種偏僻な思想を排斥するといふ風に変つて来た。是に於て彼等の立場は遂に吾々の立場と合致するやうに成つて来たのである。吾々は何故に官僚軍閥の侵略主義に反対するか、又何故に従来の政府の対東洋政策に反対して来たかは更めて説明するまでもなからう。要するに吾々は彼我両国の官僚軍閥の提携を東洋の平和を擾乱する禍根であると考へて居る。それにも拘らず両国の官僚軍閥は民間の反対あるや、自衛の必要からでもあらう、ます〳〵提携を深くして、而して彼等の提携は即ち両国の親善なりとする一大錯覚より醒めない。自分達の立場に反対する者があれば、直ちに之を両国国交の妨害者と看做す。而かも彼等の所謂国交を深くすれば深くする程、両国民全体の阻隔は大きくなる許りである。

官僚軍閥の間違つた政策に累せられて、両国の間柄は永く親しまなかつた。而して其事からいろ〳〵の苦しみと禍とが出て来るので、堪へられなかつた。何とかして親善の実を挙げやうと苦心したが、軍閥と軍閥とが結んで居る間は如何ともする事が出来ない。而して軍閥提携の行詰りは猛烈な排日運動となつて現はれたが、斯うなると軍閥者流がます〳〵焦せる。彼の国の軍閥をして高圧的に此運動を抑へやうと努めたけれども、効果の挙るべき筈は無い。此際に於ける吾々の立場は、本当の親善を挙ぐるの途は先づ自分の過を反省するといふ所から初めなければいけない。換言すれば侵略的対支政策の非を十分に承認する所から初めなければいけないといふのである。さうすれば必ずや吾々は支那の諒解を得る事が出来やうといふのである。此考に対しては随分激しい反対を受けたが、結局吾々の考は酬ひられた。尤も吾々は支那の青年学生が猛然起つて排日運動を起すや、この感情的に昂ぶつた排日的暴論の中にも、精密に観察すると侵略主義の排斥といふ一種の道徳的立場の潜在するを認める。即ち彼等も亦吾等と共通の思想的根拠を有するを認めて、彼等も亦話せば訳るといふ感を抱いたのである。此自信の上に立つて吾々は、本当の日支親善は官僚軍閥を捨てゝも、寧ろ是等の真面目なる青年即ち第二の国民は提携すべきである事を唱へたのである。多少此点に国民の反省を促すべく努めた事は、本誌の読者の記憶して下さる所であらう。

是等の運動の結果にや、支那の方でも日本に対する考がだん〳〵変つて来た。初めは日本人は徹頭徹尾侵略主義者であると認め、猛烈に排日の気勢を揚げたのであつたが、だん〳〵日本にも彼等と思想上の立場を同じうする者ある事が解り、彼等はだん〳〵吾々は日本人の凡てを排斥するのではない、官僚軍閥の横暴に反対するのであるといふやうになつて来た。日本にも侵略の日本と平和の日本とあるといふ事は、朧気ながら彼等の認むる所となつた。今まで日本は侵略主義で一貫して居ると考へて居つた誤を覚つた。而して従来の日支親善は、兵権を擁して万民を虐ぐる支那の軍閥が侵略の日本と提携する事を意味したからいけない、是からは平和の日本と吾々が提携する事にならなければならない、之が本当の日支親善であるといふ風に考へたのである。斯ういふ風な考は去年の夏頃から両国青年の胸裡に鬱勃として起り、謂はゞ見ぬ恋に憧れて居つたやうな形であつたが、最近漸く実現の端緒に着いたのが即ち両国学生の提携運動である。是より日支両国は初めて当然あるべき本来の親善関係に入らうとして居るのに、之を国交に害ありと云ふのは、吾々は甚だ其意を得ない。

両国学生の提携運動は誰が何と云つて妨害しようが、一旦其緒についた以上今後ます〳〵盛んになるに相違ない。而して此提携運動の第一に目指す所の敵は官僚軍閥の侵略主義である。故に侵略主義を以て対支政策の根柢と考へて居る人に取つて、吾々の運動は邪魔になる。さうでない以上、此提携運動は何等非難さるべき道理は無いのである。

尤も此運動を非難する者は次のやうな謬見に囚はれて居るのかも知れない。一つは支那の青年の運動の陰には過激派の手が潜んで居るとする考である。も一つは支那の人の前に日本人が日本の悪口を云ふのが悪いとする考である。第一の点に就いては余りに馬鹿々々しい疑惑で弁明する勇気も無いが、第二の点に就ては少しく国民の反省を促して置く必要がある。支那に「兄弟墻《かき》に鬩《せめ》ぐとも外侮《あなど》りを防ぐ」といふ諺があるが、之を誤解して何んな悪い事を内でやつても、外へ行つては黒を白と言ひくるめるのが愛国的態度だと考へて居る人が多い。封建時代ならばいざ知らず、今日の世の中では以ての外の誤である。外国人であらうがなからうが、黒は黒、白は白と事実を有りの儘に明かにしないでは、何人も真面目に相談に乗らないではないか。昔のやうに彼我の事情が分らず誤魔化しが利くならいい。日本人が何処で何を為たかは、日本人自身よりも外国の人の方が能く知つて居る。

（日本では政府の秘密政策の為めに、知つて居るべき事を知らされない事が少くない。）それを鹿爪らしく弁解しては、聞く者は寧ろ其白々しさに驚くであらう。日本が弁解すればする程、外国の心ある者が或は怒り或は顰蹙《ひんしゆく》するといふのは、全部正しいとは云はないが、亦決して無理もない点がある。吾々は自分の悪い事は何処までも其悪を承認し、彼等の非難に相応の理由があるならば進んで之を傾聴し、而して自ら其の改むべき所以を明かにして話を進める事が、本当の解決に到る唯一の途であると考へる。

之を要するに、支那と日本とは大体に於て大いに阻隔して居る。之が為めには支那も困れば日本も困つて居る。何とかして一日も早く親善の関係を恢復せねばならない。それには現に親善の関係を作つて居る一部の運動を拡張するより外に途はない。然らば現に親善の関係を作つて居るものは何かと云ふに、官僚軍閥と青年学生とである。而して吾々は官僚軍閥の提携に依つて日支親善の実を挙げる事が出来るか、官僚軍閥の提携は更に国民的提携に拡張せらるゝの見込みがあるか、官僚軍閥の提携を傷けざらんが為めに青年学生の提携を遮《さまた》ぐるが日本の為め、将た東洋の為めになるか、是等の点に関する慎重なる考慮を煩はしたい。

〔『中央公論』一九二〇年六月〕

〔『台湾青年』発刊への祝辞〕

蔡学兄

此度、貴兄方が御発企で、各方面の有力者の御声援の下に、台湾に於ける文化開発の目的を以て、雑誌を御発行になるとの事、誠に時宜に適した結構なる御企と存じます。殊に、今次の企てが、純台湾人の力を以て成り立つたといふ事は、最も意味ある事と考へます。戦後世界を通じて、文化運動の潮流は澎沛〔湃〕として流れて居りますので、台湾の諸君も此潮流に取り残されて晏如たるを得ざるは、怪むに足りません。只斯の種の運動は、個人の意識に於ても、民族の意識に於ても、自主的なものとならねば本当のものではありません。此点に於て、諸兄が此度独力を以て奮起されたのは、大に多とせねばなりません。斯くしてこそ、諸君の運動は実質的の価値を有し、従つて、又同胞多数島民の間に大なる感化影響を与ふることが出来るだらうと考へます。

只此際世間の誤解を避くるため一言したい事は、独力を以てするといふ点です。此事は、内地人が諸君の運動を評価する場合にも、又諸君自身が文化運動の方針を決める場合にも起り易い誤解ですから、自他共に呉々も注意すべき事だと思ひます。

文化運動の本当の成功を見るには、深き歴史と民族性とに根柢すべきものですから、他民族が之を指導するなどいふ事は、出来るものではありません。他民族の為し得る最高限は、該民族の文化の開発を誘発乃至助長するだけです。夫れ以上の事は、その民族自身に任せねばなりません。我々は日本人として、台湾人諸君の文化の開発を切望し、出来るなら、之を啓発助長して上げたいと切望してゐます。併し我々が常に率先して、之を指導すべきものと考ふるならば、そは甚だ僭越の沙汰と謂はねばなりません。台湾は日本の領土だから、従つて台湾人は日本人だからとて、日本内地に生ひ立つた文化を其儘台湾に植え付けんとするのは大なる誤りであります。而して台湾には、如何なる文化が生長すべきものかは、台湾人諸君の能く知つてゐる所、又諸君の専ら為すべき所であると考へます。

併し乍ら諸君が独力で此仕事をやるといふ事は、必しも根本的に内地人と協同せぬといふ事ではありません。独立を解して反抗と観るのは浅薄な考へです。諸君の文化的に独立するのは、真に内地人と協同せんが為めです、否、進んでは世界の多くの人と協同して、世界の文化の進歩に貢献せんが為めです。凡て協同の基礎は独立です。独立なしの協同は盲従です。隷属です。我々は日本国民として、斯の如き隷属的民族の存在するを好みません。台湾人が法律上日本国民として、我々と提携する前に、我々は、台湾人が先づ独立の文化民族たる事を要求します。独立とは只法律上の命令者に反抗する事ではありません。独立の人格者たる事です。此意味に於て、我々は諸君の今次の計劃を歓迎するものであります。

私は今風邪で引籠つて居ります。詳しく書く積りでしたが、其れが出来ませんから、此文を草して祝辞に代へます。

〔『台湾青年』第一号、一九二〇年七月〕

対支政策の転回

過般の政変で段祺瑞一派が脆くも全敗し、所謂親日派は根本的に凋落して再起の望無きものとなつた。代つて立つた直隷派が、噂の如く英米の傀儡か否かは姑く措き、日本の所謂勢力が北京の政界に於て特殊の根柢を失つた事丈けは疑を容れない。今や我々は徒らに諸外国の辣腕を羨望的に兎や角云ふを罷《や》めて、此際如何にして局面を我国の有利に展開すべきやを考ふるの必要に迫られて居る。

官僚外交の当局者は、段派の滅亡は必ずしも親日派の凋落ではない、と云ふかも知れない。今度の安直両派の争闘に対しても帝国政府は諸外国と共に絶対的中立を表明した。事実に於て我々は決して政争の何れの派にも特別の援助を与へなかつた事は疑無い。従つて段派を以て親日派と云はるゝのは我々の迷惑とする所でなければならない。併し之は形式論で、実は過去に於て帝国は余りに段派援助に深入し過ぎたので、最近時勢の迫る所、已むを得ず方針を変へても已に晩かつた。政府は本気に中立を決心したのだけれども、世間では之を信じない。否、帝国の軍人中にも内々段派を援けるのだと考へたものも少からずある。従つて軍人側の意見では、最後まで段派の勝利を確信して居つたではないか。支那の一部の人が、日本現に段派を援けつゝありと伝へたのは、為めにする所ある流言であつたとしても、肝腎の段派自身が最後まで日本を自派の友と考へて居つたことは、形勢の段々不利となるや曹汝霖《そうじよりん》の徒をして屢々帝国公使館に足を運ばしめたことによつても分る。支那人が敵味方共に日本を段派の友と見做し、西洋人も亦之を疑はなかつたのだから、最近の中立の声明は実際に於ては何の効果もなかつた。之れ過去に於て余りに深入し過ぎた結果である。而して深入し過ぎた事の結果は、単に之ばかりではない。急に方針を一変することによつて、段派自身からも遂に非常に怨まるゝと云ふ事になる。同じやうな過ちをセミヨノフ問題についても之を観るが、下らないものに引つかゝつて飛んでもない馬鹿を見る事が殆んど帝国外交の一特徴をなすの観あるは我々の遺憾とする所である。

何れにして目下の北京政府には、日本にとつて何等特別の因縁のないものとなつた。最近まで日本はいろ〳〵の意味に於て外交上優越の地位を占めて居つたが、今や此特権的地位は完全に覆されて、我々は他の諸国と同列に立つて競争せねばならぬ事になつた。事に依ると他の国が特権的地位を代り取つて居るかも知れない。其上若し過去に於ける特権的地位の過度の利用が少らず支那の民心の反感を買ひ、且つ又之に乗じて種々陥穽の策を弄するものありとすると、日本は可なり不利なハンデキヤツプを附けられた訳になる。斯くして外交上相当の地歩を占めようとするには、非常の奮発が入る。況んや我々は支那に対して為すべき事の多き到底欧米各国の比にあらざるに於てをや。濡れ手で粟の夢からは全く覚めなければならない。贈賄と強圧によつて利権を獲得すると云ふ旧式の手段は全く之を捨てなければならない。即ち対支政策はこゝに一転回して、新規蒔直しをやらなければならない。而して新しい方針は徹頭徹尾誠意と公正を中心とすべきは云ふを俟たない。今日の場合、政治的に観て極めて不得策と思はるゝ小幡公使の段派元兇擁護の声明が、其卒直の点に於て意外の好感を寄せらるゝに観ても、如何に支那の民心が誠意と公正を喜ぶかゞ分る。国民の決心と外交当局の手腕とによつては今日の不利な形勢を近き将来に転回するの望みは全く無いでない。

只此際呉々も注意しなければならないのは、過去の失敗を再び繰り返してはならないと云ふ点である。過去の失敗は誠意の欠缺《けんけつ》も慥《たし》かに一つの原因には相違ないが、もう一つは支那の時局に対する観察と見識に大いなる誤りのあつた事を数へなければならない。此点に深い注意を払はなければ如何に誠意と公正とを看板にしても失敗を繰り返すべきは火を観《み》るよりも明瞭だ。然らば何が過去に於ける失敗の原因であつたか。予輩は其最も主なるものとして次の三つを挙ぐる。

第一は所謂有力者の勢力を過信せることである。即ち我が政府は、袁世凱《えんせいがい》とか段祺瑞とか最も傑出せる人物を選び、之と結んで事を為すと云ふ方針で一貫して来た。之は独り支那に対してばかりではない。何か面倒な外交問題が起ると、我国より第一流の人物を派し、対手国一流の人物と秘密裡に会談することによつて事件は完全に始末し得べし、又此方法によつてのみ始末が着き得るのだとするのが、我国先輩政治家通有の思想である。米国に向つてすら、大統領に直談判することによつて総ての困難なる問題が解決が着くと考へて居るのだから堪らない。尤も支那は日本が山県公の日本であると同じやうな意味に於て袁世凱の支那であり、又段祺瑞の支那であつたことがあつた。併しながら只一人の人を専制時代の君主の如く見做して交渉するに方つて我々は、他面民衆勢力の勃興を観ねばならず(殊に最近の支那に於て此点が最も著しい)又共和国となつた後の支那に於て最高の地位は兎角他の嫉視を免れ難い、と云ふ現象を観なければならない。甲と乙と勢力を争ふとする。甲は丙の力を藉りて乙を討伐した。甲は其地位の安全を計るが為めに遂に丙をどうかせねばならぬ必要に迫らるゝ。否、之れより先き已に丙は其事あるを予期して甲に反噬《はんぜい》する計画を廻らす。斯くして甲乙の争は、やがて甲丙の争となり、更に又某々の争を導いて底止する所を知らない。此間に処して最も有力なるものが武力統一の功を全うすると云ふ事は殆んど不可能である。況んや統一の為めに武断主義を取るものは、其れ丈け又民間の反抗と憎悪とを強からしむるに於ておや。而して過去に於ける帝国の官憲は此武力統一の可能を信じ、或る一人の有力者を選んで極力之を援くるの方針に出でた。支那をして一日も早く安定を得しめんとした誠意から出でたものであつたにしろ、外面の形は武断主義の援助となり、而かも事実に於て支那の治平を幾分攪乱するの嫌ひないでなかつた。

第二は主義の提携がやがて情実となり、遂に大局の打算を謬《あやま》る事である。例へば段祺瑞が支那に於て最も有力なるものにしろ、其一派を極力援くる事の結果、遂に深入し過ぎて段派以外のものは全く眼中に措かない。段派の敵とするものは又自分の敵とすると云ふ盲目的態度を取るやうになる。段派を援けるのは日支共存を基礎とする東洋の平和の為めとするなら、此主義の達成が一切の行動の準拠でなければならない。此主義から観て段派の行動に誤りがあるなら断乎として之を糺《ただ》さなければならない。場合によつては弊履の如く之を捨てなければならぬ必要もあらう。大義親を滅すると云ふ事もあるのに、一旦援けた以上見殺しにも出来ぬと云ふて妙な所に武士道を担ぎ出すが如きは、甚だ国家を誤るものである。主義の為めに或一派を援けるのはいゝ。情実が主義を犠牲にするやうになつては以ての外だ。個人の交際なら格別、公けの行動としては過去の対支政策には此種の過ちが甚だ多かつたと思ふ。

第三に外交上の方策を利権擁護の犠牲としてはならないと云ふ事である。支那と日本と親善ならざるべからざる一つの理由は経済的方面にある。故に外交関係の開拓の基礎の上に、各種の利権を獲得するは夫れ自身決してわるい事ではない。只其獲得の手段方法が、飽くまで公明正大でなければならない。而して其一旦獲たる利権は之を適当に擁護するは固より勿論であるけれども、之が為めに、外交方針を左右する事は大いに慎まなければならない。而して過去の対支外交には果して此嫌ひはなかつたらうか。我国は段祺瑞政府と親むことによつて各種の利権を獲た。此利権を確実にする為めには段政府の存立継続を便利とする、否必要とする。斯くして我国は段祺瑞一派に向つて過分の援助を与へ以て彼国民心の反感と疑惑とを蒙らなかつたらうか。余りに外交方針を犠牲にし過ぎると、利権獲得の原因までが何等か不正の手段で獲たものではないかと疑はるゝ。此点に於て我々は大いに警戒する所なくてはならない。

今後の対支政策はどうすればいゝか。之は之からの問題として更に研究を続けよう。只其先決問題として過去の明白な誤りを再びせない丈けの要心をする必要がある。対支政策の新転回は先づ以て此警戒から発足しなければならない。

〔『中央公論』一九二〇年九月〕

支那留学生問題

貰つたものを大事にせぬ癖に、呉れないと怒ると云ふのが人情だ。支那の留学生を従来可なり冷遇して居つたのに、此頃だん〳〵減少するやうになつたと云ふので、世間では大騒ぎして居る。殊に毎年一定数の官費生を、一高、高師、高工、千葉医専に収容するの文部省対支那政府の特約を本年を限り罷《や》めようと云ふ風説が伝つてから更に一層問題は矢釜しくなつた。支那留学生優遇に関する一建議案も議会に於て近く問題にならんとして居ると云ふ事である。六菖十菊の嫌ひあれども若し此等の俄《にわ》か造りの努力によつて少しでも優遇の実が挙るならば、一つには留学生の利益の為め、又一つには我国民の対支思想の開発の為め悦ぶべき事柄と云つていゝ。

支那留学生の減少を憂ふる我国論者の中、日本を去つた学生が転じて欧米に遊ぶのを馬鹿に気に病むもの〔が〕あるが之は取らない。日本を去つて欧米に遊ぶは、概して之を之〔云〕へば支那学生界の悦ぶべき一現象である。中には日本が癪にさわるからとて面当てに米国辺に行くものも絶無ではなからうが、併し単に之れ丈けの理由で高い金を使ひ、多くの不便を忍んで遠方へ出かけるものはさう沢山はあるものでない。して見れば欧米に遊ぶのは皆相当の理由あり又相当の決心と相当の準備とがあつて行くのだから、支那人自身の開発の上に誠に結構な事ではないか。我々日本人だつて欧米に勉強に行く。支那人も我々の真似をすると言つて何も嫉妬《やきもち》を焼く必要はない。若し此現象について我々に問題とすべき点ありとすれば、欧米諸国が支那の学生を歓迎するにいろ〳〵努力して居るのに、日本のみ少しも此方面に意を注がない、甚しきは冷遇の結果彼等の滞在を不愉快ならしむる点があると云ふ方面であらう。

我々は支那の青年が続々外遊するのを悦ぶ。欧米に遊ばんと欲するものに向つてはそれも大いにい丶。遠慮なく行き給へと勧める。それと同時に我々は又退いて彼等を歓迎するの設備を大いに整頓する事に骨折りたいと思ふ。何となれば支那は今日尚大いに日本の教育機関を利用するの必要がある。欧米に行くものは其行くに任かしても尚大多数の青年は日本に依らざるを得ざる実際の必要があるからである。


支那が今日尚大いに日本の教育機関を利用せざるべからざる理由は、主として次の三点にあると思ふ。

第一は支那自身に於ける教育事業の腐敗である。最近数年、中央政府も地方政府も、一切の力を挙げて兵員の維持並に増加に費したので、さらでだに財政が極度の困難を極めて居る。教育事業の如きは最《ま》つ先に廃止されたのである。高等の諸学校は云ふ迄もなく、目前の急には代へ難いとて普通教育すら捨て丶省みない。日露戦争後一時支那は大いに教育の振興を計つたけれども、あの際に作られたいろ〳〵の新らしい学校は、今日跡形もなくなつた。斯くして学校は無い、然れども時勢の要求は人才の輩出を促して止まない。玆に於てどうしても外国にたよらざるを得ない訳になる。然らば何処へ行くかと云ふに、一番便宜な所が我が日本である事は云ふを俟たない。

第二に日本は留学に便宜である。物価も安い。尤も此頃は段々高くなつて西洋と大差はない。否、為替相場の関係から欧羅巴方面は却つて安いと云ふものもある。が、併し大体から云へば日本よりも少い金で大丈夫だと云ふ訳ではなく、又莫大な旅費もか丶る。資力の豊富でないものは矢張り西洋には行けない。のみならず日本は近い。イザと云ふ時には何時でも帰れる。余り僻遠の出身でない限りは夏冬の休みにも帰れる。さう云ふ所から余り遠方に行きたくない、又遣り度くないと云ふ連中でも日本に留学する事なら大した面倒とも思はないのである。

第三に同文であると云ふ事がまた非常な便利である。日本に来るのでも正式に勉強すると云ふ段になれば、言葉は習はねばならぬ。日本語の熟達は外国語の練習と同じ程度の苦しみではあるが、併し単に読む丈けの事なら日本語の方はわけもない。仮名を覚えれば大抵の本は読める。斯う云ふ点から日本で勉強すると云ふ事は少くとも早急の間には合ふ。又帰つて何か取調べをするにしても、日本に学んだものなら日本の材料を直ぐ用立てることも出来る。報告を書くにしても、日本にある材料を基とし、仮名を取つて字を置き代へれば、早速の間には合ふ。斯う云ふ点から日本で学問をすると云ふ事は将来の為めにも非常な便利である道理である。

斯う云ふ理由で若し他のすべての条件が同一なら、支那の外国留学生の大部分は皆喜んで日本に来る筈だ。優秀なる才能を有し、好運な境遇に在る少数のものは姑く別として、現代の支那が要求する多数の青年は、放任して置いても日本に来るに極つて居る。仮令欧米諸国が留学生招致の為めいろ〳〵便宜を図るとしても此点に於て日本を凌駕し得る筈はない。然るにも拘らず事実日本の留学生は適当以上に減少しつゝあるはどう云ふ訳か。之れ畢竟日本政府が対支政策を誤つて、支那の青年を排日運動に激成せしめた為めではないか。

若し日本が多数の支那留学生を招致せんとならば、政治方面に伏在する根本的原因を取除かなければならない。之れ以外の他のすべての案は畢竟するに末流をいぢくるものに過ぎない。併し之は一朝一夕の問題でないから其解決を姑く他日に譲るとして、差当つては支那留学生の教育の為めに我々はも少し便宜を与ふる方法を講ずることが必要であらう。此点については官民一致の協力を必要とするは云ふ迄もない。

之について民間には団匪事件賠償金還附を唱ふるものがある。即ち亜米利加の故智に倣つて支那の青年に恩を売れと云ふのであるが、之は頗る適当な方策である。只今日の政府が果して此金を斯う云ふ目的に支出し得るや否やが実際家の間に一つの問題となつて居る。使ひ様によつては、又何にもならない事もあるが、要するに此金を基本として留学生の便宜を図ると云ふ事は主義として誠に結構な事に相違ない。次に文部省と支那政府との支那留学生収容協約を継続すべしと云ふ論もあるが、之は必ずしも我々より強ふべき事ではないと思ふ。向ふより要求があつたら大いに便宜を図つてやるべきだが、之を全然先方の自発的行動に任かしてい丶。

民間の議論の中で最も有力なのは、門戸開放の要求である。官私立を通じ、日本の学校はもつと広く支那人に門戸を開放すべしと云ふのである。之も遣り方如何によつては甚だい丶。只支那人なるが故を以て過分の便宜を留学生に与ふると云ふ事を意味するものなら之は支那留学生自身の為めでもなければ、又学校の教育的目的にも背くものである。予輩は支那人なるが故を以て日本人と一所に勉強せんとするものに対し、特別過分の便宜を与ふる必要はないと思ふ。日本人と同じやうにやらうと云ふなら全然同じ歩調を取らせ、其間に何等の情実を認めない。此点に於ては厭《あ》くまで厳重であつてい丶。又斯くする事が其支那人自身の為めにもなるのだ。けれども前に述べた通り、日本は国が近い丈けに支那から速成の目的を以て来る人も多からう。殊に年も老《と》つたから余り長く外国に居れないとか、又今から六つかしい外国語を稽古する暇もないとか云ふ類ひの人で、而かも本国に何等の便宜が無い為めに日本にでも行かうと云ふやうな人も多からう。斯う云ふ人は青年と一所にコツ〳〵やる必要もなければ又学校から矢釜しい試験などで鞭韃する必要もない。斯う云ふ人々には只聴講の便宜を与へてやればい丶。斯う云ふ所から所謂聴講生の制度を大いに拡張する必要はないかと考へて居る。文部省が指導者となり各高等諸学校当局者を集めて此点を計られたら至極結構だらうと考へて居る。即ち我輩の意見としては広く門戸を開放して我国教育機関を利用するの機会を彼等に与ふるはい丶が、速成の目的を有するものには聴講生の制度を設け、其他の学生は全然日本学生と同様に取扱ふべく、其中間の制度を採つてはいけまいと考へる。聴講制度のやうな楽な方法で日本の学生と同様の特権に与らんとするやうな要求は日本の教育界の名誉の為めにも、又支那留学生の修養の為めにも断じて排斥しなければならない。

終りに予輩は民間の有志に向つて此処に二つの事業を勧告したい。一つは寄宿舎を作ることである。日本の学校も寄宿舎には困つて居る。況んや外国の留学生に於ておや、中にも最も困つて居るのは婦人留学生だ。此方面に民間有志の大いなる活動を望まざるを得ない。但し遣り方の如何によつては全然労して功無き結果に至ることあるは予め警告して置く必要がある。も一つは奨学基金《スカラシップ》の設定である。昨今記念事業の一部として大学なぞに奨学基金を寄附するものが多いが、未だ曾て支那留学生の為めに此美挙あるを聞かない。欧米諸国には外国人の為めにする此種の基金が少からずある。日本人でも米国なぞで此金を利用して勉強した人は甚だ多い。いろ〳〵な点に於て最も関係の深い支那の為めに有つて然るべき此種の美挙が未だ曾つて無かつたのは我国富豪の怠慢と云はなければならない。聴く所によれば昨今我国二三富豪の中に此点を計画して居るものがあるさうだ。果して然らば之れ実に真に日支親善の一助となるのみならず、最も品のいゝ方面に於て日本人の対外的高義を示すものとして甚だ賞讃に値する事柄だと考へる。

〔『中央公論』一九二一年四月〕

武器問題に依て惹起せられたる我が東亜対策の疑問

——敢て軍閥の人々に問ふ——

*

所謂武器問題はどうにかかうにか鳧《けり》が付いたやうだ。併し形の上で始末のついたのは、要するに表面を糊塗したに過ぎぬので、軍閥の陰謀又は放恣に関する多数国民の疑惑に至ては、決して実質的に氷釈したのではない。武器問題の新聞に現れた時、僕は二十年来軍閥の東亜に於ける各種陰密の活動と照し合して、直に「又か」と合点したのであつた。換言すれば之亦軍閥多年の目論見《もくろみ》の一つの試みとして誠に有りさうなことゝ思つたのであつた。前科何犯の泥棒が深夜人の家に入り込まんとした時、之を正式裁判に窃盗罪として訴へやうといふには成る程明白な証拠も要らうが、僕達が彼を泥棒だとひそかに認定して互に警戒する分には証拠も何も要つた話でない。泥棒だと思はれたくないなら、向ふから今度だけは潔白だといふ明証を挙げ来るべきだ。今度の問題に就ても、多数の国民が直に軍閥の禍心を疑つたのは当然の話で、証拠の有無を待て始めて論ぜらるべき問題ではないのである。

然らば軍閥は過去に於てどんな事をやつて居るといふのか。僕の寡聞を以てして尚幾多の事例を挙ぐることが出来るが、煩しければ今は説かぬ。茲に僕が主として読者と共に考へて見たいと思ふのは、之等の事実を綜合して軍閥は一体東亜の天地に昨今何を目論見て居るかの根本問題である。此点をよく念頭に入れて置くと、軍閥暗中の活動に関する各般報道の意味も分るし、又其が国家に及す功過の判断も明白につくと思ふのである。そこで先づ此の軍閥の目論見なるもの、輪廓を露骨に描いて見る。そは大凡そ次の様なものであらうと思ふのである。

(一) 張作霖《ちょうさくりん》を極力援助し、啻に彼を満蒙の主人公たらしむのみならず、遠く北京一帯にまで其勢力を張らしむる事(出来得べくんば支那全部又は少くとも揚〔子〕江以北に彼の号令を行れしめんと冀《ねが》ふことは勿論である)。

(二) 西伯利《シベリア》に在ては所謂白派と称する保守的反動的勢力を十分に援助し、其の反対に所謂赤派は徹頭徹尾之を抑ふる事。

(三) 日本に対する双方のこの関係を利用して満洲と西伯利とを連結せしめ、斯くて東亜の天地に日本と特殊な関係に立ち又従つて特に日本に好意を有する勢力の樹立を図る事。

(四) 斯くすることを日本帝国の一大利益なりと為し、従つて此目的を達する為には有らゆる手段を取て悔ひざる事(国際信義や世界の道義的批判の如きは所謂国家の利益の前には顧慮するに足らぬとすること勿論である)。

＊

若し国際上の問題が技師が機械を運転する様に此方の思ふ通りに動くものとするなら、かの軍閥の筋書の如き、固より我が帝国の一大利益たること一点の疑がない。張作霖が日本の力をかりて優勢になり、之が同じく日本の援助の下に優勢となつた西伯利白軍と結んで、茲に東亜の天地に有力な一個不抜の勢力が樹立せられ、而して之が一から十まで日本軍閥の制令を奉じ唯々諾々維《こ》れ命違はざらんと力むるものとせば、我が日本に取つて之れ程幸なことはない。満洲や西伯利がさう旨《うま》く筋書通り運ぶものなら、序に欧露も、否、全世界をも、日本軍閥の薬籠中のものにして貰ひたいものだ。少くとも朝鮮などは一日も早く温柔猫の如くならしめて欲しいものだ。が、併し事実は中々さううまく行かぬではないか。何故思ふ通りに行かぬかと云ふに、そは相手は活きた人間だからである。由来軍閥者流の計劃には、機械と人間との見定めの付いて居ないと云ふ弊害がありはしないか。折角の人間の魂を無理に殺して詰らぬ機械のやうに之を酷使するのは、一歩軍隊の営門を出ては通用しないのだ。況んや外国の民衆と接触するに於てをやだ。

故に吾々は、単純に日本の立場のみから観て誠に結構の様に見ゆる前記の計劃の如きも、之をいよ〳〵実地に行ふ段になると如何云ふ結果を相手方に生ずるものか、之を極めて細心の注意を以て観察するの必要があると思ふのである。而して此見地からして我々は敢て断言する、わが軍閥の計劃の如きは実に荒唐無稽無益有害の甚しきものであると。

*

聞くが儘を書く。張作霖と日本軍閥との腐れ縁は一朝一夕の事ではない。その日本が附いて居て而かも此の春の戦争に奉天軍の一敗地に塗《まみ》れたのは、張彼自身の不名誉といはんよりは実に日本の名折れだと、軍閥の人々は考へて居るさうだ。支那に於ける日本の威信の恢復の為にも、是非もう一度戦争をして勝つて見せねば相済まぬと信じ切つて居るといふことである。之がまた張作霖自身の燃ゆるが如き復讎心と相結んで、満洲の野にはこの半年来極めて陰鬱なる空気が漂うて居たのである。張作霖は実に斯くして西伯利方面から盛に武器を輸入して居る。西伯利の武器が無数に奉天に向つて流れて居るの事実丈けは、天下公知のことゝして最早何人も疑ふことは出来ない。

之に対して満洲の土民は如何考へて居るか。その初め絶対に戦争を再びせぬといふ張作霖の確約の下に就任したと云ふ省長王永江《おうえいこう》が先き頃錦州に引退した事件の裡にも明白に現れて居る通り、一般の土民は勝負の如何に拘らず此上兵を動かし此上課税を徴せらるゝに堪へ難しと怨じて居る。況んや不評判なる挙兵の結果如何なる意外の出来事に依て張の没落を見ぬと限らぬに於てをや。若し斯んなことにでもなると、頭首を喪へる満洲の天地は少くとも一時どんなに紛乱を極めるか分らない。

張の再戦準備に汲々たるを観て如何に満洲の商民が心中の不平を燃やして居るかは、一度満洲に足を入れた者の如何にしても見逃し能はざる所である。而して彼等土民は、張をして再戦の決心を固めしめたもの、少くとも張をして再戦に決意せしめたものは、日本の助力だと信じて居る。日本の軍閥には勿論相応に弁明の途は立て居るであらうが、土民の方では張の準備が整うと正比例してまた陰に排日の感情を高めつゝある。知らず、我々は之れ程の犠牲を払ってまで張作霖の我儘を助けるの必要があるのだらうか。又知らず、我々国民は排日感情の昂騰に因る各種の損害を忍んでまで軍閥の陰謀を黙視せねばならぬものだらうか。こゝに我々は第一に大なる疑問を繫《か》くるものである。

*

また聞くが儘を書く。此春日本軍撤退の閣議の決定が彼地に伝るや、西伯利の赤派は時到れりと為してソロ〳〵動き出して来た。伝統的に赤派を嫌忌する我が軍憲は、スワコソ一大事と白派を武装して之に対応せしめんとした。之には武器が要る。併し公然武器を供給することは長春会議の手前出来ぬ。何とか目に着かぬ様白派武装の目的を達する方法はないかとて思ひつかれたのが、チエツクより保管を頼まれてゐる武器を貨車ぐるみ輸送することであつた。軍閥昨今の宣伝に依れば、メルクーロフの一派が盗んだともいへば原少佐が独断で授命したともいふ。同一官憲より発する説明の彼此異る所に、滑稽なるゴマカシの暴露あるかにも感ぜらるゝが、何れにもせよ斯んな問題の起るのは、畢竟わが軍閥が極めて浅薄な見識に基いて赤白の区別をつけ、そして盲動的に赤を抑へて白を押し立てるに熱中し来れるが為ではあるまいか。殊に外務当局が政府の決議に基き或る条件の下に赤派と交渉協議を重ねつゝある真最中、無遠慮に白派を助け、国家的信義を傷けて屁とも思はぬなどは、傍若無人を通り越して、正に狂人の沙汰としか思はれない。二重外交の弊の叫ばるゝも尤もの次第だと思ふ。

*

満蒙を支那本部より、又東部西伯利を欧露乃至チタ方面より、強て分離せしめて茲に独立の政権を樹立することの当否如何、殊には這の計劃に人為的援助を与ふることを敢て我が帝国対策の大綱とすることの得失如何は、極めて慎重に考慮すべき問題だと思ふ。之を大きな問題だといふ所以は、啻に之が為に費す所の人的並に財的犠牲の巨大なるが為のみではない。仮令《たとえ》之が帝国の将来の為にいゝ事だとしても、公然と質せば知らざる真似して国民の耳目を全然掩塞し、二三軍閥の策士が暗々の裡に之れ程の大事を専断擅行するのは、其自身甚だ恐るべきことではないか。

更にもつと恐るべきは、其の目的を達する為に採る所の手段である。否、目的を達する為には手段を択ばざらんとするの態度である。今は昔、同じく軍閥の策士は、腹心の者を使嗾して在外同胞の住家に放火せしめ、甚しきは土匪と通じて掠奪をすら敢てせしめ、之を口実として支那の領内に兵隊を送らんと企てたこともあるとか。いろ〳〵の形で言論の自由が拘束されて居るから、内地の同胞は案外平気で知らずに居るも、支那に於ては無論のこと、遠い外国に於ても之等の点が公知の事実として幾ら日本国民の信用を傷けて居るか分らない。今度だつて之に類した事全くなしと考へられぬとて、内外の物議は可なり高い様である。斯んな浅墓《あさはか》な、すぐ尻の割れる様な馬鹿を尽してまで、盲滅法に侵略的突進をやられては、我々多数国民の有難迷惑は誠に此上もないのである。我等は数歩を譲りて軍閥の人々の誠意を諒としやう。彼等といへども日本の為めよかれと謀るのであらうから。

併し其考は実は根本的に間違つて居るのみならず、其の手段に至ては乱暴とも何とも云ひ様がないのだ。火事があつては大変だらうからとて、飛んでもない時ドン〳〵水をぶつかけられては堪つたものではない。軍閥の人々にして真に国家の為に図らうとなら、モ少し謙遜に他方面の言説にも耳を傾けて貰ひたいと思ふ。帷幄上奏の牙城に立て籠り、天下の群言を蹂躙しつゝ、独自の妄見を振り廻す一方では、誠意があればある丈益々国民の迷惑はひどいのである。

*

僕は軍閥の人々の策謀を浅墓だと云つた。色々の意味で其の浅慮を嘆ずるものであるが、中にも援助の目的物を思ふ儘に操縦し得る底の木偶漢中に索むるが如きは、其の最も浅薄拙劣なるものであると思ふ。木偶《でく》の坊を権力者に守り立て、之を傀儡として蔭から我々の経綸を行ふといへば、誠に旨い話の様だけれども、此種の輩は結局本当の勢力にはなり得ない。幾ら援けたつて援け甲斐がないのである。現に軍閥の連中は、セミヨーノフに於て、ホルワツトに於て、又コルチヤツクに於て、既に屢醜き失敗を繰り返して居るではないか。若し又偶々当の相手が本当の傑物であつたとしたら、困る間だけ猫を被つて我々にすがり、適当の潮時を見計つて我に寝返りを打つにきまつて居る。レーニンが独逸皇帝を利用した様に、又清朝時代に日本に頼み切つた支那青年の革命党が今や必しも日本の傀儡でない様に、少しく気骨のある程の者は何時までも他人の制令に聴くものではない。助け甲斐のある奴は必しも日本の思ふ通りにならず、操縦の完全に利く類の者はどうせ早晩滅亡するに極つて居るとせば、軍閥の人々の目論見は、畢竟砂上に楼閣を築くやうなものではあるまいか。

狡猾なる御用商人が動もすると官界の俗吏と結托して楽に不正の利を貪らんとするが如く、正々堂々の戦陣を張る丈けの勇気と才能とを欠く候補者が、賄賂に依て不義の勝利に急ぐが如く、真実の力を以て自由競争に勝つの自信と奮発心と無き者は、ともすると醜汚な手段に由て傀儡を作りたがる。斯くして世を毒するは勿論、併せてまた自己の真実の発達を傷くること夥しい。この睹《み》易《やす》き過誤を繰り返して悛むる所を知らざる、軍閥の為に僕は甚だ之を惜むものである。

軍閥の人々が是れまで白羽の矢を立てた連中の如何なる種類の者かは、余りに気の毒だから此上詮索はしまい。只茲には之等の連中は日本軍閥の到れり尽せる援助あるにも拘らず、尽《ことごと》く敗亡して――而して我々から観れば之は当然の成行なのであるが――跡方もなくなつたことを一言するに止める。斯くてもなほ軍閥の人々は従来の謬見から自らを救はうとしないのであらうか。(九月十二日)

〔『中央公論』一九二二年一一月〕

日支条約改訂問題

支那と日本との間に近く起ることあるべき条約改訂問題につき、我々国民が十分の了解を得て居らぬことは、色々の意味に於て甚だ憂ふべきことである。

大正四年の日支条約につき、支那側に於ては改訂論が昨今益〻熾《さかん》になり、中には直に無効を宣言すべしとの極論を為す者すらある。孰《いず》れにしてもこの問題は遠らず両国政府の具体的交渉案件となるべきは疑ない。当局者としてはいろ〳〵掛引もあらう。が、我々国民としては之に対し果して如何なる態度を執るべきか。慎重なる攻究を要する点である。

対支政策上外務省の執つた過去一年の措置に付ては、上下両院に於て頗る痛烈な攻撃の的となつたことは人の知る所である。内田外相の指導下に於ける我が対支外交が、冷静なる政治的批判の壇上に於て、如何の価値を有すべきかは、今論ずるの限りでないが、上下両院の所謂外交通が異口同音に難ずる所の論点なり根拠なりに付ては甚だ感服の出来ぬものがある。曰く退譲外交だ。曰く先帝陛下の御遺業を傷く。曰く何。曰く何。斯くて譲歩そのことが当局の一大失策なるが如く響き、従て一般世人をして現状の頑迷なる維持その事が外交の一大要諦なるが如く妄想せしむるの恐なしとせぬ。是れ豈当世開明の民衆の真実の要求であらうか。

吾人の観る所を以てすれば、抑も外交上の得失は譲歩そのことに直接の関係を有するのではない。主張すべきを譲るの失態たるは固より論を待たぬが、譲るべきを頑強に主張するも亦決して策の得たるものではない。譲歩その事が無条件に失態と視られたのは帝国主義時代の謬想だ。侵略は罪悪だからとて、有てるものを皆棄てよとは云はぬが、譲るにしても取るにしても、我々はモ少し新時代の理想に立論の根拠を立て直さなければならぬ。少くとも斯うした議論の些かの響きだに政界操觚界に聞えぬのは我々の甚だ遺憾とする所である。

　内田外相の従来の施設に付ては、政治的見地から観て、兎角の批評を容るゝ余地はあらう。併し我々国民の覚悟を作る上からは、之等の点は深く詮索するの必要はない。我々としては、只問題の要諦を正義と平和との着眼点から何物にも捉はるゝ所なく理解して置けばいゝ。更に具体的に云はゞ、支那側の改訂の要求は無理か当然か、無理とすれば何処までが無理か、当然とすれば何処までを譲るべきか、之等の点を掛引なしに理解して置くのが必要だ。理否如何に拘らず自己本位に立脚して、一点一劃の微も相手方の要求には面を背けんとするは醜の極だ。之を憂世愛国の当然の発露と信ずるに至ては、自ら日本国民の気魄を傷くるも甚しいと謂はねばならぬ。

　詳細の論疏はいづれ他日の機会に譲る。極めて簡単に吾人の本問題に対する立場を声明すれば斯うである。(一)所謂日支条約並に其他の従来の取極に依て日本の支那に於て占むる所の地位は、何と謂つても正当の範囲を超えて居る。古い国際思想から云へば相当の根拠もあつたらう。従て一概に無条件に之を棄てよと云はるれば之に抗弁すべき理由もあるが、相当の方法を以て迫り来る改訂の要求には、今日の新形勢の下に於ては虚心坦懐之に応ずべき筋合である。(二)既に有てる者が其の有てる所に過分の執着を示すを常とするが如く、奪はれたるものはまた回収に急なるの余り動《やや》もすれば其の要求を不当の極度に主張したがるも人情だ。此時に方《あた》り我々日本人としては、出来る丈冷静に事物の真相に透徹し、向ふから要求せらるゝまでもなく、我から進んで最も正しい解決案を示すべきではないか。(三)此点に於て支那側の具体案は必しも吾人の首肯し得るものではない。併しさうかと云つて彼の要求に全然耳傾けざるは余りに利己的である。我々は彼の過度を責むるの他方に於て、自らの不当を反省せざるの過に陥つてはならない。

支那側の言ひ分は今の所余りに乱暴のやうだ。併し其要求の裏には確に一面の真理がある。この一面の真理に付て、我々同胞の間に一人も同情の声を挙げぬのはどうしたものか。上下両院の議員は挙つて退譲外交は怪しか〔ら〕ぬと云ふ。政府当局者は、支那側の改訂要求に対しては唯断乎たる拒絶あるのみなど丶一部の政界に媚びて居る。斯くして不当の地位を飽くまで固守するを国利民福の為だと思ふなら、我々国民に取つて之れ程難有迷惑なことはない。

我々は茲に聡明なる読者に諮る。読者諸君は引続き帝国主義の甘夢に耽つて世界の進運に落伍しても構はないか。将《は》たまた譲るべきは快く譲つて彼我の交通を平和と正義とに移すを可とするか。偏に冷静なる判断を乞ふ次第である。


〔『中央公論』一九二三年四月「巻頭言」〕

支那の将来

(一)

一両年前の話だが、南洋の去る島で領事をして居つた支那人の古い友達に逢つた。この人の話で、支那の領事は、支那に居る日本の領事などゝは大分様子が違ひ、領事に対する居留民の期待も雲泥の差があることを知つた。一例を挙げると、右の男が領事として蘭領南洋の一島に堂々と乗り込み、領事館開設の為めに一軒の家を借らうとすると、これぞといふのは大抵同胞支那人の所有だ。ところが、同胞の支那商人は、元来支那といふ国家を背景として成功した連中ではない。否、政府などは邪魔物だ位に考へてゐる。領事などはてんで眼中にない。従つて都合よく家を貸してくれない。そこで転じて和蘭《オランダ》政庁に頼む。政庁では貴下のお国の人に御相談になつたらよからうといふ。結局、政庁長官の紹介を貰つて自国商人の主だつたものに行つて頼む。それでも仲々逢つてくれない。そして、彼等の面会謝絶の口実は皆、一致してゐる。曰く、商売上の話なら倶楽部《クラブ》で承りませう。その他の御用なら当分忙しくてお目にかゝれません、と。こんな風で、一軒の家を借りるに随分手拮擦《てこず》つたといふことである。

私の友人は、私にこの話をしながら、自国商人の我利一片なるを憤慨するのであつたが、然し、私は此処に支那民族の生活方針の一つの大なる特徴を見出さずには居れない。夫は別儀ではない。支那民族はその生活を発展して行くに、単純な自力の外、毫も国家の力といふやうなものに頼らないといふ事である。この点はまるで日本の商人と違ふ。

日本の商人の事は別に詳しくいふの必要はなからう。支那などに随分著しい発展を日本商人は示して居るが、領事などを通しての国家的後援を取り去つても猶その発展を続け得るもの、果して幾人あるだらうか。浦塩《ウラジオ》に於ける日本人今日の惨状は雄弁にこの事を物語つて居る。支那人のやうに国家を馬鹿にするのも極端だが、日本人のやうに一から十まで国家を頼るのでは、本当に堅固な民族的発展は確立し得まい。然し之れを以て日本商人の無気力といふことにのみ原因を置いてはいけない。政府にも罪はある。何故なれば、政府に頼らずして、独自の発達をなさんとするものがあると、俺に無断で勝手なことをする不届者といつたやうな風に、いろいろの圧迫を加ふるのも隠し難い事実だからである。

話が枝葉に走つたが、支那の将来を語るについて、先づ第一に念頭に置かねばならぬ点は、支那民族は国家を背景とすることなしに、発展し又発展して行けるといふことである。

(二)

良かれ悪しかれ、国家といふものが支那人の生活に対しては、我々日本人のそれに於ける如く、一向重きをなしてゐないとすれば、支那人に向つて国家的統一の速成を責めるのは無理だ。少くとも、国家的統一の完成が支那民族の利福の先決問題だなど、注〔忠〕告するのは、尤も滑稽な本末転倒だ。尤も支那人が、日本人のやうに国家的統一を早く見て居つたなら、今日のやうな悲しむべき状態にゐなかつたらう。然しこれは、背の低い人に背が高かつたならといふに同じく出来ない相談だ。たゞ問題は国家的精神に乏しい支那民族は、過去に於いて不幸であつたやうに、将来に於いても到底不幸な境遇を脱し得ないか何うかの点である。このことは後段に別に述ぶるとして兎に角、支那人は我々の考へてゐるやうな形の国家としては、決して纏まる素質を持たないものと考へる。
永く日本に居つたもう一人の支那の友達は、嘗つて私に、無知曚昧の権助田吾作輩でも日本人が一朝戦争にでも引き出されると、君国の為めといふ一言に感激して驚くべき犠牲献身の美徳を発揮するを見て、どうも諒解に苦しむと不思議がつて居つた。然しこれは支那の人には不思議ではあらうが、我々日本人には不思議でもなんでもない。寧ろ我々は支那の兵隊が戦争の真最中、誘うもの丶金の多少に依つて、掌を覆へす如く態度を変ず〔る〕のを不思議に思ふ。要するに此処に民族性の大いなる開きがあるのだ。そして我々日本人は、従来かういふ支那人の性格を極めて卑むべしとしたが、夫れは、若し日本の中にこんな奴があつたら本当に卑んでい丶ので、その判断を直に、支那人に適用するのは謬《あやま》つてゐる。支那人の立場からしたら、日本人の方を寧ろ馬鹿なことだといふかも知れない。両者の立場の違ふところを冷静公平な眼で弁別することが必要だ。

㈢

そんなら支那人は、徹頭徹尾個人主義で押し通し、如何なる場合にも団結しないかといふに、さうではない。この点は詳しく説明すると長くなるから略するが、たゞ結論だけを一言すれば、実利の為めには団結するも、空名の為めには決して団結しないと言つてい丶。国家的団結は空名に集まるものだとは一概にいふことは出来ないが、支那に現れた従来の国家組織、昨今現はれてる国家的構成に至つては、格別実利的な支那人から観たら成程空名の団結といはれても仕方があるまい。故に支那人は本来国家を嫌がるのではない、今迄のやうな国家なら御免を蒙るといふのであらう。羹《あつもの》に懲りて膾《なます》を吹くの嫌ひがないでもないが、考へやうによつては、支那人も却々《なかなか》隅には置けぬと褒めてい丶ところもある。斯くして彼等は、余りに利益に鋭敏なるが故に、容易に国家的団結に集つて来ないのであるが、自分達の利益に直接の関係があると分ると、今度はあべこべに驚くべき巧妙にして堅固な団結を作ることは、各地に見るところの商務総会とか、自治会とかいふものに現はれてゐる。この方からいふと支那の面目はまるで別人の観を呈し、その自治的能力に於いて恐らく世界第一の天才だと言ふことも出来よう。是等の点も相当に知られてゐる事実だからこゝには詳しく述べぬ。之を要するに支那民族は団結の力に依つて生活発展を図るといふ技能に於て、決して何の民族にも劣るものではない。唯、幸か不幸か国家的団結といふ方面に於いてのみ、著しく晩れて居る。これ、支那人は個人としては強く、国民としては弱しといはれ、又、支那といふ国家は滅びるかも知れないが然し支那人は永久に世界に繁盛するだらうなどと言はるゝ所以である。この点からまた支那人は或る意味に於ては怖れられ、或る意味に於ては侮られる所以でもある。然しながら支那人は結局何時までも人に侮られて甘んずるものだらうか、何うか。世界の変り目に立つてゐる我々の眼には将来の予想は過去を基礎としては立て得ない。そこで支那の将来に就いても茲に一個の別見識を立てねばならないのではないかと考へる。

(四)

将来の問題は別として、今日迄の所では、国家的団結に堅い纏りをつけてゐない国民の運命は、誠に悲惨なものだ。そこで、幾度びも辛い経験を積で遂に強固なる国家的団結に纏まるの〔が〕常であるが、支那民族だけは、幾度となく苦い経験を嘗めしに拘らず、意地悪く見えるまでに頑強にこの通例に従はない。この辺の事情は最近の支那と十九世紀の初めの独逸民族とを比較するとよく分る。

独逸民族は最近でこそ、強固な国家を作つて、所謂国家的精神の強烈なものとして知られるやうになつたが、今より五十年ばかり前、独逸帝国の発生を見るまでは、嘗つて強固な国家として纏つたことのない民族だといつてい丶。人種的にはゼルマン民族といふ独立団体は随分古い。然し単一の政治的団体として纏つたためしはない。シヤーレマン大帝の下に一度び同一支配を受くることになつたが、間もなく四分五裂した。近世に至つて独逸帝国なる空名は存在して居つたが、その実独逸民族は常に少くて数十、多いときは数百の小国に分裂して居つた。所謂群雄割拠の無政府的状態を続けて来たのである。だから民族としてはなかなか豪《えら》いが、他の民族と抗敵する段になると虐《いじ》められどほしである。過去の歴史を繙けば彼等はもつとも多く仏蘭西に苛《いじ》められた。フランスは統一といふ利器を以つて独逸の最も弱いところに突け入つた訳である。就中仏のルイ十四世には盛に苛められた。そこで流石のゼルマン民族の間にもそろそろ敵愾心が起る。次いでナポレオンの縦横無尽の蹂躪を受くるに及んで遂に統一的対外精神の勃興を見るに至つた。独逸の青年が各地に於いて、長い長い割拠の陳套をかなぐり捨て丶民族統一の大旆《たいはい》を掲げたるは著明な事実である。即ち苦き経験は遂に独逸民族をして国家的統一の必要に目覚めしめたのである。これから先のことは別に説明するまでもなく、読者の耳目に既に明かなる所であるが、転じて眼を支那に向けると、支那は独逸と同じやうに苦い経験をさんざんに嘗めたに拘はらず、今猶頑として統一の力を以てこの苦みを押抜けやうとしない。遠くは阿片戦争から清仏戦争、近くは日清戦争から北清事変、各列強の租借地設定、その他彼れ是れと随分支那は虐められた。この屈辱、この苦痛に対して、彼等は決して、無神経ではなかつた。その証拠には、彼等は屢これに対抗して、ボイコツトをやつた。また利権回収を叫んだことも一度や二度でない。それ程、憤慨もし、感動もしてゐるのなら、何故更に一歩を進めて、国家的団結の速成に依つて最も有力なる対抗を試みようとしないのか、それは我々の今日猶不可解とする所である。けれども、かうした意味の積極的態度に出ないことは事実の示すところ、一点の疑を入れない。言はゞ独逸人と同じ境遇に立ち、独逸人と同じ感情を煽《あおら》れながら、独逸人と同じ態度にはどうしても出て来ないのである。さう出る元気がないのか、またさうする方が結局損だと打算しての話か、それは何れにあれ、少くとも今迄の世界に於いては、さうした態度では到底その苦痛を脱する事は出来なかつた。況んや世界に重きをなす事に於いてをや。ところが、幸か不幸か、今や世界の形勢は、正に一変せんとしつゝある。今が丁度変り目の端緒で、将来かうならうと断言するに異議を挟む人も定めし多からうと思ふが、私の考へるところでは、今日迄の世界は、強固なる国家的統一を有たない民族にとつて、誠に住み難い世の中であつたが、これからの世界はさうではない。今日我々の考へてゐるやうな武力的統一に結束してなくとも結構住んで行けるのではないか。恰度明治維新と共に、虐げられ通しの百姓町人が初めて士族と肩を並べて平等に天下を楽しむ事が出来たやうに、過去の経験で予想し得なかつた新らしい現象を見ることが出来るのではあるまいか。さうなると、支那民族は決して何時迄も弱いものではない。今迄彼等が頑強に採つた態度が、有意であつたか、無意であつたかは敢へて問ふところではない。過去の世界に於て生存競争の劣敗者であつた運命は、兎に角、新しい時代に於ては全く取り去られることになる。

(五)

而已《のみ》ならず、今日の支那は、吾人をして、決して将来の統一に失望せしむるものではない。昨今支那は、頗る紛乱に悩んでゐる。これに就て我国の論壇に自ら二様の見解がある。一つは、あゝした紛乱の結果として、支那民族の統一の将来を益々悲観する考へ方だ。も一つは、どうせ干戈を動かした次手だ、何れか有力な一方を後援して、武力統一を速成しむべしといふ意見だ。孰《いず》れも民族的統一を、武力と関係せしめて考ふる点に、これ等の説は、著しく日本的だ。又は現代的だといつても差問《さしつか》えない。前にも言つた通り、かういふ意味の統一なら支那民族は全然無能だから、武力統一は仮令成功しても支那では決して永続するものではない。そは空名といつては語弊があるが、兎に角実際の利害を超越したところに犠牲献身の努力を捧げるといふ特性を背景としなくては、武力統一は維持して行けるものではない。それならば、支那民族〔は〕到底統一することが出来ないかといふにさうではない。現に支那民族の間には既に統一と見るべき別種の萌芽がきざして居るやうに思はるゝ。これも、詳しい説明を要するのだが、余り長くなるから略する。要点だけを簡略に述ぶれば、一つは最近に於ける自治体の発達である。商工業者の自治的組合の発達は、随分古い歴史を有つてゐるのだから、これは怪しむに足らぬとして、特に新しい現象として挙ぐべきは、地方的自治行政体の簇出である。かういふもの、発達したところには、中央政府は勿論地方官も手をつけることは出来ない。戦国時代に於ける寺院の権威にも比すべきものがある。然もこれは附近の雄長と競うて横暴を逞うするのではなく、附近の横暴に対して自ら守り、而もその武力的侵略に対して優にこれを退け得るの実力を持つてゐるのである。純然たる利益団体ではないが、狭い共同の地域を基礎とせるが故に、相互の利害関係は亦極めて緊密である。かうした自治行政体の発達は、この数年間の紛乱の結果として、所々方々に発生した又発生せんとして居る。第二には、露西亜のソヴヰツト制度の研究が青年の間に勃興して居る事である。支那の青年は、どの点を露西亜のこの制度から学ばんとするのであるか。言ふまでもなく、中央の権力を地方に及ぼすことによつて統一を図るに絶望した彼等にとつて、地方の小さい独立体を基礎として、これを集めて段々と大きく堅《かたま》つて行かうとする露西亜の新しい試みに、自己の執るべき新しい方針と更らに幾度の教訓を学ばんとするのであらう。なる程、これは支那人にとつては誠に賢明なる遣り方であるに相違ない。かうしたところから、私は支那が本当の堅い統一を見るべき端緒は既に開けたのではないかと考へる。支那は無類の大国だ、従つて、統一の完成を幾年の後に期待すべきか、殆ど見当はつかないが、唯これだけは間違ひなくいへる。支那に到底統一を見る能ずんば即ち止む。苟くも他日強固なる統一を見るの日ありとすれば、夫は必ずや地方的小自治行政体を基礎とする露西亜流の段階的聯邦制度に依つてゞなければならない。かういふ形式を他にして、支那に到底統一を見るの見込みはない。而して幸にもかくして統一を見るの萌しは既に現れたと考へる。唯かうした統一に依つても世界的競争場裡に落伍者たらざるを得るかは、これからの世界の成り行き如何に繫《かか》ると言はなければならない。

㈥

かういふ意味の統一でも、将来の世界には立派に生存を続けて行けるといふのが私の見解であるが、国際間に於ける武力の発言権を過小に見るといふ非難をする人は必ずあらう。然しそれは人々の見解に委するとして、兎に角支那は私の言つたやうな形に段々統一を進めて行く傾向にある。然しこの傾向は今日決してすら〳〵と順当に進んで居るのではない。まだ〳〵幾多の困難はある。而して私の見るところでは、支那の本当の統一の発展に対して最も大なる障碍をなすものは、意外にも武力統一の試みである。前にも言つた通り、武力統一は結局支那に於ては不可能だ。それでも行き懸り上、支那に於て武力を以て横暴を逞うするものを今日俄かに絶やすことは出来ない。だから、督軍だの将軍だのといふ連中は、今後も暫らくは跋扈するだらう。そして、事の勢ひとして、彼等の間には絶えず争ひがある。争ひが激しくなれば結局自滅の運命を免れない。今や彼等の間には、勢力の競争が行はれて居る。一方が他方を完全に討滅すると、それがまた跋扈して、支那の前途を暗澹たらしむるが、幸にして一方の徹底的勝利といふ現象は現れまい。夫は、勝ちに乗じて戦捷者が本拠と離れて遠く出れば出るほど、留守を預けた部下の後輩に母屋を取らるゝの危険があるからだ。喧嘩をしても、敵を追ふに急なれば、番頭に家を取られて、閉め出しを喰ふ。だから勝つても門を離るゝこと遠からざる地点に止つて、声高く快哉を叫ぶ位に止むる外はない。単《ひと》りそればかりではない。遠く敵を逐はんとしても、兵隊が随《つ》いて来ない。平時は給料欲しさに兵隊になる。戦時になれば命を捨てるのが馬鹿々々しくて皆逃げる。逃げられては大変だといふので、遂に戦闘の第一線には浮浪人を掻き集め、夜陰に乗じ、泣き叫んで厭がるのを無理に、剣と鉄砲とで嚇かしつゝ戦地に送るとやら、所謂拉夫《らふ》といふのがこれだ。これで戦争して徹底的勝利なぞを云々するのは全く滑稽だ。だから、武力統一などゝいふことは、結局出来もしないし、現に今日の紛乱の如きも、睨《にら》み合つて居るばかりで、どつちの勝利に局を結ぶといふ当《あて》はない。結局は相方金に困つて疲れ分けとなるのが関の山だらう。仮令表面は戦争に勝敗があつたとしても、両方の主勢力は結局残る。残つて段々暴政を逞うして行く中に、民智の開発に促されてクーデターでも起るといふやうな所から、段々自治行政体が生るゝであらう。孰れにしても、一方を人為的に後援して、武力的統一をやらしてみようなどゝ考ふるのは、本当に支那を統一せしむる所以の道ではない。

〔『婦人公論』一九二四年一一月〕

満洲動乱対策

満蒙問題に関する積極論と自重論　張作霖軍が段々郭松齢《かくしょうれい》軍に圧迫せらるゝに伴れて、我国に積極的対策を講ずべしとの説が起つて居る。最先に此説を唱へたものに流石は軍閥出身の田中政友会総裁あり、貴族院の一角にも之に応ずるものがボツ〳〵見へる。之は一部の実業家に動かされたものだなどと誣うる者もあるやうだが必しもさうではあるまい。枢密院辺にも政府の態度に不安を懐くものありと云ふから、老先輩の中には今なほ帝国主義的国力発展の甘夢に耽つて昨今の形勢を黙過す可らずと慷慨する者が多いのであらう。孰《いず》れにしても之等の所謂積極派は政府の態度を以て手緩《てぬる》しとせめて居る。而して政府側はまた頻りに之等の議論を排して増兵不必要を宣伝してやまない。尤も政府では絶対に出兵しないと云ふのではないようだ。満洲が本当に無政府的混乱状態に陥らんとしたら遅滞なく出兵するとは云つて居る。今の所急いで出兵するは啻に其の必要を見ざるのみならず却て無用の誤解を招ぐの恐があるとて、政友会辺の要求には耳を傾けんとしない。即ち満蒙対策には斯くて積極論と自重論と二種あるわけである。

二種の対策ある所以　之が数年前の出来事であつたら、丁度いゝ機会だと出兵論を主張する者が屹度あつたに相違ない。又之が相当に聴かれて或る程度に実現しないとも限らない。併し今日は斯んな侵略的思想(仮令如何に柔和な衣を被つて居るのでも)は流石に跡をひそめてしまつた。偶々あつても識者は誰も之を顧みないだらう。さうすると今次の積極論は斯うした侵略的動機に出づるものでないことは明である。そんなら政府が責任を以て大丈夫だと保証するをも顧みず無理にも出兵させようとするのは一体何ういふわけか。是れ云はずと知れた張作霖援助の為めである。表面は何とごまかさうと、本当の腹は張作霖を没落さしたくないのであらう。而して昨今張の旗色が甚だ悪いので彼等は居ても立つても居れないらしい。かうした事情の外に即時出兵論の根拠となるべき動機は外に一つもあり得ない。

然らば何故斯くまでに張作霖は助けてやらねばならぬのか。大急ぎで奉天から帰つて来て要路の軍部当局にしきりと出兵を促して居る張君の顧問松井少将のやうな人なら、人情として自ら張君を保護したいと思ふのは怪むに足らぬ。我国の朝野に之と同じ様な情誼を張君に対して有つ者の尠《すくな》くないことは私も認める。之が即時出兵論の一原因たることは疑ないが之を唯一の動機と考ふるのは誤である。張君に対して松井少将と同じ様な情誼を有すると否とに拘らず、彼を没落さしたくないと云ふ所以は、実は我国の満蒙に於て有する所謂特殊利益の中には、張君の存在と不可離の関係にあるものが多いからである。詳しく云へば、所謂特殊利益といふ中には、条約に基いて有するもの(その何であるかは一々之を説かない)と其外張作霖の明示又は黙認に依て現に我国に許されて居るものとの二つがある。条約に拠つて有するものは、張であらうが郭であらうが、濫《みだ》りに之を侵すことも出来まいし又侵させもすまい。従て之れ丈の擁護の為なら何も急いで出兵するの必要なきは勿論だ。只張君あるに依て始めて存する所の利益に至ては、張君なき後も依然之を主張し得るや否や明でない。故に之をも擁護せんとならばどうしても張君を没落させぬ様に骨折らねばならぬ。それには早く出兵して郭軍の進路を阻むに限る。之が実に即時出兵論の本当の根拠ではあるまいか。出兵論者が他方に於て特殊利益の解釈を政府者と異にするなどと云ふのは、暗にこの点を念頭に浮べての論であらう。

張郭争覇の運命　我が日本に取て、若し今次の動乱に張君に十分の勝味があるといふなら問題はない。それでも従来の様な結托を張君との間に続けるのは帝国百年の大計として得策か否かの問題は残るが、そは他日の論究に残していゝ。兎に角張君に勝味があれば差当り出兵是非の論は起らずに済む。尤も松井少将とやらのやうに、どうせ張は倒れぬから早く出兵して彼の歓心を買つて置けといふ説も一応の理窟はあるが、併し勝つにきまつてるのなら出兵しない方が得策であらう。負けられては大変だからこそ、金のかゝるも厭はず諸外国の猜疑を招ぐも構はず、出兵せずには居られまいといふのである。そこで問題解決の当面の鍵は両者争覇戦の勝敗の予測如何といふに在るのだが、私の観測にては、残念ながら張君に勝味は薄い様に思はるゝ。其の故は必しも郭君が赤露から多くの金品の供給を仰いで居るからといふのではない。天下の人心が全然張君から離れて居るの事実に由て斯く観察するのである。蓋し支那の戦争に於て人心の向背が如何に重きを為すかは、多言を要せずして明白だからである。

支那の戦争に在ては、武器弾薬の供給は本来極めて限られてある。之は多く外国の供給に仰ぐのだが、今次の戦争に於て日本が積極的に張君を援けずとすれば、敵味方とも武器弾薬に困るは知れ切つて居る。赤露が後方より郭軍を助けるといふても高が知れて居る。加ふるに天津附近やら河南山東のあたりでも戦はれて居るからつまり戦争の範囲は極めて広い。されば之等の各方面に普ねく供給の行届く筈もないから、結局勝敗は例に依て宣伝の巧拙に依て定まると観なければなるまい。人は宣伝戦などと如何にも不真面目のやうに笑ふが、之は本来決して不真面目でないのだ。或る意味に於ては、輿論が戦争の解決をつけるものと観ることも出来るので、我々は兼々之を甚だ面白い現象と考へて居るのである。

何れにしても私は、残念だが張君の勝味が薄いと考へて居る。張君が多年国民の怨府となつて居たことは前にも述べた。其の為めか青年有識の士にして郭軍側に投じて居るもの頗る多いと聞いて居る。私はよく我国の労働争議で経験するのであるが、幾ら痛切な生活苦に促されて起つた労働者でも、自分達だけの力ではなか〳〵永い争闘に怺《こら》え切れない。彼等にはどうしても外部からの激励が要る(この点に於て労働争議に第三者の応援を非とするの論の、如何に事情に通ぜず又労働者に同情なきものなるかを、序ながら一言しておく。労働争議に第三者の応援を禁ずるは、瀕死の病人から気付薬を奪ふの残刻にひとしい)。是れ争議に際して総同盟辺の特志家が迎えられる所以であらう。彼等の来援が夜となく昼となく演説会でも開いて激励してくれるので、労働者も永く生気を持ち続け争議の陣容を崩さずに行けるのである。之と同じやうな現象は今次の戦争にもあるのではあるまいか。確実なる情報に接して居ないから能く分らぬが、私にはどうもさう信ぜられてならない。又さう信ずるに全然根拠もないのではない。

私はこの数年来反張作霖宣伝の目的を以て満洲方面に入り込んだ多くの青年志士を知つて居る。而して之等の連中は今日必ずや郭軍のうちに投じて頻りと士気の作興につとめて居るに違ひないと思ふ。さう云ふ所から私は張軍と郭軍とでは丸で意気込が違ふのではあるまいかと考へる。是れ私は郭軍の方に已に八分の勝味あるを推測する所以である。よしんば一時張軍が勝利を占むることありとしても、既に軽重を問はれた鼎の何時まで安定を続け得るやは頗る疑問とせられねばならぬ。斯くて私は、我国の方針としては、之を好むと好まざるとに拘らず、早晩張作霖は没落するものと決めて計劃を立てねばなるまいと考へるのである。

張作霖没落の結果　張作霖が没落したとて我国は更に痛痒を感じないといふ人がある。不正のばれた会計掛りの免職を前にして、誰が会計官になつたつて同じだと痩我慢の御用商人は云ふ。当局者などにしても斯う云ふの外はないだらう。併し事実の問題として、張の没落は我国官民の満蒙に於ける種々の施設に対して一大打撃たることは隠すことが出来ぬ。尤も張に依て得たものを新に郭に求めて得られないことはないかも知れぬ。併し必ず得られると限らないのみならず、之を得るには従来にも増した困難が伴ふことは間違ない。殊に従来満洲に利権を得て居つた民間の企業家に取つては、張君の没落は実に致命的打撃でなければならぬ。詳しいことは説かぬが、この事は誰が何と弁明しやうと疑のない事実である。

張作霖援助論　張作霖没落の結果がそれ程大きいとすれば、之を援助して是非とも其の没落を防いでやるのが当然でないかと云ふ議論が起る。田中政友会総裁をはじめ一部の政客間に積極論の起るのは怪むに足らないのである。我々は之等の説の真に愛国の赤誠に出づるを決して疑はない。ただ遠大の国策として果してそが得策なりや否やは、別に慎重に考へなくてはならぬと思ふ。

出兵援助にきめるに先ち第一に考へなくてはならぬことは、我々は結局張作霖を助け了うせるか否かの点である。大厦の覆へるは一木の能く支ふる所に非ず、大勢に抗して無駄骨を折つた例は、我国最近の外交に余りに多い。段祺瑞を助けて南方の革命派を圧倒せんとした企ての失敗は、西原借款の不始末を通して今度の議会に問題にならんとして居る(此事は項をあらためて説く)。西伯利亜の天地に赤化緩衝地帯を設定せんとした所謂白軍援助の無謀な計画に如何に巨額の国帑を徒費したかも吾人の記憶にあざやかである。而して結局馬鹿を見たのは我が日本のみでないか。張作霖を助くるも、助け了うせるものならまだいゝ。たゞそれには隣国昨今の大勢と彼の存立との関係を篤と調査した上のことにして貰ひたい。川島浪速氏が十年一日の如く清朝の遺孤を面倒見るのは、内外に誇るに足る美談だと信ずるが、仮りに若し之を国家の仕事としやうと云ふものあらば、私は大反対だ。張作霖援助論者も真に情誼を張君に感ずるなら少しは川島氏をまねてはどうか。

次にも一つ考へて貰ひたいのは、張に依て得て居つた特殊利益の道徳的根拠如何といふ点である。私の聞く所にして誤らずんば、中には公然と事実を表明するに堪へぬものもあるとやら。斯の如きをその儘将来に維持せんとするは、之を望む方が無理ではないか。若しそれがすべて何人に対〔し〕ても公然要求し得る底のものなら、郭君に求めて亦之を得られない道理はない。従て張君の没落を致命的打撃だと考へねばならぬのは、取りも直さず従来の利権の根拠が正しくなかつたことを自白するものである。若し本当にさういふものが多いと云ふのなら、満洲に於ける我国の地位は、最近我国が支那官民に示して居る公平誠実の好意的立場と根本的に相容れざるものと謂はねばならぬ。果してさうなら、之は早晩改善せらるゝを要するのだ。斯くして実は我国は最近対満政策の上に一大転回を試みねばならぬ時運に際会して居つたのである。故を以て此際動乱の勃発に慌てて俄に張君援助の挙に出づるが如きは、国策の上から云つても折角針路を定めた大勢に又々逆転を余儀なくさせるものと謂はねばならぬのである。

出兵と援張　尤も出兵は常に必ず張作霖援助を意味するとは限らない。戦局の発展如何に依ては純《もつぱ》ら帝国の利益擁護の為に出兵を必要とするに至るかも知れぬ。それが張の便宜になるか否かに顧慮して居れぬ場合もあらう。併し所謂帝国の特殊利益と張作霖との従来の関係を知悉して居る者から観て、我国の執る些かでもの積極的態度が直に援張と取られる恐あるに特別細心の注意を払ふ必要がある。何となれば我国の出兵は外観上、弱つて内に逃げ込んだ者の門前に武装した兵隊をならべるの形となり、追撃し来る者の行動を邪魔するやうに見へるからである。元来斯うした態度は唯一つ斯くせざれば我の存立が保てないと云ふ場合の外は許されないものだ。然らば此場合我の存立が動乱に依て現実に脅さるゝと観るべきかは余程慎重に考ふるの必要がある。

故に出兵の決行はよく〳〵の場合でなければ許されない。其の目的も真に帝国臣民の生命財産の最少限度の保護に限られなければならぬ。正当防衛としての出兵の必要を誇張する為に、郭軍の侵入は即ち帝国臣民の危害を意味するの、郭軍の勝利は満洲の赤化を意味するのと云ふものもあるが、かういふ意味の出兵は到底内政干渉たるの譏を免れないと思ふ。満洲赤化すれば朝鮮も亦赤化する、之を打棄てゝ置けるかと云へば、頑迷者流は成程と応ずるかも知れないが、之とて即時出兵論の根拠とならぬことは次に説く通りである。

満洲の赤化　郭軍の勝利と満洲の赤化とどれ丈け密接の関係ありやは今まだ明でない。私は赤化の最も甚しきものを支那の学問した青年に求めることは出来るが、馮郭等の軍人間には赤化の勢左程強くないと認めて居る。併しよしんば満洲が赤化したとしても我国としてさう之を恐るゝ必要なきは、西伯利《シベリア》の例を見ても分るではないか。猶西伯利で嘗めた経験に於て我々は、赤化防止の目的を以て為した仕事の結末がどんなものであつたかを更めて深く反省する必要があらうと思ふ。同じ過誤を二度も三度も繰り返すのはあまり賞めた話ではない。

若し夫れ朝鮮の赤化に至ては、之は満洲の赤化如何に拘らない問題である。満洲に武断政府の盛であつた近年、既に朝鮮の青年は可なり赤化して居たではないか。満洲赤化の影響として朝鮮が更に一層赤色を深くすべきは、不幸にして肯定せねばなるまいが、併し之は其原因を別の所に求むべきで、従て之が対策も満洲の運命には関係なく全然別個に攻究するを必要とする。満洲に張作霖の如きを据え所謂赤化緩衝地帯を作つたからとて、朝鮮の赤化が防げるものではない。

対支政策の一大転換　斯く論じ来れば、今や我国は満洲動乱を機として全対支政策に一大転回を為すべき機運に立つて居ることが明白になる。関税会議以来我国の対支政策は大体に於て頗る公平誠実の基礎に立ち直つて居た。近く表明せられた治外法権撤廃問題に関する声明に於ても、我が政府の方針は益々同一の方向に歩武を進めて居る。折角新しい方針の下に押し進んで来たのを、如何に満洲に於ける特殊利益が致命的大打撃を受けんとすとは云へ、今更逆転するわけに行かぬではないか。満洲に於ける特殊利益が何の脅威も感じなかつたら固より我から進んで之を棄てるにも当るまい。夫れでも漸を以て之を正しき規道〔軌〕に引き戻すの必要があつたらうと思ふのに、今や幸か不幸か之が思ひ掛けなく大に脅かさるゝことゝなつたのだ。如《し》かず、茲に一大英断を振つて破天荒の刷新を図らんには。加之《しかのみならず》私はひそかに思ふ、此際古き利権に執着するは即ち之を喪ふの因であり、之に固執せざることが却て将来に大なる利益を得るの種とならぬかを。只政策方針の転回に依て一部の官民の非常な打撃を受くるものあるは明である。政府は之等のものゝ死者〔物〕狂ひの運動に動されて国家百年の大計をあやまることがないだらうか。国民の周密なる監視を要する所である。

＊

右書き終つて後十二月十六日の新聞はいよ〳〵満洲出兵の廟議決定を報じた。之に依て私の論旨に変更を加ふる必要を見ない。寧ろこの趣旨によりて今後の成行を益々監視するの必要を見るのみである。

〔『中央公論』一九二六年一月〕

支那と露西亜と日本

支那の国民軍は露西亜の援助を受けて居る。同じく露の援助の下に優勢を謳《うた》はるる広東の一味は、昨今北上して遠く国民軍と聯絡せんとするものの如くである。国民軍は呉張聯合軍に追ひ詰められて遠く西北の一隅に屏息して居る形にはなつて居るが、全く之を剿滅するの不可能な事は云ふまでもなく、早晩勢を盛り返して却て主客顚倒の形勢に変らぬとも限らない。而して支那の青年の大多数が挙つて呉張以下軍閥の専恣横暴を憎むこと甚しく、心中切に国民軍の頽勢挽回を禱《いの》り、更に進んでその大に成功するあらんことを冀望しつゝあるは明白なる事実である。之は我国将来の利害に取て如何の関係を有するか。孰れにしても、我々の之を好むと好まざるとに拘らず、支那の事変は今日正に右述ぶる如き実状を呈して居るのである。

国民軍が援助を背後の露西亜に求むるの事実を見て、その赤化を憤る人がある。先づ赤化を求めて後ち援助を得ることになつたのか、援助を得た結果自然と赤化するやうになつたのか、其辺はまだよく分らぬが、一方にはまた、援助は受けたが赤化はしないといふ説もある。此説も実は一応疑つて見るの必要はあると思ふ。強て支那の赤化を掩《かば》うてやる必要はないが、事態を正しく理解する為に、一応斯く疑つて見るのは、我々に必要な筈だ。何となれば我々も過去に於て同じ様な関係を支那と有つたことがあるからである。

*

日本も昔し支那の革命党を大に助けたことがある。助けた人達の腹を割つて見れば、真に革命に同情せるもあり、面白半分なるもあり、為にする所あつての上のもあり、また実は日本そのものの為に図らんとするものもあつたらう。併し支那側の人達は、唯単に自分達を援けるといふ仁俠的同情の外何物もないと信じて、快く各種の援助を受けたのであつた。斯くして日本と支那の革命青年との関係は段々深くなつて行く。支那の青年が第一革命に成功したのも、一に日本の援助があつたからではないか。之れ程深い関係あつたに拘らず、其後の日本の態度が少しく変になると、彼等はすぐ自分達を利用するんだと疑ひ出し、翻然としてその態度を一変した。以来彼等は日本の一挙一動に極度の猜疑を寄せ、昔日あれ程の厚情を受けたに拘らず、今は忘恩と罵らるるまでの反抗的態度を我々に示す様になつた。於是《ここにおいて》私は思ふ、彼等は余りに自国本位的である、どんな援助を他に受けても、結局自家の立場は毫末も譲らぬといふが彼等の真面目であると。此点に於て日本は寧ろまんまと彼等に利用せられたわけになる。今日彼等の露国より受くる援助の程度は、到底昔日日本より得た大援助とは比較になるまい。我に対してすら遂に自国の立場を失はなかつた彼等が、今日少し許《ばかり》の援助を得たのに喜んで一から十まで露西亜のいふことを聴くとは、どうしても考へられない。斯うした関係に基いて露西亜が新に種々の便宜を獲得することはあらう。が、之に由て露西亜が支那を完全に自家薬籠中のものたらしめ得べしと考ふるは、支那を知らざるの甚しきものである。昨今の露支関係を論ずるものが、過去に於て我々の嘗めたあの苦い経験を少しも反省しないのは、如何したものだらうか。

*

支那の青年が昨今露西亜に同情を寄するの事実も亦蔽ひ難い。併し之を以て彼等が自国の露西亜の如くならんことを欲し、少くとも一にも二にもその指導を蒙らんと欲するものと為すは早計であらう。恐らく今日彼等はまだ十分に露西亜を解しても居まい。而も之に同情を感ずるのは、畢竟国民軍の後援者なるが為めであらう。つまり坊主が好きだから袈裟まで好きなのである。事程左様に国民軍は多数青年の輿望を負うて居ることを看過してはならぬ。而してそれは又何故かといふに、一に軍閥討滅の使命を帯びて起つたと信ぜられて居るからに外ならぬ。事程左様に呉張以下の軍閥は蛇蝎の如く憎み嫌はれて居ることに注意せなくてはならぬ。若し真に軍閥の討滅を図るものなら、そは無条件に国民多数の信望を得る。国民軍たると否とに拘はらないのである。又其事に当る者を現実に援助する者あらん乎、そはまた直に国民の同情を買ひ得る。露西亜たると否とを問はぬのである。故に支那の青年が露西亜に同情を表はすのは、寧ろ軍閥憎悪の反映と観るべきであつて、之が為に支那の赤化を苦慮するは、甚だ失当の見解でないかと考へる。若し夫れ支那の赤化を救はんとの口実の下に、国民軍討伐を標榜する呉張一派に左袒するが如きことあらん乎、そが余りに支那青年の熱望を無視するものたるは、多言を要せずして明である。

*

国民軍が特に露西亜の援助を甘受して居るの事実から、両者間に於ける思想的連絡を推測するのも、我々の経験に徴してまた容易に肯はれぬ。昔支那の革命運動は、徹頭徹尾日本から援助を仰いだばかりでなく、多数の日本人を聘して其の指揮官とさへした。外国人の眼から見たら、支那人を雇兵とした日本人の仕事と思つたかも知れない。併し之に依て支那の人はどれ丈け我々の希望を容れて呉れたか。一つには日本人側の浅慮の為めもあつたらうが、要するにあれ迄に打込んだ援助も、結局は砂上の楼閣に過ぎなかつたではないか。国民軍の露西亜に対する関係は、果して之とどれ丈け違ふだらうか。

加之強て同情を以て考へれば、国民軍が露西亜の好意にすがつたのにも、若干諒とすべき事情がないでもない。云ふまでもなく、赤手空拳では軍閥は倒せぬ。何処からでも可い、先づ金と武器との豊富なる供給を得なければならぬ。之を得る為めには、少し位の利権の譲与は固より已むを得ぬのである。この点は清末の革命青年に在ても全然同一であつた。而して昔の青年は、この要求の満足を日本に於て充したのだが、今日の日本は、不幸にして支那青年の多数の希望に反し、何れかといへば寧ろ軍閥に好意を表する様に見ゆる(少くとも支那の人々は斯く信じて居るのである)。日本以外を探して見ても何処の国も容易に相談に乗つて呉れぬ。加之国民軍の場合に在ては、其の居る処の地位が遠く海港を離れて居る為め、縦令《たとえ》外国より物資を買つたとしても、途中で反対派から奪取される心配がある(現に馮玉璋〔祥〕は屢々斯の経験を嘗めたと聞く)。さすればどうしても背後の露西亜に秋波を送るの外に途はないのである。此点に於て彼等は、軍資武器の供給を求むるについて、選択の自由が与へられて居ないものと謂はなければならぬ。その反面に於て、彼等の一派が西北の辺境にあゝして活躍を続けて居る以上、何と云つても、露西亜から相当の援助を得て居るの事実は、到底隠すことは出来ぬ。

*

斯く考へれば、我々が国民軍と露西亜との連繋に過当の昂奮を感ずるのは、少しく軽卒だと云はなければならぬ。之を怖るべきものとなして呉張一派の軍閥に好意を表するが如きに至つては、啻に無用の業たるのみならず、支那民衆一般の輿望を無視するの甚しきものたるは申すまでもない。無論彼方を助けたり此方に邪魔したり、少しでも干渉の嫌ある行動は此際厳しく慎まなくてはならないが、彼国民衆多数の期する所に対しては、隣国の誼《よしみ》として我々大に尊敬を払ふべき義務がある。わが対支政策は、その重要な一素因としてこの基本に立つべきことを忘れてはならぬ。支那の希望を尊敬し、露西亜とも好誼を進めつゝ、東洋に於けるわが日本の立場をも十分に伸ばし得べき方策は、一体立て得ないものであらうか。

〔『中央公論』一九二六年九月「小題雑感」のうち〕

無産政党に代りて支那南方政府代表者に告ぐ

今支那から戴天仇《たいてんきゅう》君が来て居る。正式には国民党を代表するに止まるといふも、事実上何等かの意味に於て所謂南方政府をも代表するものと観て差支はあるまい。少くとも私共は、同君を通じて南方政府の意図を与り聞き、又君に由て吾人の思ふ所を彼方に伝ふるを得べきを期待して居る。

戴君渡来の目的は何であるか、詳しいことは分らぬが、ひそかに同君の為にはかるに、その当面の目的の如何に依ては余程注意して相談の相手を択むことが必要であらうと思ふ。今我国には君の渡来を専ら自派の宣伝に利用せんと待ち構へて居るものがある。そればかりではない、君にして若し余りに現実の結果を生むに急がば、或は我が軍閥財閥の要求にも相当の顧慮を払はざるべからずして、為めに君を派遣した民国南方諸有志の意思に反することにもならう。君の眼中におく所たゞ単に「今日の日本」にとゞまるのなら問題はない、「明日以後の日本」と真に永き親睦の関係を訂せんとする以上、君は何を措いても先づ我々の言に耳傾くる必要があらう。

伝ふる所に依れば、戴君は日本国民に対つて或る種の提案を持て居ると云ふ。その詳細を伺つた上でないと我々の之に対する意見を述べ難いが、所謂支那問題は我々に取て極めて緊要なものだけ、我々にはまた先方から云ひ掛けられるまでもなく、之に関しては我々だけの見解を持合せても居る。恰度戴君の如き南方派の有力者の渡来を幸ひ、茲に少しくその一端を披瀝して見ようと思ふ。

第一に、日本の民衆は南方諸君の改革的精神に同情し偏にその成功を禱つて居る。否我々は諸君の至誠に多大の敬意を払ひ、且つ我が事の様な満悦の感を覚へつゝ、終局の目的達成を確信するものである。尤も我国に内心ひそかに諸君の成功をよろこばぬものあるは事実だ。が、そは国民中の極めて少数なる一部に過ぎない。外にまたロシアとの関係に於てボルセヴイズムの跳梁を懸念するものあるも、諸君の教養と練達とはやがて必ずや其間に正しき方途を見出すべきを疑はない。

第二に、承認問題に就ては吾人の立場は或は少しく諸君の要求と違ふかも知れない。諸君は主張する、中華民国の正統なる中央政府として直に自分達を承認せよと。国内に対する意気込みとしてはそれでいゝ。それに基く一切の活動に対しては私共は遅疑する所なく同情する。併し国際儀礼の問題となると、如何に多大の道徳的共鳴を諸君の仕事に感ずるからとて直に北方政府と国交を絶つわけには行かない。換言すれば、今や我々は南北対立の事実を有の儘に認め、各々その実力の現に及ぶ範囲を限つてそれ〴〵の支配権を認むるの外ないのである。而してこれ以上を望むのは取りも直さず我々に国際信義を破ることを要求するにひとしいものとなる。

第三に、限られた範囲に於ける支配権確立の承認を問題とする場合に於ても、自主権尊重の名の下に之と伴つて第三国の一切の自由行動を封ぜんと欲せば、支那側に於て先づその管轄内に於ける出来事に付ては完全にその責任を負ふの覚悟あることを必要とする。加之《しかのみならず》此際拠る所の規準が在来の国際法規慣例なるはまた申すまでもない。従来の法規慣例の時勢に応しくないことは私共も認める、従てその改訂の要求に対しては決して耳をかさざらんとはせないのだが、兎に角原則として差当り在来の法規慣例の尊重を約せざる以上、我々は少くとも理論上或る程度の自由行動の留保を主張せざるを得ないことにならう。

第三〔四〕に、我々は適当の方法を以てする法規慣例其他条約等の改訂には喜んで応ずるものである。之等のものに由て定まつた支那対各国の従来の関係の中には、言ふまでもなく著しく支那の自主権を傷くるものがある。之に依て各国の占め得た地位は、概して云ふに、其国有産階級の利害の繋る所にして、恐らく民衆一般とは何の交渉もないものであらう。故に民衆の立場から云へば、之等の特殊地位に恋々たる理由は毫末もない。否、之が若し些《いささか》でも両国親善の障碍を為すことあらん乎、彼等は速に之を拋棄したいとさへ冀《ねが》ふだらう。斯くして我々無産階級は、単純な理論としては、満蒙に於てすらも決して引続き特殊地位を主張せんとする考はない。

但し之等特殊地位の原因を一概に諸外国の侵略主義に帰する説には、無条件に与《く》みし難い。之もある。併しその外に、支那が一独立国としての形式を完備しなかつたと云ふ事情もあることを忘れてはなるまい。併し今となつては斯んなことは最早云ふ必要はなくなつた。支那は諸君の力に依て既に立派な形を整へ始めて居り、我々はまた断然侵略主義を棄つるに決意したからである。たゞ侵略方策の原則的放棄に関連して諸君に一つ折入つて頼みたいことがある。そは外でもない、支那に於ける我々既占の特殊地位の中、一部階級の私欲を充たすに過ぎざるものはどうでもいゝが、我国民衆一般の生活に直接の関係を有するものに付ては、その発生原因の如何に拘らず、之を合理的に整正するに際し特に穏当な顧慮を加へられんことである。之に由て永く侵略主義の残欠を留めんとする意図は毛頭ない。支那の好意に縋《すが》つて民生の生活に急変なからしめんとするに外ならない。而して原則として一切の侵略方策を棄て完全に隣邦の自主権を尊重すべきは勿論である。

知らず、戴君は以上の根本原則の下に我々無産大衆と真の共存共栄を策するの意はないか。

〔『中央公論』一九二七年四月「巻頭言」〕

日支両国大衆の精神的聯繫

本誌は前号に於て〔前掲〕、戴天仇君の渡来を機とし、日本民衆の全体に代るの意味を以て、国民党に依て代表せらるる南方支那の改革運動に満腔の同情を寄する旨を述べ、併せてまた彼等の誠意に恃んで彼我の間に解決せらるるを要する二三重要の問題に関し我等の憚る所なき注文を開陳したのであつた。細目に亘つては猶大に論ずべき点あるは言ふを待たないが、その大綱に於て日本民衆の新興支那に対する要請は略ぼ之に尽くると観てよからう。不幸にして帰りを急ぐ戴君から之に関する何等の意見を与り聞き得なかつたのは、吾人の大に遺憾とする所であつた。

所が三月の末つ方から支那の調子は少し変つて来た。戴君の俄に帰りを急がれたのもその為ではなかつたらうか。そは外でもない、共産党と国民党との露骨な内争が表面に現れたこと是である。人或は之を左右両翼の軋轢《あつれき》といふ。この言ひ方は必しも当らない。少くとも我国の無産階級運動部内に於ける左右両翼の争の如きものと思はれては困る。之等の点は茲に詳説するの遑はないが、要するに共産党の進出擡頭、之から蒙る国民党正統派の最近の圧迫は、かね〴〵気遣はれたことではあるが、近来更に一層両者の反目軋轢を鋭くし、今や所謂南方政府の勢力は将に二分せんとするの危機に瀕して居るかに見えるのである。その結果差当り我々に取て一つの重大なる問題が起つた。そはこの相争ふ二つの党派につき何れを以て隣邦民衆の希望を代表する正統勢力と観るべきや、又孰れを以て信頼と期待とを寄するに足る、換言すれば支那の健全なる良心を代表する中心勢力と認むべきやの点是れである。我々日本国民の態度がきまつても、交渉すべき対手が判然しなくては困る。判然するまで待つといふも一策だが、出来るものなら早く之を見定め陰に陽に之を声援するのも悪くはない。我々は支那の時局の一日も早く安定に着かんことを冀ふも、同時にまた我から進んで声援支持すべき勢力の孰れなりやを穿鑿するの必要もあらうと考へるのである。

吾人の観る所を卒直に云はしむるなら、支那の中心勢力は、また中心勢力たるべきものは、巨人孫文先生の遺〔衣〕鉢をつぎ三民主義の綱領を厳守する国民党の外にはないと確信する。孫文先生の遺志の何であるか三民主義の何であるかは、既に余りによく知られたる事柄である。その積極的内容を外にして、更に国民党の本体を鮮明ならしむる消極的標準はといへば、一つには徹頭徹尾軍閥と相容れざることであり、又一つには所謂共産党の事実上の指揮を受けざることである。世間に往々蔣介石《しょうかいせき》君の張作霖との妥協を伝ふるものあるが、若し之が実現せん乎、蔣君は最早断じて国民党の正系を代表するものではない。我国の論客中にも往々南北を妥協せしむべしなどと説くものあるが、之は少くとも国民党に対〔し〕ては不可能を迫るものである。若しそれ共産党に至ては、本来その根本主義に於て三民主義と相容るるものに非ず、何の見る所ありてか故孫文先生がその来投を許した以上、国民党の統制に服する限り党内の活動を認めなくてはなるまいが、若し彼れが自ら進んで指導の位地を占取するが如きことあらん乎、之れ取も直さず三民主義の露骨な蹂躪でなければならぬ。支那に於て最近国民党内の内訌の伝唱さるる所以その因実にこゝにある。若しこの内訌が、伝ふる所の如く、共産党が国民党内に喰ひ入りその中央支配権を壟断せんと狂奔する所から起つたものとするなら、我々は之に対抗して三民主義の忠実なる遵奉に終始せんとするものの方を正統なる国民党となし、之を声援することに依て支那国民全体の真の要望に少しでも実現の機会を多からしむる様、骨折らなくてはならないと考ふるのである。

支那の内争はどう決まるか。之に依て我々の態度も自ら同一なるを得ない。併し忠実に三民主義に終始するものは、日本の民衆からの尽くる所なき声援を期待することが出来る。彼等が三民主義に終始する限り、我々も亦安んじて東洋の将来を共に諮《はか》り得ることを疑はぬからである。

支那にも色々の考の人があるが、日本にも種々雑多の思潮がある。日支両国民の共存共栄の真諦に徹し、最も正しく東洋将来の平和的発展を策する為には、お互に内部に於て亦この先多くの戦を闘はねばならぬ。而してこの際に方り、支那に於ける軍閥若しくは共産党の多少の跋扈が如何に日本の国論を険悪にするか分らない。恐らく支那に於ても、日本に於ける真の輿論の何れに存するやが明白でない為め、正しい議論の不当に非難されることも再々であらう。それが為にも我々は日本民衆の真の要求を茲に改めて高調力説するの必要を感ずるものである。之と同時に国内の同胞に向つては、繰言《くりごと》ながら、支那の本当の勢力を決して見誤らざらんことを忠告せざるを得ない。

斯うした吾人の立場は、自らまた、日支両国の中堅勢力の何等かの聯繫を希望するといふ結論を導くべきは、識者を待たずして明であらう。此問題に付ては他日また稿をあらためて説くことにする。

〔『中央公論』一九二七年五月「巻頭言」〕

対支出兵問題

支那出兵問題に付て、現内閣の余りに民間の反対論を苦にするは姑く恕するとして、之に関する言論の弾圧の恐しく過酷なるは吾人の了解に苦む所である。出兵に対して支那側が無条件に反対なるは云ふまでもない。支那側の反対など顧慮するに足らぬと云はゞそれまでなれど、日支両国の将来の親善を思ふ者は、政略上から云つても、日本内部にも多少の出兵反対論者の存在することを示すことに依て幾分支那側の感情の融和をはかるに努むべき筈である。国内に反対論の横行を許すは出征軍の士気に関すと云ふ議論もあるが、政府の一旦犯した過誤を徹底的に押し通させる為に、強て沈黙を守らねばならぬ義務を我々国民は負ふ必要はない。

いづれにしても政府の政策に反対する言論の強圧は立憲政の汚瀆《おとく》である。之は何時如何《いついか》なる場合に付ても云へるが、殊に対支出兵問題に付ては他のいろ〳〵な理由に依て更に一層大なる失当の処置であることを断言するに憚らない。

*

青島に居つた兵隊の済南に進出した以上大連の兵を青島に移すは已むを得ない。青島に足らざる所を補充せざれば済南の安全が期せられないからである。故に第二次出兵は済南進出の当然の結果にしてそれ自身としてはいゝも悪いもない。是非得失は寧ろ済南進出に付て争はれる。そこで私共は思ふ、済南進出に一体何の必要あり又之を遂行するに抑も何の権利ありやと。

＊

先づ実際の結果から観よう。我が軍隊の済南進出を機として北軍の旗色俄によくなり南軍の気勢頗る挫けたるの観がある。顧れば一二ケ月前は、北京は馮閻唐蔣の圧迫を受け張作霖の運命は風前の灯も啻《ただ》ならざる有様であつた。斯かる形勢の自然的推移に対し意外な障碍を与へたものは実に我が第一次の出兵であつた。我が日本は必しも南方の進出を邪魔しようと云ふのではない、日本には日本独自の当然の希望があるのだと云ふ。当然の権利の遂行に依て甲が利し乙の損するは致方がないと云ふわけだ。よしそれが日本の直接に期する所でなかつたにしろ、出兵の結果が事実上南軍の進撃に対して北軍を庇保するものであつたことは疑ない。斯くして南北対峙の形勢は姑くは停頓の姿となつたのだ。此間南北双方はいろ〳〵秘術をつくして裏面の暗闘に苦心したらしい。北方は南方の結束を破りその一角を懐柔して他の鋭鋒を抑へんとした。南方はまた北方をその内部から崩壊して一挙に天下を殉《したが》へんとした。而してその孰れかから日本の孰れかの方面へ或種の運動のあつたことも争はれない事実だと云はれる。併し日本の内部には出兵反対論がなか〳〵盛だ。既に決行せる第一次出兵に対してすら輿論は挙つて反対の声をあげ、中には速に撤兵すべきを要求する者も少くはない。斯んな風では第二次出兵などは思ひも寄らぬことだ。如何な政友会内閣でも此上の出兵だけは遠慮するだらうと我々自身も安心して居たのだから、支那の人達が之を予期しなかつたのに不思議はない。その為か南方派は六月の末頃からそろ〳〵北方進撃を開始した。張作霖派の旗色頗る面白くない。そこへ急に我が第二次の出兵が現はれ、強弱の勢俄に地を易へんとするかに見へると云ふわけになつたのである。

帝国の政府はいふ、我国は我が当然の権利を実行するまでで固より甲を助け乙を窘《くるし》めると云ふ意図はない、絶対に不偏不党であると。それに相違はあるまいが、事実上の結果が、勝つべきものに勝つ機会を失はしめ、負けそうになつた奴に安心して休息するを得しめたことは疑ない。之を支那が怨嗟するのは、その当否は別として、亦人情の自然と許さねばなるまいと思ふ。

＊

昨今の支那電報を見ると、南方側の勢力が些《すこ》しでも北方に伸びかけるとその地方の秩序が直に紊《みだ》れるかの如くに報ずる。之に反して北方派の勢容が恢復したと云つては恟々《きょうきょう》たる人心も頓《とん》と落ち付いたと云ふ。丸で北方が優勢であれば安全が保たれ南方の手が伸びれば何事が起るか分らぬと云つた風の報道ばかりだ。私は這の報道の私の平素の見解と著しく相違するを怪しみ、新聞関係の友人に就て疑を質したところ、官憲の指示する所に依るもので致方がないと云ふのであつた。して見れば、北方を是とし南方を否とするは或は我国の公権的解釈と観てもいいのであるまいか。誤解を防ぐ為に云つておくが、所謂南北の是否とは帝国政府が直接にも間接にも支那の内争に干入してその孰れかに加担すると言ふ意味ではない。秩序維持の誠意と手腕とに於て南方に信頼せず北方に信頼すべきものあるを認めると云ふ丈けのことである。北方に秩序維持の誠意と能力とあるから陰に陽に之を助けようと云ふことになればそは正しく内政干渉になる。斯の如きは固より我が政府の断じて手を触るる所ではない。只私の云はんと欲する所は、我が政府の対支政策は正しく如上の一種独特の見解に基いて樹てられて居ると云ふ事である。即ち北を是とし南を否とする前提に基いたと観なければ対支出兵と云ふ大変な冒険の根拠が解らないからである。

＊

北方派が優勢である間はよし、之が南軍に取て代られると北方一帯の秩序がみだれる。尤も秩序がみだれるとする観測に対しては内外を通じ大に異議を唱ふるものがあらう。併しそれは事実の上に現はれない限り水掛論におはるから今は論ずまい。只少しく立ち入つて考へて見たいのは、北方一帯の秩序がみだれると何故に我国の出兵が必要になるかの点である。隣邦の紛乱が何種のものに拘らず我国の迷惑の種たるは言を待たない。併し単にそれ丈では出兵までして干渉するの理由とはならない。そこで我国では秩序の紛乱に依て居留民の安全が気遣はれると云ふことにその理由を求めた。と云ふよりも、北支那一帯の居留民からその生命財産の保安の為め是非出兵をとの熱烈なる要求に接し、深くその利害得失を考慮もせず、漫然之を相当理由あるものとして出兵を決行したと云つた方が適当であるのかも知れない。

だが居留民保護を理由とする出兵の不条理なることは詳細に前号の本欄でも説いた〔「支那出兵に就て」〕。之に付ては北京に居る数名の知人からは抗議を申し込まれたが、支那に永く居る多数の友人からは続々賛成の手紙を貰つて居る。よその国に居て、而もその国の市民が血みどろになつて国運改新の悪戦苦闘を続けて居る真中に踏み留つて、己れの軀には一指をも触れさせまいとするのは余りに虫のよ過ぎる要求ではあるまいか。生命財産が惜くば速に一時引き揚げたがよい。現に北京天津方面では西洋人などは婦人小児を皆安全な地点に移したといふではないか。この方面で婦人や子供の呑気さうにブラ〳〵して居るのは日本人に限ると云ふ。そして彼等はその儘の生活を安楽に続け得る様に保護して貰ひたいと、頻りに本国に出兵を要求するのである。尤もこの要求の声に応じて出兵を決行した理由はまた外にもあらう。事に依つたら当局者は這の要求の為に出兵したのではないと云ふかも知れぬ。併し之れ丈は間違なく云へる、北支那の居留民があれ程利己的でなく又あれ程横着でなく、少しでも帝国全体の利害を打算する聡明を有つて居つたなら、而して又自力で自家の問題を適当に処置して居つたなら、如何に出兵好きな田中内閣も、その口実を見出すに苦んで今日の様に輿論の反対を受けずに済んだことであらう。

〔『中央公論』一九二七年八月〕

対支出兵

居留民保護の目的を以て出動した帝国軍隊は図らず支那南軍の一部隊と衝突し、引いて遂に悲しむべき日支交戦の一大修羅場を展開せんとして居る。今では居留民などはそツち退《の》けになり、出動した軍隊そのものの絶対安全を目標として戦線も相当広汎なものになりそうだ。一旦抜いた刀は納める様にして納めて貰はねばならず、必要があれば国力を挙げても帝国の利益と名誉の為に戦ひ続けるを辞せないが、さるにても斯んな事のために直接多大の犠牲を払ふ在外幾万の将卒に対しては、我々国民として実に何の言葉を以て感謝すべきかを知らぬ。戦争に確然たる名義がないからとて、異域に心身を労する正直なる兵士の至誠を粗略に考へてはいけない。

いづれにしても今度の様な形で支那と戦ふは我国に取て一大不祥事である。直接の責任の何方にあるにしろ、之に依て双方の蒙むる有形無形の損失は測るべからざるものであり、殊に我国に於て、現在は固より、その東洋に於ける将来の立場を思ふとき、真に寒心に堪へざるものがある。(一)第一我々には今日支那を敵とし戦はねばならぬ何等の理由もないのだ。否、寧ろ支那との敵対は如何なる形のものでも此際出来るだけ之を避くべき必要があるのだ。何を以て斯く云ふやは今更説くまでもなからうから略するが、此点から観ても今次事変の不祥事たる所以は分らう。(二)それに今次の戦域は今後可なり拡大する恐れがある。彼れから挑まれて已むを得ず起つた事だとしても、現に見るが如く殆んど南軍の全部が極度の反感を我に示すの形勢なるが故に、自家の防衛と云ふことがなか〳〵容易の業ではないと思ふ。青島より済南にかけての山東一帯の保障占領ですむかどうかすら判明せぬ。而してこの戦域の拡大はまた同時にそれだけ支那国民の反感を一層深からしむべきを以て、我々としては一刻も油断は出来ぬのである。斯くて相対峙する両者をして益々強く反目せしむるの結果となるは、日支両国の和平を念とする我々の果してよく忍び得る所だらうか。

之等の事情は、ひそかに恐る、多数の国民をして対支軍事行動の上に余り熱意を有たしめぬ結果にならぬだらうか。併しそれはこの軍事行動の原因たる政治的動機に対する疑問に出づるものであつて、之を移して出征将士に対する国民的冷淡を是認するやうのことあつてはならぬ。出征の将卒は出兵すべきや否やの政治的決定には全然与つてない。その決定の結果に基いて忠実に其の為すべき務を果して居るのみである。之に対《むか》つて満腔の感謝を捧ぐるは我国民の当然の義務ではないか。ことに動《やや》もすれば国民の同情の薄らぐの恐れあるだけ、それだけ我々は今次の出征将卒には格別多大の同情を寄すべき必要を認むるものである。

出征将卒に対する同情感謝の問題と出兵の是非に関する政治的批判若くは責任の問題とは自ら別だ。出兵の必要なかつたとしても、今更中途で引揚げろなどとは云はぬ。たゞ群議を排して出兵を決行したに就ては、政府に於て負ふべき当然の責任があり、この責任は出征の成功不成功とは関係なしに永久に残るのである。国家百年の大計としては寧ろ此方が重大問題だ。戦争の物々しさに眩惑してこの重大なる政治的責任を等閑に附してはいけない。

山東出兵に関して論ぜらるべき政府の責任問題には、大要次の四方面がある様に思ふ。

(一) 支那に対する日本の正義の問題として先づ考へて見る。日本の山東出兵が事実に於て彼国南北両軍の内争に対する一大支障たるは疑ない。日本の正義は之に対して如何なる態度を執るべきであるか。幸にして南方を援助せよとの議論はないが、間接に北方を助くる結果になることに対しては世論案外に寛大である。併し北方が成功して南方の失敗することが事実我国の利益になると仮定しても、公然北方と同盟でも結ぶに非る限り、名義を他に藉りて屢々南方の進路を遮るのは、普通の場合に於て許さるべきことでない。玆に普通の場合といふは、特別重大の理由あればまた別だといふ意味である。

(二) そこで特別重大の理由とは何かと云ふ問題になる。漠然たる言ひ方だが、日本帝国の生存発達に直接の関係ある重大な理由があれば、支那側に向つて暫く隠忍して貰はうと云ふに必しも無理はない。たゞ呉々も考へねばならぬは、場所は彼国領土の中原であり、而も彼等は国家的甦生《そせい》の為め決死の奮争を進めて居る最中だと云ふことである。斯う云ふ諸般の事情を併せ考ふる時、単純なる「居留民保護」と云ふだけの理由で彼国人を十分納得せしめることが出来るだらうか。この問題に付ては、昨年の山東出兵の際本誌上に述べた(七月及び八月号本誌時評欄参照)と同じ意見を今以て正しいと信じて居る。要は可なり大きな苦痛ではあるが出来る丈け早く居留民を引き揚げしめて支那の人達の邪魔にならぬ様にせよと云ふに帰する。

(三) 姑く国際的正義の問題を別として単純なる利害打算の観点から論ずるも、山東の一角に在留する同胞の利害は斯れ程までの大犠牲を払ふに値するものだらうか。私は必ずしも之等同胞の利害を全然無視せよとは云はない。支那の内紛に干渉するの事実を生ぜざらしむる為め一時引き揚げたらよからうと思ふのである。或は云ふ、折角安住して居るものを引き揚げさせるのは可愛相だと。併しこの結果として起つた排日騒ぎの為め南部支那ではもツと多数の同胞が這々《ほうほう》の態で引揚げを余儀なくされて居るのではないか。又云ふ、引き揚げに依て失ふ所の損失は大きいと。併し出兵を繰り返し不本意な戦闘に貴き血を流すことの損失はその幾層倍になるか分らない。之を要するに今次の戦ひは我が日本帝国の喜んで為す所でないは勿論のこと、且つ居留民をさへ引き揚げれば当然避くることを得たものである。この意味で事前に出兵反対の声は可なり民間にも強かつた。一旦出兵を決行した以上、我々国民は行くところまで行つて最終の効果を収むべきを主張するけれども、更に遡りて現政府が結果の始めから予見すべかりしに拘らず群議を排して何故に出兵を決行せしやに就ては、飽くまでその政治上の責任を追究するの必要を見るものである。

(四)結果の予見すべかりしと云ふ事に就て或は一応の異見を挿む人があるかも知れぬ。他国の兵隊同志が顔を合はしたからとて必しも喧嘩するとは限らない。我が軍隊の派遣はもと〳〵単純な居留民保護を目的とするものに過ぎず、彼国軍隊の行動を妨げる意思は毫頭ない、双方誠意を以て忠実に各々の立場を守る限り衝突を見る心配は全然ない筈であると。併し之は白々しい屁理窟に過ぎぬ。形式的な国際談判の席上ですら昨今斯んな抗弁は流行せぬが、政治家が政策決定の理由を論ずるが如き場合に斯んな愚論は断じて許されぬ。況んや種々の情勢は一般民間よりも政府当局の方が一層斯うした不祥事の発生を予見すべかりしを語るに於てをや。その故如何と云ふに、(一)第一今日の支那が理由の如何に拘らず日本の出兵と云ふ事に極度の反感を有することは、少しく彼我の形勢に注意する者の何人も知悉する所でなくてはならぬ。(二)加之《しかのみならず》これまでの出兵が北軍を援助して南軍の目的を見事に失敗せしめた事実に鑑み、同じ事を繰り返すことが如何に南方側の神経をいらだゝせるかも十二分に打算してあるべき筈だ。田中内閣が支那北方軍閥と特殊の関係に在りとする支那の邪推は一笑に附すべしとするも、我が出兵を彼等が如何に苦痛とせしかは、今日まで唯この事の了解の為め幾度彼方の密使を迎へたかを省みれば分る。斯う云ふ明白なる形勢を前にして断然出兵したとすれば、政府に於てまた深く期する所ありたるの結果と観なくてはならぬ。(三)更にもう一つ政府として必ず警戒すべかりしことは赤露系共産党の活躍である。之に就ては先般の南京事件で彼我共に苦い経験を嘗めた。支那側も之には深甚の注意を払つたらう。併し我国としては之に安心して平穏無事を推定するわけには行かぬ。現に赤露系共産派の魔手は如何の決心を以て常に東洋諸国に事を起さんとして居るかは、過般の共産党事件でも明白過ぎる程見せつけられた筈である。詰り共産党の本部では世界各国に於ける自派勢力の打算をあやまり、何処の国でも階級反感の機運は余程熟したものと観て居る。日本などでも最早《もはや》秘密に運動するの必要はない、覆面を脱いで表に顕れた方が却て多数の味方を傘下に集め革命の目的を達するに便宜だと考へて居る。此意味の指令に基いて遂に馬脚を現したのが最近共産党員の検挙を見るに至つた一因ではないか。之と同じ赤露本部の誤算は、国際間に戦争が起れば各国の無産階級は必ず之に反対の運動を起し、国と国との戦よりも各国内部の階級戦の方が大きくなる、斯くして革命の成功すべき機会を作る為め、国と国との争は出来る丈け之を激発した方がいゝと云ふ信念を抱かしむるに至つた。南京事件は斯かる指令に基いて起れることの明白なる今日、済南出兵に際して全然この点を考慮の外に置いていゝと云ふ理窟はない。尤も済南に於ける南軍一部隊の掠奪開始は共産系の使嗾に出でたと云ふ証拠のあるのではない。私の知る支那の友人中には之を否定する人も多い。が、之は相当に予想し得べき事であり、且つ今後紛乱の機会を利用して新に活躍を恣《ほしいまま》にせぬとも限らぬ。事実の如何は別問題としても、共産系の浸潤の相当に濃厚な支那の事だ、此処に出兵するに際して若し之等の点を些《すこし》でも等閑に附したとすれば、それこそ重大な政治責任を辞することは出来まいではないか。

　出兵は是非とも成功さしたい。軍事行動は軍事行動としての完全な目的を達して貰はないと困る。之が為に我々は凡ゆる犠牲を辞するものではない。殊に出征将卒には無限の感謝を表し之を慰安する為に最善の方法を講じたいと思ふ。併し之と政府の政治的責任とは全然別問題だ。不快な比喩ではあるが、生れた児が可愛いからとて親の私通を看過するわけには行かぬ。風教上の問題としては何処までも原因たる事実に遡るを要すると同じく、帝国百年の利害の上からは、田中内閣の政治的責任は飽くまで之を糺すの必要はある。而もこの必要は事件の進展と共に今後ます〳〵重大さを加ふべきは言ふまでもない。

〔『中央公論』一九二八年六月〕

支那の形勢

張作霖の北京落ちで支那の形勢は急変した。但し格別予想を外づれた急変といふ訳ではない。所が奉天郊外に於ける乗車爆破の惨劇に依て変調は更に一層の著しさを加へた。運の強い張作霖は九死に一生を得たとは云ふものの、毎日の新聞は傷害の重大を以て生死の見定めがつかぬと報じて居る。孰れにしても張家の没落は最早疑を容れぬ事実であり、国民軍に依る支那本土の統一と云ふ事の上に、更に満蒙形勢の急変といふ事が加はり、隣邦の形勢は今や九天直下の姿にある。併し繰り返して云ふが、斯の如きは決して我々に取て意外の変転ではない。若しそこに何等か少しく意外なるものがあるとすれば、其変化の余りにも急激なることだけである。案外に早くは来たが落ちつく先は予定通りだと謂つてい丶。従てまた這の急転に際して如何の対策を講ずべきかに付ても、我国として今更狼狽すべき筋合ではない。怠慢でなかつた限り、政府当局に於ては疾くの昔に相当の対策が講ぜられて居た筈だ。

たゞ国が近いだけに、従てまた利害関係の密切なだけに、熱烈なる希望が冷静なる形勢の観察をあやまらしめると云ふことが無いでない。愛情に溺れた親がとかく子女の欠点を見損ひ、又儲けたい〳〵一心で突進する商人が飛んでもない誤算から大損をする等の例にも現はるる如く、斯くあれかしと熱心に冀《ねが》ふ心〔の〕闇は、動《やや》もすれば灯台の足許を暗からしめずば熄《や》まない。支那の問題に付て、殊に満蒙の問題に付て、我国一部の論壇に抑も斯の弊なしと云ひ得るか。政府の一角にすらこの弊ありしことの結果は、現に惨澹たる禍害を今日に残して居るではないか。満蒙に付ては、就中張作霖との関係に付ては、自己の利害より打算して公正を装うた得手勝手の議論の行はれんことは、今より大に警戒の必要があると思ふ。

尤も満蒙形勢の変と云ふことに付て具体的のことは未だはツきりとは云へない。張家覇業の破滅と云ふことだけは断言出来る。之に代つて如何なる種類の勢力が支配者の地位に立つか分らない。が、要するに問題はたゞ二つに分れる。誰が支配権を握るにしてもそが支那本土の国民政府と連絡を取るか否の点是れである。例へば張学《ちようがく》良《りよう》が一時父の地位に代り立つとする、満蒙は事実に於て暫く北方の一独立地域たるの形を続けよう。之に反して別に楊宇《ようう》霆《てい》が推されたとする、やがて満蒙は統一された支那共和国の一部分となるに相違ない。二十余年張作霖に依てかためられ其の以前といへども絶へて革命の風潮に見舞はれなかつた満蒙のことだから、変るにしても他地方の如く急激でないのは当然だとして、結局この地方が永く統一的風潮の外に立ち得るか否かは問題である。満蒙だけは別天地だと考へる人は我国に案外に多い、中には我国の力で優に別天地たらしめ得ると信じて居る人さへもある。将来の対策を考ふるに際して、此等の点に慎重なる攻究を加ふることは最も大切だ。但し我国が満蒙に於て特殊の利益を有つといふことと満蒙を別天地たらしむべしと云ふこととは、全然別個の問題である。

南方国民軍の北支略服を以て漢土統一の端と観る人は、満蒙も必ずや近き将来に於て統一民国の一部となる運命を疑はぬであらう。従来の行掛り上こゝ、暫くは満蒙に於ける覇政の絶滅を期し難いかも分らない。併しそはたゞ時の問題に過ぎないと観る。張作霖の代りに誰れが覇王となつたにしろ、其人の使命は、暫く満蒙の混乱を抑へ機の熟するを待つて徐ろに之を中央に捧ぐる役目をつとむるに過ぎない。新に前清朝の遺孤を奉じて独立帝国を建つると云ふが如きは、到底大勢が許さないと思ふ。然らば我々が満蒙対策をたて直すにしても、結局の大勢の何処に趍《はし》りつゝあるかを看取することは、極めて必要な事とせられねばならぬ。

たゞ問題は隣邦今日の形勢を以て統一大業完成の端緒と観るべきや否やの点である。支那の事といへば朝にして暮をはかられざるを意味すとされる程に、彼地の形勢は由来転変極りなかつたのである。之れ丈けを念頭におけば、今日支那本土を統一するに成功した国民軍政府をも、我々はいつまで恃みにし得るか分らぬことになる。之が結局あてにならぬとすれば、満蒙の形勢も固よりどうなるか分つたものでない。我国の力で如何様に左右することもまんざら不可能でないかも知れぬ。故に今日の国民党政府の基礎は一体どれだけ堅いのかと云ふが最も主要な問題になる。此点に関し最近操觚界の輿論が大体に於て私のかねて聞知する所と一致するのは、私の亦ひそかに意を強うする所である。

結論は今更云はなくとも分つて居るだらう。私はたゞ玆に支那革命運動の歴史を回顧して憂国志士の不屈不撓の活動を讃美したい。

満人の支配に対する漢人の憤懣を引つ張つて来るなら、支那の革命運動は清朝の成立と共に起つたと謂はねばならぬ。近代精神に目ざめての新しき意義の革命運動を、孫逸仙の初次の陰謀にはじまると観れば、それも今となつては既に三十四年の昔に遡ることになる(孫逸仙が初めて広東に事を挙げんとして破れたのは明治二十八年晩春のことである)。隣邦有為の青年が我が東京に於て中国革命同盟会なる秘密結社を作つたのは明治三十八年である。例へば板垣退助の下に集つた自由党が今日の政友会の前身だといふよりも、モ少し強い意味に於て、この同盟会は今日の国民党の前身であることを思へば、支那の革命運動が孫文といふ英雄の個人的事業から青年学生を網羅する国民的事業にまで進展してからも、今日まで既に四半世紀の星霜を経て居るのではないか。国民的革命運動は遂に明治四十五年十月を以て清朝を斥くるに成功した(清朝の正式に退位したのは翌年の春だけれども)。併しその結果として出来た中華民国は、共和政治の外形を備へてその実永い間官僚軍閥の専恣横暴の為め、如何に多くの苦盃を飲まされたか分らない。此の間また彼等革命志士の忍辱は十七年も続いて居る。其間固より事に当る人を代へたことは一再にとゞまらない。革命の事業蹉跎《さた》として振はざるを歯痒ゆがり支那人の為すなきを罵倒する声も可なり我国に高かつたが、今にして思へば、革命の精神があらゆる強力の伝統と衝突しつゝ、不屈不撓その目ざす標的を一心に見つめて傍眼もふらず驀進した武者振りには、真に敬服に値するものがあつたのだ。三十余年の踏みかためられた地盤を有する革命の精神が今日いよ〳〵多年の翹望《ぎようぼう》たる北京を乗取つたと云ふことは、一体我々に何事を語るものであるか。

孫文がはじめて革命運動に手を着けた頃は、清朝がまだ全盛を誇つた時代であつて、彼の一味は全く郷国に身をおけず常に国外に亡命流離せざるを得なかつた。この時代彼等が如何に数奇惨澹の生活を送つたかは、今に之を熟知する者我国にも頗る多い。而も彼は屈せず機会を見ては運動を繰り返した。又彼に応じて起つたものも外に少くはない。けれども出ては潰され一刻も芽を吹くの余地を与へられず、斯くして革命党は殆んど根を絶やし幹を枯らさるるの趣があつた。中華革命同盟会の成立に依て新に盛容を張つた第二期に入つても、革命運動は漸く衰頽の色を現した清朝に対して猶ほ物の数にも足らぬ微弱なものであつた。革命運動の二大人傑孫黄の連繫成り、天下の青年其下に集りて悉く彼等の制令を奉ずといへども、偶々挙ぐる所の彼等の策動は、徒らに有為の青年を非命に斃すにとゞまつて些の実効を挙げて居ない。只遠く辺境に在て清朝勢力の末梢を刺激し得し位が、第一期に比して多少の進展を見たと云へば云へる。やがて革命は第一段の成功を告げ、中華民国の建設を見た。併し之に満悦の祝盃を挙げたのも束の間で、一代の怪傑袁世凱を頭領に仰ぐ北方官僚の一団は容易に実権を革命党に譲らない。従て革命党よりすれば、前門に虎を防いで後門に狼を迎入れた形になり、革命成功の外形の下に政治は依然として従前の専擅に毫末の改善を見なかつた。外形の成功を更に実際真実の成功たらしむる為に、彼等は更に袁世凱と戦ひ、段祺瑞と戦ひ、誰れ彼れと続いて最後にまた大に張作霖と戦はねばならなかつたのである。これが実に今日までの形勢ではないか。而して今や彼等は始めて多年の苦心が酬へられ、北京の攻略に由て支那本土を完全にその管掌の中に収め得たのである。こゝまで来るにどれだけの貴い多くの犠牲が払はれたか。真に七顚八起の苦みを嘗め尽した跡を思ふとき、彼等の作つた這の大勢は最早支那に於て抑へ難きものなるを思はざるを得ぬ。大勢の進みは或は至て緩慢だともいへよう、併しその歩武の確実なるは亦他に多くその倫《たぐい》を見ない。少しく眼識ある者は必ずや之に逆行することの如何に無暴なるかを感得するであらう。

形勢の変に基く我国新対策の何であるべきかは、漸を以て具体的の形に現はれ来るであらう。吾人も亦爾今必要に応じて之れが講究と評論とを怠るまい。たゞ予め一言して置きたいことは、此際我国も亦根本からその概括的態度を改むるを要することである。と云ふ意味は外でもない。第一に我国は従来専ら隣邦の旧勢力を眼中に置いて来た。尤もこれは古勢力に故《ことさ》らに阿《おもね》つたのでもなければ又不当に新勢力を無視したのでもない。一国の外交方針としては現存の勢力を有りの儘に認めて之を交渉の相手とするは已むを得なかつたのである。而して今や此点は全く方針を改めねばなるまい。第二に我国は彼国の内紛容易に安定せざりしの結果として自衛上種々の特権を要求せねばならなかつた。所謂我国の有する既得権の中には、最近の形勢の変化に伴つて、我から進んで棄て去らねばならぬもの又棄て去るを得策とするものもあるに相違ない。一旦獲たものは事情の如何に拘らず之を離してならぬとするは、特に親善の関係をいやが上にも開拓すべき支那に向つて執るべき態度ではなからう。況んや所謂既得権の中には、或は支那自身の向上発展の為に多少の障害たるものもあるべきに於てをや。之等の点に付て我々は出来る丈け虚心坦懐でありたい。無暗に同情を押売りして宋襄の仁を学ぶ必要は固より毫末もない、遣れないものは返さぬことに決めてもよく、欲しいものは新に請求しても一向に差支はない。要は共存共栄の原則に基き胸襟をひらいて新に両国将来の関係を協定することである。之が為に私は従来の行掛りや約定やを無暗に引援せぬ様にしたいと考へるのである。

之を一言にして約せば、要するに、支那と日本との将来の関係は在来の約定に基いて決めらるべきものでなく、主としては一旦白紙の状態に還りて別に新に両国の利害を省量し、純然たる理義の指示に遵《したが》つて決めらるべきであると云ふに帰する。

〔『中央公論』一九二八年七月〕

支那の政治と日本の政治

一、此間支那の視察を了へて帰つた人の話。「日本の対支政策は兎もすれば「人」に着眼し過ぎて困る。蔣介石がどうの馮玉祥《ひょうぎょくしょう》がどうの、甚しきは王正廷を換えて貰へば外交談判は楽に運べるなどと云ふ。袁世凱から段祺瑞、降《くだ》つて張作霖などを相手に見ん事支那を料理し得たと自惚れてゐる人には尤もの考だが、何時までも時勢の変化に眼を閉ぢられては困る。個人の出来心で政治の行はれた時代はもう去つた。支那には今や何か知ら輿論といふ様なものが出来てゐる。茲に何か問題が起る。すると必ず之に就き新聞などにも現はれ官界の要人に採用され一般識者階級からも支持を受け、且又我々外国人が聞いても成程と首肯される様な意見が世上に浮み出る。而して色々な問題に付て現はれる斯うした種々の説明を比較綜合して観ると、其間に亦自ら一種の脈絡が貫かれて居る様に思はれる。私は学者でないから分り易い説明は出来ないが、斯んなのが所謂輿論と呼ばれるのではなからうか。果して然らば支那は昨今漸く輿論の支配する所となりつゝあると謂てよからう、従て支那が今後どう動くかは必ずしも私共に取て不可解の謎ではなくなつた。官界実業界の先輩などにも是非この新しい趨勢を見て貰ひたいものだ。孰れにしても対人方策は一刻も早く棄てて欲しい」と。

二、右の説の当否は別として、更に支那の斯うした動きは彼国最近の特有の現象だらうと其人が主張されるので、之には簡単に異議を中立てて置いた。何となれば斯かる意味の輿論は無論夙《はや》くから我国にもあるからである。現に看よ、昨今の日支交渉按件に関しても国民大衆の態度には略々帰する所が在るではないか。唯彼と我と違ふ所は、この国民大衆の支持と承認とを受くる輿論が其儘実際の支配力を有たず、実際の支配力を認められるものは極めて少数なる特権階級の作る所たる方針であることである。支那に新に現はれたものは日本にもあるのだ。たゞ日本にはもう一つ支那にないものがあつて、それが縦横無尽に跋扈して居るのだ。謂はば日本には二つの思想の対立がある、支那にはそれがない。

三、個人の出来心で天下の支配された時代は日本にもあつた。而して之に対抗した民衆の進攻的勢力は自ら彼等相互間の結束を促し、甘じて之に迎合するを恥とせざるブルジョア階級の支援を得てやがて一種の特権閥を作るに成功した。是に於て出来心で天下の左右さるると云ふ現象は跡を絶つたが、而も之に代つて天下を支配する意見は固より民衆の意慾とは何の関係もない。民衆それ自身の開発の遅かつた支那では、之に反し、永く官僚の徒に惰眠を貪るを許し為に其専恣横暴に苦しむことも久しかつたが、一度天運の廻り来て民衆の覚醒の始まるや、官界の覇者は一ト溜りもなく崩壊し、一足飛びに輿論を以て天下を支配するの新境地がひらかれたのである。我が日本が第一の段階を経て今正に第二の段階に悪戦苦闘しつゝありと云ふを得ば、支那は第二の段階を飛び越えて急に第三段階に進んだものと云ふを妨げぬ。夫れ〴〵の国情に基き必然の理法に遵ふものとは云へ、殊に支那との関係の益々密なるを加ふる際、此辺の事も少しは考へなくてはなるまい。

〔『中央公論』一九二八年一二月「巻頭言」〕

民族と階級と戦争

日本の満洲経営は一朝一夕の事ではない、満蒙が国防上また経済上我国に如何なる関係を有するやは今更絮説するだけが野暮だ。我国は之が為に一度国運を賭して露西亜と戦つた、其後支那政府の諒解を得ていろ〳〵の権益を此地に設定した。然るに最近彼国官憲は種々の口実を設けては権益の完成を妨げる、甚しきは既に完成したものを蹂躙する、信義に悖《もと》つて我国人の生存発展を阻止するが如き事実は数ふるに遑ない。斯くて満鉄線路爆破といふ突発事件に機会を見付けて今次の事変が勃発したのである。

さて然う云ふ意味で起つたとすれば、今次事変の行き着く先は略ぼ自ら明瞭な筈だ。この事変を通じて我国の民国に望む所は最少限度に於て既得権の尊重でなければならぬ。之は理に於ても当然であるが、併し実際問題になると爾《しか》くその範囲が明瞭でない。そは第一に既得権の内容に付て彼我の間に著しい見解の相違があるからである。そこで我国は動もすると遠い外国から侵略的なりと誤解されるわけであるが、之に対して我国官憲は断じて侵略の意志なきを中外に声言し頻りに一切の行動は自衛権の発動に外ならざる旨を弁明して居る。

満洲に於ける軍事行動は時を経るに従て段々趣を変へて来て居るやうである。初めは成る程単純なる自衛権の発動であつたかも知れない。今日では自衛権の意味を余程広く取らねば××〔説明〕のつかぬことが多い。暫く一片の理窟を弄ぶを許さるるなら、一体自衛権の発動として非常行動に出で得るのは、重大なる利害が不当の強迫に遇ひ其状の頗る急なる場合に限るのである。普通の個人間に在ては其際相手方を必要以上に追窮するは其自身亦一不法行為として難ぜられるが、国際間では必ずしも然らず、禍根を絶つことも場合に依ては自衛権の圏内の事として許され得んも、事実の認定に格別慎重の注意を加ふべきは言を待たない。更に進んで自衛権の発動として達せんとする目的のうちに繫争権益の確認とか将来の保障の為めの新義務の負担とかを含ましめ得るかと云ふに、「戦争」の結果ならばいざ知らず、単純な自衛権の発動の××《〔結果〕》としては些か無理だと思ふ。現に我国は他日の撤兵交渉に於て永年我の主張し彼の否認し来りし諸権益の新なる確認を要求、排日排貨の将来に於ける取締につき厳重なる義務を負担せしめ、更にまた条約一般尊重の再確認を約せしめて例へば夫の二十一ケ条問題の如き××《〔強迫〕》を理由とする条約の一方的無効宣言を×××《〔防がん〕》として居るとやら。いづれも我国としては至当必要の要求であるが、併し之を自衛権の発動の当然の要求とするはいさゝか××《〔理屈〕》に合はぬと考へる。而して必要当然の要求なら何も自衛権の文字に拘泥するには及ぶまいと考へる。

それでも政府殊に×××××《〔陸軍省当局は〕》今なほ頻りに自衛権を以て一切の行動を説明せんとして居る。去年の暮南陸軍大臣は錦州政府の関外に存立する間は邦人の生命財産は安全なるを得ぬ、張学良の勢力を満洲から完全に駆逐し去るまでは軍事行動をやめないと宣言した。北に於ては馬占山《ばせんざん》を、南に在ては張学良を、即ち日本に好意を有たざる諸勢力を一掃し、×××《〔満洲に〕》プロ・ジヤパニーズの×××××××《〔政権を樹立すること〕》までを自衛権××《〔当然〕》の発動と見得るや否やは問題であらう。

こゝまで行くと実は××××《〔侵略行動〕》になるのだ。政府並に軍部の人達は既に一旦自衛権の発動に過ぎずと云ひ毫も侵略的意図なしと声明した手前、今更自家の行動を××××《〔侵略行動〕》に相違なしとも云ひ兼ね依然自衛権の文字に拘泥して×××《〔無理な〕》説明を続けて居る。尤も彼等は自衛権の意義の斯く広く解せられざる可からざる所以につきては、特殊地域といふことを重要な理由に挙げた。満洲は日本の生存に取つて特殊の緊密な関係に在る、従て其権益に就ても特殊の見方をする必要があるといふのである。国際聯盟あたりの異議に遇ふと、這般の認識が足りないのだと云つて対抗する。民国は固より日本の此立場をオイソレと認めぬにきまつて居るが、せめて諸外国が之を認めて呉れると云ふのでないと、既定の方針を押通さうとする我国の外交的地位はなか〳〵安易なものではない。

満洲が領土接壌の特殊地域であると云ふ事は従来国際的に或点まで認められて来た所である。意義が極めて明確だとは云ひ難いが、従来認められ来りしは実は国防的意義に於けるそれであつたと謂ふべきであらう。その意味ならば今日の国際聯盟でも恐らく苦もなく承認されるだらう。所が満洲を特殊地域とする意味は我国に於て何時の間にやら段々変つて来て最近は特にその経済的方面を高調するやうになつた。即ち日本は極めて天恵に乏しい国である、満蒙の自然が埋蔵する宝庫に倚らずして日本民族の将来に活くべき途はない、満蒙は日本民族の生存其ものの為に絶対に必要だと云ふのである。然り満洲は経済的に観て日本の為の特殊地域である。そこでその特殊地域たる所以を完うすることを目標として今次軍事行動の善後始末をつけようではないかと云ふ事になる。政府並に軍人も腹は此考に違ひないのだが前の声明に拘束されてか判然と云ひ切れずして居るやうだ。併し正直なる国民の中には、今や自衛権などいふを口にも出さず、民族生存の必要を論拠として出兵を是認し軍事行動を支持し、目的を達する為には此上の犠牲をも辞せずといきまく者がボツ〳〵現はれて来て居るのである。

そこで私は考へる、表向き政府や軍部やは今なほ満洲に於ける軍事行動を自衛権で説明しようとして居るけれども、一般国民の方は知らず〳〵の間に日本民族の生存上の絶対必要と云ふことに目標を置換えて居ると。軍事行動の起りは在留邦人の生命財産の保護といふだけの事であつたかも知れない、併し在満邦人は日本民族に取つての絶対必要たる満洲経営の前衛だ、之を迫害するは則ち絶対必要たる権益の侵害だ、之は完全に排撃せられなければならぬ、而して権益は十二分に保護伸張せられなければならぬ、折角始めた軍事行動だ、之が跡始末はどうしても満洲の事態をして我国の特殊地域としての面目を完全に備ふるに至らしむることでなければならぬといふのである。

満蒙に於て有する日本の権益の中には、民国側に於て認めるもあれば又認めざらんとするもある。否認の理由の一つに其権益の基く条約が強迫に出づるものであつて本来無効だからといふ説がある。強迫であらうがあるまいが立派に調印された条約を一方的意志で勝手に無効呼ばはりするは明白に国際信義の背反である。相当の方法に依つて改訂を求むるはいゝ、改訂あるまでは之を認めないといふ方が無理だ。従つて我国が一切の権益に付て其の十分なる運用を要求し之に対する一切の障碍を排除せんとするは正しい。然う考へると、之等の権益に対する支那官民の永年にわたる直接間接の侵害は明かに武力救済行動の一理由たるを失はない。是れ今次の出兵が自衛権の発動と云ふことを以て説明されて居る所以である。併し乍ら之は実は形式上の話だ。我々はモ少し事の実相を透察しなくてはならぬ。成る程わが権益に手を触るるものは許しては置けぬ。けれども其権益の実質がさ程大したものでなかつたら、果して我々は兵力を動かしてまで其救済に急いだであらうか。少し早過ぎたと思はれる程に又少し行き×××〔過ぎた〕と思はれる程に大袈裟な軍事行動を執つた点から観て、我々は所謂権益の包む内容実質の如何に重大なるものなるかを想像せざるを得ない。その重大とされる所以は各方面から説かれ得ることであらうが、独り経済的関係のみから観るも、或は撫順炭礦の露天掘りだけでも昨年は七百万噸を採取した。今の所何時尽くるか先きが見えないとか、或は石炭と石炭との間にある泥の様な廃物からオイルセイルを得ることが発明され其結果現在日本各種工業並に海軍方面の一ケ年の重油使用量を五百三十万石とすると撫順だけで優に三百年間は支へ得るとか、殊に話の大きいのは鉄で、之こそ満洲に於ける埋蔵量は無尽蔵であり五百年で乏しきを感ずるか千年で無くなるか分らないと云ひ、其外衣食住の原料に在ては現在の幼稚な経営の下に放任しても驚くべき生産高だとか云ふわけで、要するに満洲に片足を踏み込んだ日本は恰度宝の山に入つたやうなものだといふのである。それに此頃よく人は云ふ、日本の軽工業はもう行詰つた、之から重工業に移るでなければ産業の将来に見込みはないと。果して然らば満洲の重要性は益々加はるのだ。満洲の何等かの形式による獲得を以て日本民族生存上の絶対必要とするも故なきに非ずである。我々は昨今いろ〱の人から斯んな事を聞かされる、満洲に権益を張らなければ日本は亡びる、民族の生存繁栄の為には嫌が応でも満洲に確実な地歩を占めなければならぬと。国民は今や斯く信じて出兵を承認した、少し位やり過ぎても夫れだけ日本の立場は鞏固になると考へてその軍事行動を支持して居る。満洲に於ける軍事行動は斯うした国民的信念を背景とし、其支持に恃みつゝ其要望に応じて進められつゝありと観ねばなるまい。

して見ると満洲に於ける××××《〔軍事行動〕》の本質は×××××《〔帝国主義的〕》だと謂はねばならぬ。之は論理上当然の結論なのだが、多くの人は多分斯く断定するを欲せられぬであらう。併しそれは帝国主義的進出を罪悪視する先入の見に捉はれる結果ではあるまいか。帝国主義の悪名を恐れて×××《〔自衛権〕》の看板にかくれる。が、やることが事実×××××《〔帝国主義的〕》であればそは畢竟慈善の×××××××××××《〔装の下に人から奪わんとする〕》が如きものではないか。××××《〔軍事行動〕》を廃さうとすれば帝国主義的進出を思ひとゞまらなければならぬ、之を思ひ止まれば日本民族の前途に光明はない、どうしても自滅したくないと覚悟をきめて、茲にはじめて帝国主義の再吟味となる。我々は自家の生存の為に満洲に権益を設定してゐるいのか。之が今我々の直面せる緊急問題である。

　国民社会主義を奉ずる人の一部に斯う云ふ意見があると聞く。曰く、国内に於ける搾取関係を廃絶して国民一般の生活水準を平均せしむべきが如く、国際関係に在ても土地及び資源に対する平等の獲得を要求するは正当の権利であると。理論として之は傾聴に値する議論だと思ふ。日本の如く土地も狭く資源に恵まれず其上人口の極めて夥多なる民族は、這の権利を許されずしてどうして活きて行けるか。満蒙の如き西伯利の如き将《は》た濠洲の如き人口に比して過分に広大な地積と資源とを擁して而も門戸解《〔開〕》放に肯じない態度には、少くとも徳義上の根拠がない。故に一片の理論としては、土地及び資源の国際的均分を原則とし之に基いて占有の過不及を整理せんとする考は正しいと思ふ、殊更之を日本のやうな国が主張する場合其の特殊な急迫の事情と併せ考へて頗る強く支持せらるべきであると云はねばならぬ。

そこに民族生存上の絶対必要と云ふに基く帝国主義的進出の一応納得せらるべき理由が存するわけだ。日本が之れ程困つて居るのに嫌だと云ふのは支那の没義道《もぎどう》だ、とはいへ支那は予期しない××《〔犠牲〕》を払はせられるのである、人情として実は出したくはない、出さねばならぬとしても成る丈け少額で済ましたい、之に対して日本の方は少しでも余分に××《〔取り〕》たいと来る。中々纏りがつかないのであるが、斯かる問題が強弱の勢を異にする間に起ると紛糾が一層大きくなる。力の強い国が動もすれば強いに任せて適当の圧迫を対手国に加へるからである。さすると必要の度を超えた××××《〔軍事行動〕》になる。帝国主義的進出も××××《〔軍事行動〕》の色彩を濃厚にすると今日の時勢に於ても公認を得難きは言を待たない。

土地及び資源の国際的均分といふ。言ふは極めて易いが実際之をどう実現するかの具体案の発見は殆んど不可能に近い。疑のない点は、兎に角之は強力なる国際組織の統制に委するの外に途はないと云ふことである。此事の詳論は他日の機会に譲るが、現在の所では民族生存の必要に根底する帝国主義的進出には理論上一応の合理性はあるとすべきも、実際問題としては其の進出たるや適当の畛域《しんいき》を超えたりとする第三者の批判を免れ得ぬ。この事実は到底之を掩うことは出来ない。軍事行動の性質上致方ないものでもあらう。

私共は子供の時から渇しても盗泉の水を飲むなと教へられて来た。いさゝか社会の現状に目覚めた今日必ずしもこの訓育を文字通り奉ずる者ではなく、殊に満洲問題のやうな事件に当面すると、日本の必要を無視して我が権益の行使に不当無用の小うるさき妨害を試みた民国官民の態度を腹立たしくさへ思ふのであるが、仮令正当な権利の要求の為とは云ひ、其貫徹に大規模の×××《〔軍事行動〕》を執つたと云ふ事に付ては心中ひそかに一種不安痛恨の感を催さざるを得ない。だから出兵に反対だとか軍事行動を廃せとか云ふのではない。やりかけた以上いゝ加減で中止し得るものでもあるまいし、民族的必要を将来に伸張し得る見込の確立するまではやつて貰はねば困るのでもある。が、前述の如く×××《〔軍事行動〕》の性質上彼我ともに過分の苦悩を嘗めさせられるを見ては、喧嘩しながらも其処に一種痛切なる反省が起り時としては熱烈なる××《〔批判〕》の起るのも当然だと思ふ。戦争で勝つたからとて、今に莫大な利権が×××《〔取れる〕》からとて、全国民がたゞ一本調子に歓喜するのみなるは決して正義の国日本の誇るべき姿ではない。満洲事変に関する問題の全面に就て国内にもつと自由無遠慮な批判があつても然るべきではあるまいか。今次の事変は日清戦争や日露戦争などとは全然其性質を異にするものである。

この点に於て私が最も××《〔遺憾〕》とし同時にまた最も意外としたことは二つある。一つは不思議な程諸新聞の論調が一律に出兵謳歌に傾いて居ることであり、他は無産党側から一向予期したやうな自由豁達の批判を聞かぬことである。無産党は黙し新聞は一斉に軍事行動を讃美する、国論一致は形の上で出来上つた。而して之を無上の祥事とするは蓋し××《〔浅薄〕》である。人はよく時局の多難を云ふ、経済上思想上等の観点をも取入るれば時局は成る程多難に相違ない。併し満洲事変其ものは実際どれ程時局を多難ならしむる因子となつて居るだろうか。国際聯盟に於ける空気は頗る険悪である。併し之は自衛権の××《〔発動〕》を以て×××××《〔帝国主義的〕》進出を××《〔弁明〕》せんとしたからの失策であつて、始めから日本民族生存の必要を楯に取つたら斯うまで難儀しなくても済んだだらうと思ふ。向ふの納得せざるものを×××××〔合法正当なもの〕として×××〔構わず〕に挙国一致の積極論を作り上げたと云ふ人もあるが、其の真偽は別論として、斯の如きは畢竟日本国民に対する諸外国人の不安不信を煽るにとゞまるものである。若し夫れ満洲に於ける敵側勢力に至つては要するに烏合の衆に過ぎず、現に見るが如く鎧袖一触《がいしゅういっしょく》蜘蛛の児を散らすが如く蹴散らしたではないか。故に私は曰ふ、満洲事変其ものは夫れ程時局を多難ならしめて居ないと。現に満蒙各地には我と親善の関係を続け軍事行動に便宜をはかつて居る土着人も尠《すくな》からずあると聞く。敵対するものとせざるものとを問はず彼等は本来我々の敵ではない、軍事行動が済めば皆手を取合つて資源開発に協働せねばならぬ人達である。して見ると我々が満洲事変に対し所謂対支膺懲的に一本調子になり得ざるは当然だ。日本の将来を考へ日支関係の正しき親善を冀《こいねが》ふ者に於て殊に然りである。斯う云ふ立場から私は、今次の事変は従来屢々経験した戦役の場合とは違ふ、国論の一致を説く俗論に×××〔同調す〕べきでないと考へて居つた。従て少くとも諸大新聞の論壇に又無産党側の言論行動に国民の良心を代弁する自由豁達の遠慮なき批判を期待したのであつた。而して今日之がないのを甚だ遺憾とし又意外とする次第である。

新聞の論壇が出兵を謳歌し現在の軍事行動を無条件に讃美したとて其事自身には何の異議もない。たゞそれが従来社会の木鐸として彼等の執り来りし主義主張との間に余りに大きな飛躍があるのを異とするのである。新聞に教へられ其の指導に順従し来りし我々は、今度の問題で飛んでもない遠い処に置去りを喰はされた感がする。新聞の飛躍的態度が正しいので我々の取残された立場が間違つてゐるのかも知れぬが、従来の指導方針を一貫されたら、論壇の調子はもツと違つた筈だと考へざるを得ない。兎に角今次事変に対する諸新聞の態度は故らに言ひたい事を××××〔遠慮して〕ゐるやうで変だ。

無産党に至つては猶一層甚しい。従来彼等は最も右なるものより最も左なるものに至るまで均しく皆所謂帝国主義的戦争絶対反対を重要綱領の一に掲げて来た。今度の出兵は全然帝国主義的進出を意味せずと堂々たる弁明を以て世論を納得せしめざる限り、彼等は義理にも何とか之に文句をつけねばならぬ筈だと思ふ。然るに事実はどうだ。最も猛烈なる反対運動を予期さるべき左翼は殆んど沈黙を守つて居るではないか。中間派は時々思出したやうに小さい声で反対声明を出しては居るが一向世上に徹底しない。右翼に至つては初め頗る曖昧なる態度であつたが近来は段々出兵乃至軍事行動を全面的に支持せんとさへするものの如くである。斯うした態度其自身の是非は暫く別として、之等は決して彼等が従来の言論行動に依つて我々に期待せしめた所のものではない。良かれ悪かれ彼等も亦今や我々の予期に反いて飛んでもない方向に走り去りつゝある。

満洲に於ける軍事行動に対して無産党の沈黙を守ること其自身が既に一種の変態だと思ふが、その陣営の一角だけの問題にしろ、之を是認し進んで之を支持せんとする者あるに至つては正に之を思想上の一大変革と観ねばならぬ。何となれば無産党側の人達は従来ピンからキリまで階級第一主義を執り其見地から戦争絶対反対で一貫して来て居つたから。

階級第一主義といふは必ずしも階級的必要と民族的必要とを対立せしめ後者を抑へて前者を立てるとの謂ではないやうだ。彼等は無産階級の勝利に依つて階級的反感が無くなれば民族的反感も自ら無くなると云ふ。この思想は無産階級間には本来利害の衝突がないから偏狭なる国境感を欠くと云ふ考と、階級間の搾取関係を消滅せしめると云ふ考とを双脚として成立する。現に多くの国に於ては内部に階級軋轢《あつれき》の状が益々昂まつて居るので、其が絶滅した場合をテストすることが出来ないが、兎に角現実の状勢は右の如き将来の予測を信ぜしむるに困難であるのみならず、少くとも斯の予測に基いて実際上の諸般の方略を樹つるを許さない。更に進んで階級第一主義者は曰ふ、階級紛争未だ滅せざる場合でも無産階級間の連帯感情は自然と有産階級の起せる民族闘争を終熄せしむる力をもつと。詳しく云へば、自分達の利害に拘はりなき戦争に対し両国無産者の連帯感念は遂に其の戦争の継続を×××〔不可能〕ならしめ、殊に両国の力の差が大なるときは、強国の弱国に対する圧迫の支配階級的なるに刺戟せられて弱国の無産者は一層強国に対する敵愾心を燃やし、強国の無産階級をして一層呼応蹶起に便ならしむと。若し之が本当なら、民国の無産階級は挙つて反戦の協働運動に手を指し延ぶべき筈だ。此際日本の無産階級の態度の××〔定ら〕ないのを遺憾とするが、民国の無産階級の排日排貨が支配階級と無産階級との見境なく日本人の全部に向いて居るのは甚だ階級的でない。而して両国の無産階級相呼応して戦争を未然に防止すべしとの期待は欧洲大戦勃発の際見事に裏切られた。いづれにしても民族的対立感念は爾《しか》く安易に取扱はるべき問題でないと云ふので、一般の論壇に於ける階級第一主義は最近とかくの批評を免れなかつた。

現前の事実から云つても、国内の搾取関係の絶滅を叫ぶ無産階級が一旦占め得たる生活水準の低下を恐れて国際的機会均等には常に反対するのが例だ。富強の国の無産階級が其国の国際的搾取の分配を期待して意識的に民族争闘を暗黙に支持するに傾くと云ふのは多少言ひ過ぎかも知れぬが、民族的必要の前に無産階級間の連帯感情など云ふものの殆んど物を云はぬことは、日米移民問題などで具さに我々の経験せる所である。今次の事変に於て民国の無産者が殆んど階級的必要に無関心なるは云ふまでもなく、我国の無産者だけが先き頃まで花々しく声明し続けた事の手前已むなく躊躇逡巡の態度を執つて居るが、中には既に敢然として階級第一主義を高閣に束《つか》ね恭《うやうや》しく民族的必要の前に膝を屈したものもあると云ふのは、流石に時勢の趨向を示すものである。

満洲問題で民族的必要は遂に階級闘争論を押し退けてしまつた。併し階級闘争論は満洲問題がなくとも最近実は頗るしどろもどろの形であつたのだ。殊にその世界連帯論の方面は、ボルシエヴイズムの露骨な運動に対する反感の結果か、無産階級の間にも段々同情を失つてゐたやうに見える。ボルシエヴイズムの立場から云へば、外の国も自国同様の国状にならなければ自国が立ち行かないのだから、一令の下に全世界に革命を起らしむることは成る程緊急の要務であらう。何れの国の無産階級も同じ様に一刻も早く自国を社会主義的に改造するの急務を認むるのではあるが、其処には歴史もあり伝統もありてロシアの指令するが儘に動き難き事情にあるを如何ともすることが出来ぬ。せいては事を仕損ずる、急がば廻れといふこともある、現実の国状に即して方策をたてることが却て理想の確乎たる実現を迅速ならしむる所以かも知れない。斯くして世界連帯論に代つて国民的社会主義論が起つた。之をフアツシヨ化の一現象と観る人もある。歴史的に之を否認し得ざる点もあるが、理論としては固より之と離れた独立の新見解と見られぬでもない。我国でも昨今国民社会主義の叫びが高い。之を唱ふる一団の人達をフアツシヨ化といふは別論として、社会主義の国民的解釈は近頃流行のフアシズムと関係せしめなくても局外の我々にすら能く諒解が出来る。

国民社会主義の熱心なる提唱者赤松克麿君は、階級解放の仕事を世界的運動の一環として取扱はんとするの蒙を指摘し、先づ社会主義を国内に確立するの急を説いて居る。社会解放に関する努力を先づ国内に限局せんとするはい丶、国際的の闘争に対して如何の態度を執るべきかに付ては未だ与《あずか》り聞くを得ない。最左翼のやうに無暗に反対すると云ふのでは無論ないらしいが、さりとて積極的に賛成すると云ふのでもない様だ。無産階級圏内の一般論客に至つては、今猶ほ多くは××〔戦争〕に賛するは間接に搾取階級の勢力を助長する所以なりとの公式に拘泥してか、態度を鮮明ならしめ得ずして居る。態度を鮮明ならしめざるはそれだけ既に民族的必要の説にかぶれたものと観るべきであらう。主として搾取階級を利するも間接に亦無産階級を利すると観て這の曖昧の態度に出でたのか、何れにしても斯くの如きは従来金科玉条として来た階級第一主義の大歪曲なることは疑ない。この辺の事情を語る最も明白なる代表は社民党の声明であつた。声明に曰ふ、国内の事情今の儘では折角満洲の権益を確保し得ても正当に之を運用し得ない、故に国内の社会主義的改造が先決の急務だ、階級戦の片付くまでは広大なる満蒙の資源を一般無産階級の為に開発するの見込みはないと。だから国内の解放戦に一層の力を入れよと云ふはいゝけれども、当面の満洲問題に付てどうすればいゝのかは一向説かれて居ないのである。現状の放任は其実××××〔有産階級〕を助けることになる。直に無産階級の利益を念とする限り斯んな所で留まつては居れぬ筈だ。

最近国民社会主義が論壇から実際界に移されて新政党組織の一準備行動を展開するや、右の点は更にまた一転進せんとして居るかに見える。先づ第一に出兵に依る満蒙権益の獲得確保が民族生存上の絶対必要として肯定される。第二に満蒙の権益が従来の如く資本家階級に依つて開発されることには反対し、それが完全に社会主義的に運営されるの〔で〕なければ無意義だとされる。そこで第三に武力で抑へ武力で維持さるる満蒙の天地に社会主義の理想を実現する見込はあるのかと云ふ問題になるが、之も次の理由で肯定されるのである。一つは最近少壮軍人の間に一部資本家階級の利害の打算のみに支配さるる対支外交に強き不満を感ずるものあり、既に××××××××〔資本家財閥の打倒と〕既成政党の軟弱外交排撃と軍部の独自的奮起とを××××××××〔求めて蹶起を策謀しつゝ〕あり、而して彼等は自家の希望の貫徹の為に無産階級運動との×××××〔提携を主張し〕、大衆の輿論に聴きつゝ其を背景として行動を進めんとして居ることである。モ一つには右翼無産党の陣営内に右の所謂少壮軍人と接触し、其誠意に感激すると共に若干意気の投合を覚えたと称する有力者の尠からずあることである。斯んな所から国民社会党出現の噂も起り近く無産党間に一大変状の勃発を見るべしとの説もあるのだが、併し満蒙の天地に果して確乎たる独立政権が樹立され完全に民国中央政府からの離脱に成功し、一方には××××〔日本政府〕の保護に安んじつゝ他方には例へば島中雄三・松谷与二郎の諸君を最高顧問に挙げて真に理想的な開明政策を行ふの日があるだらうか。国民社会党の満蒙理想郷の計画は丸で空夢でもあるまいが、容易に実現せざるべく見ゆる幾多の仮定の奇蹟的具体化を想像せずしてはオイソレと受取れぬ問題であると思ふ。

満洲問題の〔に〕関する限り国民社会党の動きは左程重視するに足りぬ。但だ之に依りて民族対階級の関係に動揺を来さしめた点を注意すべきである。尤も国民社会主義の勃興は、其外に於て我国政界の趨勢の上に大なる意義を有するものたるは疑ない。問題外なので其点の論述を省略したが、いづれ近き将来に機会を得て別に其事をも説いて見たいと思つてゐる。

〔『中央公論』一九三二年一月〕

初出及び再録一覧

〔標題の下の数字は本巻収録ページ〕

朝 鮮 論

満韓を視察して 3
『中央公論』一九一六年六月
のちに吉野作造著『中国・朝鮮論』(松尾尊兊編、平凡社東洋文庫、一九七〇年)、『近代日本思想大系17 吉野作造集』(筑摩書房、一九七六年)に収録。

朝鮮統治策 50
『中央公論』一九一八年一〇月「小題小言」のうち。

朝鮮暴動善後策 52
『中央公論』一九一九年四月

対外的良心の発揮 55
『中央公論』一九一九年四月
のちに、前掲『中国・朝鮮論』『吉野作造集』に収録。

水原虐殺事件 67
『中央公論』一九一九年七月「小題小言」のうち。

朝鮮統治の改革に関する最少限度の要求 69
『黎明講演集』第六輯「朝鮮問題号」(大鐙閣、一九一九年八月)
のちに前掲『中国・朝鮮論』に収録。

支那・朝鮮の排日と我国民の反省 105
『婦人公論』一九一九年八月

新総督及び新政務総監を迎ふ 114
『中央公論』一九一九年九月
のちに前掲『中国・朝鮮論』に収録。

朝鮮統治に於ける「向上」と「正義」 117
『中央公論』一九一九年九月「小題小言」のうち。

朝鮮人の自治能力 118
『中央公論』一九一九年九月「小題小言」のうち。

所謂呂運亨事件について 119
『中央公論』一九二〇年一月
のちに前掲『中国・朝鮮論』に収録。

朝鮮青年会問題 123
――朝鮮統治策の覚醒を促す――
『新人』一九二〇年二、三月(二回連載)
のちに前掲『中国・朝鮮論』および『日本の名著48 吉野

作造』(三谷太一郎編、中央公論社、一九七二年)および前
掲『吉野作造集』に収録。
朝鮮統治策に関して丸山君に答ふ 143
『新人』一九二〇年四月
のちに前掲『中国・朝鮮論』『吉野作造集』に収録。
支那朝鮮基督教徒の大会不参加 152
『中央公論』一九二〇年一〇月
のちに前掲『中国・朝鮮論』に収録。
外交上に於ける日本の苦境 156
『婦人公論』一九二一年一月
朝鮮問題 165
『中央公論』一九二二年一月
朝鮮問題に関し当局に望む 171
『中央公論』一九二二年二月
のちに前掲『中国・朝鮮論』に収録。
亡国の予言＝鄭鑑録 176
——日本と朝鮮との交渉に関する研究の一——
『文化生活』一九二一年六月
のちに吉野作造著『閑談の閑談』(木村毅編纂、書物展望社、
一九三三年)に収録。
東学及び天道教 179
——日本と朝鮮との交渉に関する研究の二——
『文化生活』一九二一年七月
小弱者の意気 185
——日本と朝鮮との交渉に関する研究の三——
『文化生活』一九二一年八月
朝鮮人の社会運動に就て 191
『中央公論』一九二三年五月
朝鮮人虐殺事件に就いて 199
『中央公論』一九二三年一一月
のちに前掲『中国・朝鮮論』『吉野作造集』に収録。
朝鮮の問題 205
『中央公論』一九二四年一一月「巻頭言」
のちに吉野作造著『現代政治講話』(文化生活研究会、一九
二六年)に収録。
朝鮮の農民 208
『文化の基礎』一九二五年九月「転地先から」の一篇。
のちに吉野作造著『公人の常識』(主張と閑談第四輯、文化
生活研究会、一九二五年)に収録。
朝鮮農民の生活 210
『中央公論』一九二六年一二月「小題雑感」のうち。
のちに吉野作造著『古い政治の新しい観方』(文化生活研究
会、一九二七年)に収録。
朝鮮の牛馬鶏犬 212

『婦人公論』一九二七年二月

中国論 三

山東問題 215

『大阪毎日新聞』一九一九年五月二〇日―二六日(七回連載)。大阪毎日新聞社の招聘で行われた黎明会有志の講演会(一九一九年五月四日)の講演筆記。

のちに『黎明講演集』第五輯(大鐙閣、一九一九年七月)に収録。本巻はこれを底本とした。

北京学生団の行動を漫罵する勿れ 237

『中央公論』一九一九年六月「巻頭言」

のちに前掲『中国・朝鮮論』『吉野作造集』に収録。

北京大学学生騒擾事件に就て 239

『新人』一九一九年六月

のちに前掲『中国・朝鮮論』『吉野作造』『吉野作造集』に収録。

支那の排日的騒擾と根本的解決策 245

『東方時論』一九一九年七月

のちに前掲『中国・朝鮮論』に収録。

狂乱せる支那膺懲論 255

『中央公論』一九一九年七月「巻頭言」

のちに前掲『中国・朝鮮論』に収録。

日支国民的親善確立の曙光 257
――両国青年の理解と提携の新運動――

『解放』一九一九年八月

のちに前掲『中国・朝鮮論』『吉野作造集』に収録。

青島専管居留地問題に就いて 268

『東方時論』一九二〇年一月

対東洋政策の根本的誤謬 278

『横浜貿易新報』一九二〇年一月三、四日(二回連載)

台湾に於ける共学の実施 285

『中央公論』一九二〇年二月「小題小言」のうち。

日支学生提携運動 287

『中央公論』一九二〇年六月

のちに前掲『中国・朝鮮論』に収録。

〔『台湾青年』発刊への祝辞〕 292

『台湾青年』第一号、一九二〇年七月

対支政策の転回 294

『中央公論』一九二〇年九月

支那留学生問題 299

『中央公論』一九二一年四月

武器問題に依て惹起せられたる我が東亜対策の疑問 304
――敢て軍閥の人々に問ふ――

『中央公論』一九二一年一一月

日支条約改訂問題　311
『中央公論』一九二三年四月「巻頭言」

支那の将来　314
『婦人公論』一九二四年一一月

満洲動乱対策　323
『中央公論』一九二六年一月
のちに前掲『古い政治の新しい観方』に収録。さらに『吉野作造博士民主主義論集六　日華国交論』(新紀元社、一九四七年)に収録。

支那と露西亜と日本　331
『中央公論』一九二六年九月「小題雑感」のうち。
のちに前掲『古い政治の新しい観方』に収録。さらに前掲『日華国交論』に収録。

無産政党に代りて支那南方政府代表者に告ぐ　335
『中央公論』一九二七年四月「巻頭言」
のちに吉野作造著『現代憲政の運用』(一元社、一九三〇年)に収録。さらに前掲『中国・朝鮮論』および『吉野作造評論集』(岡義武編、岩波書店、一九七五年)に収録。

日支両国大衆の精神的聯繫　338
『中央公論』一九二七年五月「巻頭言」
のちに前掲『現代憲政の運用』に収録。さらに前掲『中国・朝鮮論』に収録。

対支出兵問題　341
『中央公論』一九二七年八月
のちに前掲『現代憲政の運用』に収録。さらに前掲『日華国交論』『中国・朝鮮論』に収録。

対支出兵　345
『中央公論』一九二八年六月
のちに前掲『現代憲政の運用』に収録。さらに前掲『日華国交論』に収録。

支那の形勢　351
『中央公論』一九二八年七月
のちに前掲『現代憲政の運用』に「支那形勢の変」と改題して収録。さらに前掲『日華国交論』『中国・朝鮮論』『吉野作造評論集』『吉野作造集』に収録。

支那の政治と日本の政治　357
『中央公論』一九二八年一二月「巻頭言」
のちに前掲『現代憲政の運用』に収録。さらに前掲『中国・朝鮮論』に収録。

民族と階級と戦争　359
『中央公論』一九三二年一月
のちに前掲『中国・朝鮮論』『吉野作造』『吉野作造評論集』『吉野作造集』に収録。

なお、「朝鮮人の社会運動に就て」「朝鮮人虐殺事件に就いて」「民族と階級と戦争」の三篇については、文中の伏字を編者たる松尾が起したが、その際前掲の『中国・朝鮮論』『吉野作造』『吉野作造評論集』『吉野作造集』の四著を参考にした。

〈解説〉吉野作造の朝鮮論

松尾尊兊

はじめに

本巻には吉野作造の朝鮮論および一九一九年以降の中国論のうち主要なものを収録するが、この解説では、対象を朝鮮論に限定し、中国論についての解説は、第八巻にまとめて論述する。

今は亡き姜東鎮教授の労作『日本言論界と朝鮮——一九一〇—一九四五』(法政大学出版局、一九八四年)は、吉野の一九一六年から一九三二年までの朝鮮関係論文は「わずかの一六篇にすぎない」(一二二ページ)と記しているが、実のところ、管見に属する限り、それは五〇篇を数えることができる。これだけの朝鮮論を発表した知識人は、少くとも吉野の同世代人には見当たらない。しかも質的にいって、吉野に比肩できるものはまれである。吉野のこの時期に発表した文章数はごく短いものも合わせて一七〇〇以上に達するから、朝鮮論は数からいえば少いが、吉野の朝鮮問題に注いだ熱意はこの数字だけでは計られぬものがある。朝鮮論が彼の言論活動の中で占める比重は大きく、ここに吉野の知識人としてのきわ立った特徴がある。

この解説では、はじめて朝鮮論を発表した一九一六年以降、時期を追ってその所説の展開のあとを解明するが、その際それに強い影響を及ぼした朝鮮人との交流の実態を探ることにつとめた。韓国出版資料の収集と訳読に援助を与えられた水野直樹氏に感謝の意を表したい。

一　「満韓を視察して」をめぐって

吉野が朝鮮を主題とする処女論文「満韓を視察して」(本巻所収)を『中央公論』誌上に発表したのは、一九一六年六月のことだが、彼の朝鮮に対する強い関心の現れは日露戦争期にさかのぼる。吉野は東大卒業の頃、李殷徳という朝鮮人青年と本郷教会で知合ったことをきっかけとして、自ら幹事役となり、海老名弾正と島田三郎を中心とする「朝鮮問題研究会」を、一九〇五年のはじめに発足させた。翌年早々中国に渡航する頃まで約一年この会に関係するのだが、彼の朝鮮観を知りうる直接的材料を残してはいない。しかし、島田三郎および吉野の親友小山東助の文章で、吉野の立場は推測しうる。島田「朝鮮に対する日本人の職分」(『新人』一九〇五年三月号)は、外来の支配者李王朝の圧政に苦しむ日本の同一人種たる朝鮮下層民を救済するためと称して、内政干渉による朝鮮のアイルランド化をとなえ、小山「朝鮮同化論」(同上、五・六月号)は、朝鮮人は「独立の志望乏しく、多数人民の要する所は只善政に在り」との認識の下に、将来「韓王自身が進んで形式上の主権者たるを辞し、日本国と合同」せよと論ずる。政府の対朝鮮政策を先取りするこれらの意見に、吉野は同調していたとみてよい(松尾「吉野作造と朝鮮」『人文学報』25、一九六八年。以下松尾「朝鮮」と略す)。

ところが、一〇年後の「満韓を視察して」では、吉野の立場は大きく変化する。吉野は一九一六年三月二七日東京を出発、まず満州に入り、奉天・長春・吉林・ハルビンを歴訪したあと、平壌を経てソウルに到着した。その後の訪問地点は不明だが、四月一九日に帰京している。この間本来の目的たる反日的朝鮮人数名との面会を果たしたほか、朝鮮総督寺内正毅以下総督府の官僚、外人キリスト教宣教師たちおよび天道教本部を訪問している。この経験をまとめた本論文で、吉野は、道路建設のための土地取上げや強制労働を手はじめに、朝鮮人官吏に対する不平等待遇、教育制度における差別、言論抑圧、あるいは酷税など、憲兵政治の実態をあばき出し、一視同仁の善政を要求する。しかしこの論文の特質は、朝鮮統治の基本方針たる同化主義へ根本的な疑問を提出したことにある。吉野は、朝鮮が過去において日本に対する「文明の先達」であり、「独立の文明を有つて居つた一独立民族」であることを認め、そのような民族が善政を布いただけで満足する筈はないと、朝鮮のナショナリズムを直視する。彼はいう。一九世紀以来の世界の大勢からみても「民族の同化といふ事は極めて困難なるものである。否、同化といふ事は、言は易きに似て実は不可能なものであるまいか」。「予一個の考としては、異民族統治の理想は其民族としての独立を尊重し、且其独立の完成によりて結局は政治的の自治を与ふるを方針とするに在りと云ひたい」。「政治的の自治」とは何を意味するのか、すなわち「自治」か「独立」かあいまいだが、「民族としての独立」を前提とする以上、「独立」と解すべきであろう。

もちろん吉野は「具体的の問題としては、政治上就中対外関係上から政治的の自立を許すを得ざる場合もある」として、当面「民族心理を無視してはならない」と当局に要請するにとどまる。一方反日的朝鮮人に対しては、アメリカなど他国に頼らず、「陰忍して一意専念民族全般の開発を計り、平和の裡に先づ其実力を養ひ、徐ろに時機の到来を待つて然る後に適当の解決を日本に求むるのが一番得策」と説く。

ここでも「民族心理」を無視しない政策とか、「適当の解決」とは具体的に何を指すのか不明である。吉野の朝鮮論にはあいまいな表現が多く、ときには現実の統治政策を是認するような印象を与える場合もある。われわれはそれが極端な言論抑圧の下で発表されていることを忘れてはならない。弾圧をそらすための表現のゆえに、吉野の真意をみあやまってはならない。本論文において、吉野が、「朝鮮民族が朝鮮民族として其天分を自覚し、其本来の才能を発揮せんこと」を使命とするアメリカ人宣教師の行動を是認し、「官憲から補助を貰ひ、官憲の直接間接の指図を受けて居る」日本の「精神的事業の経営者」(日本組合基督教会の朝鮮伝道の当事者を指す)を非難しているところからみて、彼が同化主義を否定し、将来における朝鮮の独立を見透していたことだけは認めてよいのではなかろうか。この基本的立場は彼の生涯を通じ変ることがなかった。

第一次大戦下、言論界は朝鮮問題を取上げることはほとんどなかった。国内における官僚政治に対する公然たる批判は行っても、朝鮮統治には沈黙を守った。日露戦争いらいの「内には立憲主義、外には帝国主義」の基調は不変であった。その中にあって、まれに中野正剛『我が観たる満鮮』(一九一五年)のように果敢に武断的総督政治を攻撃するものはあっても、それは、一視同仁的な待遇平等を要求するものでもなければ、ましてや同化主義を批判するものでもなかった(松尾『大正デモクラシー』岩波書店、一九九四年、二八六ページ以下)。それだけに同化主義を直撃した吉野の筆は総督府を刺戟した。外務省から韓国統監府に入り、当時は総督府中枢院書記官長兼官房外事課長の職にあった小松緑は『中央公論』八月号に「朝鮮統治の真相(吉野博士の批評に答ふ)」を寄せ、総督府の善政ぶりを自画自讃し、朝鮮人は日本人と同族で、独立国家の歴史を持たず常に日本か中国かの支配下にあり、併合によって「裏店住の奉公人が、一躍して歴とした豪家の養子となつた様なもの」だとの認識の下に、吉野の説は「朝鮮人を継子扱にして何時か離縁して独立生計を立てるが、当然なるが如く言ひふらす」もので、同化の妨害になると非難した。

同化政策への是認から否認への吉野の転換。これをもたらしたものは、根本的にいえば、日本の内政問題において、普通選挙を否定する主民主義から、これを肯定する民本主義への転換をもたらした愚民観の克服であろう。しかし、直接的な契機は独立を志向する朝鮮知識人との接触である。これは日本に亡命してきた孫文一派の革命派との交友が、彼の中国観を訂正し、新生中国の担い手を彼らに見出したことと軌を一にしている。また、同じ日本組合基督教会の中にあって、前記総督府援助の下の「精神的事業」としての同教会の朝鮮伝道に反対し、朝鮮人の独立の志を重んぜよと主張していた湯浅治郎や柏木義円らの支持と激励もあった(松尾「日本組合基督教会の朝鮮伝道」『思想』一九六八年七月号)。あの有名な「憲政の本義を説いて其有終の美を済すの途を論ず」(一月号)と、その陰にかくれているが、それに続いて発表された「対支外交根本策の決定に関する日本政客の昏迷」(三月号)と本論文の一九一六年前半の『中央公論』に発表された三論をもって、吉野の民本主義が確立されたというのが私の持論である。

ここで吉野の朝鮮観の転換にもっとも与って力のあった在日朝鮮知識人についてのべておきたい。そもそも吉野の朝鮮視察の目的は、日本の統治に対する朝鮮人の批評を、現地において聞くことにあり、それを斡旋したのが、吉野が東京帝国大学学生基督教青年会(東大ＹＭＣＡと略す)を通して知った朝鮮人留学生であった。吉野は一九一三年七月ヨーロッパ留学より帰国した直後から、すでに東大ＹＭＣＡに入寮していた金雨英(のち総督府中枢院参議)を、ついで金の親友の早大政経学科の学生で雄弁をもって知られた朝鮮留学生学友会の幹部張徳秀(のち『東亜日報』副社長。解放後韓国民主党幹部)を知った。ほかにも彼らを介して知った学友会や在東京朝鮮基督教青年会(朝鮮ＹＭＣＡと略す)のメンバーもいたかも知れぬが、吉野を朝鮮に送り出した中心人物はこの二人と見てまず間違いない。朝鮮において反日的朝鮮人たちに吉野を会わせたのは、二人の知友で、すでに卒業して帰国していたのちの『東亜日報』の創業者たる金性洙(早大卒)と宋鎮禹(明大卒)であったと推測しうる(松尾「吉野作造と在日朝鮮人学生」『原弘二郎先生古稀記念　東西文化史論叢』一九七三年。以下松尾「学生」と略す)。

吉野は「満韓を視察して」のあと、ますます朝鮮人学生との接触を深めた。翌一九一七年一月五日に金雨英が学友会幹部金栄洙(早大)とともに吉野を訪ねたとき「日鮮人合同の懇談会を開かん」とする話(吉野日記)が持上がり、一月三〇日に東大ＹＭＣＡで実現した（朝鮮人三、日本人五）。この会合でさらに中国人を加えた「東洋平和懇談会」が計画され、二月一五日に開催される（朝鮮人六、中国人一、日本人八）。さらに四月一八日同様な会が催され（朝鮮人七、日本人一二）、以後「参話会」と称することになる（東大ＹＭＣＡ『主事日誌』）。

以上の集会において氏名の判明する参会者は、日本人は大半が東大ＹＭＣＡのメンバーで、吉野のほか、星島二郎（民本主義雑誌『大学評論』の主宰者、のち犬養毅門下の代議士）、古市春彦（京大生、本郷教会員、鈴木文治と親しく、友愛会京都支部創設支援）、藤田逸男（東大ＹＭＣＡ主事）、平井好一（友愛会発起の労学会幹事）、石田友治（朝鮮人留学生間に人気のあった『第三帝国』の主筆）。中国人は革命派の亡命客たる殷汝耕かその兄の殷汝驪。朝鮮人では前記金雨英・金栄洙のほか、玄相允（早大、三一運動で懲役二年、解放後高麗大総長、朝鮮戦争後は北に留まる）、崔斗善（早大、教職を経て解放後京城紡績社長・『東亜日報』社長）、兪萬兼（東大、著名な開化派兪吉濬の長男。総督府に入り道知事）、張徳俊（張徳秀の兄、朝鮮ＹＭＣＡ副幹事、一九二〇年『東亜日報』通信部長として間島で殉職）、申翼熙（早大、当時学友会長、のち上海臨時政府の閣僚を歴任。解放後は国会議長、大統領候補）。

朝鮮人の大半は官憲の厳重な監視下におかれている朝鮮ＹＭＣＡ、あるいは学友会の幹部であり、のち三一運動の口火を切った一九一九年二月八日の東京独立宣言署名者たちに直接先行する留学生リーダーたちであった。吉野はこれら朝鮮の青年知識人たちと日本の若き民本主義知識人たちとが交流する場を提供したのである。この交流を通して吉野たちは朝鮮認識を深め、一方留学生たちは民主主義と民族自決の潮流が今や世界の大勢となりつつあることを理解し、力づけられたといってよい。

吉野は三一運動勃発の半年前、一九一八年一〇月号の『中央公論』で「朝鮮統治策」（本巻所収）の小論を発表している。これは京大教授山本美越乃(植民政策学)の朝鮮自治論に賛意を表したものだが、その末尾にいう。「朝鮮問題は近き将来に於て我国内政上の最も重大なる問題たるべきは、今度の戦争によつてあらはれた民族主義の潮流の如何に大なるかを観ても察せらる、ではないか。現に問題が起つて居ないからとて決して安心すべき謂はれはない」。この洞察は、日頃の朝鮮人留学生たちとの接触ぬきではありえなかった。

二 三一運動に直面して

三一運動が勃発すると日本の新聞はほとんどこれを朝鮮民族あげての内発的独立運動とは認めず、一部の「不良鮮人」あるいは外人キリスト教宣教師の煽動による盲目的暴動とみなした。四月に入り運動が激化すると野党第一党の憲政会の総裁加藤高明までが「十数年後に或程度の自治を認めよ」と発言し、武力鎮圧を主張する新聞界でもこれに同調するものが続出するが、その「自治」の内容は単なる「武断政治からの解放」にすぎぬものがほとんどであった。五月に運動が下火に向かい、原内閣の手で総督府官制改革が企てられると、文官総督への要求が高まるが、八月に海軍大将斎藤実が新総督に任命され、憲兵警察を廃止し「文化政治」(文化水準の向上を図った上、日本人と平等に取扱う)を採用する方針を発表すると、諸新聞はこれを歓迎し、「自治」要求は後を絶ち、独立を企てるものは「不逞鮮人」と呼ばれることになった。この間民本主義知識人はほとんど沈黙しており、同化政策を否定し、自治を公然と主張したものは福田徳三、末広重雄らごく少数にとどまった(松尾「朝鮮」)。

吉野は三一運動発生直前、日本がパリー講和会議に人種差別撤廃案を提出するなら、まず自らの朝鮮人差別を反省せよと論じていたが(「人種差別撤廃運動者に与ふ」『中央公論』一九一九年三月号)、運動が始まると、三月二二日の黎明会定例第三回講演会の開会の辞で、第三者煽動説を排し「先づ自己を反省せよ」と論じ、翌月号の『中央公論』で「対外的良心の発揮」(本巻所収)と題して同趣旨を文章化したあと、同誌の九月号まで連続朝鮮問題を取上げている。そのハイライトは六月二五日の黎明会第六回講演会における「朝鮮統治の改革に関する最少限度の要求」(本巻所収)であった。この講演会は朝鮮問題のみを集中的に取上げたもので、吉野の他、阿部秀助(東京高商教授)、木村久一(早大教授)、福田徳三(慶大教授)、内ケ崎作三郎(早大教授、のち民政党代議士)が交々立って総督政治を論難し、多数の朝鮮人学生を交えた聴衆から熱烈な拍手を浴びた。

これらを通してみられる吉野の所論の特徴の第一は、当初からこの運動を第三者の煽動とみる世論を非難し、そこに従来の対外政策の誤りを反省しない当局および国民の良心の麻痺をきびしく糾弾したことである。

第二は朝鮮民族が独得の文明を持つ独立の民族であり、彼らの間に、排日思想が全面的にひろがっていることを強調し、その「民族心理」を尊重して対策をたてるべきだと主張したことである。とくに吉野は中国同様の愛国的革命思想が朝鮮にもすでに四〇年来展開しつつありと認識し、その一表現としての天道教を重視する(「朝鮮問題に就て」『東京朝日新聞』6・11―6・13。のち、これをふくらませて「日本と朝鮮との交渉に関する研究」と題して『文化生活』一九二一年六―八月号に発表。本巻所収)。ソウルの三一独立宣言の署名者の半数が天道教徒であったことを吉野は探知したのではあるまいか。吉野はさらに天道教の諸経典を『国家学会雑誌』の一九一九年五月号から翌年一月号まで六回にわたり紹介している。

第三は、「民族心理」の尊重の立場における当局への「最少限度の要求」として、一視同仁政策の実行、武人政治の撤廃とともに、言論の自由の承認と同化政策の放棄をあげたことである。吉野は「一つの大目的を定めて、其大なる目的の為に、日本民族は日本民族として、朝鮮民族は朝鮮民族として、各々其特徴に従つて貢献するの途を講ずる」ことを「朝鮮統治の根本方針」として提言しているが、その方針に立脚する具体的な政策は明示しない。彼は「或種の自治」を想定し、そのために朝鮮人や宣教師を加えた官民協力の調査機関の設置を提案するとともに、日朝双方が満足する案を立てるためには、少くとも日本同様の言論の自由が朝鮮においても認められることを要求する。吉野は国内政治においても言論の自由に基く世論の形成を重視するのだが、朝鮮問題の解決においても同様であった。

三一運動期における吉野の言論活動の背景には、前段階と同様、朝鮮人との密接な接触があった。三一運動の口火を切った二月八日の朝鮮YMCAにおける独立大会の翌日の吉野日記には、朝鮮人学生(氏名不記載)の来訪が記されている。三月一九日の黎明会例会では金雨英(前出)、姜宗燮(早大)、金俊淵(東大、学友会長、のち『東亜日報』編集局長、解放後国会議員、大統領候補)、崔承萬(当時所属学校不明、東洋大卒業後朝鮮YMCA幹事、『東亜日報』雑誌部長、解放後仁荷工科大学長)、張仁煥(正則英語)、白南薫(朝鮮YMCA幹事、帰国後教育界に入り、解放後は国会議員)、卞熙瑢(慶大、解放後成均館大学総長)、徐相国(学校未定)の八名が出席し、金俊淵ほか二名が独立要望の意見を開陳しているが、金雨英、金俊淵はともに吉野門下、白はYMCA関係の知人であり、八名の出席を斡旋したのは吉野である可能性が濃い。吉野は三月一六日に京都で金雨英に会っているが、この席で相談したのかも知れない(吉野日記)。姜・崔・張・卞の四人は二・八独立宣言の署名者たちの後詰めとして、二月二三日に独立大会を日比谷公園で催そうと企て、検束された活動家であり、この顔触れからみて、八名は、二・八独立大会に結集した在京学生たちを代表するものとみてよい。

黎明会の前記六月二五日の朝鮮問題講演会は、吉野日記によれば、六月一九日の例会で招いた宋秉畯の話に「全員大いに感激し本月の例会(講演会のこと――松尾)は全部朝鮮問題の論議に捧ぐる事に決」したことによる。宋は周知のごとき日韓合併促進者であるが、総督政治には不満をもち、三一運動最中の五月一八日には原敬首相を訪問して長時間にわたり「差別的待遇、教育差別、官吏登用の差別、憲兵圧制苛察等総督政治の失政」を指摘し、当面文官総督制の実現を要望している(『原敬日記』)。ただし宋は自治論者でさえなく、原敬と同じ「内地延長主義」=同化政策支持者であったが、武断的総督政治指弾の点で黎明会員の共感を得たのであろう。吉野日記に宋の名が登場するのはこの一回きりであり、吉野が宋を黎明会に招いた可能性は乏しい。

以上のほか、三一運動勃発以来九月までに吉野日記に登場する朝鮮人で氏名の判明するのは張徳俊(前出)、秦学文(大阪朝日ソウル特派員、東亜日報に入り、解放後は韓国財界人)、権熙国(後出コスモ倶楽部発起人)、廉尚燮(元慶大生、三月に大阪で独立大会を計画し検挙、新人会機関誌に寄稿)、朴一秉(翌年朝鮮苦学生同友会長)等であるが、一方、吉野は関屋貞三郎(総督府学務局長)、鮮于鎬(組合教会伝道師)、渡瀬常吉(組合教会朝鮮伝道の責任者)ら総督府側の人物にも会い、また総督府の「招待会」にも出席している。

三 「祖国の恢復」は「普遍の原理」

八月に入り、総督府の官制改革と斎藤実新総督の任命が発表されると、吉野は世論同様これを歓迎し、歓迎のあまりに、総督が天皇直隷から内閣の指揮下に移されたような錯覚をしている。しかし吉野は従来同様、一視同仁政策のみならず「朝鮮民族をして朝鮮民族として十分発達するを得しめ」ることを改めて要求する(「新総督及び新政務総監を迎ふ」『中央公論』九月号、本巻所収)。ところが当局の新朝鮮政策は「文化政治」の基本はいぜん同化主義にあり、吉野の期待の方向には進まない。以後吉野は対朝鮮政策の根本的変革と国民の朝鮮観の一新を訴え、独立を希求する朝鮮人を不逞視する世論と闘うことになる。

吉野は同化主義を「全然日本人と同じ者となれと云ふのでなく、日本人の云ふ通りの者になれといふ要求」であると適切に定義し直し、その根底にある「国防本位の統治主義」の存在を指摘する(「外交上に於ける日本の苦境」『婦人公論』一九二一年一月号、本巻所収)。それは明治維新前後の外圧に抵抗する必要から生まれ、その担い手は元老を頂点とする軍閥官僚である。彼らには国防こそが政務の中心であり、大陸政策もこれに規定される。

日本の国防の為めには対馬海峡が大事だと云ふ。然るに此海峡の安全の為めには対岸の朝鮮が要る。朝鮮対岸の地を確実に維持する為めには朝鮮の南半部が必要となる。南半部を安全にする為めには国防の第一線を長白山の処迄進めなければならぬ。否、朝鮮を安全にする為めには更に満洲に手を拡げねばならぬ。といふ風にそれからそれと際限無く進むもので、其為め終に世界を併呑せずんば終局の満足は出来るものではないと云ふ事に帰する(「外交上に於ける日本の苦境」)。

吉野は一〇年後の満州事変に始まる十五年戦争を予見していたかにみえる。無限の膨張主義に歯止めをかけるには対朝鮮政策の一新が必要となる。「日本の運命は彼が朝鮮の統治に、成功するや否やに繋ると云つても差支へない」(「朝鮮問題に関し当局に望む」『中央公論』一九二一年二月号、本巻所収)。

対朝鮮政策の一新には「官僚政治の撲滅」が必要だが、それとともに国民の朝鮮観の変革が重要である。「内政問題に就ては多数の国民は官僚に対して所謂官僚思想を排斥するけれども、外政問題になると、其の多数国民が亦他国民に対して官僚的思想を発揮する」。「官僚的思想とは何ぞやといふに、通俗に言へば、自分丈けエラクて他の者は馬鹿と見る考へである」(「対東洋政策の根本的誤謬」『横浜貿易新報』20・1・3、本巻所収)。このように吉野は「内には立憲主義、外には帝国主義」の大正デモクラシーの弱点を鋭く指摘する。

この弱点を克服するためには、朝鮮民族を対等の他者として認識する必要がある。「朝鮮民族は実質に於て矢張一個の大和民族以外の他種族に属するが故に、政治の実質を論ずる場合には、准外邦として取扱ふ事が必要である」(同上)。「吾々が十分に朝鮮人にも支那人にも、尊敬と同情を持ち、自分の非は何処までも之れを非として、他日に改むるを期しつつ、単純な誠実な態度を以て進んだ上でなければ、彼等の誤解を誤解として幾ら論弁しても、幾分の功能もなからう」(「支那・朝鮮の排日と我国民の反省」本巻所収)。

他民族としての朝鮮人に「尊敬と同情を持」つ以上、朝鮮人の独立要求を「謀叛呼ばはり」せずに、そこに「彼我を超越する普遍的原理」を認め、「一番確な一番動かない勢力を国民に有する」独立派を「捉まへて融通の途を講ずる」ことが肝要となる(「対東洋政策の根本的誤謬」)。総督府官制改革後、吉野がもっとも力説したのは、このことであり、その実践が呂運亨事件と朝鮮青年会問題において見られた。

一九一九年一一月、原内閣は組合教会朝鮮伝道部の牧師を使い、上海臨時政府の要人呂運亨を招致し、田中義一陸相ら閣僚が会見するとともに赤坂離宮を参観させるなどして懐柔を試みた。ところが呂運亨は逆にこの機会を利用して、内外の新聞記者に独立要求の趣旨を公然と訴えたため、野党やジャーナリズムは、国法に背く反逆者を優遇したとして政府を攻撃した。

呂は吉野に面会を求め、数回話合った。上海臨時政府の機関紙『独立新聞』は八月末から五回にわたり、吉野の「朝鮮統治の改革に関する最少限度の要求」を翻訳連載しており、呂が渡日にあたり通訳として特に指名したのは、呂の同志で当時全羅南道の荷衣島に監禁されていた吉野旧知の張徳秀であった。吉野日記は一九一九年一一月一四日から一二月二三日まで空白であるため、両者会談の詳細は不明である。

吉野は呂との会談をふまえて、「所謂呂運亨事件について」(『中央公論』一九二〇年一月号、本巻所収)を発表し、政府が「国法に対する叛逆者」を招致し、優遇したのは、「国法の無視」だが、「国法の権威よりも、国家其物は遥かに重い」。国家の大事たる朝鮮の将来について独立運動側と相談することが何が悪いかと、政府を珍らしく弁護する。そして呂の主張には「侵し難き正義の閃きが見える」と強調し、この品格・見識において「稀に観る尊敬すべき人格」を「道徳的に不逞の徒と蔑むことはどうしても予輩の良心が許さない」と断言した。

この頃、当局は朝鮮ＹＭＣＡを独立運動の策源地とみなし、これを組合教会の管理下に置こうとした。吉野は組合教会系の『新人』においてこの措置を無効有害ときめつけるとともに、「朝鮮人の立場から云へば、日本の国法に反抗するといふことは、純粋の道徳的立場から観て強ち不逞の暴行といふことは出来ない」、との持論を展開した（「朝鮮青年会問題」『新人』一九二〇年二・三月号、本巻所収）。

このとき、総督府警務局にあって局長に次ぐ地位にあった丸山鶴吉は、吉野をよく知る東大法科の後輩であったが、吉野発言を放置できぬとして、朝鮮人が日本人となった以上、日本の国法にしたがうのは「法律の要求」であるとともに「道徳上の至善」であるべきである、吉野の主張は結局朝鮮放棄論ではないか、と迫った（「朝鮮統治策に関し吉野博士に質す」『新人』三月号）。これに対し、吉野は、逆に丸山に朝鮮統治の理想を「同化か独立か、形式的融合か実質的融合か」どちらに置いているかと問い、改めて「此処に断言する。同化は先づ殆ど不可能である」といい、「祖国の恢復を図る」という普遍的な立場に「共通な或る最高の原理を見ると云ふ事が即ち日鮮両民族の本当に一致提携すべき新境地を発見する事」だと強調する（「朝鮮統治策に関して丸山君に答ふ」本巻所収）。両民族「一致提携」の具体策はここでも相変らず示されないが、おそらく両者の話合いによる自治より独立への漸進路線ではあるまいか。

以後一九二一年にかけ、吉野は話合いを拒否する抗日派を批判しつつも（「支那朝鮮基督教徒の大会不参加」『中央公論』一九二〇年一〇月号、本巻所収）、それ以上に、話合いの前提となる同化政策放棄を行わず、言論抑圧と武力鎮圧を続ける政府側を非難し続けた。これは当時の朝鮮問題に対するきびしい言論統制下においては異数のことであった。前出姜東鎮『日本言論界と朝鮮』(二七五ページ)は、吉野の「朝鮮問題」や「朝鮮問題に関し当局に望む」(ともに本巻所収)を取上げ、「吉野は当時誰もふれたがらない間島大虐殺事件をとりあげ、軍部の蛮行と政府の弥縫策を批判した唯一の人物である。社会主義者さえもこの問題に関心を示していない当時としては、吉野の存在はたしかに高く評価されて然るべきだと思う」と特筆している。

このような吉野の活動を日常的に支援したものとして「支那、朝鮮、台湾等の諸問題に興味をもつてゐた内地学生及留学生」のグループが存在していた(河村又介「吉野先生と社会思想」赤松克麿編『故吉野博士を語る』七六ページ)。吉野が一九二〇年春に外人相手に講演し、翌年英語で活字化された"Liberalism in Japan"(K. K. Kawakami ed., *What Japan Thinks*, 1921, New York)によれば、この会合は一九一九年夏に始まり、日本人メンバーは朝鮮・中国人メンバーと対等な立場で話合うためエスペラントの勉強を始めたという。彼らは朝鮮に「自治を与へる位では手緩い」とする人びとであった。おそらくその多くは東大新人会のメンバーと重なっていたことであろう。新人会は前記金雨英と金俊淵を会員に加え、その機関誌『デモクラシー』第二号は朝鮮問題を論じた赤松克麿と廉尚燮(前出)の文章のため発禁処分を受けている(松尾「学生」)。

吉野日記では残念ながらこのグループについての記事を見出すことはできないが、一九一九年九月二日の条に「融和会に出席し宮崎(竜介か)張(徳俊か)二君の北海道に於ける朝鮮人労働者状況視察談を聴く」とあるので「融和会」がこれに当たるのかも知れない。なおエスペラントの学習を吉野個人が始めたのは同年六月一日のことである。

この頃労働運動の急発展にともない、社会主義運動も再建され、一九二〇年一二月には日本社会主義同盟が結成されたことは周知の事実である。この同盟の別動隊として「コスモ倶楽部」が同年一一月に警視庁「管下在住ノ特別要視察人ノ大部及支那朝鮮台湾等ノ在留学生中急激思想ノ抱持者ヲ以テ組織」された(「特別要視察人状勢調」松尾編『社会主義沿革』2、みすず書房、七六ページ)。当局の判断による中心人物は堺利彦、宮崎竜介(前出)、および権煕国(前出)である。吉野自らもメンバーの一員として、会合場所借入の名義人となっている(松尾「学生」)。この頃吉野は自らを「社会主義者」であると公言するにいたっているが(「日本社会主義者同盟」『中央公論』一九二〇年九月号)、もとより彼の奉ずる社会主義とは「過激主義」とは相容れぬ社会民主主義のことであった。しかし反帝国主義の目的のためには「過激主義」者と同席することを吉野は厭わなかったのである。この立場より吉野は在日朝鮮人の社会運動の展開のさまを好意的に紹介していた(「朝鮮人の社会運動に就て」『中央公論』一九二三年五月号、本巻所収)。

四　関東大震災に際して

関東大震災では吉野家は被害を免れた。吉野が朝鮮人迫害を実見したのは九月三日のことである。同日付の日記にいう。

此日より朝鮮人に対する迫害始る。不逞鮮人の此機に乗じて放火、投毒等を試むるものあり大に警戒を要すとなり。予の信ずる所に依れば宣伝のもとは警察官憲らし。無辜の鮮人の難に斃るゝ者少らずといふ。日本人にして鮮人と誤られて死傷せるもありと云ふ。昼前学校に行くとき上富士前にて巡査数十名左往右返此辺に鮮人紛れ込めりとて狼狽し切つてゐるを見る。やがてさる一壮夫を捉うるや昂奮し切れる民衆は手に〳〵棒などを持つて殺して了へと奴鳴る。苦々しき事限りなし。

この日記が書かれたのは九月三日当日ではなく、九月一四日と推定されるが、吉野がかなり早くから虐殺を生んだ流言のもとは警察であることに気づいていたことは間違いない。
私はかつて吉野門下の堀豊彦教授より、吉野がこの頃朝鮮人学生を自宅にかくまったと聞かされたが、日記にはその記載が無い。しかし、吉野が知人の朝鮮人の身を気づかったことは、九月二三日に朝鮮YMCAの幹事崔承萬(前出)の自宅を四谷に訪ねたことでわかる。日記には「転居先不明」とあるが、実は崔は市外長崎村に転居したところを板橋警察署に連行され、約一月拘留されていたのである(崔承萬「関東大震災下の韓国人」『福音と世界』一九七三年七・八月号)。

吉野が朝鮮人虐殺事件について対外的な活動をおこしたのは、一〇月一日、「二十三日会」に関係してからである。それより前、九月二四日、もと韓国政府財政顧問であった男爵目賀田種太郎の「朝鮮人問題を協議したしとの案内」により桜田倶楽部に赴いたが、湯浅倉平警視総監も交えたこの会合は「形式論多く実質の立説に入りさうになし、高を括つて」途中退席している(吉野日記)。「二十三日会」とは、改造社(社長山本実彦)が提唱したもので、「当局若くは従来の特権階級による復興策に絶対の信頼をおくに足らずとして更に新しき主張と何等の固定的特権に囚はれざる新人の改造案、新日本建設案を研究し発表する機関」をめざしていた(二十三日会の誕生」『改造』一九二三年一〇月号)。九月二三日の第一回会合に出席したのは

伊藤文吉　渡辺銕蔵　堀江帰一　千葉亀雄　吉坂俊蔵　鶴見祐輔　永井柳太郎　中野正剛　大川周明　太田正孝　山川均　山本実彦　松本幹一郎　桝本卯平　福田徳三　小村欣一　小村俊三郎　権田保之助　北昤吉　城戸元亮　三宅雪嶺　三宅驥一　下村宏　鈴木文治　末弘厳太郎　饒平名智太郎

の二六名で、案内は出したが出席しなかったのは、吉野をふくめ、

伊藤正徳　石橋湛山　長谷川萬次郎　鳩山一郎　馬場恒吾　穂積重遠　富田勇太郎　吉野信次　田沢義鋪

大山郁夫　安部磯雄　青木得三　杉森孝次郎

の一四名であった。

当日の座長が堀江帰一で、会名をつけたのが福田徳三であってみれば、黎明会を連想させるが、さしたる所用もなかった吉野が欠席しているところからみて、旧黎明会の再興とはいえない。左は山川均から右は大川周明までふくむ、学者・ジャーナリスト・官僚・政治家の雑多な集団で、山本実彦好みの人選といえようか。鳴物入りの出発にもかかわらず数回の会合(毎週月曜を会合日とした)で消滅したらしい。それはあとの話で、当日は失業救済・火災保険の二問題とともに「鮮人及社会主義者問題」(調査委員中野正剛、小村俊三郎、下村宏)を研究問題として散会している。

吉野は一〇月一日の第二回会合より出席している。当日集ったのは吉野日記によれば福田徳三・渡辺銕蔵・末弘厳太郎・中野正剛・堀江帰一・下村宏らであり、「大杉事件につき三ケ条の建議をする旨を決議して」いる。一〇月八日の第三回会合では、吉野の「発案にて朝鮮人虐殺事件に関する」決議を行ったらしいが、その出席者および決議内容は不明である。一〇月二〇日、吉野は堀江帰一とともに二十三日会の諸決議をもって首相・内相・法相を歴訪したが皆不在で「夫々相当の代人に存意を述べて引取」った。内相官邸では特に岡田忠彦警保局長に会って懇談している。

その翌二一日、崔承萬が来訪している。崔は九月一杯拘留され、一〇月初め釈放されて以来、学友会や天道教青年会とともに「罹災同胞慰問班」(正式名称不明、前出崔承萬論文および吉野「朝鮮人虐殺」による)の一員として活動していた。姜徳相『関東大震災』(中公新書、一九七五年、一五四ページ)によれば、在上海独立グループの機関紙『独立新聞』社長金承学がひそかに東京に入り、「同志を糾合して犠牲者の調査をしたもの」という。崔論文は前『京城日報』社長阿部充家を介して、「慰問班」の名前で警察の許可を得たと回想している。後述のように阿部は吉野を通して学資を朝鮮人学生に提供しており、あるいはこの場合も吉野が介在していたかも知れない。

吉野が『中央公論』一一月号に発表した「朝鮮人虐殺事件に就いて」(本巻所収)は崔の話を取込んでいる。吉野はこの論文で、朝鮮人虐殺は日本が「世界の舞台に顔向けの出来ぬ程の大恥辱」であり、この際「国民的悔恨若しくは謝意を表するが為めに、何等かの具体的方策を講ずるの必要を認むる」と強調し、さらに「朝鮮統治といふ根本問題に就いても考へさせられる」と改めて問題を提起している。当時のジャーナリズムは大杉事件を大々的に取上げたが、朝鮮人虐殺事件については官憲の干渉もあって批判の声はごく小さかった。吉野が卒直に日本国民は朝鮮人に謝罪すべきだと主張したことは記憶されてよい(松尾「関東大震災下の朝鮮人虐殺事件」(下)『思想』一九六四年二月号)。

一〇月分の吉野日記によると、吉野は朝鮮人学生の下宿の世話をしたり、一高で「朝鮮問題」の講演(三〇日)を行ったりしているが、吉野はさらに進んで、前記「罹災同胞慰問班」の調査結果を公表しようとした。山辺健太郎が吉野の女婿赤松克麿から聞いた話では「上海の朝鮮仮政府の派遣した調査団の人が吉野にあって、調査したものを吉野にわたし、これを『中央公論』に発表してもらうようたのんだ」という(吉野「遺稿・朝鮮人虐殺事件」についての山辺の解説『中央公論』一九六四年九月号)。この地域別の調査結果は一〇月末日現在のものであるから、吉野がおそらく崔承萬よりこれを受取ったのは一一月中のことであろう。吉野は『中央公論』にのせようとして果たさず、改造社が『大正大震火災誌』を刊行(一九二四年五月)するに際して「労働運動者及社会主義者圧迫事件」とともに「朝鮮人虐殺事件」(前出『中央公論』および姜徳相・琴秉洞編『関東大震災と朝鮮人』みすず書房、一九六三年、所収)を寄稿した。亀戸事件を主テーマとする前者は、伏字を多くして活字となったが、後者の方は、内田魯庵「自警団と殺傷事件」とともに「其筋の内閲を経たる結果」全部削除されてしまった。吉野は改造社本寄稿二篇の原稿を製本し、『圧迫と虐殺』と題して保存した。現在東大法学部の吉野文庫に保管されている。

吉野は震災後もひきつづき朝鮮に注目し、警鐘を鳴らしつづけた。一九二四年一一月の『中央公論』の巻頭言「朝鮮の問題」(本巻所収)では、「此頃の問題で吾人の最も憂慮に堪えぬものは、支那紛乱の前途でもない、日米関係の険悪でもない、将た東京市政の紊乱でもない。近き将来の危惧さる、陰惨なる朝鮮の空模様である」、と前置し、「年と共にドン底に馳けて行く」朝鮮人の生活を憂慮し、『文化の基礎』一九二五年九月号の「朝鮮の農民」、『中央公論』一九二六年一二月号の「朝鮮農民の生活」、『婦人公論』一九二七年二月号の「朝鮮の牛馬鶏犬」(いずれも本巻所収)で朝鮮農民の疲弊を取上げ続けた。

五　朝鮮人に対する個人的援助

吉野の次女赤松明子は、「父は徹底した人道主義者で」「日本人ばかりではなく、支那人でも、朝鮮人でも、出来るだけの世話をした」と回想している(前出『故吉野博士を語る』一九四ページ)。自らの功を誇らぬ吉野は、日記の中でもその世話の実例はわずかしか語らない。逆に世話を受けた側が自らその事実を明らかにすることではじめて判明する場合が多い。金雨英が京大に転学し、のち日本外務省に入ったのは吉野の斡旋による(金雨英『民族共同生活과道義』二一九、二二七ページ)。金俊淵は吉野の尽力でベルリン大学に留学できた(金俊淵『나의 길』九ページ)。張徳俊は朝鮮語新聞創刊(『東亜日報』に結実)の許可を総督府から受けるに際し、総督府秘書課長守屋栄夫(吉野の同郷の後輩、のち民政党代議士)への吉野の紹介状をもらった(『東亜日報社史』巻一、六九ページ)等々。なお一九二九年呂運亨が上海で検挙されたとき、弟の呂運弘は吉野に援助を依頼し、吉野は安部磯雄に運弘を紹介

している（吉野日記、八月二三日）。

さまざまな世話の中で、もっとも多かったのは苦学生に対する物質的援助であった。それが吉野にとって相当な負担であったことは吉野日記で明らかである。一九二二年五月二五日の条には、平貞蔵らから月島購買組合への援助を頼まれ、「支那人寄宿舎朝鮮人苦学生の為にも莫大の金を作る必要に迫られて居る際此方を引受けるは頗る苦とする所」と書き、翌年三月二九日の条には、「夜朝鮮苦学生来る。金の無心の近頃際限なきには閉口。此上内職を増しては命には別条なしとして頭に別条を生ずるを如何せん」と記す。

さらにいえば、その援助が吉野の生涯を大きく変容させることにもなった。周知のように一九二四年、吉野は東大教授を辞して朝日新聞に入社し、たちまち官憲の圧迫を受けて退社を余儀なくされるのであるが、朝日入社の事情について、交渉に当たった米田実は次のように書いている（前記『故吉野博士を語る』一二三ページ）。

大正十三年氏が朝日新聞社入りの最後の決意をなした一因は、十二年九月大地震の影響であつた。之より先き氏は横浜の某富豪を説いて支那人、朝鮮学生の学費を出して貰つてゐたが、該富豪が地震の打撃で世話が六ケしくなつたので、氏は自分で費用を造らうと考へたのである。それは大学教授の収入よりも新聞社の方がズツト善い待遇を与ふるからであつた。此博愛的な心持は我等が敬重を禁じ得ぬところである。氏は又、その門下生の某氏の事業の為めに、その父なる人に頼まれて後援的に参加したことがあつた。之は晩年非常な厄難を氏に与へたものである。

前段の横浜の某富豪とは、黎明会の同志で東京高商教授（経済哲学）、同時に父親ゆずりの銀行頭取であった左右田喜一郎であろう。後段の厄難とは借金のことだが、実はこの方が直接的に朝日入社の要因らしい。吉野の東大退職前の数年間はジャーナリズムの寵児として莫大な収入があった。日記の後尾に付せられた月別収入を合計すると、たとえば一九二二年では、一万三九八九円五銭となる。うち東大給与は三六八八円五〇銭だから、その三倍近い副収入を得ていたわけである。この高額所得者が債鬼に苦しむようになった具体的事情は日記を読んでも判明しないが、吉野の一友人の回想(未公開のためその名も明らかに出来ない)で、思わぬ事実が明らかとなる。すなわち、吉野の肝煎で建設された横浜の中国人留学生寮の管理人が、借金を残したまま多額の寄付金を持逃げし、名義上の管理人として借金の連帯保証人となっていた吉野が、その尻拭いをせねばならなくなったのが朝日入社の真因だという。この事件の発生した時点は不明だが、日記の失われた一九二一年のことかも知れぬ。そうだとすれば、日記一九二二年五月二五日の前記の条の「莫大な金」の必要が理解できる。

吉野は、朝日退社後の経済的苦境の中でも朝鮮人学生のための援助を続けている。後述黄信徳の友人林孝貞のために学資援助を『主婦之友』の石川武美社長に申入れ(日記、一九二九年一月一一日の条)、あるいは崔承萬の要請を受けて慈恵医大生鄭吉煥のために大阪に援助者を見つけている(一九三一年九月四日、一九三二年二月一八日、五月二七日、七月二九日の各条)。

吉野から受けた援助を感謝をもって語っている人物は黄信徳である。彼女は韓国女子教育界の先達で、一九六二年には韓国の文化勲章を受け、アジア女性交流史の研究者山崎朋子から、日本でいえば安井てつか津田梅子の名に匹敵するだろうという評価を受けている有名人である(山崎「黄信徳・朴順天と日本」『ちくま』一九九四年六月号)。彼女自身の回想にもとづく『우리黄信徳先生』(中央女子中・高等学校、一九七一年)は、吉野の朝鮮人留学生に対する行届いた配慮を生き生きと描いている。高崎宗司・李広子編訳「黄信徳と日本」(『朝鮮と日本を知るために』8、一九七七年)を参照しつつ紹介しよう。

秋渓黄信徳は一八九八年、平壌の外城の医家に生まれた。姉の愛徳は三一運動の女性活動家として著名である。

崇義女学校卒業後三年間幼稚園の保母をつとめ、一九一九年一月、東京女子医専の学生だった姉をたよって日本に渡った。三一運動に際しては姉の配慮で直接に参加はしなかったが、一九一九年一〇月には朝鮮女子親睦会の書記、翌年一月には女子学興会の会計に就任、三月一日には三一運動一周年記念集会を日比谷公園で催す計画の主謀者の一人として二週間検束された。

千代田女学校、東京女子英学塾、早大哲学科を転々としたあと、一九二二年三月、新設の日本女子大社会事業部に入学した。すでに学資に窮し、前記阿部充家の援助を受けたこともあった。親友朴承浩の夫たる崔承萬は彼女を吉野に紹介した。学資の援助を快諾した吉野は次のようにのべたという。

この奨学金は、わたしが金を出したものではなく、わたしがよく知っている一人の富豪が死ぬときに弱少民族青年たちのために使ってくれと残していったものです。あなた以外にも東南アジアのいろいろな弱少民族で日本に勉強している青年たちの中から将来が嘱望される数百名に支給しているものなので、少しも負担に思わないで勉強にだけ専念して下さい。ただ一つの条件は、どこかの学校でもいいから正規の学生でなければならないということです。

「さながら父のような語調で胸の底にしみいる吉野の力あることばに、黄信徳は深い感銘を受けた」と伝記はしるしている。もし黄の記憶ちがいが無いとすれば、この吉野の言葉には、黄の気を楽にさせるための作為がふくまれている。東南アジアからの数百名の留学生に支給しているのも誇張だし富豪の遺産というのもおそらく吉野の作り話であろう。

ここで紹介せねばならぬのは、黄信徳を吉野に紹介した崔承萬自身が、吉野からの学費援助を謝絶した一件である。崔承萬が一九六七年の九月、東京で「日本を離れるに際して」と題して講演を行ったとき、次のようにのべている（『極熊筆耕――崔承萬文集』一九七〇年）。

張徳俊は苦学している私をあわれみ、私の意向も問わずに吉野博士に学費の援助を求め、その内諾を得て、私に吉野邸訪問を促した。博士は、「事情は張君から聞いている、毎月十円ずつ補助するから安心して使って下さい」といった。私は「先生の御厚意は有難いがおことわりします」と答えた。博士は驚いて理由を聞いた。私がしばらく黙っていると、博士はさらにいった。「これは絶対に無条件の金だから、心配ご無用だ。ある実業家からあずかっている学資金で、誰に提供するかの裁量は一任されているのだ」。私は答えた。「私は朝鮮人であり、お金をくれるのは日本人ではありませんか。いくら親しい間柄でも、また無条件といっても負債は負債です。他人から、しかも日本人から借りをつくって一生を送るのは心苦しいので、いくら生活に困ってもお金をいただくのはいやです」。博士はじっと私の顔をみて、「よくわかった」といった（五九八ページ。なお『雪山張徳秀』（東亜日報社、一九八一年）にも、大同小異の文章があるが、こちらでは吉野は月四〇円の補助を申出たことになっている）。

この話は張徳俊在日中の一九一七年から一九年にかけてのことと推定されるが、吉野はここでも、自分が提供するのではなく、実業家からあずかった金だといっている。吉野は前記のように左右田喜一郎の援助を受けていたのだろうが、自分でも相当な金を学生に提供していたのである。富豪の遺産とか預かり金のセリフは相手の気を楽にさせるため、援助を受けたどの留学生に対しても使われたことであろう。

興味深いのは、吉野の好意を謝絶したちゃきちゃきの独立派の崔承萬が、妻の親友で同じ独立派の黄信徳に吉野の援助を受けることをすすめたことである。当時独立派留学生の間では、日本人から金銭的援助を受けるのは、もってのほかの裏切り行為とみなされた。ワシントン会議向けの独立宣言文を作成した金松殷は、前記阿部充家から学資を受けていることが発覚し（吉野は仲介に当たっている。吉野日記、一九二三年七月一三日の条）、学友会と早大朝鮮人同窓会から「売国的行為」の罪状により除名されている（内務省警保局大正一四年一一月作成「在京朝鮮留学生概況」朴慶植編『在日朝鮮人関係資料集成』第一巻、三一書房、一九七五年）。そのような状況の下で、吉野の学資提供は、例外的に、いわばキレイな金として受取られていたらしい。吉野に対する独立派留学生の信頼がいかに大きかったかを物語るものといえよう。

黄信徳は日本女子大入学後、朴順天らとともに社会主義研究会をつくり、山川菊栄と接触し（山川「朴順天さんと黄信徳さん」『山川菊栄集』8）、さらに進んで一九二五年には、寺尾としら日本人女性とともに「赤友会」をつくっている。そのように共産主義に接近する黄信徳に対し、吉野は毎月面談の上学資を手渡し続けたという（山崎、前掲稿）。

一九二六年三月、黄信徳は無事日本女子大を卒業した。挨拶に訪れた彼女に、吉野は「どうしても外国語を一つマスターする必要があるから東大の英文科に学ぶ便宜をはかってあげよう、学資の方も世話をしてあげる」と熱心にすすめた。信徳もそのつもりとなったが、ソウルで同志の説得を受け、時代日報社も勝手に入社を発表したため、吉野の提案は実現せずにおわった。

吉野日記に黄信徳が登場するのは二度だけで（一九二三年七月一五日、一九二四年七月一九日）、いずれも簡単に訪問の事実を記すのみ、黄が自ら述べたような話は一切省かれている。彼女は終生吉野を徳とし、前記『われらの黄信徳先生』には、日本人としてはただ一人吉野の写真が掲載されている。

おわりに

今日でもなお、吉野は、民主主義者でも反帝国主義者でもなく、朝鮮民族運動の理解者でさえもない、という人びとがいる。その理由はつまるところ吉野が朝鮮の即時独立を主張しなかったところに求められる。このような批判は果たして歴史的条件をふまえての批判といえるだろうか。

今日、過去を振返って朝鮮の独立を主張しなかった先人を批判するのは容易なことである。しかし解放前において、それを主張することは、刑法、出版法、新聞紙法、さらには治安維持法に触れたことを忘れてはなるまい。婉曲な表現の中に吉野の真意を汲みとる努力を惜しんではならない。

吉野の真意が将来の独立をみとおした当面の自治実現にあったとしても、その自治論は独立運動を妨害する役割を演じたであろうか。戦前の日本における朝鮮認識の基本的対立関係は即時独立か否かの間にあるのではなく、同化主義の維持か否認(自治・独立)にあったのではあるまいか。戦前、朝鮮の即時独立をとなえたのは一握りの共産主義者たちだけであり、しかも彼らの中に朝鮮民族を対等にみない傾向があった。まして一般大衆は圧倒的に朝鮮人に対する優越意識をもち、独立運動を支配層とともに不逞視していた。関東大震災下の朝鮮人虐殺はその証明である。そのような時代に朝鮮民族は古来独自の文明を発達させた、日本人と対等の民族だと認め、民族の独立を図るのは当然だといい切り、被圧迫他民族の心理を解しえぬ唯我独尊的な国民性の改革を訴えることが、どうして民主主義でも反帝国主義でもないといえるのか。

もし吉野が独立運動に敵対する人物ならばその論文をどうして当時の「朝鮮青年が渇仰して愛読する」(前出、丸山鶴吉論文)ところとなったのだろうか。また日本人の援助を嫌う独立派の留学生がなぜ吉野の援助だけは受入れたのだろうか。彼らの中から、対日協力者になったものがあることは事実だが、そこまで吉野の責任とするのは不当である。過去の人物を評価するに際し、今日の高みから見下ろしてその限界を云々するのではなく、その人物がそれまでの歴史に何を付け加えたかを検討することが肝要なのではなかろうか。

■岩波オンデマンドブックス■

吉野作造選集 9　朝鮮論　付 中国論 三

1995 年 6 月 8 日　第 1 刷発行
2016 年 6 月 10 日　オンデマンド版発行

著　者　吉《よし》野《の》作《さく》造《ぞう》

発行者　岡 本　厚

発行所　株式会社 岩波書店
〒101-8002 東京都千代田区一ツ橋 2-5-5
電話案内 03-5210-4000
http://www.iwanami.co.jp/

印刷／製本・法令印刷

ISBN 978-4-00-730427-9　Printed in Japan